企业人本资本财务管理理论创新研究

丁胜红 著

南京大学出版社

图书在版编目(CIP)数据

企业人本资本财务管理理论创新研究 / 丁胜红著. —南京：南京大学出版社，2023.11
ISBN 978-7-305-25919-7

Ⅰ.①企… Ⅱ.①丁… Ⅲ.①企业管理—财务管理—研究 Ⅳ.①F275

中国版本图书馆 CIP 数据核字(2022)第 125502 号

出版发行	南京大学出版社
社　　址	南京市汉口路 22 号　　邮编　210093
书　　名	**企业人本资本财务管理理论创新研究**
	QIYE RENBEN ZIBEN CAIWU GUANLI LILUN CHUANGXIN YANJIU
著　　者	丁胜红
责任编辑	苗庆松　　　　　　　　编辑热线　(025)83592655
照　　排	南京开卷文化传媒有限公司
印　　刷	常州市武进第三印刷有限公司
开　　本	787 mm×1092 mm　1/16　印张 18.25　字数 450 千
版　　次	2023 年 11 月第 1 版　2023 年 11 月第 1 次印刷
ISBN	978-7-305-25919-7
定　　价	64.80 元
网　　址	http://www.njupco.com
官方微博	http://weibo.com/njupco
官方微信号	njupress
销售咨询热线	(025)83594756

* 版权所有，侵权必究
* 凡购买南大版图书，如有印装质量问题，请与所购
　图书销售部门联系调换

前　言

　　人类社会的进步与发展,一方面,源于人类社会对人类获得自由解放的科学技术的追求,进而促进了科学技术进步之使然;另一方面,源于科学技术创新进步促进了人类社会经济发展,进而改变了人们对世界经济的普遍看法,逐渐形成了不同经济阶段的不同价值观。不同价值观指导不同经济阶段的不同经济主体发展经济,进而形成了不同理论体系。作者跳出就财务管理论财务管理的研究范式,采用企业不同组合资本与财务管理融合的新的研究范式,研究人类社会生产力发达阶段企业人本资本财务管理理论。

　　作者研究的内容概括如下:首先,以第四次工业革命的技术创新与应用为研究的逻辑起点,采用历史文献法＋调研分析法来论述物本经济阶段物本经济发展观与人本经济阶段人本经济发展观的形成。进而分别依据物本经济发展观与人本经济发展观,以经济演化为思路,采用历史演化法＋规范研究法来分别探析信息非对称的物本经济阶段生产导向型企业物本资本雇佣财务管理的经济与管理理论基础,信息非对称的人本经济阶段顾客导向型企业人本资本合作财务管理的经济与管理理论基础,以及信息对称的人本经济阶段用户导向型平台企业人本资本共享数据财务管理的经济与管理理论基础。其次,以物本经济发展观为指导,以采用归纳法总结的信息非对称的物本经济阶段生产导向型企业物本资本雇佣财务管理理论体系为参照系,以人本经济发展观为指导,采用数理推导法来探析顾客导向型企业人本资本形成及其人本资本价值解析,以及用户导向型平台企业人本资本形成及其人本资本共享价值解析。最后,以人本经济发展观为指导,在顾客导向型企业人本资本形成及其人本资本价值解析的基础上,采用规范研究法＋历史演化法来创新构建信息非对称的人本经济阶段顾客导向型企业人本资本合作财务管理理论体系;在用户导向型平台企业人本资

本形成及其人本资本共享价值解析的基础上，采用规范研究法＋历史演化法来创新构建信息对称的人本经济阶段用户导向型平台企业人本资本共享数据财务管理理论体系；同时，采用实证研究法和案例分析法来检验顾客导向型企业人本资本合作财务管理理论与用户导向型平台企业人本资本共享数据财务管理理论。

针对本书的研究内容，作者拜访了中国著名会计学家郭道扬教授、财政部会计名家伍中信教授和湖南青年社会专家曹越教授。在恭贺郭道扬教授《中国会计史》巨著问世之际，我们一起交流了本书的学术思想与学术价值。郭道扬教授认为，该书集中体现了在"人权为本"思想的支配下，协调公司会计和财务、资本市场、金融机构及外部审计之间的关系。郭道扬教授评价本书是在"人权为本"思想的支配下，构建人类社会生产力发达阶段具有原创性的企业财务管理理论之一。曹越教授认为，基于人本经济发展观"孵化"出了顾客导向型企业奉行资本与劳动和谐观，以此观点创新顾客导向型企业人本资本合作财务管理理论；基于人本经济发展观"孵化"出了用户导向型平台企业奉行资本与劳动共享观，以此观点创新用户导向型平台企业人本资本共享数据财务管理理论。因此，曹越教授评价本书是人本经济阶段企业财务管理理论体系的奠基作品之一。伍中信教授认为，基于人本经济发展观指导不同人本经济阶段的不同类型企业人本资本合作或共享财务管理理论体系构建，这是马克思人本主义学术思想在财务管理学科中国化的理论新发展。伍中信教授评价本书是对财务管理学科理论研究有重要贡献的著作之一。作者认同各位会计理论界前辈与新秀对本书的学术思想与学术价值的评价，同时，作者认为，本书的研究意义在于利用顾客导向型企业人本资本合作财务管理理论指导"中心化"信任结构下人本经济主体自主化财务管理，以及利用用户导向型平台企业人本资本共享数据财务管理理论指导"去中心化"信任结构下共享经济主体智能化财务管理。

目录

第1章 绪 论 …………………………………………………………… 001
 1.1 研究背景 ………………………………………………………… 001
 1.2 企业财务管理模式演变的文献综述 …………………………… 004
 1.3 研究价值 ………………………………………………………… 006
 1.4 研究对象、主要目标、总体框架 ……………………………… 007
 1.5 研究的基本思路、具体方法与技术路线图 …………………… 011
 1.6 研究的特色和创新 ……………………………………………… 012

第2章 企业人本资本财务管理的经济理论基础 ……………………… 014
 2.1 物本资本与人本资本概念之缘起 ……………………………… 014
 2.2 物本资本与人本资本概念之诠释 ……………………………… 017
 2.3 生产导向型企业物本资本雇佣财务管理的经济理论基础 …… 017
 2.4 顾客导向型企业人本资本合作财务管理的经济理论基础 …… 024
 2.5 用户导向型平台企业人本资本共享数据财务管理的经济理论基础 … 028
 2.6 本章小结 ………………………………………………………… 034

第3章 企业人本资本财务管理的管理理论基础 ……………………… 036
 3.1 企业管理模式的演变：基本需求为本转向超需求为本 ……… 036
 3.2 企业全社会人本管理的内涵和三域耦合模型 ………………… 043

3.3　组织管理理论根本变革和组织管理实践第四次革命 …………… 047
　　3.4　本章小结 ………………………………………………………… 053

第 4 章　生产导向型企业物本资本雇佣财务管理理论研究 ……………… 055
　　4.1　信息非对称的物本经济阶段物本经济理论的发展现状 ………… 055
　　4.2　生产导向型企业物本资本雇佣财务管理理论体系 ……………… 058
　　4.3　本章小结 ………………………………………………………… 069

第 5 章　企业人本资本价值解析 ……………………………………………… 070
　　5.1　顾客导向型企业人本资本价值解析 ……………………………… 071
　　5.2　用户导向型平台企业人本资本共享价值解析 …………………… 077
　　5.3　本章小结 ………………………………………………………… 094

第 6 章　顾客导向型企业人本资本合作财务管理理论研究 ……………… 096
　　6.1　产权范式向人权范式转变之缘起 ………………………………… 097
　　6.2　顾客导向型企业人本资本划分之人权分析 ……………………… 099
　　6.3　顾客导向型企业人本资本结构在企业治理中的运用 …………… 103
　　6.4　顾客导向型企业人本资本合作治理结构的形成 ………………… 114
　　6.5　顾客导向型企业人本资本合作治理结构形成的案例检验研究 … 121
　　6.6　顾客导向型企业人本资本合作财务管理理论架构的形成 ……… 124
　　6.7　顾客导向型企业人本资本合作财务管理理论体系的构建 ……… 132
　　6.8　本章小结 ………………………………………………………… 141

第 7 章　用户导向型平台企业人本经济收入形成研究 …………………… 142
　　7.1　"互联网＋"顾客导向型企业演变为用户导向型平台企业 …… 142
　　7.2　用户导向型平台企业人本经济分析 ……………………………… 144
　　7.3　用户导向型平台企业人本资本投资的转移路径 ………………… 148
　　7.4　用户导向型平台企业人本经济业务收入形成研究 ……………… 165
　　7.5　本章小结 ………………………………………………………… 184

第 8 章　用户导向型平台企业人本资本共享数据财务管理理论研究 …… 186
　8.1　人本经济阶段企业财务治理属于企业财务管理范畴 …… 187
　8.2　用户导向型平台企业人本资本共享数据财务治理结构形成研究 …… 189
　8.3　用户导向型平台企业人本资本共享数据财务管理理论架构的形成 …… 195
　8.4　用户导向型平台企业人本资本共享数据财务管理理论体系的构建 …… 208
　8.5　本章小结 …… 220

第 9 章　企业人本资本财务管理模式检验研究 …… 222
　9.1　顾客导向型企业人本资本合作财务管理模式实证研究 …… 223
　9.2　用户导向型平台企业人本资本共享数据财务管理模式实证研究 …… 232
　9.3　企业人本资本财务管理模式案例检验 …… 246
　9.4　本章小结 …… 259

附　件 …… 261

参考文献 …… 269

第 1 章

绪 论

1.1 研究背景

人类社会的进步与发展,一方面,源于人类社会对人类获得自由解放的科学技术的追求,进而促进人类社会科学技术进步之使然;另一方面,源于科学技术创新进步促进人类社会经济发展,进而改变人们对世界经济发展的普遍看法,逐渐形成了所谓不同经济阶段的经济发展观。对人类社会不同经济阶段的判断,首先取决于人类社会科学技术创新发展的阶段划分。截至目前,国内外学者大体上总结出了三种划分观点。第一种是工业"通用技术"观。按照这种观点,第一次工业革命是以 18 世纪 60 年代的蒸汽机为代表的基础技术推广应用;第二次工业革命是以 19 世纪下半叶的电气为代表的基础技术推广应用;第三次工业革命是以人工智能、计算机、机器人以及 ICT 等为代表的基础技术快速发展;方兴未艾的第四次工业革命是以量子技术、"互联网+"、区块链、大数据以及 5G 等为代表的现代基础信息技术正在推广应用。

第二种是工业"通用技术+主导性动力源+通讯方式"观。按照这种观点,第一次工业革命是蒸汽机的通用技术+以煤炭为主体动力源+以印刷品交流为主的通讯方式;第二次工业革命是电子通信技术+以石油为主体动力源+以电子通信为主的通讯方式;第三次工业革命是人工智能、数字制造和工业机器人等基础技术+以可再生能源为主体动力源+以互联网通信为主的通讯方式;第四次工业革命是"互联网+"、5G 以上等通信技术+以核能为主体动力源+以量子通信为主的通讯方式。

第三种是工业"通用技术+主导性生产方式"观。按照这种观点,第一次工业革命是蒸汽机的通用技术+机械化生产方式;第二次工业革命是电子通信技术+以"福特制"为代表的流水线生产方式;第三次工业革命是人工智能、数字制造和工业机器人等制造技术+定制化生产方式;第四次工业革命是"互联网+"、区块链、5G 以上等信息技术+体验化生产方式。

上述划分工业革命的基础在于通用科学技术,它体现了邓小平同志的论断:科学技术是第一生产力。也就是说,上述划分工业革命的根据在于以马克思的生产力水平为标准,对人类社会的经济阶段进行划分。现在国内外学术界更多的是从工业技术发展水平,也就是人类社会生产力发展水平来划分工业经济阶段。将第一次工业革命与第二次工业革命的工业技术水平界定为欠发达人类社会生产力水平,并将与其相适应的人类社会经济发展阶段定义为前工业经济阶段。而将第三次工业革命和第四次工业革命的工业技术水平界定为发达人类社会生产力水平,并将与其相适应的人类社会经济发展阶段定义为后工业经济阶段。根据马克思的生产力与生产关系学说,人类社会经济发展程度取决于人类社会生产力水平与生产关系之间的相互作用,即生产力决定生产关系,而生产关系反作用于生产力。

因此,笔者将欠发达人类社会生产力水平和与其相适应的人类社会生产关系相互作用所决定的经济发展程度界定为物本经济。它的内涵在于欠发达人类社会生产力水平所决定的适应的生产关系,而人类社会生产关系则是凝聚着人们对人类价值归于物类价值的经济发展普遍一致性看法,进而逐渐形成了物本经济发展观。一旦形成人们对人类社会生产关系的一致看法,它便成为人们的最大共识,并逐渐内化于人们日常生活中的习惯、风俗、规则、制度以及法律等。这些具体生产关系促进了具体生产力水平的提高,也是马克思所说的生产关系对生产力的反作用。物本经济发展观是指导以物类价值为本的经济发展观。欠发达人类社会生产力水平所决定的经济发展强调物性第一、人性第二,仅仅将人类当作手段,而非目的。因此,在物本经济阶段,人们通常忽视或否定人类价值,通过人类价值归于物类价值来逐渐形成以物类为中心的价值观。在欠发达人类社会生产力水平及其生产关系相互作用所决定的物本经济发展阶段,笔者根据欠发达人类社会生产力水平的不同,将第一次工业革命的基础技术水平所决定的欠发达人类社会生产力水平及其生产关系相互作用,所决定的经济阶段界定为初级物本经济阶段;而将第二次工业革命的基础技术水平所决定的欠发达人类社会生产力水平及其生产关系相互作用,所决定的经济阶段界定为高级物本经济阶段。

笔者将发达人类社会生产力水平及其生产关系相互作用所决定的经济发展程度界定为人本经济发展阶段。由此,发达人类社会生产力水平决定了生产关系,而人类社会生产关系则凝聚着人们对人本经济发展的普遍一致性看法,进而逐渐形成了人本经济发展观。即人本经济发展观是指导以人类价值为本的经济发展观。它在经济发展中强调人性第一、物性第二。不仅将人类当作手段,而且将人类当作目的。因此,在人本经济阶段,人们关注人类价值,通过物类价值归于人类价值来逐渐形成以人类为中心的价值观。在发达人类社会生产力水平及其生产关系相互作用所决定的人本经济发展阶段,笔者根据发达人类社会生产力水平的不同,将第三次工业革命的基础技术水平所决定的发达人类社会生产力水平及其生产关系相互作用,所决定的经济阶段界定为初级人本经济阶段,即信息非对称的人本经济阶段;而将第四次工业革命的基础技术水平所决定的更发达人类社会生产力水平及其生产关系相互作用,所决定的经济阶段界定为高级人本经济阶段,即信息对称的人本经济阶段,或者目前称之为共享经济阶段。

总而言之,按照上述经济阶段划分的标准,人类社会的各类组合资本也随着经济阶段的划分而分类,即物本经济阶段物本资本和人本经济阶段人本资本。

截至目前,方兴未艾的第四次工业革命的区块链技术取得了长足发展,这为后文研究信息对称的人本经济发展特征,以及在此研究背景下的区块链技术发展过程做了重点阐述。区块链技术源自化名为"中本聪(Satoshi Nakamoto)"的匿名人物。中本聪在公私钥、电子签名以及点对点等已有技术的基础上,创设出分散式账簿即区块链技术,借由分散式账簿技术的去中心化信任结构实现货币的发行与流通,交易主体之间的信任并非源于某个中心化的第三方,而是出于对区块链技术的信任(Joshua Fairfield,2014)。截至目前,学者们对区块链定义的研究各抒己见。从狭义上来讲,区块链是一种按照时间顺序将数据区块以链条的方式组合成特定数据结构,并以密码学方式保证的不可篡改和不可伪造的去中心化共享总账(汪涛、赵彦云,2019);从广义上来看,区块链是利用加密链式区块结构来验证与存储数据、利用分布式节点共识算法来生成和更新数据、利用自动化脚本代码(智能合约)来编程和操作数据的一种全新的去中心化基础架构与分布式计算范式(袁勇、王飞跃,2016)。从技术层面上来看,区块链不是单一技术的创新,而是由分布式系统、共识算法、密码学、网络、数据结构和编译原理等多种技术深度整合后实现的分布式账本技术;从规则层面上来看,区块链技术的设计理念本质上是一种底层协议架构,是一种规则和契约,旨在促进全人类的合作、开放、交流和共享(Lamport L.,1982)。

综合上述区块链的定义,虽然表述不完全一致,但是构成区块链的核心技术包括对等(P2P)网络、拜占庭容错(Lamport L.、Shostak R.、Pease M.,1982)、智能合约、非对称加密、共识机制以及数据对象结构等(王锡亮、刘学枫等,2018)。其中,对等(P2P)网络是指区块与区块之间以一种对等的方式组成网络,每个区块的地位、权力和作用基本相同,每个节点的数据都需要临近节点来验证其有效性,并传播至全网,形成一种独特的传播协议和验证机制(郑敏、王虹等,2019);智能合约是指在计算机代码中构建形式,定义承诺,合约参与方可以执行存储在区块链上的分散的承诺协议(柴振国,2019);非对称加密是指每个区块的信息可以通过不同的算法进行加密,形成加密和解密的非对称密码(公钥和私钥)(宋立丰、祁大伟、宋远方,2019);共识机制是指为解决相对独立且又相互联系的区块集权和分权之间的矛盾,明确了各区块的权责,并最终形成合力(McCullough K. M.、Morrison et al.,2016)。区块链技术相关的数据对象结构包括区块、事务、实体、合约、账户、配置等六个主要数据对象。其中,区块、事务、实体和合约是区块链数据对象的核心(柴振国,2019)。

截止到目前,关于区块链层面构成的观点共识包括共识层(包括各类共识算法,或伴有经济激励机制,以实现节点间数据的一致性)、应用层(利用脚本代码、智能合约等,以实现各种应用场景落地)、数据层(包括数据区块和链式结构,利用哈希算法、Merkle树、时间戳、非对称加密等技术要素,以保证区块数据的不可篡改性和可追溯性)、网络层(封装了区块链系统的组网方式和消息传播协议等要素)、存储层(将链上索引表信息与链下数据库相结合进行存储)(袁勇、王飞跃,2016;郑敏、王虹、刘洪、谭冲,2019)。关于区块链分类的观点更多地集中在技术维度上,结合场景和设计体系的不同,分为公有链(public blockchain)、联盟链(consortium blockchain)和私有链(private blockchain)(谢辉、王健,2016)。其中,公有链可以自由进入和退出,自由改写,不存在中心化的节点;联盟链节点之间有实体组织存在,需要验证授权加入机制,联盟共同维护区块链;私有链各节点的嵌入由内部进行控制,在区块链框架下适应组织内部的管理(周艺华、吕竹青等,2019)。

随着区块链技术的发展,区块链经历了以可信交互技术为基础的数字货币阶段、以数字空间可信交互技术为基础的智能合约阶段(Melanie Swan,2015;尹浩,2018)和以数字社会可信交互技术为基础的数据化社会治理阶段(尹浩,2018)。2019年11月21日,《人民日报》刊文《以区块链赋能社会治理》,因此,选择"以太坊"打造一种有智能合约功能的开源性的公共区块链平台,利用专用加密数字货币的"以太币"提供去中心化的虚拟机进行点对点的合约处理。

国内外学者研究区块链技术、区块链特征和区块链理念三者边界以及相互之间的关系(宋立丰、祁大伟、宋远方,2019)后发现,区块链技术应用呈现出编码规则代替法律规范、技术治理代替民主治理、技术信任代替制度信任和人际信任的态势(郑观、范克韬,2019)。区块链去中心化技术的诞生却改变了既有的中心化信任结构(郑敏、王虹、刘洪、谭冲,2019)。区块链技术使得信任关系脱离了交易双方或是更高位阶的信任中心,无须信任关系中的任何主体即可独立存在(Fairfield J.,2005)。也就是说,区块链所构建的信任结构又被称为无信任的信任(Filippi P. D.、Wright A.,2018)。因此,区块链技术的出现与普及,对主权国家时代以降交易活动所依赖的以公权力为主的信任结构提出了挑战,并导致既有的中心化信任结构被去中心化的技术弱化的趋势(郑观、范克韬,2019)。鉴于中心化信任结构下交易相对方的违约、信任中心自身的瑕疵以及争议解决机制的失灵,均可能导致交易成本的产生,阻碍信任关系的建立与维系。尤其是一旦信任中心自身无法有效提供信任保障,将可能导致整个信任结构的瓦解(郑观、范克韬,2019)。根据区块链具有的去中心化和网络化数字信任、全网共识和价值激励维护、公正性和透明性、防伪和防篡改、准匿名性和安全性、交易可追溯和合约自动执行、权利保护和包容性等诸多特征,结合区块链催生的共生理念,构造以交易主体对计算机编码信任为基础的去中心化信任结构下共享经济理论体系或模式,已是迫在眉睫。

同时"互联网+"与区块链均具有"去媒介化""去中心化"和"去信用化"的"去三化"技术特征,它们一方面促进科层制企业扁平化与碎片化;另一方面通过各种网络平台化促进扁平化与碎片化的企业和买方市场融为一体。方兴未艾的第四次工业革命现代基础信息技术在第三次工业革命现代基础制造技术的基础上创新融合应用,催生了共享经济,它是高级人本经济,即信息对称的人本经济。无论是信息非对称的人本经济初级阶段,还是信息对称的人本经济高级阶段,它们的价值观均是人本经济发展观。其中,文献中详细综述了区块链技术、云技术的应用,这为后文创新构建去中心信任结构下用户导向型平台企业人本资本共享数据财务管理理论体系奠定了技术基础。

总而言之,人类社会经历了四次工业革命,而人类社会的每一次工业革命都促进了人类社会经济巨大进步,同时产生了解释经济发展现象和优化经济发展的一系列新的理论。笔者正是以人类社会四次工业革命所决定的不同经济发展阶段,以及不同经济阶段的不同经济发展观为研究背景,系统性地研究不同经济阶段、不同类型企业财务管理理论体系创新,或不同企业财务管理模式创新。

1.2 企业财务管理模式演变的文献综述

企业管理模式是客观存在的,同时也在时时刻刻发生着演变(梁帅,2018;I. Gumerova Guzel、Sh. Shaimieva Elmira,2015)。"时代是思想之母,实践是理论之源",基于这一认知范式来认知在"五大转向""五大革命"的时代要求下海尔制管理模式的形成(李海舰、李文杰、李然,2018)。对企业的"产品、员工、顾客、成本、利润、战略、管理、组织"八个"关键元素"的重新认识,使海尔制管理模式颠覆了经典管理理论而创造了新的管理理论(Edvardsson B.、Tronvoll B.、Gruber T.,2011)。财务管理是企业内部管理的中枢,也是企业实现与外部互通的桥梁,因此,企业财务管理模式也是企业管理模式的核心模式(长青、吴林飞等,2014;Kennedy F. A.、Widener S. K.,2008)。企业财务管理模式的形成与演变离不开孕育它的基本国情与沉淀的民族文化。美国马歇尔计划推行过程中孕育出美国企业财务管理模式(李昀,2018;Sheth J. N.、Parvatiyar A.,1995)。尽管中国实行改革开放多年,在中、西两类规则中,中主西辅、中实西形是基本的事实,在传统中国管理文化基本精神和行为逻辑的基础上孕育出"中魂西制"的企业财务管理创新模式(王利平,2017)。在"终身雇佣、年功序列和企业内工会"的"三大神器"的土壤中孕育出日本式企业财务管理模式(张玉来,2011;Hultink E. J.,1994)。显然,不同国别的民族文化多样性决定了企业财务管理模式创新演变存在差异性(苗泽华、毕园,2010)。

创新是企业的生命之源、发展之源(李海舰、田跃新、李文杰,2015),更是企业财务管理模式演变的动力源(丁胜红、周红霞,2016;Bartlett C.A.、Ghoshal S.,1998)。技术创新促进了企业财务管理模式的创新演变(宫奎、王贵和,2017)。大数据技术重构了企业的组织方式、生产方式、商业模式和组织边界,并对企业的生产、分配、交换和消费等环节的活动产生了重大影响,推动了我国企业共享财务管理模式的创新演变(刘志高,2017;王蕾,2016)。云技术促进了企业的智能财务管理组织模式的创新演变(宫奎、王贵和,2017;Li Cheng Chen、Chin Yao Tseng,2013),以及"互联网+"技术促进了去中心化企业财务管理模式的创新演变(汪旭晖、张其林,2016;Grewal R.、Chakravarty R.、Saini R.,2010)。从客户、供应链、外部董事等视角来研究对企业财务融资、投资等财务行为的影响,进而促进企业财务管理模式的创新演变(陈剑、刘运辉,2021;Gueler Melike Sarah、Schneider Sabrina,2021)。人类社会处于生产力欠发达生产水平的物本经济阶段,信息非对称的卖方市场基本需求驱动生产导向型企业信奉资本雇佣劳动观,从事企业雇佣财务管理,逐渐形成生产导向型企业物本资本财务管理模式(长青、吴林飞等,2014)。人类社会处于生产力发达生产水平的人本经济阶段,信息非对称的卖方市场基本需求驱动顾客导向型企业信奉资本与劳动和谐观,从事企业合作财务管理,逐渐形成顾客导向型企业人本资本财务管理模式(郭复初,2012;李娜、隋静,2015)。但是它们均承袭以财务管理论财务管理的认知逻辑(丁胜红、周红霞,2020)。尽管有少数学者的论述涉及企业共享财务管理,但是他们认为共享经济的本质是租赁,显然,他们没有真正认知共享行为演变为共享经济的规律。所谓的企业共享财务管理,其本质为打破时空限制的集成财务管理,其本质价值观仍然是资本与劳动和谐观。

截止到目前,从事财务管理的实务界财务管理者对企业财务管理模式的创新演变仍未解决企业管理所面临的一系列问题。在财务管理思想创新上,财务管理理念仍注重企业以物为中心的财务管理而非以人为中心的财务管理,以及财务管理思维仍注重企业寄生式财务管理而非共生式财务管理(邱兆学,2013),将人本财务直接纳入传统企业财务管理之中,至此,财务管理方式多数是财务治理与财务管理分割,而非两者融合;在财务管理组织创新上,财务组织理念倾向于他组织而非自组织,财务组织结构倾向于层级化而非网络化;在财务管理工具创新上,财务管理倾向于中心信任结构下第三方信用货币而非去中心化信任结构下去第三方的数据货币(丁胜红、周红霞,2020;Mele D.,2003a)。针对这些问题,很多学者基于多学科视角试图探索解决企业管理问题的新的企业管理模式,即基于系统科学理论创新企业财务管理人员成长型心智模式(王鉴忠、宋君卿等,2015;Monika Hamori,2014)、基于标准化理论创新精益财务管理模式(长青、吴林飞等,2014),以及基于竞争力理论创新高新技术企业知识产权财务管理模式(陈清爽、蒋丽梅,2019;Daniel C. Fehder、Fiona Murray、Scott Stern,2014)等。也有学者从文化的角度来探索企业管理模式的创新,即基于金融企业文化创新CHS管理模式(吴清一,2017)、基于中国文化的海尔人单合一财务管理模式创新(苏宗伟、苏东水、孟勇,2013),以及基于韩国文化的三星财务管理模式创新(王文亮、晋晶晶,2012)。这些创新的企业财务管理模式却很难在共享经济体系中发挥应有的作用,共享经济企业亟待对现有的财务管理体系进行有效的创新演变,以增加企业的核心竞争力(林丽,2017;Edvardsson B.、Tronvoll B.、Gruber T.,2011)。

总而言之,上述研究企业财务管理模式的创新演变,主要集中在技术创新、文化创新以及国情与民族差异领域,创新演变的企业财务管理模式总是多种多样的。总体而言,国内外财务管理学者主要采取就财务管理论财务管理的方式,从而致使企业财务管理不仅老问题尚未完全解决,而且增添了新问题。企业财务管理模式的创新演变在于促进企业经济发展。只有基于不同经济发展阶段的不同经济发展观来探索不同企业全面组合资本财务管理模式创新演变,才能跳出就财务管理论财务管理的固化思维方式,从而避免为解决某些具体企业财务管理问题而提出所谓的较为具体的创新企业财务管理模式,致使该企业财务管理模式不具应有的普适性特征。上述文献综述中所提到的相对具体的企业财务管理模式,为后文论述不同经济阶段、不同企业组合资本财务管理理论体系的构建奠定了理论基础。

1.3 研究价值

1.3.1 研究的学术价值

① 本课题研究所需要的经济理论基础的创新学术价值。根据物本经济发展观、人本经济发展观,分析与总结不同经济阶段、不同企业组合资本价值定理与推论,即生产导向型企业物本资本价值定理与推论、顾客导向型企业人本资本价值定理与推论,以及用户导向型平台企业人本资本价值定理与推论。

② 本课题研究所需要的企业管理理论基础的创新学术价值。根据人本经济发展观来创新性地解析顾客导向型企业人本资本价值与用户导向型平台企业人本资本共享价值,以此为基础总结出顾客导向型企业人本管理理论,并创新探析用户导向型平台企业全社会人本管理理论。

③ 本课题研究所需要的理论体系的创新学术价值:根据物本经济发展观、人本经济发展观,跳出就财务管理论财务管理的还原论,从系统论视角来总结生产导向型企业物本资本雇佣财务管理理论体系,创新构建顾客导向型企业人本资本合作财务管理理论体系和用户导向型平台企业人本资本共享数据财务管理理论体系。

1.3.2 研究的应用价值

本课题研究所需要的经济理论基础与管理理论基础,均应用于不同经济阶段、不同企业组合资本财务管理理论体系创新,以及不同经济阶段之间不同类型企业组合资本财务管理理论体系之间的演变,为改革与创新不同类型企业组合资本财务管理制度本身及不同类型组合资本财务管理制度下不同类型组合资本财务管理提供了经验依据。其中,最为独到的应用价值在于,去中心化信任结构下所构建的用户导向型平台企业人本资本共享数据财务管理理论体系是对中心化信任结构下所构建的顾客导向型企业人本资本合作财务管理理论体系的替代,以及对中心化信任结构下已经形成的生产导向型企业物本资本雇佣财务管理理论体系的颠覆。

1.4 研究对象、主要目标、总体框架

1.4.1 研究对象

① 企业人本资本财务管理理论体系研究的经济理论基础。以信息非对称的物本经济阶段生产导向型企业物本资本价值定理及其推论为参照系,推论信息非对称的人本经济阶段顾客导向型企业人本资本价值定理及其推论、信息对称的人本经济阶段用户导向型平台企业人本资本价值定理及其推论。

② 企业人本资本财务管理理论体系研究的企业管理理论基础。解析信息非对称的人本经济阶段顾客导向型企业人本资本价值、信息对称的人本经济阶段用户导向型平台企业人本资本共享价值,在此基础上总结出信息非对称的人本经济阶段企业人本管理理论,以及信息对称的人本经济阶段企业全社会人本管理理论。

③ 企业人本资本财务管理理论体系的构建。以总结信息非对称的物本经济阶段生产导向型企业物本资本雇佣财务管理理论体系为参照系,创新构建信息非对称的人本经济阶段顾客导向型企业人本资本合作财务管理理论体系、信息对称的人本经济阶段用户导向型平台企业人本资本共享数据财务管理理论体系,以及它们之间的演变规律。

④ 企业人本资本财务管理理论体系的检验。实证与案例检验创新构建的信息非对称的人本经济阶段顾客导向型企业人本资本合作财务管理理论体系、信息对称的人本经济阶段用户导向型平台企业人本资本共享数据财务管理理论体系,以及它们之间的演变规律。

1.4.2 主要目标

① 总结信息非对称的物本经济阶段生产导向型企业物本经济理论,即信息非对称的物本经济阶段生产导向型企业物本资本价值定理及其推论。推论人本经济阶段企业人本经济理论,即信息非对称的人本经济阶段顾客导向型企业人本资本价值定理及其推论,以及信息对称的人本经济阶段用户导向型平台企业人本资本价值定理及其推论。

② 总结信息非对称的物本经济阶段生产导向型企业管理理论、信息非对称的人本经济阶段顾客导向型企业人本管理理论,创新探索信息对称的人本经济阶段用户导向型平台企业全社会人本管理理论。

③ 解析信息非对称的人本经济阶段顾客导向型企业人本资本价值,以及信息对称的人本经济阶段用户导向型平台企业人本资本共享价值。

④ 总结信息非对称的物本经济阶段生产导向型企业物本资本雇佣财务管理理论体系,创新构建信息非对称的人本经济阶段顾客导向型企业人本资本合作财务管理理论体系,以及信息对称的人本经济阶段用户导向型平台企业人本资本共享数据财务管理理论体系。

⑤ 实证与案例检验创新构建的信息非对称的人本经济阶段顾客导向型企业人本资本合

作财务管理理论体系,以及信息对称的人本经济阶段用户导向型平台企业人本资本共享数据财务管理理论体系。

1.4.3 总体框架

第一部分,企业人本资本财务管理的经济理论基础。

① 以第三次工业革命和方兴未艾的第四次工业革命的现代基础技术创新进步为逻辑起点,以人本经济发展观为指导,以演化经济学为视角,分析信息非对称的物本经济发展的理论产物之一——生产导向型企业物本资本雇佣财务管理理论。阐述不同人本经济发展阶段人本经济发展的理论产物——顾客导向型企业人本资本合作财务管理理论与用户导向型平台企业人本资本共享数据财务管理理论。

② 以演化经济学为视角,以功利主义价值观、人本主义价值观来探析不同经济阶段、不同类型的企业组合资本——物本资本与人本资本的缘起与诠释。

③ 总结信息非对称的物本经济阶段生产导向型企业物本资本与财务管理的关系——资本雇佣劳动关系,以及生产导向型企业物本资本雇佣财务管理的经济规律——生产导向型企业物本资本价值定理及其推论。以此为参照系,探析信息非对称的人本经济阶段顾客导向型企业物本资本与财务管理的关系——资本与劳动和谐关系,以及顾客导向型企业人本资本合作财务管理的经济规律——顾客导向型企业人本资本价值定理及其推论。同时,探析信息对称的人本经济阶段用户导向型平台企业人本资本与财务管理的关系——资本与劳动共享关系,以及用户导向型平台企业人本资本共享数据财务管理的经济规律——用户导向型平台企业人本资本价值定理及其推论。

第二部分,企业人本资本财务管理的管理理论基础。

① 从由基本需求为本向超需求为本演变的管理理念维度来概括企业管理模式的演变,即企业利润目标物本管理模式、企业社会综合价值目标全面社会责任管理模式、企业人本价值目标人本管理模式,以及企业全社会人本价值目标全社会人本管理模式。

② 从管理动机的主动性、管理权力的内容、管理实施的范围、管理体系以及预期目标来论述企业人本管理和企业全社会人本管理的内涵。

③ 从全社会人本管理的信息对称的人本经济发展思想体系——马克思的"全面发展"学说和阿马蒂亚·森的"以自由看发展"学说,以及全社会管理的信息对称的人本经济活动——从事物质生产、人类自身生产以及精神生产的三域活动,来论述全社会人本管理的三域耦合模型。

④ 从对企业管理的基本假设的再认识、企业管理的核心问题的再认识以及企业管理的管理方式的再认识,来论述组织管理理论根本变革和组织实践第四次革命。

⑤ 从由人本主义与科学主义相互排斥向人本主义与科学主义相互融合的演变,来论述全社会人本管理与企业管理实践的第四次革命。

第三部分,生产导向型企业物本资本雇佣财务管理理论研究。

① 以第一次、第二次工业革命的科学技术创新进步为逻辑起点,以物本经济发展为对象,以探析物本经济发展观的形成为目标,来论述信息非对称的物本经济阶段物本经济理论发展现状,即以物为本的中心化信任结构、卖方市场基本需求、理性经济人假设、帕累托改进福利判断标准。

② 以物本经济发展观为指导，以物类价值为本的中心化信任结构为背景，以卖方市场基本需求为逻辑起点，以企业物本经济发展为目标，来论述信息非对称的物本经济阶段生产导向型企业物本资本雇佣财务管理理论体系，即生产导向型企业物本资本雇佣财务管理本质、生产导向型企业物本资本雇佣财务管理假设、生产导向型企业物本资本雇佣财务管理原则、生产导向型企业物本资本雇佣财务管理目标、生产导向型企业物本资本雇佣财务管理职能、生产导向型企业物本资本雇佣财务管理对象，以及生产导向型企业物本资本雇佣财务管理制度。

第四部分，企业人本资本形成及企业人本资本价值解析。

① 顾客导向型企业人本资本价值解析。解析顾客导向型企业最优资本结构存在帕累托最优状态的解，进而剖析顾客导向型企业人本资本价值的人本思想内涵。

② 用户导向型平台企业人本资本共享价值解析。分析"互联网+"用户导向型平台企业演变为对等网络关系的员工网络社群、网络共享平台和参与用户网络社群。根据对等网络社群中用户导向型平台企业员工与参与用户双排序博弈，借助网络共享平台共享匹配解析用户导向型平台企业员工与参与用户的人力资本共享匹配任务存在最优解。以此最优解为条件，根据拉格朗日-柯西定理求解用户导向型平台企业人本资本共享价值最优匹配比；选择网购服装行业样本数据估计VALS2模型和卢卡斯人力资本模型的参数；采用Matlab软件对用户导向型平台企业员工与参与用户的人力资本共享价值最优匹配进行仿真演示，进而间接验证用户导向型平台企业人本资本共享价值最优匹配比的存在。

第五部分，顾客导向型企业人本资本合作财务管理理论研究。

① 从演化经济学的角度来论述由生产导向型企业物本资本雇佣财务管理的产权范式向顾客导向型企业人本资本合作财务管理的人权范式的转变。

② 基于人权范式的视角论述顾客导向型企业人本资本的划分，即顾客导向型企业人力资本、顾客导向型企业组织资本、顾客导向型企业关系资本，以及顾客导向型企业物力资本。

③ 顾客导向型企业人本资本财务治理纳入顾客导向型企业人本资本财务管理的研究范畴。首先，采用历史文献法梳理企业资本结构与企业治理结构的关系；其次，采用规范研究法和经济演化法，从物类价值为本和人类价值为本对比的视角来论述企业资本结构与企业治理结构之间的逻辑关系；最后，以海尔的财务管理为案例来检验企业资本结构与治理结构关系演变的规律。

④ 依据产权范式研究企业财务的历史与逻辑勾画，即财权理论（财务研究逻辑起点、财务本质、财务主体与财权主体、财务目标、财务职能、财权配置）、财务治理理论（财务治理结构、财务治理机制、财务治理行为规范）。根据企业财务管理＝企业财务＋企业管理，创新性地研究顾客导向型企业人本资本合作财务管理理论架构的形成。

⑤ 以信息非对称的物本经济阶段生产导向型企业物本资本雇佣财务管理理论架构为参照系，创新构建顾客导向型企业人本资本合作财务管理部分理论架构，即顾客导向型企业人本资本合作财务管理本质、顾客导向型企业人本资本合作财务管理假设、顾客导向型企业人本资本合作财务管理目标、顾客导向型企业人本资本合作财务管理职能，以及顾客导向型企业人本资本合作财务管理对象；根据顾客导向型企业人本资本财务治理纳入顾客导向型企业人本资本财务管理的研究范畴，创新性地增补信息非对称的人本经济阶段顾客导向型企业人本资本合作财务管理另一部分理论架构，即顾客导向型企业人本资本合作财务治理机

制、顾客导向型企业人本资本合作财务治理结构、顾客导向型企业人本资本合作财务治理行为规范,以及顾客导向型企业人本资本合作财务管理报告。

⑥ 根据顾客导向型企业人本资本合作财务管理的概念框架,分析顾客导向型企业人本资本合作财务管理的概念内涵以及它们之间的逻辑关系,并以此来论述顾客导向型企业人本资本合作财务管理的理论体系构建。

第六部分,用户导向型平台企业人本资本共享数据财务管理理论研究。

① 以人本经济发展观为指导,以以人为本的中心化信任结构演变为以共享为本的去中心化信任结构为背景,以买方市场马斯洛层序需求演变为买方市场体验需求为逻辑起点,以企业人本经济发展演变为企业共享经济发展为目标,着力从经济演变动力、市场与企业转型机制,来论述由信息非对称的人本经济阶段顾客导向型企业人本资本合作财务管理模式,向信息对称的人本经济阶段用户导向型平台企业财务管理模式演变的内在规律。

② 以第四次工业革命技术创新为逻辑起点,以信息对称的人本经济发展为对象,以探析信息对称的人本经济发展特征为目标,论述信息对称的人本经济阶段共享经济理论发展现状,即以共享为本的去中心化信任结构、买方市场体验需求、具体社会人假设、马克思按需分配的福利判断标准。

③ 以人本经济发展观为指导,以以共享为本的去中心化信任结构为背景,以买方市场体验需求为逻辑起点,以用户导向型平台企业共享经济发展为目标,以区块链的智能合约、共识机制和激励机制打造网络共享平台共享匹配的智能合约、共识机制和激励机制为技术基础,创新构建信息对称的人本经济阶段去中心化信任结构下用户导向型平台企业人本资本共享数据财务管理理论体系。即用户导向型平台企业人本资本共享数据财务管理本质、用户导向型平台企业人本资本共享数据财务管理假设、用户导向型平台企业人本资本共享数据财务管理目标、用户导向型平台企业人本资本共享数据财务管理职能、用户导向型平台企业人本资本共享数据财务管理对象、用户导向型平台企业人本资本共享数据财务治理机制、用户导向型平台企业人本资本共享数据财务治理结构、用户导向型平台企业人本资本共享数据财务治理行为规范,以及用户导向型平台企业人本资本共享数据财务管理报告。

第七部分,企业人本资本财务管理理论的检验研究。

① 信息非对称的人本经济阶段顾客导向型企业人本资本合作财务管理理论的实证检验研究。针对上述信息非对称的顾客导向型企业人本经济研究的现状,根据顾客导向型企业人本资本理论,针对顾客导向型企业人本资本合作财务管理职能,结合顾客导向型企业人本资本合作财务管理理论,进行理论分析并提出研究假设,进而进行变量设计与实证检验模型构建。选择2006—2019年沪、深两市参股金融机构的公司为样本,采用多元回归方法,进行顾客导向型企业人本资本合作财务管理模式回归检验,并对实证检验模型进行稳定性检验。

② 信息对称的人本经济阶段用户导向型平台企业人本资本共享数据财务管理理论的检验研究。针对上述信息对称的用户导向型平台企业人本经济研究的现状,根据用户导向型平台企业人本资本理论,针对用户导向型平台企业人本资本共享数据财务管理职能,结合用户导向型平台企业人本资本共享数据财务管理理论,进行理论分析并提出研究假设,进而进行变量设计与实证检验模型构建。选择2015—2019年期间计算机、通信和其他电子设备制造业上市公司的财务报告数据为样本,采用多元回归方法,进行用户导向型平台企业人本资本共享数据财务管理模式回归检验,并对实证检验模型进行稳定性检验。

③ 企业人本资本财务管理理论的案例分析。针对信息非对称的人本经济阶段顾客导向型企业人本资本合作财务管理理论，以及信息对称的人本经济阶段用户导向型平台企业人本资本共享数据财务管理理论，选择海尔案例，对顾客导向型企业人本管理制度下顾客导向型企业人本资本合作财务管理理论，以及用户导向型平台企业共享管理制度下用户导向型平台企业人本资本共享数据财务管理理论进行案例检验分析。其中，顾客导向型企业人本管理制度不足的情况下顾客导向型企业人本资本合作财务管理理论，以及用户导向型平台企业共享管理制度不足的情况下用户导向型平台企业人本资本共享数据财务管理理论，已经在前面章节中做过案例检验分析，在此不再赘述。

1.5 研究的基本思路、具体方法与技术路线图

1.5.1 研究的基本思路

① 本课题以四次工业革命的技术创新进步为逻辑起点，以论述物本经济发展观、人本经济发展观的形成为前提，论述不同经济阶段的经济发展现状以及不同类型企业组合资本财务管理的经济与管理理论基础。

② 以物本经济发展观为指导，以信息非对称的物本经济阶段生产导向型企业物本资本雇佣财务管理理论总结为参照系，根据人本经济发展观指导不同人本经济发展规律，探析不同类型企业人本资本的形成，解析不同类型企业人本资本的价值，为探析研究不同类型企业人本资本财务管理理论奠定了构建基础。

③ 以人本经济发展观为指导，创新构建不同人本经济阶段不同类型企业人本资本财务管理理论体系；以不同人本经济阶段不同类型企业人本资本价值的定理、推论以及它们之间演变的规律为依据，检验不同人本经济阶段不同类型企业人本资本财务管理理论以及它们之间演变的规律。

1.5.2 研究的具体方法

① 采用历史文献法与调研分析法研究不同经济阶段不同类型经济发展的现状，采用规范研究法分析不同人本经济阶段不同类型企业人本资本财务管理理论所需要的经济与管理理论基础，采用归纳法总结信息非对称的物本经济阶段生产导向型企业物本资本雇佣财务管理理论体系。

② 采用历史演化法与规范研究法相结合的方式研究不同人本经济阶段不同类型企业人本资本的形成，采用数理解析法解析不同人本经济阶段不同类型企业人本资本的价值。

③ 采用实证研究法与案例分析法相结合的方式检验不同人本经济阶段所构建的不同类型企业人本资本财务管理理论。

1.5.3 研究的技术路线图

基于研究思路与具体研究方法，绘制研究的技术路线，如图 1-1 所示。

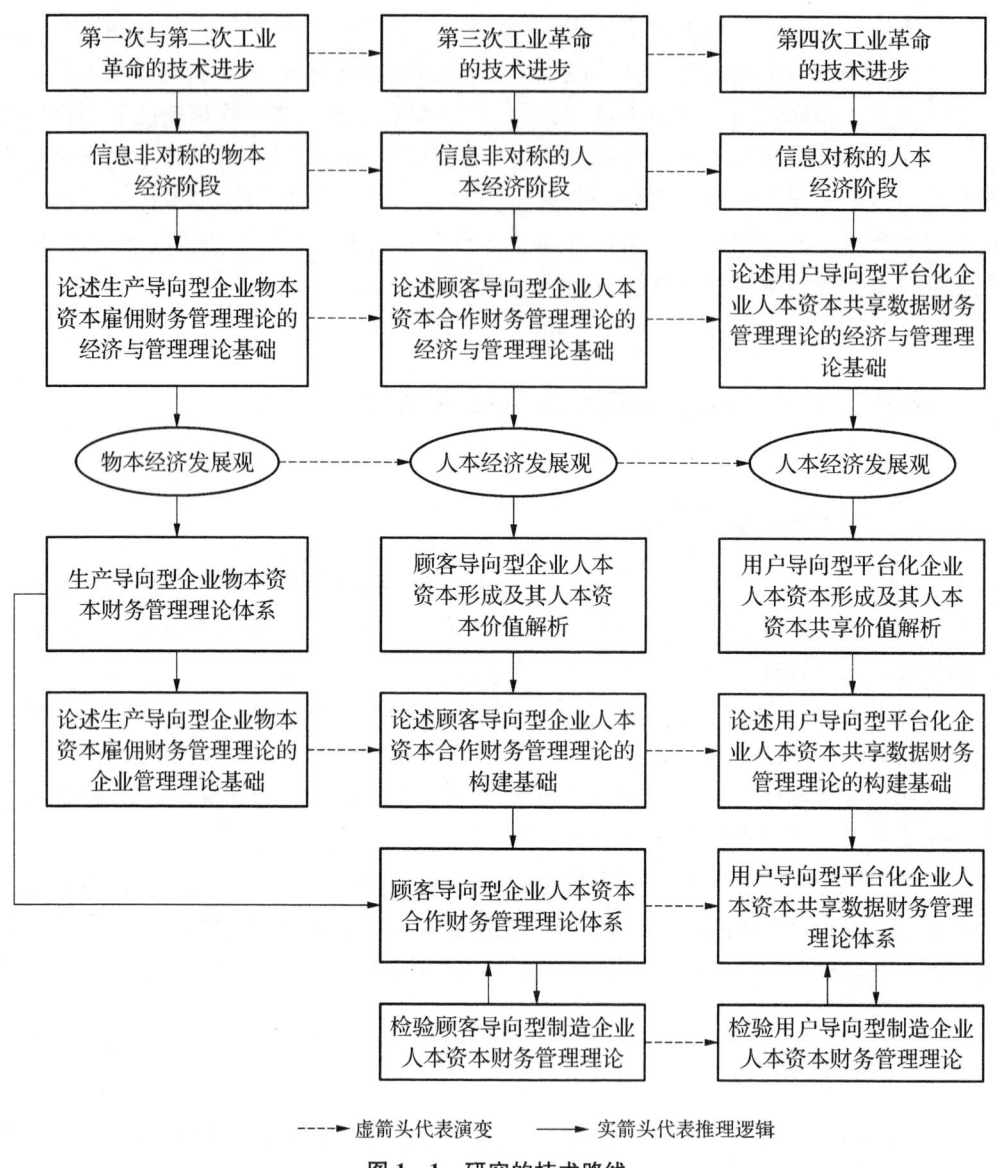

图 1-1 研究的技术路线

1.6 研究的特色和创新

1.6.1 学术思想的特色和创新

① 相比于信息非对称的物本经济阶段物本经济发展观,人本经济阶段马克思的人本主义与科学主义相互融合于人本经济发展观,它是对马克思的生产力与生产关系相互作用理论在不同人本经济发展阶段的丰富与发展。

② 相比于信息非对称的物本经济阶段物本经济发展观指导生产导向型企业物本资本雇佣财务管理，基于人本经济发展观指导不同人本经济阶段不同类型企业人本资本合作或共享财务管理理论体系的构建，它们不仅是对马克思的人本主义在不同人本经济阶段的理论发展，而且是对马克思人本主义学术思想的创新。

1.6.2 学术观点的特色和创新

① 相比于人与人之间管理关系的观点，即物本主义和人本主义，无论是物本经济发展观还是人本经济发展观，它们在不同经济阶段企业的人与物之间管理关系的观点具有一致性，即朴素的人本主义，这是它们之间演变的基础。

② 相比于基于物本经济发展观"孵化"出生产导向型企业奉行资本雇佣劳动观，基于人本经济发展观"孵化"出顾客导向型企业奉行资本与劳动和谐观，以此观点创新顾客导向型企业人本资本合作财务管理理论；基于人本经济发展观"孵化"出用户导向型平台企业奉行资本与劳动共享观，以此观点创新用户导向型平台企业人本资本共享数据财务管理理论。

1.6.3 研究方法的特色和创新

① 采用历史演化法研究不同经济阶段不同类型企业组合资本财务管理理论的总结、创新与演变，使得本项目研究理论体系的逻辑具有一致性。

② 研究方法创新在于不同研究方法集成融合，即"历史文献法＋调研分析法""历史演化法＋规范研究法""归纳法＋演绎法"以及"实证研究法＋案例分析法"，以其集成创新融合的综合研究方法研究不同经济阶段企业财务管理理论的总结、创新以及它们之间演变的规律。

第 2 章
企业人本资本财务管理的经济理论基础

自从人类社会第三次工业革命的到来,它标志着人类社会由欠发达社会生产力水平转变为发达社会生产力水平,至此,也宣告了人类价值归于物类价值的物本经济阶段的结束,以及物类价值归于人类价值的人本经济阶段的开启。因此,立足于卖方市场基本需求所研究的生产导向型企业物本资本雇佣财务管理,无法诠释立足于买方市场马斯洛层序需求的顾客导向型企业人本资本合作财务管理。前者围绕物类价值为本的企业财务治理与财务管理分立,强调生产导向型企业物本资本雇佣财务管理的寄生关系,表现为资本雇佣劳动式的生产导向型企业物本资本雇佣财务管理;后者围绕人类价值为本的企业财务治理与财务管理有机融为一体,强调顾客导向型企业人本资本合作财务管理的合作关系,表现为资本与劳动和谐方式的顾客导向型企业物本资本财务管理。

当人类社会第四次工业革命到来,它标志着人类社会发达社会生产力水平进入更高阶段。人类社会由人本经济发展初级阶段进入了人本经济发展高级阶段。"互联网+"时代的大数据技术改变了买方市场的信息非对称性,以各种网络平台化模式搭建了信息对称的虚体经济与实体经济相融合的体验经济买方市场平台。因此,立足于信息非对称的买方市场马斯洛层序需求的顾客导向型企业人本资本合作财务中心化管理,无法诠释立足于信息对称的买方市场体验需求的用户导向型平台企业人本资本共享数据财务去中心化管理。前者围绕人类价值为本的顾客导向型企业人本资本合作财务共享管理,其财务管理根本性工具是制度信任下的信用货币,信用货币表现为第三方的纸质化货币或电子化货币,目前体现为各国主权货币;后者围绕人类价值为本的用户导向型平台企业人本资本共享数据财务管理,其财务管理根本性工具是技术信任下的数据货币,数据货币表现为去第三方的数据化货币或代码化货币。

纵观人类社会经济发展的历史,印证了马克思的生产力与生产关系之间的相互作用,鉴于这种相互作用而划分的人类社会经济阶段,即物本经济发展观指导的物本经济发展阶段与人本经济发展观指导的人本经济发展阶段,它们之间既有纵向的历史传承,也有现实社会经济发展的横向更迭。

2.1 物本资本与人本资本概念之缘起

就"资本"概念的产生而言,纵观中国古代对"资本"概念的诠释,存在以下三种学说:第一种是经商的本钱。"吾之隣人,有一子稍长,因使之代掌小解。不逾岁,偶误质盗物,资本耗折殆尽。"(宋何薳《春渚纪闻·苏刘互谑》)第二种是牟取利益的凭借。"子钱家贷钱。"(《史记》卷一二九)"过三分钱债依例三分取息。"(《元典章》卷一九《种佃》)第三种是信守的本分。"媒婆来往提说,这魏才因侯小槐为人资本,家事也好,主意定了许他。"(《醒世姻缘传》第四一回)。显然,第一种与第二种"资本"的概念产生于人们追求物性第一、人性第二的物类价值为本的经济活动,而第三种"资本"的概念则产生于人们追求人性第一、物性第二的人类价值为本的社会活动。

纵观西方关于"资本"概念的学说,主要存在以下两种学说:一种是指"生产要素"学说。在西方经济学中,最初将"资本"作为投入生产资料的一部分,即劳务、土地等资本。或者是指生产出来的生产要素,也就是资本的产物,即科学技术代表的各种耐用品等。根据现今主流宏观经济学的观点,"资本"泛指一切投入再生产过程的所有生产要素,资本可以划分为物质资本、人力资本、自然资源、技术知识。这种"资本"概念产生的背景是在人类社会生产力水平处于欠发达社会生产力水平阶段,由欠发达人类社会生产力水平"武装"人类社会经济主体所产生的供给尽力满足人类社会生活的基本需求。因此,人类社会经济发展处于满足基本需求(完全低层次需求)为主导的卖方市场。为了满足人类社会的基本需求,人类社会经济发展主要强调以物类价值为本的物本经济发展观(materialcentric economic development view)①。也就是说,物本经济发展观缘起于人类社会欠发达生产力水平决定人们追求物性第一、人性第二的物类价值为本的经济发展普遍看法,这种趋于一致性看法逐渐内化为人们的生活习惯、规则、制度以及法律等,进而形成指导物类价值为本的价值观——物本经济发展观。在信息非对称环境下,卖方市场基本需求驱使人们从自身利益出发追求自我价值最大化,并以自己人性替代或假定他人人性,这种对人性的普遍看法逐渐形成被人们普遍认可的完全理性经济的假设。当然,其假设背后体现了物本经济发展观,或被哲学家称之为功利主义哲学观。

总而言之,无论是中国古代资本的学说——"经商之本钱"与"牟取利益之凭借",还是西方资本的学说——物本经济发展观或功利主义,它们的共同特征在于以财富增值为本。因此,人类社会欠发达生产力水平决定完全低层次需求或基本需求成为人类社会的主流需求。人类社会按照人类价值归于物类价值的专业化劳动分工与合作,借助卖方市场基本需求驱动各类经济主体物类要素资源有效配置,实现物类价值为本的财富增值。对此,各类经济主体物类要素资源有效配置过程可称之为物本资本。它是信息非对称的物本经济发展的"新常态",也是此阶段人类社会财富积累的基本途径。

另一种主要是指马克思的"资本论"学说。在经济范畴中,马克思的"资本"是指资本家占有,并用作剥削手段的生产资料和货币;在社会(哲学)范畴中,马克思的"资本"是指由剩余劳动堆叠形成的社会权力,它体现了资本家对工人的剥削关系。显然,马克思对资本概念的论述是对物本经济发展观的批判。习惯于仅仅满足人类社会基本需求的假设前提,论述人类价值归于物类价值的物本经济发展观,其本质是对人性的漠视或不认可。不能因为人类社会生产力水平的局限而限制人们对高层次需求的渴望,从而"形而上学"地"裁定"人类没有高层次需求的努力。这种"裁定"集中体现在西方经济学教科书中将原本存在的人类需

---

① 物本经济发展观是指以物类价值为本的指导经济发展的价值观。物本经济发展观以物类价值为中心,将人类价值归于物类价值,重视物类价值胜过人类价值,忽视或否定他人的价值(人类的自由和幸福),在经济发展中将其仅仅当作手段,而非目的。

求差异抽象化，书本仅仅表述了无差异的完全低层次需求，仅仅是人类社会的基本需求，而漠视了人类社会的高层次需求。正是这种"漠视"，将"资本"的社会性"忽视"了，客观上维护资本主义雇佣劳动经济关系。也就是说，物本经济发展观并不否定在自然观上的人本主义，而是否定其在社会观上具有人本性，或者说，以自然观的人本主义替代了社会观的人本主义。这种替代逻辑违背了人的需求多样性的现实。出于对人类社会人性的"重视"，被后人称之为马克思政治经济学的"资本"是对人类社会人性的还原——人类社会不仅仅有基本需求，还有高层次需求，这是对人性的客观认知。因此，满足人类社会中人的需求是判断人类价值的唯一的真理。以人为本也即以人的需求为本。

作为人本主义的继承与发扬者——马克思在《资本论》中指出："资本来到世间，从头到脚，每个毛孔都滴着血和肮脏的东西。"他指出，在社会学范畴中，资本主义物本经济发展观中的"资本"价值观为功利主义，也就是物本经济阶段的物本资本价值观在哲学范畴中可为功利主义；而他所倡导的以劳动解放为本或以人类增值为本的人本经济发展观中的"资本"价值观是人本主义。马克思的人本经济发展观是立足于对人性的辩证唯物主义基本看法：强调人性第一、物性第二，追求人类价值为本。人性使然在于人对自由的追求，在追求过程中人既是手段又是目的。这种追求必然导致人们通过以劳动解放为本或以人类增值为本，进而实现人的自由，解放全人类。也就是说，马克思本人所处的历史年代虽然属于人类社会生产力水平处于欠发达阶段，却能得出人类社会生产力水平处于发达阶段的经济发展观，其根本原因在于马克思找到了历史唯物辩证法，它是人们科学认知未来社会发展的基本方法论。

如果人类社会科学技术水平不能实现发达人类社会生产力，则需要建立以人本主义为指导的人类社会制度，即社会主义制度，促进人类社会科学技术创新发展，尽快实现发达人类社会生产力，以期实现解放全人类，实现人的自由。这就是马克思所倡导的生产关系对生产力反作用的生产力学说的初衷。只有发达社会生产力水平，才能实现人类的自由，也才能追求人类的劳动解放。因为发达社会生产力水平决定人类社会供给能力的提高，从而满足人类社会个性化需求，进而使得买方市场个性化需求日趋发育成为人类社会主流需求。而发达科学技术促进买方市场发育则经历了由信息非对称的买方市场向信息对称的买方市场的转变。也就是说，发达社会生产力水平所决定的人本经济阶段分为由信息非对称的买方市场马斯洛层序需求发挥主导作用的初级人本经济阶段和由信息对称的买方市场体验需求或超需求发挥主导作用的高级人本经济阶段。在人本经济初级阶段，信息非对称的买方市场马斯洛层序需求成为人类社会的主流需求；而在人本经济高级阶段，信息对称的买方市场体验需求（或称之为超需求）成为人类社会的主流需求（丁胜红、何丹、周红霞，2017）。

总而言之，无论是中国古代资本的学说——信守的本分，还是马克思的"资本论"学说，它们的共同特征是源于人类社会学范畴，强调资源层面下以人为本。因此，在人类社会生产力水平处于发达水平下，买方市场个性化需求在人类社会经济发展中发挥着主导作用。也就是说，在信息非对称的人本经济阶段，买方市场马斯洛层序需求成为此阶段人类社会的主流需求；在信息对称的人本经济阶段，买方市场体验需求成为此阶段人类社会的主流需求。人类社会按照物类价值归于人类价值的专业化劳动分工与合作，借助买方市场个性化需求驱动各类经济主体人类要素资源的有效配置，实现人类价值为本的财富增值。各类经济主体人类要素资源的有效配置过程可称之为人本资本，它是人本经济发展的"新常态"，也是此阶段人类社会财富积累的基本途径。按照买方市场个性化需求划分为信息非对称的买方市场马斯洛层序需求和信息对称的买方市场体验需求，人本资本可划分为信息非对称的人本经济发展"新常态"和信息对称的人本经济发展"新常态"。此人本经济阶段划分的生产力标准在于第三次工业革命和正在爆发的第四次工业革命；同时，此人本经济阶段划分的生产关系标准在于中心信任结构下人类社会的各种习惯、规则、制度、法律等和去中心信任结构下人类社会的各种习惯、规则、制度、法律等。

2.2 物本资本与人本资本概念之诠释

根据马克思的生产力与生产关系理论来诠释物本资本与人本资本的内涵。就马克思生产力层面而言，一切资本的载体无非是各种资源，譬如，物质资源、人力资源、技术资源以及知识资源，它们是构成各类生产力的基础。在人类社会生产力水平处于欠发达的阶段，通过上述物类资源优化配置来解决人类社会基本需求不足的矛盾，进而形成各类经济主体追求物类价值为本的物本经济发展"新常态"。在人类社会生产力水平处于发达的阶段，通过上述人类资源优化配置来解决人类社会个性化需求不足的矛盾，进而形成各类经济主体追求人类价值为本的人本经济发展"新常态"。就马克思生产关系层面而言，上述各类资源决定了各类权利的存在，通常表现为生产关系。譬如，生产关系在企业表现为企业制度，它是对企业拥有或控制资源的权利的配置。根据生产力决定生产关系的原理，在人类社会生产力处于欠发达水平下，企业制度价值观为物本经济发展观，它的哲学观为功利主义。在人类社会生产力处于发达水平下，企业制度价值观为人本经济发展观，它的哲学观为人本主义。企业的经济发展取决于企业生产力与企业生产关系之间的相互作用，它集中体现为在企业生产力层面上企业物类资源或人类资源的有效配置，以及在企业生产关系层面上企业物类资源或人类资源所决定的以产权为本或人权为本的各类权利的均衡。因此，根据企业生产力水平可将企业经济发展划分为企业生产力水平处于欠发达阶段所决定的物本经济阶段，以及企业生产力水平处于发达阶段所决定的人本经济阶段。在物本经济阶段，企业物类资源的有效配置过程称之为企业物本资本；在人本经济阶段，企业人类资源的有效配置过程称之为企业人本资本。

总而言之，物本资本概念与人本资本概念的缘起及其诠释，无论是物本资本还是人本资本，使我们初步理解它们都是以企业作为不同经济阶段经济发展基本单位的经济"新常态"。在此"新常态"基础上探索财务管理的理论与方法，则需要剖析企业经济发展规律，它是企业财务管理模式产生的经济基础。

2.3 生产导向型企业物本资本雇佣财务管理的经济理论基础

在农耕经济时代，使用价值在人类社会经济中处于主导地位，其经济特征表现为自给自足。作为社会的经济主体，其被人们称之为"作坊""庄园"等。社会生产力水平极其低下，人们采用简陋工具与自然作抗争。人类社会的基本需求经常不能被满足，通过战争掠夺成为人类社会经常发生的事情。在人类社会生产力处于极其欠发达水平下，人们急迫地追求物性第一,忽视甚至否定人性第二。此时,作为农耕经济主体的作坊、庄园等,其师徒关系、父子等裙带关系成为封闭式经济管理的主要模式。师徒、父子之间技术与管理的传承决定了社会经济主体内部信息处于对称状态,而经济主体的产出主要为了自给自足决定了供给与需求始终处于平衡状态。因此,笔者根据人类社会生产力水平及其所决定的人们对此经济发展的普遍看法,将农耕经济划归为信息对称的物本经济阶段,它属于物本经济初级阶段。在此阶段市场处于封闭状态,或称之为市场的原始启蒙阶段。很多学者认为原始启蒙市场在农耕经济阶段尚未发挥主导作用。也就是说,在农耕经济时代的资源配置上,计划方式处于主导地位,市场方式处于非主导地位。笔者认可这个观点,但同时也认为,信息对称的物本经济阶段是分析信息非对称的物本经济阶段形成的参照系。

随着资本主义社会的到来,以蒸汽机为代表的基础制造技术在人类社会经济发展中被广泛地推广与应用,促使各种社会经济主体规模不断地扩大,供给能力急速提升,直接导致自给自足的封闭式裙带管理系统崩溃,逐渐衍生出人类社会各种经济主体部分所有权与经营权分离,极大地满足了卖方市场基本需求。卖方市场基本需求也促进以委托代理契约形式创新所有权与经营权分离的经济主体诞生,它的诞生更进一步提升了经济主体的供给能力。为了有效地促进人类社会各种经济主体发展,应运而生了《公司法》。自此,各种社会经济主体才有了"企业"的名分。企业所有权与经营权分离直接导致信息非对称成为物本经济发展的"新常态"。在企业内部因所有权与经营权分离导致所有权主体与经营权主体分离,致使企业内部所有权主体与经营权主体之间信息供需出现失衡,这导致了企业内部经济主体之间信息非对称。此时,企业生产不仅仅能够满足自己的基本需求,更主要的是能够满足他人的基本需求,交易价值在人类社会经济中处于主导地位。因此,在企业外部因决定供给商品所有权主体与决定需求商品所有权主体分离,以及决定需求商品经营权与决定供给商品经营权主体分离,这导致卖方市场供给主体与需求主体之间信息供需失衡,产生了信息非对称的卖方市场。因此,企业所有权与经营权分离导致了信息非对称成为物本经济阶段的"新常态"。

至此,第一次工业革命技术的推广与应用直接导致信息对称的物本经济阶段转变为信息非对称的物本经济阶段。笔者定义此阶段为信息非对称的物本经济初级阶段。尽管以福特式流水线的基础制造技术为代表的第二次工业革命的产生,它使人类社会欠发达生产力水平得到了很大提升,极大地丰富了人类社会创造的财富,人类社会生存需求得到了满足,但人类健康与安全需求有待改善,因此,供给小于需求的卖方市场仍处于主导地位。企业管供给,市场管销售,这种市场与企业之间的二分法也注定了供给方与需求方之间的信息非对称性仍为卖方市场"新常态"。因此,在人类社会生产力处于欠发达水平下,本节所要研究的生产导向型企业委托代理契约的本质决定了生产导向型企业物本资本雇佣财务管理模式,它成为信息非对称的物本经济阶段生产导向型企业物本资本与财务管理之间关系的特质,也是下文论述生产导向型企业物本资本与财务管理关系的基本依据。

2.3.1 生产导向型企业物本资本与财务管理的关系

"财务"="财"+"务"。在中国古代,"财"的本意是金钱和物资。譬如,"乘其财用之出入"(载于《周礼·天官·宰夫》),"此轻财而重礼之义也"(载于《礼记·聘义》)。从西方古罗马、古希腊等法典考证,出现于私人所有权关联的"财产",或财产权,它与形成西方民主紧密联系在一起。在当时的社会经济中,"财"指的是"钱"或"资金"。当然,人类社会进步发展中,其"财"的内涵也在不断地发生演化。"务",通常解释为从事。因此,笔者认为"财务"是指从事钱(资金)的事务。它表达出两层含义。一层是从货币资源角度表达各种财务活动,这从属于生产力范畴;另一层是从权利角度表达各种财务关系,这从属于生产关系范畴。就契约而言,"财务"的内涵,一方面表达了各种货币资源的"捆绑"形式;另一方面表达了因各种货币资源"捆绑"而约束的"财权束"。

财务+管理=财务管理。管理的本质在于提高效率与效益。因此,从货币资源层面上,财务与管理创新融合在于实现物类货币资源优化配置,形成最佳物类货币资源"捆绑"形式;从财权层面上,财务与管理创新融合在于实现产权为本的各种财权均衡,同时物类货币资源也实现最优配置。无论是物类货币资源最优配置,还是产权为本的财权束达到均衡状态,都是财务管理的目标。也就是说,财务管理主体追求以最小代价或成本,通过货币最佳媒介功能获得物类货币资源,同时通过货币价值显示功能实现伴随着财务管理服务主体的物本资本价值最大化。

为了便于理解生产导向型企业物本资本与财务管理的关系,选择统一"口径"——契约来解释信息非对称的物本经济阶段生产导向型企业物本资本+财务管理的创新融合关系。鉴于前文对物本经济阶段的论述,在信息对称的物本经济初级阶段,自给自足经济决定了卖方市场具有信息对称性。所有权与经营权合一决定了"作坊""庄园""商号"等微观经济主体内部信息对称,因此,基于对称信息缔结经济性契约具有完备性。也就是说,在信息对称的物本经济阶段,各种经济主体的本质是完备性经济契约。经济主体资源根据是否获得增值属性可划分为货币性资源与非货币资源,进而可划分出作为资源"捆绑"形式的完备性契约为非财务型完备性契约与财务型完备性契约。自给自足经济决定了经济主体非财务型完备性契约的目的在于满足自己使用,而非交易,因此,使用价值成为经济主体追求的目标。经济主体通过财务型完备性契约来实现非财务型完备性契约,此时,经济主体的各种货币功能主要在于价值显示。在信息对称的物本经济阶段初期,创造社会财富的自给自足微观经济主体中"财务管理"地位很低。关于生产导向型经济主体物本资本与财务管理的关系,可以概括为静态非财务型完备性契约与静态财务型完备性契约之间的同步优化。也就是生产导向型经济主体通过货币显示价值功能来完成生产导向型经济主体物本资本价值的显示,其财务管理结果是生产导向型经济主体物本资本雇佣财务报告,仅仅是资产负债表编报。

随着第一次工业革命基础技术的广泛推广与应用,极大地满足了卖方市场急需的基本需求,驱动经济主体规模化,打破了原经济主体封闭式管理系统,催生了所有权与经营权分离,进而也导致信息非对称成为物本经济的"新常态"。在信息非对称的物本经济初级阶段,作为卖方市场的微观经济主体通过与企业缔结交易契约,将自己拥有或控制的资源内置于企业,因企业所有权与经营权分离而导致企业通过委托代理契约来完成企业资源计划配置的格局。这种企业以受托方式履行的经营权,在企业内部信息非对称的情况下,执行企业资源"计划"配置方式。因非对称信息决定了企业缔结非完备性委托代理契约,其契约非完备经济性导致企业经常发生道德风险和逆向选择,致使企业以计划方式配置企业物类资源失效或部分失效。鉴于企业资源经济属性的不同,企业委托代理契约由委托代理财务契约与委托代理非财务契约构成。企业委托代理财务契约是为委托代理非财务契约服务的。因此,企业财务管理表现为委托代理财务契约的优化,其优化工具是货币媒介与货币价值显示,其优化效果取决于货币的媒介功能与价值显示功能。

在信息非对称的物本经济阶段,基于信息非对称的卖方市场基本需求,生产导向型企业通过货币媒介功能获取市场物类资源,以满足生产导向型企业委托代理非财务型契约缔结的需要。生产导向型企业按照已经缔结的委托代理非财务型契约进行计划资源优化配置,创造生产导向型企业物本资本价值。生产导向型企业通过货币价值显示功能在市场上实现生产导向型企业物本资本价值。因此,生产导向型企业物本资本与财务管理之间的关系,可以概括为动态委托代理非财务型契约与委托代理财务型契约之间的协同优化。也就是生产导向型企业通过货币的显示价值功能与媒介功能来共同完成生产导向型企业物本资本价值的创造与实现,其财务管理结果是生产导向型企业物本资本雇佣财务报告。一方面,通过货币显示价值功能显示生产导向型企业物本资本价值,即生产导向型企业的某时间点物本资本价值——资产负债表和某期间物本资本价值——损益表,以及它们相结合的企业物本资本价值——现金流量表;另一方面,通过货币媒介功能来编制生产导向型企业未来某时点物本资本价值——预算资产负债表,即生产导向型企业非货币资源的计划配置格局,编制生产导向型企业未来某期间物本资本价值——预算损益表,以及它们相结合的企业物本资本价值——预算现金流量表。因此,生产导向型企业物本资本财务管理由静态委托代理财务契约优化演变为动态委托代理财务契约优化。

随着科学技术的不断发展,促进了物本经济迅猛发展,加剧了为满足卖方市场基本需求的生产导向型企业规模急剧膨胀,从而导致生产导向型企业资金需求不足。为了解决生产导向型企业资金需求不足的问题,催生了证券市场的形成。为了满足证券市场对其市场主体的要求,产生了所谓的上市公司。对于生产导向型上市公司而言,其企业财务管理发生了演变:由动态委托代理财务契约优化拓展为委托代理财务契约优化+证券契约优化。为了更好地理解其中"+"符号的内涵,必须诠释货币与证券具有本质一致性。为此,应首先论述财务管理的对象"货币"的本质。纵观人类社会的"货币"缘起,可概括为"货币"产生于时空分离的交易。在以物易物的交易中无须货币来充当媒介,其价值显示功能也是多余的。只有在时空分离的交易中才有可能需要等价物来作为中介,以其创造时空合一或建立交易时空分离的"桥梁",使交易延续或发生。因此,时空分离交易是货币产生的前提条件。然而,在交易处于时空分离之际是否一定需要等价物呢?显然,不一定需要等价物。如果交易双方存在信息对称且信用良好,那么,交易即便处于时空分离的状态也无须等价物,或者说是它们之间的信用充当了等价物。如果交易双方处于信息非对称的情况下,并且他们也无法洞悉对方的信用情况,那么,为了完成他们之间时空分离的交易,等价物就成为他们之间完成时空分离交易的唯一条件。因此,信息非对称成为货币产生的充分条件。在信息非对称的物本经济阶段,在纷繁复杂的卖方市场交易活动中,显然,消费者选择的等价物也是复杂多样的。复杂多样化的等价物不利于下次交易的发生或持续,因此,为了在复杂交易中使时空分离的交易持续发生,在复杂多样化交易者之间必须共同选择最大交易共识——一般等价物。因此,一般等价物成为货币产生的必要条件。

从人类社会货币发展的历史来看,曾经交易的一般等价物是贝壳、金、银等,它们本质上具有价值。对于这些一般等价物,说到底,它们是基于交易双方信用的产物,即信用物,其信用是关键。由于这些一般等价物自身资源的有限性限制了满足无限需求的交易,并且因其自身重量给大规模交易携带造成极大困难,当然,也给其他不法分子可乘之机,因而造成交易难以持续。这些都成为选择其他一般等价物做替代的原因。在人类社会发展中,从某种意义上讲,国家是人们的最大共识,也是最大信任的产物。因此,主权货币,即主权纸币,成为复杂多样的交易者选择第三方替代一般等价物的最大共识。主权货币或主权纸币是第三方的信用货币。它的产生是为了解决因时空分离交易产生信息非对称而造成交易双方或多方相互之间的信用危机,进而使原本的交易得以可持续化。

交易的本质就是不同契约之间的交割,作为交易中最大共识的第三方"(信用)货币",其本质自然也是契约。这在我国北宋时期的"交子"可以佐证。证券作为上市公司股东拥有公司价值的契约,一方面,证券是显示股东拥有构成公司价值的资产,譬如,固定资产、人力资产、技术等;另一方面,在证券资本市场中,证券业具有媒介功能,可扩大股东交易规模。因此,信息货币与证券在本质上具有一致性。从契约的意义上讲,证券也是一种货币。在信息非对称的物本经济阶段,人类价值归于物类价值的物本经济发展观指导生产导向型企业物本经济发展。因此,"资本雇佣劳动观"是物本经济发展观在生产导向型企业价值观上的集中概括与另外一种表述。因此,追求股东企业价值最大化成为信息非对称的物本经济阶段上市公司股东追求其物本资本价值的目标。为了实现生产导向型企业股东追求物本资本价值目标,股东通过自己拥有的信用货币和证券雇佣劳动来完成其上市企业物本资本价值最大化。也就是说,生产导向型企业物本资本财务管理可概括为委托代理财务契约优化＋证券契约优化。其内涵如下。

1. 委托代理财务契约优化

一方面,利用具有媒介功能的货币性资源优化配置以实现生产导向型上市企业物本经济发展规律的非货币资源最优配置。也就是说,生产导向型上市企业货币资源本身不能创造价值,它的价值在于利用其媒介功能帮助生产导向型上市企业实现非货币资源优化配置。因此,作为计划资源配置形式的生产导向型上市企业通过货币资源计划配置来满足非货币资源计划配置。另一方面,利用具有价值显示功能的货币资源对生产导向型上市企业非货币资源优化配置价值给予显示——财务报告,它既是生产导向型上市企业委托代理财务契约优化的结果,又是生产导向型上市企业未来委托代理财务契约优化的开始。因此,委托代理财务契约优化是生产导向型上市企业货币资源(资金)计划配置的产物。

2. 证券契约优化

一方面,利用具有价值显示功能的证券资源优化配置以显示生产导向型上市企业非货币资源最优配置的结果。通常证券交易所要求生产导向型企业不断地披露其不同时期的财务报告等信息,以满足证券市场投资者对生产导向型上市企业不同时期非货币资源最优配置结果的了解,进而推断生产导向型企业非货币资源配置过程是否满足其物本经济发展规律。另一方面,利用具有媒介功能的证券资源以促使符合生产导向型上市企业物本经济发展规律的非货币资源最优配置过程的形成。因此,作为市场资源配置形式的证券市场通过其证券契约设计来满足生产导向型上市企业非货币资源"捆绑"形式的动态非证券契约的形成。因此,证券契约优化是生产导向型上市企业证券资源市场配置的产物。

总而言之,在信息非对称的物本经济阶段,生产导向型企业物本资本价值最大化过程也必然伴随着生产导向型企业物本资本财务管理优化过程,即生产导向型企业委托代理财务契约优化＋证券契约优化,同时生产导向型企业通过委托代理财务契约优化＋证券契约优化来促进物本资本价值最大化。因此,奉行物本经济发展观指导生产导向型企业完成非货币性资源与货币性资源整体性优化配置,从而在实现生产导向型企业物本资本价值最大化的同时,企业财务管理成本最小化。根据管理的艺术观,对此生产导向型企业非货币性资源与货币性资源整体性优化配置艺术,笔者称之为生产导向型企业物本资本雇佣财务管理。

2.3.2 生产导向型企业物本资本雇佣财务管理的经济规律

根据契约理论界定生产导向型企业物本资本财务管理内涵为委托代理财务契约优化+证券契约优化。无论是委托代理财务契约优化还是证券契约优化,首先,作为货币资源领域的生产导向型企业物本资本财务管理的终极目标是,帮助非货币资源领域的生产导向型企业实现物本资本价值最大化,或物本资本增值最大。即先有生产导向型企业物本资本价值最大化,然后才有生产导向型企业委托代理财务契约优化+证券契约优化的可能。生产导向型企业委托代理财务契约优化+证券契约优化集中体现了生产导向型企业以货币资源与证券资源的综合成本最小化的代价获得物本资本价值最大化。因此,生产导向型企业物本资本财务管理的终极目标是生产导向型企业物本资本价值最大化(企业利润最大化或股东价值最大化),直接目标是生产导向型企业货币资源与证券资源的综合成本最小化。也就是说,对于生产导向型企业委托代理财务契约优化+证券契约优化的直接契约目标是生产导向型企业物本资本财务管理成本最小化。因此,生产导向型企业物本资本雇佣财务管理的经济基础在于生产导向型企业物本资本价值最大化,否则,"皮之不存,毛将焉附"。

1. 生产导向型企业物本资本价值最大化

在信息非对称的物本经济阶段,笔者假定基于信息对称性可缔结完备经济性契约的生产导向型企业,其制度具有经济性契约完备性,因此,生产导向型企业制度的有效弹性系数为0,也就是说,生产导向型企业制度完美无缺,没有改进的空间。为此,笔者选择柯布-道格拉斯生产函数(Cobb-Douglas production function)(Cobb C. W.、Douglas P. H.,1928)来表征信息对称下生产导向型企业物本经济的发展规律。该生产函数的基本形式为:$Y(t) = A(t) \times L(t)^{\alpha} \times K(t)^{\beta} \times \mu(t)$。其中,$Y(t)$代表一定期间内生产导向型企业物本资本的价值;$A(t)$代表一定期间内生产导向型企业物本资本价值创造的综合生产技术水平;$L(t)$代表一定期间内生产导向型企业投入归于物类价值的人类价值,其人类价值可抽象为人力资本价值,它代表生产导向型企业非货币资源要素之一的人力资源要素价值;α代表生产导向型企业生产领域内人类价值或人力资本产出的有效弹性系数,且$\alpha \in [0,1]$;$K(t)$代表一定期间内生产导向型企业物类价值,其物类价值可抽象为物力资本价值[①],它代表生产导向型企业非货币资源要素之一的物力资源要素价值;β代表生产导向型企业生产领域内物类价值或物力资本产出的有效弹性系数,且$\beta \in [0,1]$,由于生产导向型企业经济性契约完备性决定作为生产导向型企业非货币资源要素之一的制度资源要素价值为常量1,其弹性系数为0;μ表示随机干扰的影响,且$\mu \leqslant 1$。

在信息对称的假定下,生产导向型企业物本资本雇佣财务管理的经济基础在于,满足生产导向型企业物本资本增值最大化而优化委托代理财务契约+证券契约。根据物力资本$[K(t)]$具有边际效率递减规律(Keynes J. M.,1937),即$L(t)' > 0$、且$L(t)'' < 0$;以及与人

---

① 物力资本价值通常是指固定资产净值。它的价值单位与劳动力数量的价值单位相对应。

力资本[$L(t)$]具有边际效率递增规律(Schultz T.,1961),即$K(t)'<0$且$K(t)''>0$,其中,以时间t为变量,结合拉格朗日-柯西定理,可得出信息对称的物本经济阶段生产导向型企业物本资本价值最大化的最优结果条件为:$\eta/L(t)=\sigma/K(t)$。因此,这个最优条件成为信息对称的物本经济阶段生产导向型企业物本资本财务管理的目标条件。生产导向型企业基于$\eta/L(t)=\sigma/K(t)$缔结与优化委托代理财务契约+证券契约,实现生产导向型企业货币性资源优化配置,也即实现生产导向型企业物本资本财务管理成本最小化。

在信息非对称的物本经济阶段,资源拥有者根据非对称信息将各自资源内置于生产导向型企业而采取所有权与经营权分离方式只能缔结非完备性委托代理契约。因此,非完备性委托代理契约决定生产导向型企业制度具有非完备性。也就是说,生产导向型企业制度具有改进的空间,其生产导向型企业制度具有一定弹性。因此,表征生产导向型企业物本经济发展规律的物本资本价值函数为:$Y(t)=A(t) \times L(t)^{\alpha} \times K(t)^{\beta} \times S(t)^{\chi} \times \mu(t)$。其中,$S(t)$代表生产导向型企业非完备性制度资源要素的组织资本,也有学者称之为结构资本。它的弹性系数变量为χ,且$0<\chi<1$。随着第二次工业革命爆发,人类社会生产力水平不断提高,人类社会基本需求的内涵也在不断丰富与发展,由人类社会生存需求向健康需求与安全需求不断地演变。为了人类的健康生活,生产导向型企业承担着满足人类社会健康需求的供给制度安排,此时,生产导向型企业本质由非完备经济性契约拓展为非完备经济性契约+非完备环境性契约。当安全需求成为人类社会的基本需求之一时,生产导向型企业又要承担起满足人类社会安全需求的供给制度安排,此时,生产导向型企业本质由非完备经济性契约+非完备环境性契约拓展为非完备经济性契约+非完备环境性契约+非完备社会性契约。许多学者将此时的生产导向型企业本质界定为非完备综合性契约。因此,生产导向型企业制度也由非完备经济性制度向非完备经济环境性制度、非完备综合性制度演变。

在信息非对称的物本经济阶段,生产导向型企业物本资本财务管理的前提条件就是实现生产导向型企业物本资本增值最大化的结果条件。根据物力资本[$K(t)$]具有边际效率递减规律(Keynes J. M.,1937),即$L(t)'>0$且$L(t)''<0$,人力资本[$L(t)$]具有边际效率递增规律(Schultz T.,1961),即$K(t)'<0$且$K(t)''>0$,以及组织资本或结构资本[$S(t)$]具有边际效率递增规律(黄少安,2006),即$S(t)'<0$且$S(t)''>0$,其中,以时间t为变量,结合拉格朗日-柯西定理,可得出信息非对称的物本经济阶段生产导向型企业物本资本价值最大化的最优结果条件为:$\eta/L(t)=\sigma/K(t)=\chi/S(t)$。笔者称之为生产导向型企业物本资本价值定理,即物本资本结构优化程度决定生产导向型企业物本经济发展水平。由此产生其推论定理,即生产导向型企业物本资源配置结构优化程度决定生产导向型企业物本资本财务管理水平。这是生产导向型企业物本资本雇佣财务管理定理。因此,这个最优结果条件成为信息非对称的物本经济阶段生产导向型企业物本资本财务管理的目标条件。生产导向型企业基于$\eta/L(t)=\sigma/K(t)=\chi/S(t)$缔结与优化委托代理财务契约+证券契约,实现生产导向型企业货币性资源优化配置,也即实现生产导向型企业物本资本财务管理成本最小化。由于生产导向型企业制度也由非完备经济性制度向非完备经济环境性制度、非完备综合性制度演变,生产导向型企业物力资源与人力资源的属性也由经济属性向经济属性+环境属性、经济属性+环境属性+社会属性演变。因此,在第一次工业革命向第二次工业革命演变的过程中促进了信息非对称的物本经济发展,它决定了生产导向型企业物本资本雇佣财务管理也不断地丰富发展。对此研究内容,下面不做详细论述。

2. 生产导向型企业物本资本雇佣财务管理研究的演化

在信息非对称的物本经济阶段,生产导向型企业物本资本雇佣财务管理研究起源于 1897 年美国学者格林(Green)的《公司理财》问世,此后,财务管理开始成为一门独立学科,这也是信息非对称的物本经济阶段生产导向型企业物本资本雇佣财务管理研究起源的里程碑。在当时人类社会处于基本需求严重不足的情况下,作为供给单位的生产导向型企业最先追求自身规模化发展,其最主要的财务管理问题就是筹集资金问题。学者们对此展开了系统性研究,代表性成果为 1910 年米德出版的《公司财务》、1938 年戴维和李恩出版的《公司财务政策》等。随后,国内外企业财务学者对生产导向型企业的投资、经营、股利分配等财务问题陆续地展开了深入、系统的研究。通过总结,发现他们研究的共同规律在于围绕信息非对称的物本经济阶段生产导向型企业物本经济发展规律,从生产导向型企业物本资本财务活动与财务关系两个层面展开对企业财务管理的本质论述。一是基于货币性资源配置层面对生产导向型企业物本资本财务活动概括生产导向型企业物本资本雇佣财务管理的本质为有效的资金运动论、有效的资金流论等;二是基于货币资源权力层面对生产导向型企业物本资本财务关系概括生产导向型企业物本资本雇佣财务管理的本质为有效的分配关系论、有效的财权流论等。同时,基于上述生产导向型企业物本资本财务管理本质展开生产导向型企业物本资本财务管理前提假设研究:Damodaran(2000)的财务管理假设,伍中信(1999)的财务管理假设,Scott、Martin、William、Keown(2004)的财务管理假设,王化成(1999)的财务管理假设等。

证券市场的出现拓展了生产导向型企业物本资本财务管理的范畴,从由生产导向型上市企业货币性资源计划配置方式为主导的委托代理契约优化拓展到由生产导向型上市企业证券资源市场配置方式为主导的证券契约化。国外财务学者借助证券资本市场研究构成信息非对称的物本经济阶段生产导向型企业物本资本雇佣财务管理的理论基础:1964 年,夏普和林特纳发展了马克维茨的资产组合理论,建立了著名的资本资产定价模型;诺斯提出了资本资产定价套利模型;20 世纪 70 年代,布莱克创立期权定价模型。1972 年,法玛和米勒出版了《财务管理模式》,标志着在信息非对称的物本经济阶段西方生产导向型企业物本资本雇佣财务管理理论发展已经成熟。通过对西方生产导向型企业物本资本雇佣财务管理理论的引进与吸收,并结合中国特色社会主义国情,逐渐形成在信息非对称的物本经济阶段中国生产导向型企业物本资本雇佣财务管理理论,对此不做赘述。

2.4 顾客导向型企业人本资本合作财务管理的经济理论基础

第三次工业革命的数据化、信息化、智能化的基础制造技术大规模的推广应用,致使人类社会经济发展出现了供给水平大于需求水平,因此,买方市场马斯洛层序需求成为人类社会的主流需求。这标志着人类社会生产力水平由欠发达水平阶段转向发达水平阶段,人类社会开启了人性第一、物性第二的人本经济发展阶段。概而言之,人类社会发达生产力水平推动了人类社会由信息非对称的卖方市场基本需求处于主导地位的物本经济阶段转向信息非对称的买方市场马斯洛层序需求处于主导地位的人本经济阶段。因此,在物本经济发展观下,生产导向型企业物本资本雇佣财务管理的经济基础不同于人本经济发展观下顾客导向型企业人本资本合作财务的经济基础。国内外学者基于生产导向型企业物本资本雇佣财务管理的经济基础——信息非对称的物本经济，丰富发展了物本经济发展观指导的生产导向型企业物本资本雇佣财务管理模式。因此，笔者也基于顾客导向型企业人本资本合作财务的经济基础——信息非对称的人本经济，试图在下一章系统性地探索人本经济发展观指导的顾客导向型企业人本资本合作财务管理模式。

2.4.1 顾客导向型企业人本资本与财务管理的关系

在人本经济阶段信息非对称的买方市场中，只有企业管理者才有义务和能力了解买方市场顾客的个性化需求。也正是买方市场顾客个性化需求驱动了企业人力资本不断地崛起。企业资本所有者只有与企业管理者双赢合作才能实现顾客导向型企业经营战略。这种顾客导向型企业战略践行物类价值归于人类价值的企业人本经济发展观。此时，企业将生产者与管理者不仅仅当作手段，更是当作目的，当作企业的主体和主人。因此，利益相关者企业或利益攸关者企业成为顾客导向型企业的表现形式。"资本与劳动和谐观"自然成为以人类为本的人本主义价值观的另一种说法。在信息非对称的人本经济阶段，人类社会经济学家们基于各自视角来探索各自的人本经济发展观。譬如，以西斯蒙第为代表的追求生活幸福的人本发展经济学、以马克思为代表的追求劳动解放的人本经济发展学、以民族民主主义者为代表的追求民族平等的人本发展经济学等。笔者对人类社会不同历史阶段的人本经济发展观进行综述后发现，人本经济发展观经历了由人本主义与科学主义相克阶段转变为人本主义与科学主义相生阶段（丁胜红，2013）。

作为人本主义与科学主义相生的人本经济发展观，当推马克思的人本经济发展学为本文所研究的顾客导向型企业人本资本合作财务管理的价值观。就财务管理而言，它仍然表达两个层面的含义。一个层面的含义是从货币资源角度表达各种财务管理活动。只是信息非对称的人本经济阶段顾客导向型企业各种财务管理活动是围绕着物类价值归于人类价值的人本财务管理活动，而非信息非对称的物本经济阶段生产导向型企业围绕着人类价值归于物类价值的物本财务管理活动。另一个层面的含义是从权利角度表达各种财务管理关系。只是信息非对称的人本经济阶段顾客导向型企业围绕着以人权价值为本的各种人本财务管理关系，而非信息非对称的物本经济阶段生产导向型企业围绕着以产权价值为本的各种物本财务管理关系。就契约而言，无论是信息非对称的物本经济阶段生产导向型企业委托代理契约本质，还是信息非对称的人本经济阶段顾客导向型企业利益相关者契约本质，鉴于非对称信息所决定的企业契约的本质均为非完备性契约。但是它们存在本质区别：前者是资本雇佣劳动观所凝聚的非完备委托代理契约，而后者是资本与劳动和谐观所凝聚的非完备利益相关者契约（丁胜红、周红霞，2011）。

同样，就基于契约视角理解企业财务管理内涵而言，信息非对称的物本经济阶段生产导向型企业以促进物本资本价值最大化为目标，并以"雇佣方式""捆绑"各种货币资源，同时由其形成各种"捆绑"货币资源优化配置的"责权利"，而其货币资源优化配置主体是完全理性的功利主义信徒。其功利主义信徒仅仅在经济范畴内进行完全理性财务管理活动，以及由其财务管理活动而形成各种追求自身利益最大化的财务管理关系，这样，财务管理被称为生产导向型企业物本财务管理。其中，物本是指物本经济发展观或者功利主义价值观，它是生产导向型企业物本资本财务管理的价值观。信息非对称的人本经济阶段顾客导向型企业以促进人本资本价值最大化为目标,并以互助合作方式"链接"各种货币资源,同时由其形成各种"链接"货币资源优化配置的"责权利",而其货币资源优化配置主体是理性生态社会人的人本主义者。其人本主义者却在经济范畴+社会范畴+环境范畴内进行理性生态社会财务管理活动,以及由其财务管理活动而形成多方追求双赢或多赢的合作利益最大化的财务管理关系,这样,财务管理被称为顾客导向型企业人本财务管理。其中,人本是指人本经济发展观或者人本主义价值观,它是顾客导向型企业人本资本财务管理的价值观。

在信息非对称的人本经济阶段,顾客导向型企业人本财务管理主体既要遵循虚体市场人本经济规律($G{\rightarrow}G'$),又要遵循实体市场人本经济规律($G{\rightarrow}W{\rightarrow}G'$)。一方面,顾客导向型企业货币资源优化配置主体利用货币资源媒介功能,将顾客导向型企业所需人本资源——顾客导向型企业生产领域物力资源、人力资源+服务领域内部制度资源、外部制度资源(丁胜红、吴应宇,2011)引入顾客导向型企业中,通过代表生产力水平的顾客导向型企业生产领域的物力技术与人力技能,以及代表生产关系的顾客导向型企业服务领域的内部制度与外部制度之间的相互作用,形成顾客导向型企业人本资本资源有效配置,极大地创造出顾客导向型企业人本资本增值;另一方面,顾客导向型企业货币资源优化配置主体利用货币资源价值显示功能,将遵行人本主义者的马克思生产力学说所创造的顾客导向型企业人本资本价值在买方市场得以实现。为此,顾客导向型企业货币资源自身以及货币资源与非货币资源之间的有效配置过程,体现了顾客导向型企业人本资本合作财务管理的所有关系。

2.4.2 顾客导向型企业人本资本合作财务管理的经济规律

关于顾客导向型企业人本资本合作财务管理内涵的界定,一方面,它表达了顾客导向型企业人本经济发展规律是顾客导向型企业人本资本合作财务管理的"经济根基",无论是顾客导向型企业人本资本合作财务管理,还是顾客导向型企业人本资本合作财务治理,其最终目的就是服务于顾客导向型企业人本经济发展;另一方面,以顾客导向型企业人本资本增值最大化为前提,按照顾客导向型企业最优人本资本结构进行综合成本最小化的货币资源优化配置。为此,由顾客导向型企业人本资本合作财务管理内涵推论出下文顾客导向型企业人本资本合作财务管理的经济基础。

1. 顾客导向型企业人本资本价值最大化

人类社会处于社会生产发展的初级阶段决定了人本经济发展的初级阶段。在信息非对称的人本经济初级阶段,一方面,顾客导向型企业不同利益相关者之间相互合作存在非对称信息;另一方面,通过顾客导向型企业管理者了解买方市场顾客个性化需求也存在非对称信息。因此,鉴于顾客导向型企业内外非对称信息所决定的维护人类价值为本的顾客导向型企业本质具有非完备利益相关者契约。在以数据化、信息化、智能化的基础制造技术为代表的第三次工业革命兴盛后,人类社会生产力由欠发达水平转入发达水平,由此决定了供给小于需求的卖方市场转型为供给大于需求的买方市场。同时,企业将满足基本供给的生产技术升级换代,以提供满足人类社会高层次需求的供给。因此,追求马斯洛层序需求逐渐成为人类社会的主流需求。而围绕满足马斯洛层序需求的顾客导向型企业的供给也是多维度的。由于人的需求具有多样性,即既有经济性需求又有社会性需求,而作为自然环境一部分的人类社会,必然享有先天性的自然环境性需求。

因此,在满足人的多样化需求的基础上,将经济性契约、社会性契约以及环境性契约进行交融而形成非完备性超大利益相关者契约的顾客导向型企业本质。通过满足顾客多样化需求的顾客导向型企业定制化生产的内部契约(内部制度)与满足"俘获"买方市场顾客多样化需求的顾客导向型企业外部契约(外部制度)之间的内化或外化,实现以劳动解放为本或以人类增值为本的顾客导向型企业非完备性超大利益相关者契约目标。因此,顾客导向型企业人本资本价值函数不同于生产导向型企业物本资本价值函数。前者以劳动解放为本来完成满足顾客多样化需求的定制化供给,实现物类价值归于人类价值的顾客导向型企业人本资本增值最大化,同时实现顾客导向型企业管理中心由企业内部拓展到企业外部,由此顾客导向型企业制度也随之由企业内部制度拓展形成企业外部制度。而后者以物类价值为本来完成满足顾客基本需求的标准化供给,实现人类价值归于物类价值的生产导向型企业物本资本增值最大化,同时企业专注于内部管理而不断地完善企业内部制度。

在信息非对称的物本经济阶段,生产导向型企业物本资本价值函数为 $Y(t) = A(t) \times L(t)^{\alpha} \times K(t)^{\beta} \times S(t)^{\chi} \times \mu(t)$;而在信息非对称的人本经济阶段,顾客导向型企业人本资本价值函数为 $Y(t) = A(t) \times L(t)^{\eta} \times K(t)^{\sigma} \times IS(t)^{\phi} \times ES(t)^{\varphi} \times \mu(t)$。前者是按照资源要素的用途来划分生产导向型企业物本资本的构成,而后者是按照专业化劳动分工的形式来划分顾客导向型企业人本资本的构成。其中,代表顾客导向型企业内部制度的非完备性决定 IS 变量的产出弹性系数为 ϕ,且 $1 \geqslant \phi \geqslant 0$;代表顾客导向型企业外部制度的非完备性决定 ES 变量的产出弹性系数为 φ,且 $1 \geqslant \varphi \geqslant 0$。并且,$K$、$L$、$IS$、$ES$ 分别代表企业生产领域物力劳动所消耗的物力资源的物力资本、人力劳动所消耗的人力资源的人力资本、服务企业内部劳动所消耗的内部制度资源的组织资本、服务企业外部劳动所消耗的外部制度资源的关系资本。因此,顾客导向型企业人本资源有效配置形成顾客导向型企业人本资本价值函数,它体现了信息非对称的人本经济阶段顾客导向型企业人本经济发展的规律。由于物力资本具有边际效益递减规律,以及因顾客导向型企业内外部制度资源有效配置而形成顾客导向型企业组织资本与关系资本,因此,顾客导向型企业制度具有边际效益递减规律,从而推论得出顾客导向型企业组织资本与关系资本也具有边际效益递减规律,以及顾客导向型企业人力资本具有边际效益递增规律。

因此,根据拉格朗日-柯西定理,推论出顾客导向型企业人本资本价值定理为: $\eta/L(t) = \sigma/K(t) = \phi/IS(t) = \varphi/ES(t)$(丁胜红、吴应宇,2011)。而顾客导向型企业人本资本财务管理均是围绕顾客导向型企业人本资本增值最大化而不断地优化顾客导向型企业货币资源优化配置。因此,顾客导向型企业人本资本价值定理理所当然地可作为顾客导向型企业人本资本合作财务管理的经济基础。

2. 顾客导向型企业人本资本合作财务管理研究的演化

在信息非对称的人本经济阶段,关于企业人本财务研究起源的考证,付茜于 2002 年发表的《人本财务管理模式初探》一文中涉及人本财务的内涵,但陈晓兰等于 2006 年发表的《人本财务的目标——物质资本与人力资本的利益均衡》一文中完整地提出了人本财务的概念。随后,在中国学术会议上,以会议论文形式讨论人本财务内涵的有 2008 年王海兵的《财务报告信息含量的理论构架及测度——兼议物本财务报告向人本财务报告的演进》、2011 年邱兆学的《基于人本财务视角的传统财务管理模式误区》、2011 年李艳玲的《基于人本财务视角的企业社会责任问题探讨——以"双汇"集团为例》，以及2011年徐国君的《人本财务管理模式论纲——基于知识经济的财务管理模式变革构想》。而最先将人本财务研究上升到理论体系层面的，在中国会计学者中当属王海兵博士，其于2012年出版了《人本财务研究》一书。而国外学者关于人本财务的研究，从目前搜索到的外文文献来看，Amanat Hussain于2000年发表了Change Management这本专著，其中涉及论述人本财务的内涵，然而把人本财务上升到理论体系高度进行研究的文献，截至目前还未发现。

笔者总结出上述研究人本财务的核心观点就是资本与劳动和谐观。他们将社会性契约、环境性契约嵌入企业中，以企业综合契约的本质来研究人本财务，拓宽了企业物本财务研究的经济范畴。这种就人本财务论人本财务的方法，往往局限于人们对人本财务的认知范围，很难全面而又系统地认知并形成人本财务理论体系的本源。而笔者基于信息非对称的人本经济阶段马克思人本经济发展观，选择顾客导向型企业为研究的基本单位，选择理性社会生态人假设以及阿马蒂亚·森的福利判断标准——大多数定理，从顾客导向型企业人本资本的非货币资源优化配置视角研究顾客导向型企业货币资源有效配置的人本财务理论体系。鉴于资本与劳动和谐观指导顾客导向型企业人本资源有效配置，同时避免就人本财务论人本财务的局限性，笔者根据顾客导向型企业人本资本价值定理，将不可隔离的企业非货币资源优化配置与货币资源优化配置融为一体，提出了顾客导向型企业人本资本合作财务管理研究范式，尝试系统地研究顾客导向型企业人本资本合作财务管理模式。因此，笔者于2007年在《经济管理》权威期刊上发表了《人本资本理论解析研究》一文，随后于2008年在《会计研究》权威期刊上发表了《基于产权行为的人本资本会计模式研究》一文，以及在修改2013年的博士论文《基于价值转移的企业人本资本财务预警机制研究》的基础上获得2018年江苏哲学社会科学后期资助面上项目立项，并于2020年由南京大学出版社出版《顾客导向型企业人本资本合作财务预警研究》一书。其中较为系统地论述了顾客导向型企业人本资本合作财务的内涵，也初步地探索了企业人本资本财务若干理论问题。这些为本文的系统研究奠定了坚实的理论基础。

此外，在信息非对称的物本经济阶段，作为显示资本股份制上市公司资产价值的证券类定价工具为资本资产定价模型、资本资产定价套利模型以及期权定价模型。它们在信息非对称的人本经济阶段顾客导向型上市公司中依然作为企业货币资源显示价值功能的人本财务工具，只是使用工具主体的价值观为人本经济发展观，追求人类价值为本，而非物本经济发展观，追求物类价值为本。然而，在以人类社会第三次工业革命为标志而形成的信息非对称的人本经济阶段，信奉资本与劳动和谐观的顾客导向型企业，由财务资本和人力资本以"双重股权"制度形式产生的上市企业，如雨后春笋般地出现，显示出它们强劲的生命力。譬如，阿里巴巴、海尔等代表人类社会生产力发达水平的顾客导向型企业，逐渐引领人类社会企业制度改革创新。因此，尝试以人本经济发展观探索信息非对称的人本经济阶段顾客导向型企业人本资本合作财务管理理论创新，这是信息非对称的人本经济时代赋予财务管理学者的历史使命。

2.5　用户导向型平台企业人本资本共享数据财务管理的经济理论基础

人类社会生产力发达水平的提升历史由以人工智能、智能机器人和数据制造技术等为代表的第三次工业革命向以"互联网＋"、区块链以及5G技术等为代表的第四次工业革命进行转变。它的转变促进了人本经济发展由信息非对称的买方市场阶段转向信息对称的买方市场阶段。由此开启了由信息非对称的买方市场马斯洛层序需求转向信息对称的买方市场体验需求，用户追求体验化经济消费成为信息对称的人本经济阶段的人本经济"新常态"。人类社会的主流需求由马斯洛层序需求转向体验需求。因此，作为研究理论体系假设前提的需求，由马斯洛层序需求作为研究顾客导向型企业人本资本合作财务管理理论体系的假设前提，转变为体验需求作为研究用户导向型平台企业人本资本共享数据财务管理理论体系的假设前提。为此，研究不同信息非对称的人本经济阶段顾客导向型企业人本资本合作财务管理和信息对称的人本经济阶段用户导向型平台企业人本资本共享数据财务管理，应首先研究导致用户导向型平台企业需求变化的用户导向型平台企业所依赖的经济基础。

2.5.1　用户导向型平台企业人本资本与财务管理的关系

第四次工业革命的大数据技术改变了买方市场信息的非对称性，人们利用免费的互联网模式打造信息对称的虚实相融买方市场网络平台。在第三次工业革命的数据化、信息化以及智能化基础制造技术的基础上，借助代表第四次工业革命的"互联网＋"、区块链和人工智能技术，形成了具有交互、可视、透明的"互联网工厂"。通过企业所有权与经营权合一的专业化劳动分工与合作实现了"互联网＋"用户导向型平台企业的"去中心化""去媒介化"，进而颠覆了基于信息非对称所形成的企业管理模式，迎合了代表信息对称买方市场的顾客参与代表信息对称"互联网工厂"员工的研发、设计、制造的全过程，在顾客体验过程中完成了满足顾客个性化消费需求的定制化供给。同时，因信息对称环境促进了顾客与员工之间的交互，由此，强调信息非对称的人本经济阶段单向交易的买方市场"顾客"转变为强调信息对称的人本经济阶段双向交互的买方市场"用户"。通过"互联网＋"用户导向型平台企业的"去中心化""去媒介化"，实现了用户导向型平台企业的"扁平化""碎片化"，形成了由所有权与经营权合一的员工、管理者以及用户三类人。

作为用户导向型平台企业人本财务管理对象的数据货币资源，其本身不具有作为价值创造载体的功能。作为用户导向型平台企业人本财务管理的主体，其由具有人本财务管理权与人本财务所有权合一的用户导向型平台企业员工、管理者以及用户三类人构成。它们之间不是被动的寄生生态关系和主动的合作关系，而是主动的共生生态关系。这种共生生态关系的"土壤"孕育出的用户导向型平台企业人本财务管理主体信奉的是"人本主义价值观"，而非"功利主义价值观"。基于契约视角来理解用户导向型平台企业人本资本与人本财务管理之间的关系，可以概括为用户导向型平台企业人本资本＋用户导向型平台企业人本财务管理＝用户导向型平台企业人本资本共享数据财务管理。这里的"＋"不是两者之间的简单综合，而是两者之间的创新融合。

在网络平台化的虚拟买方市场中，虚拟买方市场用户在参与用户导向型平台企业员工的研发、设计、制造过程中获得了体验化消费，同时在实现它们共创共享价值过程中实现了用户导向型平台企业与买方市场的融合。由于信息对称消除了用户导向型平台企业员工与参与用户之间的信用危机，同时虚拟网络市场也解决了实体经济市场交易所产生的时空分离问题。为解决实体经济市场交易双方时空分离的问题及其信息危机而产生的信用货币，其在信息对称的虚拟网络买方市场中失去了媒介功能的价值，但作为价值显示的功能依然存在，它是用户导向型平台企业各类非货币资源主体与各类货币资源主体之间交易或配置的最大共识。因此，在信息对称的虚拟网络买方市场中，必将产生碎片化用户导向型平台企业所有权与经营权合一的各类主体之间的最大共识——数据化货币。如果将来利用"互联网＋"和区块链技术真正地打造信息对称的虚实相融的买方市场，则信息对称下数据化货币必将取代信息非对称下一切信用货币。

至此，信息非对称的用户导向型平台企业人本财务管理表现为具有价值显示功能的智能契约替代信息非对称的顾客导向型企业人本财务管理，即表现为具有货币万能媒介功能的财务契约与顾客导向型企业证券化契约的综合。为了实现信息对称的虚实相融买方市场中用户导向型平台企业人本资本增值最大化而"滋生"去第三方的智能契约，这便是用户导向型平台企业人本资本＋用户导向型平台企业人本财务管理创新融合意义的所在。用户导向型平台企业人本资本共享数据财务管理这种去媒介化和去信用化的创新融合，起源于信息非对称下因时空分离而产生信用货币媒介功能的消失，同时用户导向型平台企业人本财务管理主体与用户导向型平台企业人本资本主体也在共生生态关系中创新融合，而无须作为货币媒介功能的第三方。

在第四次工业革命的 5G 技术基础上，将大数据技术应用于由"互联网＋"或"区块链＋"构建虚实相融买方市场，打破各种"信息孤岛"，消除资源配置或交易双方或多方之间的时空分离，实现了信息对称的人本经济高级阶段——信息对称的共享经济阶段。于是，为了满足信息对称的虚实相融实体经济买方市场体验需求，驱动用户导向型平台企业人本资本与用户导向型平台企业人本财务管理创新融合，其智能化合约替代信息非对称的顾客导向型企业综合契约，即财务化契约＋证券化契约＋网络化契约。这里所讲的财务化契约与证券化契约，在不同经济发展阶段有其不同内涵。在信息非对称的人本经济阶段，其财务化契约、证券化契约是信息非对称下非完备利益相关者财务化契约与非完备利益相关者证券化契约，其证券既可以是资本证券，也可以是人力资本证券。这里所讲的网络化契约，主要是从契约视角来理解企业在信息非对称环境下所依托的企业网络资源优化配置促进企业经济发展。

上述三种契约的价值观均为人本经济发展观，其契约精神为马克思的人本主义。在信息对称的人本经济阶段，"互联网＋"的去中心化、去媒介化和去信用化促使企业扁平化、碎片化和去第三方化，逐渐地实现用户导向型平台企业员工、管理者和用户三类人的所有权与经营权合一，真正地实现以劳动解放为本，还人身的自由。在信息对称的网络买方市场中，用户与网络平台企业的员工和管理者在对等自由的网络空间中遵循专业化劳动分工的自由组合，形成了去第三方的多个经济中心，多个经济中心却又融入虚实相融的市场之中。而与市场融为一体的经济中心便可以自由、高效、务实且有序地进行价值共创、共赢和共享。他们无论是完成价值创造，还是完成价值实现，自始至终他们都在交互体验以及共创、共赢、共享。在无边界化的"互联网＋"企业中，企业员工、管理者与参与用户在共创价值形成过程中同时自动生成共创价值确认计量报告的数据货币协议或契约，且这种数据货币协议或契约同时获得所有实现共创价值的经济中心认可与备份。因此，价值共创的数据货币成为价值共创者的最大共识。在网络买方市场中，用户在参与网络平台企业的价值创造过程中同时完成了价值实现，这种体验与共享价值的过程中始终保持了供需平衡，信息对称成为网络市场的新常态。网络平台企业与网络市场用户在交易过程中自动生成确认计量与报告价值的数据货币协议或契约，且这种数据货币协议或契约同时获得所有实现共创价值的经济中心认可与备份。因此，价值实现的数据货币成为价值体验者的最大共识。

因此，在信息对称的人本经济阶段，体现共享经济规律的区块链技术产生并被推广应用，区块链中的智能合约、共识机制和数据货币的激励机制促进了虚实相融的线下实体经济与线上虚体经济融合发展。同时由于"互联网＋"的"去三化"促使用户导向型企业与买方市场融为一体，至此，用户导向型平台企业无论是以企业内部还是以企业外部均为管理重心，也就是说，用户导向型平台企业管理去中心化。同时大数据技术打破"信息孤岛"，借助免费的互联网模式打造出信息对称的人本经济，因此基于对称信息缔结用户导向型平台企业智能契约，用户导向型平台企业制度的本质为完备智能合约。这种去第三方智能契约实现了用户导向型平台企业人本资本与人本数据管理融为一体。为此，用户导向型企业数据货币资源自身与非货币资源之间的有效配置过程，体现了用户导向型平台企业人本资本共享数据财务管理的所有关系。

2.5.2 用户导向型平台企业人本资本共享数据财务管理的经济规律

在信息对称的人本经济阶段，作为共享经济主体的用户导向型平台企业人本资本共享数据财务管理的经济规律，既取决于用户导向型平台企业自身经济发展的规律，也取决于人们对用户导向型平台企业人本资本共享数据财务管理经济规律的认知。因此，用户导向型平台企业自身经济发展的规律集中体现于用户导向型平台企业人本资本价值最大化的求解与认知，以及人们对用户导向型企业人本资本财务管理研究演化过程的认知。

1. 用户导向型平台企业人本资本价值最大化

以"互联网＋""区块链＋"以及 5G＋等现代信息技术为代表的第四次工业革命开启了信息对称的人本经济阶段。由大数据超强自动获取数据技术，云计算对信息超强的储存、分类、计算等技术，以及互联网、物联网等极速传输技术构成"互联网＋"，并由它打造出信息对称的网络信息市场。通过"互联网＋"的嵌入功能，打造出了信息对称的虚实相融买方市场。"互联网＋"企业的"去中介化""去中心化"，促使企业以所有权与经营权合一的专业化劳动分工与合作方式迎合信息对称的网络买方市场用户个性化需求。信息对称的网络买方市场驱动"产""销"融合的用户导向型平台企业不断地"扁平化""碎片化"，最终形成用户导向型平台企业与网络买方市场融为一体的超网络化平台，即用户导向型平台企业，也即信息对称的虚实相融买方市场或信息对称的网络买方市场。在信息对称的超网络化平台中，遵循所有权与经营权合一的专业化劳动分工驱动用户导向型平台企业员工、管理者以及用户三类人信奉人本主义价值观，他们自主地缔结人类价值为本的完备超契约。这里的超契约不是超越契约，而是超大契约。用户导向型平台企业"扁平化"是企业的三类人追求所有权与经营权合一的专业化劳动分工。

"扁平化"的用户导向型平台企业员工是指企业所有权与经营权合一的专业化劳动分工主体，员工类分别代表满足定制化生产的财务资本所有者和从事定制化生产的人力资本所有者，归为企业员工一类人。为了满足买方市场用户个性化需求的定制化生产需要，一方面，由筹资、投资和剩余价值索取的资本所有者，或称之为资本类员工；另一方面，由自行研发、自行设计、自行制造的专业化劳动分工的主体集合，或称之为生产类员工。由资本类员工与生产类员工基于专业化劳动合作需要而形成若干生产中心。这表现为用户导向型平台企业生产"碎片化"。

"扁平化"的用户导向型平台企业管理者是指既要参与用户导向型平台企业资本类员工与生产类员工之间协同管理的管理者,以及参与生产类员工与用户之间共同价值创造管理的管理者,又要参加网络市场秩序维护管理的管理者。因此,用户导向型平台企业管理者可细分为企业类管理者和市场类管理者。由此,两类管理者在遵循专业化劳动分工而形成多个管理中心。根据管理者服务对象的不同而形成不同类管理中心,也称之为用户导向型平台企业去中心化管理。即表现为用户导向型平台企业管理"碎片化"。

"扁平化"的用户导向型平台企业用户是指参与用户导向型平台企业员工的研发、设计、制造,他们与员工们共同创造价值,在价值创造完成的过程中,同时也完成了买方市场用户销售过程。随着不同用户参与不同价值创造环节而形成不同类型参与用户,同时也形成研发、设计、制造的不同经济中心。不同类型员工与不同类型用户通过共同创造价值与体验消费将用户导向型平台企业与买方市场融为一体,进而形成多经济中心,表现为用户导向型平台企业生产"碎片化"。

用户导向型平台企业在"扁平化"与"碎片化"过程中演化以人类价值为本的员工、管理者与用户的三类人,同时每类人随着专业化劳动分工可细化为若干类人。这些细化分类人则构成用户导向型平台企业多经济中心的以人类价值为本的具体分类。因此,根据信息非对称的人本经济阶段顾客导向型企业人本资本价值函数,遵循专业化劳动分工的原理,可推论出信息对称的人本经济阶段用户导向型平台企业人本资本价值函数为 $Y(t) = A(t) \times K(t)^{\alpha} \times P(t)^{\beta} \times M(t)^{\rho} \times U(t)^{\vartheta} \times \mu(t)$。其中,$K(t)$ 代表资本类员工所拥有的物力资本;$P(t)$ 代表生产员工所拥有的人力资本;$M(t)$ 代表管理类管理者所拥有的人力资本;$U(t)$ 代表用户类用户所拥有的人力资本。根据专业化劳动分工的原理,将信息对称的人本经济阶段的劳动划分为智能化劳动与智慧化劳动。因此,根据劳动创造价值的观点,可推论出用户导向型平台企业通过智能化劳动和智慧化劳动共同创造出的人本资本价值。这就意味着,物力资本价值是通过用户导向型平台企业智能化劳动创造的,人力资本价值是通过用户导向型平台企业智慧化劳动创造的。在用户导向型平台企业中通过所有权与经营权合一来消除它们分离所产生的信息非对称性,而在超网络平台化所搭建的虚实相融的网络化买方市场中,大数据自动获取信息数据技术实现了信息市场中信息商品的供需平衡,从而营造出信息对称的买方市场。因此,在信息对称的人本经济阶段中,人本经济发展观指导的人性假设为具体社会人假设。

用户导向型平台企业三类人形成各类人力资本的贡献弹性系数分别为 $\beta(\beta \in [0,1])$、$\rho(\rho \in [0,1])$、$\vartheta(\vartheta \in [0,1])$。物力资本具有边际收益递减性,人力资本却具有边际收益递增性。在有限资源环境下,根据拉格朗日-柯西定理求得 $\beta/P = \alpha/K = \rho/M = \vartheta/U$。服务用户导向型平台企业人本资本增值最大化成为用户导向型企业财务管理的使命。因此,用户导向型平台企业人本资本价值定理自然而然地成为研究用户导向型平台企业人本资本共享数据财务管理的经济基础。

2. 用户导向型平台企业人本资本共享数据财务管理研究的预期演化

方兴未艾的第四次工业革命拉开了信息对称的人本经济高级阶段的序幕。截至目前,关于用户导向型平台企业人本资本共享数据财务管理的理论基础系统研究尚处于启蒙阶段。为此，笔者从人类社会经济发展的历史规律来寻找与推演出用户导向型平台企业人本资本共享数据财务管理的研究基础，以期为后文理论研究提供坚实的理论基础。在信息对称的物本经济阶段，以主要家庭为单位的所有权与经营权合一的"师徒关系"消除了经济体内部的信息非对称性，而注重使用价值的自给自足经济形成了信息对称市场。从某种意义上讲，信息对称的物本经济阶段经济体与市场融为一体。在自给自足的物本经济阶段，生产导向型经济体无须现代意义上的财务管理，因为作为财务管理对象的货币资源，其媒介功能和价值显示功能在自给自足的生产导向型经济体追求使用价值最大化过程中无"用武之地"。

在信息非对称的物本经济阶段，供给方与需求方分离造成卖方市场的信息非对称，而所有权与经营权分离造成生产导向型企业的信息非对称。在充斥着信息非对称的物本经济阶段，交易价值处于物本经济中的主导地位。作为货币资源的媒介功能和价值显示功能在生产导向型企业与卖方市场中发挥得淋漓尽致。因此，以物类价值为本的生产导向型企业物本资本财务管理主体以货币资源的媒介功能和价值显示功能帮助其经济主体完成交易，进而实现其物本经济发展观的使命。生产导向型企业借助各方货币供需成就了传统财务资本市场，并通过传统财务资本市场机制来实现以财务化契约迎合非财务化契约的优化配置；生产导向型企业借助不同类型证券成就了现代证券资本市场，并通过现代证券资本市场机制来实现以证券化契约迎合非财务化契约的优化配置，它们各自或共同促进了生产导向型企业物本资本增值最大化，或社会财富价值最大化，以期在生产导向型企业中不断地践行与展示物本经济发展观。

在信息非对称的人本经济阶段，买方市场驱动顾客导向型企业人力资本不断地崛起，它将企业资本雇佣劳动的专业化分工方式演变为资本与劳动合作的专业化分工方式。企业价值观也悄然发生了转变，即由物本经济发展观（资本雇佣劳动观）转变为人本经济发展观（资本与劳动和谐观）。因此，无论是传统资本市场还是证券市场，其市场主体的价值观转变造就了市场价值观也随之转变。只有这样，才能完成信息非对称的物本经济阶段转变为信息非对称的人本经济阶段。这种不为人们意志所转移的经济规律转变，靠的是科学技术进步促进专业化劳动分工来实现的。因此，顾客导向型企业通过财务化契约＋证券化契约来迎合非财务化契约的优化配置，从而践行与实现顾客导向型企业以人类价值为本的人本经济发展观。同时，在信息非对称的人本经济阶段，第三次工业革命的基础技术被推广应用，其中，计算机及其信息技术迅猛发展，使得互联网技术在资本市场领域得以推广应用，因此，顾客导向型企业借助互联网实现非货币资源优化配置成为信息非对称的人本经济"新常态"。因此，网络化契约成为迎合非财务化契约优化配置的新成员。至此，顾客导向型企业通过财务化契约＋证券化契约＋网络化契约来迎合非财务化契约的优化配置。

在信息对称的人本经济阶段，第四次工业革命的基础技术正在创新发展。在互联网、物联网以及云计算的基础上，利用大数据自动获取信息数据技术改变了网络信息市场信息供需的不平衡性。在"互联网＋"时代，信息对称的网络化信息市场为用户导向型平台企业追求以人类价值为本与具体社会人假设奠定了现实基础。分布式数据储存、点对点传输、共识机制、非对称加密算法等区块链技术成为用户导向型平台企业的创新应用，即区块链借助信息对称的网络化市场在不同经济中心推广应用，而具有去中心化、去信任、开放性、自治性、信息不可篡改、匿名性特征的区块链赋能各种经济中心，最终打造出信息对称的虚实相融的网络化买方市场。在网络虚拟空间交易能够突破实体经济市场交易时空分离的局限，致使作为信用货币的媒介功能失去"用武之地"。而作为货币的价值显示功能在信息对称的虚实相融网络买方市场中促进了去第三方的数据化货币的形成。这种在不同交易方形成现实交易价值最大共识的数据货币促进了交易规模无边界，加速了各种资源在虚实相融的市场中自由而又有序地流动。随着交易的结束，其数据货币也完成了获得所有交易主体认可的体验价值的系统性确认与计量的记录。

区块链技术促使"扁平化""碎片化"的用户导向型平台企业员工、管理者以及用户在信息对称的买方市场中，以智能化契约完成了数据货币资源对非数据货币资源的优化配置。然而，在信息对称的人本经济阶段，随着大数据技术、区块链技术在5G技术的基础上加速在虚实相融的网络化买方市场中布局与推广应用，在中心信任结构下形成由顾客导向型企业的财务化契约＋证券化契约＋网络化契约演变为去中心信任结构下用户导向型平台企业智能化契约，最终形成用户导向型平台企业智能化契约自我优化配置，进而形成了用户导向型平台企业人本资本共享数据财务管理的现实基础。在此现实基础上，探索用户导向型平台企业人本资本共享数据财务管理，显然它包括人本经济发展观指导的智能契约理论、超网络理论和信息对称性理论等。

2.6 本章小结

源自第三方信用货币的企业财务管理，起源于信息非对称的实体经济市场，终结于信息对称的虚体经济市场。作为中心化信任结构下的企业财务管理，一方面，面向信息非对称的虚拟资本市场；另一方面，背靠信息非对称的实体经济市场，它聚焦于虚拟经济规律与实体经济规律。信息非对称的虚拟资本市场产生的使命在于服务信息非对称的实体经济发展，而市场经济转型的原动力起源于人类社会生产力水平由欠发达水平向发达水平的转变。因此，通过研究虚体经济服务实体经济的企业财务管理来不断地提炼出促进人类社会经济发展的自身规律，这是财务学者研究企业财务管理理论创新的历史使命。为了研究实体经济市场主体的企业财务管理自身规律，首先必须研究它所依存的经济基础。由于前文所提炼的信息对称的物本经济阶段，人类社会经济聚焦于注重使用价值的自给自足物本经济，作为生产导向型企业前身的各种经济主体价值创造的各种资源也主要源于自给自足方式的获取，因此，作为货币资源的媒介功能和价值显示功能在其经济阶段的各种经济主体内很难得到有效发挥。以蒸汽机为基础制造技术的第一次工业革命拉开了人类社会进入以交易价值为中心的物本经济阶段的序幕。

在信息非对称的物本经济阶段，信息非对称性是导致信用货币产生的本源，也就是说，货币的本质是契约。由于交易规模极速递增，因而时空分离便成为信息非对称的物本经济阶段物本经济的"新常态"，这为货币资源的媒介功能提供了用武之地，也促使了由以金银等为一般等价物的货币演化为以纸币契约"铆钉"一般等价物的货币。而维系纸币信用的最优选择为政府，因此由政府发行的纸币统称为主权货币。继而以主权货币资源为企业财务管理对象的企业财务契约优化将成为企业财务管理的基本形式。为了适应科学技术进步促市场经济发展的需要,作为信用货币演化形式的证券须"铆钉"具有一定资质的经济主体,作为经济主体的生产导向型企业,其物本资本财务管理由财务契约优化拓展到证券契约优化。无论是信息非对称的物本经济阶段,还是信息非对称的人本经济阶段,这种财务契约优化＋证券契约优化成为企业财务管理的一般表达形式,只是财务契约优化与证券契约优化的价值观由物本经济发展观演变为人本经济发展观。

在信息非对称的人本经济阶段,网络契约成为顾客导向型企业契约的一部分,顾客导向型企业人本资本财务管理的一般表达形式,由财务契约优化＋证券契约优化拓展到财务契约优化＋证券契约优化＋网络契约优化。即由信息非对称的物本经济阶段企业资本雇佣劳动观演变为信息非对称的人本经济阶段企业资本与劳动(合作)和谐观。应将具有价值显示功能和媒介功能的信用货币资源作为财务契约优化与证券契约优化的载体,而这种载体只有"铆钉"在企业非货币资源上,并通过非货币资源进行有效配置,才是中心化信任结构下企业财务管理的真正使命之所在。

正在爆发的第四次工业革命标志着人类社会进入了信息对称的人本经济高级阶段,它是对基于信息非对称所形成的企业财务模式的彻底颠覆。在"互联网＋"时代,大数据自动获取信息数据技术与云计算的信息存储、分类、计算等技术为网络信息市场的个性化信息需求提供了即时定制化信息商品供给,信息对称的网络信息市场成为人本经济的"新常态"。人们借助区块链信息的不可篡改、匿名性的特征技术能够确保虚实相融的买方市场交易或事项真实可靠;区块链的去信任化特征技术促进了以技术信任代替人际信任和制度信任,把信用还原于真实可靠的虚实相融的买方市场交易或事项本身,而无须第三方提供信用担保。区块链的去中心化、自治性特征技术能移确保买方市场主体自由与平等,消除买方市场因价格垄断而扭曲的其交易或事项本身的价值,从而确保买方市场价格机制的功能,为信息对称的买方市场数据货币的形成奠定坚实的物质基础。随着区块链技术在虚实相融的网络买方市场中的推广和应用,在信息对称的虚实相融的网络买方市场逐渐形成的过程中,其财务契约优化＋证券契约优化＋网络契约优化最终将融合为用户导向型平台企业智能契约优化。在信息对称的虚实相融网络买方市场的成型与成熟过程中,智能契约优化将成为用户导向型平台企业财务理论创新的全部内容。

第3章

企业人本资本财务管理的管理理论基础

企业财务管理＝企业财务＋企业管理，企业财务属于经济学范畴，而企业管理属于管理学范畴，因此，企业财务管理应该属于经济学与管理学的交叉学科。前文分析了企业人本资本财务管理的经济理论基础。笔者根据企业物本管理理论和企业全社会责任管理理论总结出信息非对称的物本经济阶段生产导向型企业物本资本雇佣财务管理理论，借此参照系，分析了企业人本资本财务管理的理论基础。李宝元(2006)认为，"一切关于经济发展的理论学说，归根到底，其实都是关于人类自身发展这个根本问题"。从人本价值透视企业的本质、运行和功能是企业新模式理论研究的核心。对企业人本价值的不同需求层次的认知与理论假定，深刻影响着企业管理的理论与实践，决定了现实企业管理模式的选择与演进。

在信息非对称的物本经济阶段，基于古典经济学的视野，企业经济理论完全建立于低层的基本需求，从满足物质需要方面初步论证了各种生产要素提供者应根据边际生产率来获得各自的收益，没有考虑人的高层次需求或超需(要)(Morant R. B.、Maslow A. H.,1965)。在这种理论假定下，教科书一直奉行股东或利益相关者的"企业利润最大化"的企业管理模式。在信息对称的人本经济阶段，全面社会人本管理作为一种新的人本主义经济学和人本管理理论，它是可以让全体个体互相认同，使全体个体融合在一起的一门微妙的人文艺术。这种人文艺术是建立在对员工及其动机、担心和恐惧、希望和渴望、爱好和厌恶以及人性美好与丑陋的理解能力的基础上，去聚焦他们共同美好的愿景和价值观。该理论对用户导向型平台企业本质做出了完全不同的解读，认为用户导向型平台企业是整体"俘获"不同社会主体享受"自我实现"需求的社会平台。本章在研究信息对称的人本经济阶段去中心化信任结构下全面社会人本管理(total humanism management，简称THM)的理论假定下，对教科书所奉行的信息非对称的物本经济阶段资本雇佣劳动观的企业物本管理模式，以及奉行信息非对称的人本经济阶段资本与劳动和谐观的企业人本管理模式从根本上进行变革。

3.1 企业管理模式的演变：基本需求为本转向超需求为本

企业管理模式是从特定的管理理念出发，围绕满足不同需求层次的状况来实现特定目标，组织资源、信息、知识，开展运营活动的基本框架、规则和方式。从具体的管理理念和管理手段的维度来概括，企业管理模式可谓是"仁者见仁，智者见智"，类型各异，且始终处于动态变化之中，但如果从需求层次和适应不同层次需求的管理理念维度来概括，千姿百态的企业管理模式可归纳为四个阶段。

3.1.1 企业利润目标物本管理模式

基于低层次需求的主体不同,它可归纳为信息非对称的物本经济阶段中心化信任结构下管理框架以股东价值为导向,管理目标追求股东财富价值最大化,管理方式谋求市场垄断地位;把企业视为实现股东利润的生产"黑匣子",是支撑股东利润目标物本管理模式的基本理念;管理框架以企业利益相关者价值为导向,管理目标追求利益相关者价值最大化,管理方式谋求市场竞争优势或均衡;把企业视为不同社会主体实现其各自低层次需求价值的社会平台,是支撑利益相关方利润目标物本管理模式的基本理念。该管理模式仍着眼于追求所有者的盈利目标,都或明或暗地将实现利润价值最大化作为企业管理的核心目标,企业治理机制、发展战略、管理制度、管理流程、管理方法和企业文化都直接或间接地服务于此,企业对其他利益相关方的关注也仅仅是实现这一管理目标的手段而已(李伟阳、肖红军,2010)。因此,从这一意义上讲,它与股东利润目标物本管理模式在本质上具有一致性。

3.1.2 企业综合价值目标全社会责任管理模式

信息非对称的物本经济阶段中心化信任结构下管理框架以社会综合价值为主导,管理目标追求经济、社会和环境的综合价值最大化,管理方式注重管理技术让利益相关各方合作创造综合价值;把企业视为不同的社会主体实现多元价值追求的社会平台,是支撑该管理模式的基本管理理念(李伟阳、肖红军,2010)。该管理模式以通过被各层次需求所"俘获"的行为方式来应对社会责任的价值追求为动力,以尽可能满足企业不同需求的经济、社会、环境的功能为内容,促发利益相关各方最大限度地对经济、社会和环境的综合价值进行管理。与教科书所倡导的利润目标管理模式相比,除了李伟阳和肖红军(2010)从管理框架、管理目标、管理对象、管理价值以及管理机制来分析全社会责任管理作为社会价值目标管理模式所具有的相关本质差异外,本文还将增添完全低层次需求的利润目标管理模式与高层次需求被动攀升的全面社会责任管理模式的本质差异分析。

利润目标管理模式完全承袭(新)古典经济学理论,也完全建立于低层次的基本需求的假设上,根本没有考虑高层需求或超需求,该理论假设所有事物都可以相互替换;换个方式来说,就是所有物件的品质和特质的计算,都可以转换成金钱的运算。在此假设下,企业管理正如Druker(1999)所论述的,"以提高体力劳动者的生产率为管理中心任务",追求"战略—结构—系统"的管理结构体系,其目的就是要控制人。从企业发展来看,这种观点不仅已经过时,而且毫无道理可言,因为在更为富裕和自由的社会里,人们除了低层次需求外,更重要的是需要获取更高层次需求的满足。根据人本主义经济学观点,需求是判断价值的唯一标准,社会综合价值目标的全社会责任管理模式,充分关注人的多元价值追求和社会福利的多重价值属性,通过被不同层次需求所"俘获"的方式来表征利益相关各方受托经济、社会、环境的责任,并利用经济、社会、环境所具有的功能进行企业责任的履行。同时借助受托责任管理方式来统筹平衡利益相关各方的多重价值、长期价值,以谋求企业经济、社会和环境的综合价值创造,提升企业社会福利,促进企业与社会的可持续发展。显然,该管理模式迎合了当前人们对更高需求层次的响应,但为了应对社会责任的科层制管理制度束缚了人们的手脚的状况,其组织自身仍然站在阻碍其成员发挥潜能的立场上。尽管从技术层面将管理的普适性分析方法从"个体选择"层面机械地延伸到整个"社会选择"领域,去研究被不同需求所"俘获"的追求科学与人性整合的企业社会责任管理目标,但基于"社会责任"的假设,实际上隐含了"每个人都是成熟的人"这样一个心理学命题,它是违背人的基本特征的,显然不符合现实社会人的真实意愿。

3.1.3　企业人本价值目标人本管理模式

信息非对称的人本经济阶段中心化信任结构下管理框架以人本价值为主导,管理体系目标追求满足多元个体不同需求的人本价值最大化,管理方式注重从人性论出发,承认人的价值和尊严,把人看作衡量一切的尺度,强调人性的积极向善,强调社会、环境应该促进人性潜能的实现。人本管理更多的是需要一种人文艺术。正如马斯洛所认为的在高综合效益的社会里,社会准则使个人的行为同时有利于自己与社会,人们之所以会这样,不是因为大公无私,也不是因为社会职责高于个人欲望,而是社会综效管理原则使两者得到统一。人本管理理论假设"人人都想成为完整的人(the whole person),而不是支离破碎的人",说明人的多维属性迎合了不同层次的需求偏好,因此把企业视为不同利益相关方"俘获"并满足各自不同层次需求的社会平台,是支撑该管理模式的基本理念。

3.1.4　企业全社会人本价值目标全社会人本管理模式

信息对称的人本经济阶段去中心化信任结构下管理框架以社会人本价值为主导,管理目标追求"超自我实现"的同一性需求或"自我实现"的整体需求的社会人本价值最大化,管理方式注重基于流水线设计,强调让员工用企业的价值观指导自己的行动,通过如操作平台设计、工艺技术运用等应当体现人性关怀,通过"无"中含"有"的方式来体现"主体"的存在性,将人性寓于整体之中。全面社会人本管理本质上是整体论(holism)的方法论,强调从整体上把脉研究对象,主张把事物作为一个完整、有机的整体来进行系统分析。因此,把企业视为不同利益相关各方整体"俘获"并满足各自"自我实现"需求的社会平台,是支撑该管理模式的基本理念。

与全社会责任管理模式相比,人本价值目标人本管理模式与社会人本价值目标全社会人本管理模式具有以下几个方面的本质差别。

1. 管理框架的转变

社会综合价值主导→人本价值主导→全社会人本价值主导,其核心表现为企业治理结构的转变,即利益相关各方综合治理模式→利益相关各方协同治理模式→利益相关各方共同治理模式;决策权力配置的转变,即多元综合治理→多元协同治理→多元共同治理。

基于企业是由经济性契约、社会性契约以及环境性契约耦合而成的超契约企业本质,借助企业不同层次的需求,完全有可能发现利益相关各方对合作创造社会经济、社会和环境综合价值有着不同的相对资源、信息、能力、意愿以及潜能优势。具有相对优势的各方通过多维委托代理方式授权其他利益相关各方应该承担并履行经济、社会和环境的应尽责任,以迎合被不同层次需求所"俘获"的需求偏好,并希望借助超契约的社会平台来实现包括股东在内的利益相关各方的多元价值追求。因此,公司治理不再仅仅适用被完全低层次需求所"俘获"的股东利润最大化,而是要着眼于被不同层次需求所"俘获"的不同主体所追求的多元价值创造优势,创建有效的利益相关各方多维委托代理合作机制,实现经济、社会和环境的综合价值最大化。公司治理主体不再局限于资本所有者,其他拥有经济、社会和环境相对优势的多维利益相关各方也都可以成为公司委托方与其相应的受托方在公司治理中发挥综合治理作用,这本质上是一种多元价值(经济、社会和环境)的公司多边综合治理模式。与公司多边综合治理模式相对应,全社会责任管理认为,决策权力配置应遵循企业超契约的多维委托代理逻辑,按照利益相关各方所拥有的相对优势和社会综合价值贡献程度的不同,来分配委托代理的决策权力,以充分发挥利益相关各方的社会综合价值创造潜能,最大限度地实现经济、社会和环境的综合价值。

人本管理强调"理性生物之所以叫作人,是因为他们的本质属性突出了他们作为目的的自身(Kant,1964)",其目的性体现于个体主动获取纵向攀升需求动机的机会,并且允许获取横向不同层次需求动机并存的可能。当然,他们通常借助正式制度(正式组织)的效率和非正式制度(非正式组织)的情感逻辑,在"高综合效益特征"的组织环境中,通过追求"高峰体验"来"俘获"人类不同层次的需求,在开发和利用人的潜能的过程中,通常借助"民主集中制方式"来协同实现组织利益相关各方的人本价值追求。因此,公司治理着眼于个体"俘获"不同层次需求的多元价值创造的优势或潜能,建构有效的满足利益相关各方需求偏好的协同机制,实现组织利益相关各方的人本价值最大化。企业治理主体不仅包括股东、债券人、经营管理者等企业内部利益相关者,以及政府、社区、供应商和销售商等外部利益相关各方,而且包括由不完全契约部分所决定的企业自身也成为该企业社会平台的另一利益相关方。基于一方面受稀缺资源环境约束,另一方面受不同利益相关方满足各自需求的偏好和目标函数驱使,这样的个体理性选择在微观上集中表现为一种多边协同的多元价值的公司治理模式。与多边协同的多元价值公司治理模式相对应,人本管理认为,决策权力配置应遵循人本价值创造逻辑,按照尽可能满足利益相关各方不同层次的需求偏好,以及充分承认和利用体质与性格中的个体差异来协同公司多重决策权,以充分维护人的尊严,尊重人的价值,激发人的潜力,最大限度地实现企业利益相关各方的人本价值。

全社会人本管理强调企业本质是"不仅仅因为制造更好的产品,使得工作本身更为员工所接受,更重要的是,它协助员工成为更优秀的公民、丈夫或妻子,对于全人类而言,是一项宝贵的资产或利益,就好比校舍、学院、医院或治疗机构给人们的贡献"(Maslow A. H., 1965)。因此,在企业及其管理系统中所追求的科学主义本身也普遍具有内在的人本主义精神,用企业内生的伙伴关系和信任机制取代科学规则与人性之间的对立、管理者与被管理者之间的对立,体现人性与科学的相互寓于。通过维护多元化的存在价值观以及它们的一体性,可以通过任何一项存在的价值达到一体性。只要我们抱定信念并穷尽心力追求存在的价值真相或存在的正义,就可以真正地在"必然"的自然秩序框架下,凭借自己天然的"理性",经过艰难曲折的努力,在积极奋争中能够采用因势利导、相互扶持、共同追求、共同进步等人文艺术,来共同"俘获"满足"自我实现"的人类最高需求,从而获得"优心态群体"的理想社会环境。在该环境中,公司治理不再是为了实现个人"俘获"人类各层次需求的人本价值最大化,而是着眼于基于不同主体的共同价值创造优势,创建有效的利益相关各方共赢机制,实现企业全社会人本价值最大化。公司治理的主体是整体"俘获"满足"自我实现"的人类最高需求的利益共生体,他们在公司治理中发挥着"同舟共济"的主导作用,这本质上是一种利益相关各方认知的共同价值的公司治理模式。与利益相关各方共同治理模式相对应,全社会人本管理认为,决策权力配置应遵循全社会人本价值创造逻辑,按照共生伙伴关系的利益相关各方所认知的共同优势以及社会共赢价值规模贡献程度来共同分享公司决策权,以充分发挥共生集体的社会共赢价值创造潜能,超值实现企业的全社会人本价值。

2. 管理目标的转变

追求经济、社会和环境的综合价值最大化→追求人本价值最大化→追求全社会人本价值最大化。

相比于 Porter 提出的战略性企业责任和 Drucker 提出的"行善赚钱"的管理目标,李伟阳和肖红军(2010)提出的"全面社会责任管理"具有一定的历史进步性。它是从现实中的"人"出发,立足于对人的多元价值需求的深刻认识,深入考察内嵌于企业运营过程中的人与人的社会交际关系,从社会价值本位来考虑企业的社会功能,坚持以人为本,把实现企业发展的经济、社会和环境的综合价值最大化作为企业管理的核心目标,并以此为导向对企业的使命、治理机制、发展战略、管理制度、管理流程、管理方法和企业文化等进行重构。但是他们从社会责任(义务)的角度来谈管理,其实是将企业不同利益相关方置于被不同层次需求所"俘获"的位置上,应负社会责任的科层式组织仍然没有完全脱离束缚其成员潜能发挥的桎梏,因此很难主动地驾驭和履行企业的社会功能,从而限制人潜质发挥的主动性。换句话说,企业很难公允地坚持以人为本,但他们相对于适应完全低层次需求的企业传统管理模式已做出彻底的变革。

在新的经济形势和国际环境下,任何组织的价值观都必须以一种全新的形式加以解决,即在以人为本的前提下,将"价值科学"研究转向人性内部并深深根植于人性现实的土壤。在现实生活中,将人力资本(human capital)或人力资产(human asset)引入组织中,潜在的合同已经改变形式——雇佣合同转变为会员合同,企业成员拥有权利,同时也承担责任。尤其在知识经济时代,提高知识工作的生产率已成为管理的核心问题,组织的目的从控制人转向引导人,最终要让每一个人的优势和知识发挥作用(Drucker,1999)。因此,人本管理模式所追求的人本价值最大化目标,也就是追求"俘获"层序需求的偏好满足,或者可以定义为,"以非金钱的方式努力满足工作中的高层次需求"(Maslow A. H.,1965)。人本管理的首要技巧是人文,而不是技术。无论是单纯的实干家还是单纯的思想家,在我们现在所置身的这个知识尚未高度分散、流动的世界里都是无法游刃有余的,唯有把这两种品质结合起来,才能以实现企业发展的人本价值最大化作为企业管理的核心目标,并以此为导向建构人性化的企业使命、治理机制、发展战略、管理制度、管理流程、管理方法和企业文化等。因此,我们可以通过不同层次的需求偏好来建立不同员工的具体管理目标,并由此抽象出企业管理总目标。在企业处于困境的情况下,这种由不同层次的需求偏好差异所决定的不同员工具体管理目标的差别,往往会摧毁具有共同属性的企业管理总目标,也就是人们所说的:"多目标等于没目标。"

随着知识经济时代大量虚拟企业和战略联盟的不断涌现,信任是解决"怎样管理那些根本无法见到的人"等问题的企业唯一的管理思维模式。这里所说的"信任"无疑需要一种互惠互利的意识,只有借助这种"信任"才可以顺利将人性寓于科学技术、组织流程、技术运用、竞争和协作之中,实现科学性与人性相结合。这种"信任"地位的提升将预示着它虽然表面上简单,却蕴藏着企业管理思维的巨变。因此,全社会人本管理模式正是这种企业管理思维巨变的重要产物之一，它所追求的人的主体寓于组织及其管理世界之中的全社会人本价值最大化目标。全社会人本管理强调预期适应社会需求，超前调控人力资本生产与形式，特别是在教育层级、专业、区域和类型结构上形成具有弹性的适应性调整机制。利用该机制促进企业在物质生产和人类自身生产充分发展的基础上，通过精神生产和再生产活动，使得每个社会成员都能进入"自我实现"的精神状态，同时人们的思想观念、道德风尚、行为规范、自身修养、科技素质、法律制度和意识形态等都达到一种高度文明的和谐状态。利用组织的内生伙伴关系和信任机制取代科学规则与人性的对立、管理者与被管理者的对立，通过组织人性化整体设计来体现"无"中含"有"的以人为本思想，把实现全社会人本价值最大化作为企业管理的核心目标。全社会人本管理是基于企业超需求形成企业管理目标来建立具有和谐一致性的企业员工具体目标，而人本管理是基于不同层次的员工需求形成具体管理目标来建立企业总体目标，似乎它们在建构管理目标的方向上呈现相反趋势。但对建立企业使命、治理机制、发展战略、管理制度、管理流程、管理方法和企业文化等人性化程度的要求，前者是后者的质的飞跃。

3. 管理对象的范围广度与深度的转变

被不同层次需求所"俘获"的企业内外部利益相关方的资源、信息、能力和潜力→企业内外部利益相关各方"俘获"不同层次需求的资源、信息、能力和潜力→企业整体性"俘获""自我实现"需求的资源、信息、能力和潜力。

全社会责任管理是将企业价值管理重心从注重企业内部的利润目标管理拓展到企业外部的企业社会综合价值目标管理。这不仅优化了企业内部的人、财、物的资源，而且整合了企业外部的资源、信息、能力和潜力，用于创造经济、社会、环境的综合价值。这大大拓展了企业的管理对象及其范围，全面且深刻地洞察被不同层次需求所"俘获"的企业内外部利益相关方的多重价值追求，以及创造综合价值的资源、信息、能力和潜力，从而有可能最大限度地发挥利益相关方合作创造经济、社会和环境的综合价值的潜能。由于受被不同层次需求所"俘获"的现状约束，全社会责任管理的对象及其范围也相应受到一定束缚，因此，社会综合价值目标管理模式很难全面、完全地激发人主动创造价值的潜能。

人本管理强调以个体需求为本，主动地"俘获"不同层次需求的资源、信息、能力和潜力，极大地调动企业内外部利益相关各方参与创造企业价值的积极性和主动性。显然，为了满足不同需求层次的不同利益相关方的需求偏好以及实现他们各自的目标函数，相对于全社会责任管理的对象及其范围来说，人本管理不仅提高了企业内外部利益相关方协同创造价值的潜力（质）和能力，而且扩大了企业支配不同层次需求的资源、信息的广度与深度。

全社会人本管理强调以整体超需求为本，主动地"俘获"超需求的资源、信息、能力和潜力，要求企业内外部利益相关各方以极高的素质和极大的热忱投身到企业价值管理过程中。显然，为了满足企业超需求的全社会人本管理的需要，企业所配置的资源、信息、能力和潜力的广度与深度，要远远高于满足企业各层次需求的人本管理的对象及其范围的广度与深度。只有这样才能满足全社会人本管理所塑造的企业文明秩序从"物"到"人"进而指向"心"的无限境界。

4. 管理价值的转变

被不同层次需求所"俘获"的企业内外部利益相关方合作创造的社会综合价值→企业内

外部利益相关各方"俘获"不同层次需求所协同创造的人本价值→企业内外部利益相关各方共同(整体性)"俘获"超需求所共同创造的全社会人本价值。

无论是社会综合价值目标管理模式、人本价值目标管理模式,还是全社会人本价值目标管理模式,它们都充分关注人的多元价值追求和社会福利的多重价值属性,以及都着眼于充分实现企业的社会功能,但它们都分别谋求创造企业发展的社会综合价值、人本价值和全社会人本价值。尽管它们都能统筹平衡利益相关方的多重价值、长期价值,致力于提升社会福利价值,但是它们协调推进企业与社会可持续发展的程度具有量与质的差异。因此,它们均以"以人为本"为核心来塑造企业人本经济的发展,通过对它们的社会福利价值的界定和评价来判断它们促进企业与社会可持续发展的程度。无论是功利主义所关注的幸福物品(如收入),还是新自由主义所说的机会、财产等基本物品,与人们实际所珍视并可以获得的现实生活状态都存在相当程度的差异。因此,社会福利价值目标所依据的信息基础,不应局限于(新)古典经济学所表达的社会福利函数笼统的总量指标上,也不应局限在罗尔斯所说的"自由优先权"上,而应关注阿马蒂亚·森所说的"可行能力"。根据"自由"看"发展"的观点,"可行能力集"所反映的实质自由,既避免了功利主义效用评价的人际比较难题,又区别于极端自由主义程序优先的"抽象自由",它们均以"公开明晰的方式"将满足各层次需求的自由水平罗列在各自管理价值的向量中,只是它们的各自向量中所罗列的自由水平不同而已。由于全社会责任管理满足被不同层次需求所"俘获"的企业内外部利益相关各方的自由水平,人本管理满足"俘获"不同层次需求的企业内外部利益相关各方的自由水平,以及全社会人本管理满足"俘获"超需求的企业内外部利益相关各方的自由水平,因此,随着社会的进步和经济发展水平的提高,满足各层次需求的自由水平也在不断提升。它将决定企业管理价值从社会综合价值向人本价值、全社会人本价值的转变。

5. 管理机制的转变

注重被不同层次需求所"俘获"的社会资源更有配置→注重"俘获"不同层次需求的社会资源更有配置→注重"俘获"超需求的社会资源更有配置作为社会综合价值目标管理模式、人本价值目标管理模式以及全社会人本价值目标管理模式,它们的管理在管理目标、管理对象和管理价值上的根本转变,必然引起企业管理机制进行相应的根本变革。即一切经济发展归根到底是关于人类自身发展这个根本问题。因此,企业的发展以利益相关各方的发展为基础和前提,深刻认知企业资源的多种存在形态可以统一到人与人以及人与物之间的二重关系之中,通过人与人的关系所驱动的企业"制度创新"和人与物的关系所制约的"技术进步",来激发和实现企业利益相关各方配置经济、社会和环境的多种资源的潜力、优势、能力和意愿,并结合社会发展的历史阶段、国情和行业特征,充分发挥不同管理模式下企业利益相关方相应的主观能动性。在社会综合价值目标管理模式下,企业利益相关各方处于被不同层次需求所"俘获"的位置;在人本价值目标管理模式下,企业利益相关各方处于"俘获"不同层次需求的位置;在全社会人本价值目标管理模式下,企业整体性处于"俘获"超需求的位置。这种"屁股指挥脑袋"的"位置"决定了企业利益相关各方的相应主观能动性呈现上升态势,而这种上升态势的主观能动性也促使相应的管理模式在弥补"市场失灵""政府失灵"和"社会失灵"时的有效程度处于递增态势。同时,相应的管理模式也最大限度地创造了企业发展的社会综合价值、人本价值和全社会人本价值,导致促进社会资源配置的优化程度也呈现上升趋势。从这个意义上来说，全社会责任管理机制、人本管理机制和全社会人本管理机制，应分别适应不同层次需求状况下与企业外部资源配置机制——市场机制、政府机制和社会激励机制相并行的企业内部资源配置机制，它能作为有效弥补"市场失灵""政府失灵"和"社会失灵"的替代品。

3.2 企业全社会人本管理的内涵和三域耦合模型

前文通过与全社会责任管理模式相比，人本价值目标人本管理模式与社会人本价值目标全社会人本管理模式，从历史演化的视角来分析信息对称的人本经济阶段用户导向型平台企业管理模式为企业全社会人本管理模式。为此，下文将具体分析全社会人本管理的具体内涵及三域耦合模型。

3.2.1 企业全社会人本管理的内涵

传统的企业社会责任管理是基于企业社会责任的"工具理性"观点，来强调履责动机和解决特定社会责任问题（落实企业发展所考虑的经济、社会和环境三重底线）的企业社会责任，关注企业所负担的经济责任以外的社会责任和环境责任。它是借助特定的社会议题或环境议题的手段，来实现企业利润价值最大化的传统的利润目标管理模式。李伟阳和肖红军（2010）根据企业社会责任的"价值理性"观点，以科学的企业社会责任为指导，坚持以社会价值创造结果作为标准来衡量对社会负责任的企业行为。他们将价值论的研究立足于科学的基础上，以使他们立足的被不同需求层次所"俘获"的理论假设的全社会责任管理理论，从根本上有别于基于完全被低需求层次所"俘获"的理论假设的传统企业社会责任管理理论，这显然是一种根本性的管理模式变革。然而立足于"俘获"不同需求层次的理论假设所形成的人本管理，实现了由以义务为本向以人权为本的管理模式的根本性转变，扭转了由被动应对转向主动进取的企业管理局面，实现了企业由社会综合价值向企业人本价值的转变。相比于全社会责任管理、人本管理，全社会人本管理并不是它们的综合。它具有以下几个方面的明显特征。

1. 管理动机的主动性

全社会责任管理足以被不同层次需求所"俘获"，其企业行为主要采取被动应对方式对社会负责任，而不是主动地承担，显然其管理动机并非主动。而人本管理虽立足于"俘获"不同层次需求，但相对于全社会人本管理的"俘获"超层次需求来说，显然其管理动机的主动程度不够高，全社会人本管理动机能够促使组织的文明秩序从"物"到"人"，进而全面地进入"心"的无限境界。

2. 管理权力内容的全面性

全社会人本管理要求企业对"人"与"人"关系的"制度创新"和"人"与"物"关系的"技术进步"之间的各种相互作用、相互制约、互为存在的社会权力进行制衡管理。按权力主体来划分，包括企业内部利益相关各方权力——股东权力、经理人权力、员工权力、董事会权力、监事会权力、独立董事权力，以及企业外部利益相关各方权力——客户权力、政府权力、伙伴权力、社区权力。按企业超契约来划分,包括企业社会权力、企业经济权力和企业环境权力。按马斯洛层序需求来划分,包括生理需求权力、安全需求权力、社交需求权力、尊重需求权力、自我实现需求权力。

3. 管理实施范围的全覆盖性

全社会人本管理覆盖企业所有利益相关方,是一种全员主动参与式的动态管理,不论是企业内部利益相关者,还是企业外部利益相关方,都是实施全社会人本动态管理的主体和客体。全社会人本管理覆盖企业运营的全循环过程和整个周而复始的生命周期,是一种全过程动态管理,这种动态管理的首要艺术是提供激励企业利益相关方对行动的理解和认同,通过人本管理的普适性使得企业甚至社会获得整体性的改善。全社会人本管理覆盖企业整体运营机制,是一种全方位管理,它要求企业按照全社会人本理念对企业的价值观、战略、规划、计划、预算、绩效考核等进行全方位的改进和优化。全社会人本管理往往通过企业顶层设计或流水线设计来做最有效的变革,当然不是浪费一个人的精力,而是针对已经做好准备的机构或附属机构进行变革或重组的工作。在过程管理中注重增进事物彼此间的相互作用,强化企业与社会的整合和共生关系,使得任何一家企业都有创造优秀公民的义务。此时,企业产品质量不仅仅关系到员工、企业、社区的地位,同时也关系到国家在国际中的地位。

4. 管理体系的一体性

全社会人本管理要求企业通过顶层设计或流水线设计,将企业超需求的人本管理目标分解到能够支撑企业整体性自我实现需求目标的不同利益相关方身上,通过此企业目标管理来升级与整合现有人本管理体系,并使之成为全社会人本管理体系。升级与整合内容包括与企业人本治理结构融合的社会人本组织管理体系,与企业日常人本管理体系融合的社会人本日常管理体系,与企业人本信息披露体系、人本业绩考核体系、人本能力建设体系等人本管理体系融合的企业社会人本信息披露体系,以及企业社会人本业绩考核体系和企业社会人本能力建设体系等全社会人本管理体系。

5. 管理预期目标的一致性

推行全社会人本管理,意在通过营造人性寓于整体之中的企业环境,以社会人本价值目标建立企业员工自身目标,通过目标管理实现企业人本运营的全面优化,来有效管理企业人本运营对社会和环境的影响,从而共同改进企业的经济、社会和环境的共赢人本价值,进而共同改进企业利益相关各方的自身价值,以及改进企业发展的长期和短期人本价值,实现企业发展的全社会人本价值最大化。

3.2.2　企业全社会人本管理的三域耦合模型

作为一种整体"俘获"超需求的新企业管理模式,全社会人本管理由两个层次构成,一是由全社会人本价值、超需求等复合要素合成的信息对称的人本经济发展思想体系。根据马斯洛层序需求理论,其中超需求是指由生理需求、安全需求、社交需求、尊重需求四要素序贯进入的自我实现需求的聚合;或与马斯洛层序需求内容具有一致性的李佐军(2008)的人的需求理论,其中超需求也可表述为由物质需求、精神需求、成长需求以及权力需求四要素融合集成的信息对称的人本经济发展思想体系。由于人的需求的手段和目的不同,所形成的林林总总的划分类型可以统一到人的自然属性、社会属性和文化属性上来,因此人的需求的三维属性所决定的生存需求、社会需求和精神需求仍然可以递进集成以"自我实现"为内容的超需求。二是受整体"俘获"超需求的动力驱动,将产生物质生产、人类自身生产、精神生产共同构成信息对称的人本经济"供给"活动。所谓的整体"俘获",是指以坚实的物质生产为支撑,并在人们借助人类自身生产活动获得足够"可行能力"之后,通过精神生产和再生产活动来实现人们自由全面发展的劳动过程。显然,整体"俘获"包括人与人关系的"制度创新"和人与物关系的"技术进步"这两个相互作用的层次过程,也就是人类认识自然、改造自然和征服自然的完整劳动过程。

1. 全社会人本管理信息对称的人本经济发展思想体系

全社会人本管理信息对称的人本经济发展思想体系的构成及各要素之间的关系见图3-1。

全社会人本价值最大化是全社会人本管理的目标。具有超契约本质的企业利益相关各方由于受到经济性契约、社会性契约和环境性契约的多重约束,经过特定环境建构的成年人,其价值认定或偏好不可能一模一样。这也就决定了在特定企业运营过程中,利益相关各方的价值追求是多元的,既有可能追求经济价值、社会价值,也有可能追求环境价值。根据人本主义经济学观点,需求是判断价值唯一的标准,因此在企业的经济价值、社会价值以及环境价值中,最终均体现为以需求为本的不同人本价值的表征形式,在企业涉及经济、社会和生态的不同环境中均包括适应于不同环境的生存需求、社会需求和精神需求。其中,生存需求指的是马斯洛层序需求的生理需求和安全需求;社会需求指的是马斯洛层序需求的社交需求和尊重需求;精神需求指的是马斯洛层序需求的自我实现需求。

图3-1 全社会人本管理的共享经济发展要素关系

因此,通过顶层设计或流水线设计,可以将追求科学效率与追求人性两个不可分离的整体,采用"看板管理"方式来实现以坚实的物质生产为支撑,借助人类自身生产活动所能获得的足够"可行能力",使每个企业成员都进入"自我实现"的精神生产、再生产的活动状态中,促进企业获得生存发展、社会发展以及精神发展的信息对称的人本经济发展。因此,根据生存发展、社会发展以及精神发展的自由含义,同时在相应逻辑层次上给出一个推广了的马克思社会再生产图式——三域耦合模型,并以此为基础理论框架,将马克思关于"人的全面发展"学说和阿马蒂亚·森"以自由看发展"的观点有机结合起来。从微观动态的角度来描述企业经济发展的人本自由指向,从而正面阐述"发展是拓展企业利益相关方自由"的主题思路,形成完整的企业信息对称的人本经济发展思想体系。

2. 全社会人本管理信息对称的人本经济活动

根据推广了的马克思社会再生产图式,信息对称的人本经济活动是指人们追求生存自由、社会自由以及精神自由而从事物质生产、人类自身生产以及精神生产的三域活动,由此形成的三域耦合模型成为全社会人本管理的根本形式。

从生存自由层面来看,人类社会经济可持续发展首先受制于其所存在其间的自然生态环境条件,并在挣脱自然束缚的过程中创造出辉煌的工业文明,最后又在工业化历史进程中重新陷入新的自然压迫和生存困境之中(李宝元,2006)。在这个层面上,人们主要追求满足如吃饭、穿衣、住宅、医疗以及要求劳动安全、职业安全、生活稳定、希望免于灾难及未来有保障等的生存需求而主要从事物质生产、再生产活动。从产权角度来说，物质生产活动是为了满足人的产权需求——（新）古典经济学假设的完全低层次需求，进而促进物本经济的发展。

从社会自由层面来看，人们通过人与人之间的直接交往活动来获得个人渴望得到的家庭、团体、朋友的关怀、爱护和理解，对友情、信任、温暖、爱情的需要，以及获得自我尊重、自我评价和别人尊重，而这些活动从社会再生产的角度来看，实际上属于所谓的"人类自身生产"领域。从人力资本理论观点来看，教育、培训、医疗保健和卫生服务是人力资本投资和形成的一个重要途径或方式，是人们获得社会自由、实现自由发展的一个基本内容和具体表现形式（李宝元，2006）。此时，人类自身生产是为了满足人的一部分产权需求和另一部分人权需求，进而促进人本经济的发展。显然，只有在物质生产的基础上才能实现人类自身生产，因此物本经济是人本经济的基础，此时物本经济的内涵由"人"物化的经济逐渐转变成"物"人化的经济。其中人权与产权在本质上没有区别，只是前者惯用低层次需求的经济性资源配置或交易属性描述，后者适用于较高层次需求的社会性资源配置或交易属性描述。所以，从某种意义上讲，物本经济是以产权为本的经济，而人本经济是以人权为本的经济，它们都沿袭了人类社会承前启后的发展历史阶段，具有历史脉络统一性的一面。

从精神自由层面来看，在现实中，人们要获得自由且全面发展的精神境界，最直接或主要的是通过完成与自己能力相称的工作，来充分地发挥自己的潜在能力，竭尽所能，使自己趋于完美。因此，人们只有在物质生产和人类自身生产充分发展的基础上，通过大力开展文化娱乐、科学技术及信息传播等精神生产和再生产活动，才能使每个社会成员都获得足够的"高峰体验"。此时，人类精神生产是为了满足人的人权需求，进而促进信息对称的人本经济的发展。显然，人本经济是信息对称的人本经济发展的基础，此时人本经济体内每个人短暂获得的"高峰体验"已转变成常态的"高峰生活"①。因此，无论是物本经济、人本经济，还是信息对称的人本经济，从人权角度来研究企业人本经济发展的人本资源划分，它们均具有形式相同的两个层面资源，即人与人关系所形成的内部制度资源和外部制度资源，以及人与物关系所形成的人力资源和物力资源（丁胜红等，2011）。根据满足企业利益相关各方的不同层次需求的人本资源（非货币性资源）内容的不同，企业人本资源的有效人权配置会产生不同的物本经济、人本经济及信息对称的人本经济。在知识经济时代，要实现企业全社会人本管理的信息对称的人本经济发展，就必须满足企业广义货币资源②与人本资源的完全有效配置，即企业的财务资本驱动企业人本资本促进企业信息对称的人本经济发展，它们之间的关系如图3-2所示。

图3-2 财务资本与人本资本的有效耦合要素关系

---

① "高峰生活"是指经济体内每个人都充分地、活跃地、忘我地、一贯地、集中全力和全神贯注地体验生活。
② 广义货币资源具有"显示器"功能，它在任何非货币资源上能够显示其满足不同层次需求资源的价值大小。

3.3 组织管理理论根本变革和组织管理实践第四次革命

在管理实践中，人们对不影响自己"荷包"的情况下抱怨组织没有效率的"超层次抱怨"，实际上他们是对完美、正义、善、真等价值的超值需求，他们所抱怨的是对所处世界的不完美评论，这已不是自私的抱怨，而是一种非个性、利他性的哲学思考和建议，或者是功利主义的另一极端表现：个人所创造的价值远远超于自己的直接享受，其中剩余部分只有借助满足他人的需求来间接地实现自己的人生价值，这也就是哲学家通常所倡导的利他主义。这种现象表明，全面人本管理作为一种新的企业管理模式在现实生活中已经悄然孕育，在管理理论上也完全有可能引发一场新的管理革命，并推动知识经济时代的管理实践发生一场前所未有的变革。

3.3.1 全社会人本管理与企业管理理论的第四次革命

对国内外关于管理模式研究的回顾，企业管理理论先后经历了利润目标管理模式、社会综合价值管理模式、人本价值管理模式的三次管理理论变革。而本文所提出的全社会人本管理在企业管理的基本假设、解决的核心问题以及解决的核心问题的基本范式等本质层面上，都有别于前面三种的管理理论的理解与探索。这些创新与探索如果能在实践中进一步得到检验，将会推动世界管理理论的根本性变革。

1. 对企业管理的基本假设的再认识

任何企业管理理论都必须对人性和企业本质做出假设。在对人性的假设上，传统企业管理理论对人性的理解是经济契约下的完全理性的"经济人"、社会契约下的有限理性的"社会人"、环境契约下的"生态人"，或者现代管理的"复杂人"……这些假设背后无一不是将人视为单契约下完全被低层次需求所"俘获"的经济动物，因为企业管理中的社会性契约、环境性契约无不是企业经济契约的拓展部分，最终以理性的经济人假设成为(新)古典经济学的主流观点。

全社会责任管理理论则是从现实中的人出发，提出了每一个人都有经济、社会、环境的多元价值追求的新的"理性人"假设，这种"理性人"假设指的是决策当事人在决策时点的理性，是一种个体理性(李伟阳、肖红军，2010)。这样的假设强调人的价值观是将人视为双重或多重契约组合下被不同层次需求所"俘获"的利己主义者或功利主义者。因为该理论强调决策当事人在决策时点认定的最大化效用的理性。根据需求层次的不同，其"理性人"包括完全被低层次需求所"俘获"的个体为理性的"经济人"假设，被高层次需求所"俘获"的个体为理性的"社会人"假设或理性的社会"生态人"假设。因此，将对应于不同层次需求的人性假设归结为现实生活中的"人"，其人性假设的管理政策更多强调的是人的生产力量的提升。

人本管理模式强调 Y 理论的动机论比较多元化，更具有科学性，也更贴近事实，因为它更多包含了人类趋同于高层次的需求，并将其视为工作场所或经济、社会和环境中重要的影响因素(Maslow A. H.，1965)。因此，人本管理理论认为，个体理性假设很有必要，但这种理性假设的人的价值观是建立在"俘获"不同层次需求基础上的利他主义[①],或至少剔除利己主义的一个极端,即损人利己的功利主义。尽管俘获需求的层次不同,但体现主动"俘获"不同层次需求的个体人性假设均要体现以人为中心或者以人为本的思想,尽管现实社会生活中的人不断被密如蛛网的人际关系所包裹,致使他们自身也成为这个关系网的一部分,但人人都想成为完整的人,而不是一个支离破碎的人,这就决定了人本管理理论的人性假设是理性的本原。虽然这种理性人的假设与在现实生活中的人似乎格格不入,人性假设好像更倾向于有限人假设,但从经济学方法论来看,实践中人们的"理性"选择之所以表现为"有限理性",其根源可归结于"信息不完全",而非人的本身属性原因所造成的(李宝元,2006)。因此,"俘获"高层次需求的个体为人本的理性人假设,它抓住了工作场所人性表现的核心所在,即人天生就具有生产力和主动性,人的主体性是人作为活动主体所特有的质的规定性,在现实中表现为"人的能力"(罗珉,2008),因此,它对应其管理政策强调的是人的生产力质与量的同等提升。

全社会人本管理理论认为,虽然人类自身束缚于经济、社会以及生态环境的复杂耦合系统之中,但追求人类自身解放是全人类的共性,也是人类社会进步的根本动力。正如李宝元(2006)所说的:"人们在稀缺的资源环境约束下,如何在技术上挣脱自然压迫并与之和谐共处,通过制度创新建立和谐社会以与他人友好相处,并最终于内在的心智追求中获得自我超越,从而完满达到生存自由、社会自由和精神自由的总福利目标。"因此,全社会人本管理理论采用整体论的方法论,从整体上把握研究对象,主张把事物作为一个完整、有机的整体来进行系统分析,主张整(群)体理性人假设是对人类人性的共性或统一性的高度概括,其假设人的价值观与人本管理所假设的人的价值观没有本质区别,区别只是对研究对象所采用的方法论的不同。前者采用整体论,而后者采用还原论;前者是对后者所主张的把整体性分解为部分来研究的还原论的一种扬弃。这种整(群)体理性人假设强调人本主义精神可以有多种不同的表现方式,但决不是独立存在的。强调历史语境性,关注不可逆事件,重视组织及管理的演化,尽管由于人类整体理性行为受到自然技术性条件和社会历史性条件的双重条件约束可能表现为现实中的有限理性行为,但这也促使我们对组织及其管理的认识与理解更接近事实的本身。因此,基于"俘获"超需求的假设也将决定将人性寓于整体之中的整(群)体理性人假设,其本质为复合性理性人假设,或者可称之为完美性人假设。

在对企业本质进行假设时,传统企业管理理论假设企业本质为经济性契约,因为它们都明确或隐含地假定企业是股东获取利润的生产"黑匣子",企业存在的目的是为企业股东创造最大利润。全社会责任管理理论则认为,企业作为社会功能的载体,是不同社会主体实现其多元价值追求的社会平台(李伟阳、肖红军,2010)。企业存在的目的是为企业利益相关方创造社会综合价值,因此企业本质为经济、社会和环境的契约组合。人本管理理论、全社会人本管理理论均是从人本价值来透视企业的本质,强调"以人为本"的企业管理理念,充分发挥人的主观能动性。从契约角度来看,企业本质也都是经济、社会和环境的契约组合,只是

---

① 本文中的利他主义可解释为人们在投资过程中,投资获得的实际回报超过满足自身实际直接需要(偏好),进而将剩余部分通过他人的消费来满足自己实际间接需要(偏好),对这类现象可抽象为利他主义。从某种意义上来说,我们不妨将人的利己行为划分为损人利己、不损人利己以及利他利己的三种类型,而利他主义只是对利他利己行为的抽象,因此可以说,利他主义是特定社会生产水平下的特殊的利己主义。

其组合契约所满足的人的需求的层次不同及其需求的动机也不同而已。

2. 对企业管理的核心问题的再认识

传统企业理论认为,企业管理的核心问题是,如何通过产权有效的资源配置来实现企业的市场价值最大化,因此,企业管理模式的本质是满足完全低层次需求的股东利润价值最大化的一系列方法和措施的组合。而全社会责任管理理论认为,企业管理的核心问题是如何促进社会资源的优化配置,或者充分实现企业的社会价值是企业履行社会功能的应尽职责或义务,因此,企业管理模式强调通过创建有效的利益相关方合作机制,激发和凝聚利益相关方创造社会价值的潜力和合力,最大限度地创造企业发展的经济、社会和环境的综合价值(李伟阳、肖红军,2010)。这种管理模式以强调对社会负责任的"服从"方式,来表达被不同层次需求所"俘获"的经济、社会和环境的多重价值属性资源配置的一系列方法和措施的组合。这种带有被动高压色彩的管理模式很难完全激发和凝聚利益相关方的合作愿望和工作潜力。

人本管理理论认为,企业管理的核心问题是一切经济发展的问题,归根到底,其实都是关于人类自身发展这个根本问题。因此,企业管理模式强调以人权为本的"主人翁"方式,来表达企业利益相关各方所"俘获"不同层次需求的经济、社会和环境的多重价值属性资源配置的一系列方法和措施的组合。通过创建有效的利益相关各方参与合作机制,激发和凝聚每一个利益相关方借助多重价值属性的资源有效配置来最大限度地实现自身人本价值。

全社会人本管理理论认为,企业管理的核心问题是如何塑造经济、社会和自然环境相互和谐文明的秩序,最终实现使人们从"物"到"人",并使人们进入"心"的无限境界。因此,企业管理模式强调人的主体存在性以"无"中含"有"的方式或"集体主人翁"方式,来表达企业整体"俘获"超需求的经济、社会和环境的多重价值属性资源配置的一系列方法和措施的组合。通过创建有效的利益相关各方共享机制,极大调动每一位员工以忘我的精神投入全社会人本价值创造之中,借助计划和市场的基本资源配置方式,极大拓展资源有效配置的空间,最终实现信息对称的人本经济发展的全社会人本价值。

3. 对企业管理的管理方式的再认识

传统企业管理范式即泰罗范式或科学主义范式,主要追求"让管理更有效",强调企业工作"非人性化"[①],并把极具人性色彩的管理变成了简单的效率衡量和提升手段。将人力资源与组织的原材料、资本、机器或能源同等对待,并采用隔离法(isolating approach)抽象出"理性经济人",这种人性假设完全迎合了(新)古典经济学的完全低层次需求假设的需要。在资源配置上主要通过市场机制对资源进行有效配置来实现企业股东利润最大化,即便采用政府宏观调控,也是被逼无耐的选择。

全社会责任管理主要倚重外来的价值观念,通过外界环境内化来加强人的价值观。因此,全社会责任管理强调目标管理(management by objectives),追求科学效率与追求人性两者不可分离(这是它相比于传统企业管理理论的彻底变革内容之一),并且重视在建立组织管理制度时既要追求组织目标和效率,又要体现人本主义精神——员工的自我控制(self-

---

① "非人性化"是指由于现代人只是活在感觉经验的物质世界的一个层面中,因此变成了一种"单维度人",在去人性化的过程中,人失去了尊严,失去了自由,人已经不再是人了。

control)和参与式管理(participative management)。因此,它基本上迎合了被不同层次需求所"俘获"的假设。在资源配置方式上,除了尊重市场机制、政府调控机制的作用以外,还高度强调发挥利益相关各方的主动性、积极性和创造性,主动弥补市场失灵、政府失灵、社会失灵,推动市场机制、政府机制和社会机制更好地发挥作用,促进社会多重属性资源更优化配置,实现社会综合价值最大化。尽管通过追求对层序需求的攀升体现了被压抑的"人本",但基于"有责任心的工人"的假设,实际上也隐含了"每个人都是成熟的人"这样一个心理学命题。现实生活中只有少数人在心智上符合"成熟"标准,因此,要求每个工人成为"有责任心的工人",是违背人的基本特征的。所以,从总体上来说,全社会责任管理的管理方式主要属于科学主义方式,但也略带有人本主义方式的色彩。

人本管理承认人的价值和尊严,把人看作衡量一切的尺度,强调把人放在管理学研究的中心位置,并认为组织中最宝贵的资源不是原材料、资本、机器、土地或能源,而是人本身,强调人的潜能是管理所能开发的最重要的资源或资本。管理就等于人,人能开发自身。人本主义者反对科学主义方式把人看作只知一味索取的自利主义经济人,强调利他主义与给予的品质也是人性中最根本的东西(罗珉,2008)。因此,人本管理迎合了"俘获"不同层次需求的假设,在资源配置上强调"看得见的手"与"看不见的手"主动握手。总而言之,人本管理的管理方式被后人称之为传统的人本主义方式,它强调人本主义方式与科学主义方式的对立。

全社会人本管理对传统的人本主义范式"让管理更有人性"这一经典命题构成了挑战。它不是将科学主义范式与人本主义范式视为完全对立的东西,而是将科学主义内在地包含于人本主义,人本主义也体现了科学精神。它强调人性寓于科学技术、组织流程、技术运用、竞争和协作之中;强调人性与生产流程、工艺技术运用、管理制度融为一体。这一论点是与传统的人本主义认为一切存在都是通过人这个主体来赢得其存在的意义和存在的价值的观点相对立的,但它并非否定"主体存在性",而是"无"中含"有",似有中国古代道家哲学的"天人合一""和而不同"的思想。其方法论范式强调从整体上把握研究对象,将人性与科学、企业与员工、竞争与协作看成不可分割的整体,而不是组织及其管理世界中的人性与科学的并存,当然也允许多元差异性的存在,其人本主义精神可以有多种不同的表现方式,但决不是独立存在的。在资源配置方式上强调企业利益相关方共赢创造价值机制、市场机制、政府调控机制、社会机制的四维合璧及相互依存。总而言之,全社会人本管理理论迎合了整体"俘获"超需求的假设。因此,笔者首次提出全社会人本管理的管理方式可称之为现代人本主义方式。

3.3.2 全社会人本管理与企业管理实践的第四次革命

基督教源于综合了两河流域文化和尼罗河流域文化的犹太教神学思想,从最初犹太人民反抗罗马统治的一个小宗派,逐渐发展成为公元392年狄奥多西一世宣布基督教为罗马国教,开始了基督教在西方文化史上唯我独尊的时代(赵林,2012)。基督教一方面从两河流域文化中吸收了单一神概念;另一方面,从尼罗河流域文化中吸收了世界末日和最后审判的传说,形成一套完整神本主义思想的基督教宗教理论,政教合一的基督教神本主义思想也成为罗马政权的统治思想。以基督教为国教的希腊化罗马帝国在公元5世纪被日耳曼蛮族征服,多神教徒和基督教内部异端教徒将此归罪于传统基督教,一个追求多元性基督教的文化涅磐而生。对人非常重视的基督教文化,倡导神和人是主人和管家的关系、人和自然界是管理者和被管理者的关系,孕育出多元基督教文化思想。牟宗三(2013)认为:"……野蛮无文的民族开始自觉到自己之野蛮,自己之纯为赤裸裸的原始生命之不足,反省到自己之寒碜,而想要过一种有文化的生活。"只重外面不重内涵的西塞罗人文主义尽到这个责任,将这个责任只落实在"现实生活之重自由、尊理性、富美感,这种广泛意义的生活情调"之上。欧洲文艺复兴成为西方古代与近现代的"分水岭",也开始由欧洲中世纪的基督教文明演变为以英美为主的基督教文明,使得文艺复兴时期的人文主义具有世界意义。相较于西塞罗时期的人文主义只停留于外在社会政治生活美的境界上,文艺复兴时期的人文主义重视个性的自我,尤其重视人的气质性的一面(牟宗三,2013)。尽管它是对中世纪基督教神学桎梏的对治与超越,但是此时的人文主义还是停留在外在比照之后的补救,而不是人自身的自觉自立(唐君毅,1961)。

文艺复兴时期的人文主义执着于人生命个性的欢欣,但并没有收敛到主体内而做出超越的反省与分解。这种"抽象的知性"被视为人的本质,必然架空人的丰富而又实质性的内容。因此,从整体性、丰富性和实质性来看人,这成为18世纪德国的人文主义者反抗文艺复兴时期的人文主义思想的根本原因。因此,它们通过"狂飙运动"体验出具有泛神倾向的生命意义,基于文学情调孕育具有绝对主观主义的德国人文主义思想。后来莱辛和歌德借助巴拉图哲学中的Idea(理型)概念,把"人格"概念引入人文主义,从而使人文主义克服了主观主义的浪漫精神而走向客观主义。自德国的人文主义发展到人格的人文主义,此时人文主义倡导"全人",但不是全知全能。因此,歌德等人取法于柏拉图的"理型"而提出的"人格"概念并不能尽人性主体之全义,不能树立人之为人的"道德主体性"。19世纪,德国的费尔巴哈将人纳入自然之中,从生物学的角度来解释人的全知全能,逐渐形成以德国的费尔巴哈和俄国的车尔尼雪夫斯基为代表的人本主义。

至此,以英美为主的基督教所塑造的二重关系的研究重心发生转移,由神与人之间主人与管家关系的研究重心转移到基督教塑造的人与自然之间管理与被管理关系的研究重心。但此时人本主义只是形而上学的唯物主义。人本主义者僵化认知人与自然之间管理与被管理的关系,产生像泰罗制的科学管理思想,这是在一定程度上促使"科学主义"诞生的一个条件,但因对人的全知全能的固化认知反而束缚人的潜力发挥,在此时期的人本主义在本质上是反科学主义的。至此,人类社会经历了由神本主义政教合一的第一次管理实践革命、人文主义政教分离的第二次科学管理实践革命转向第三次人本管理实践革命。

人本管理起源于20世纪20年代末美国哈佛大学心理学家George Elton Mayo和Fritz J. Roethlisberger等人进行的著名的霍桑实验,该实验真正揭开了研究管理组织中人的行为的序幕,逐渐撕开了"泰罗管理模式与所观察到的行为方式之间的神秘面纱"(Fritz J. Roethlisberger、William J. Dickson,1939)。人们开始强调对人的需求、人的行为、行为过程和工作群体(work group)的研究,并对企业管理模式的发展做出了重大贡献。在最初的机器大工业时代,资产阶级通过血腥的原始积累,建立起货币资本基础,利用泰罗管理模式来榨取劳动者的剩余价值,几乎所有社会劳动者都长期浸入在完全低层次需求层面上,当时主要关注泰罗管理模式或科学主义管理模式沿着理性轨道高速发展,而以人为本的人性发展却并没有引起人们足够的重视,极具有人性色彩的管理变成了"泰罗制"下的效率工具。因此采用隔离法(isolating approach)抽象出来的理性"经济人",当然是只知一味索取的自利主义经济人,此时靠金钱诱惑则成为企业管理的唯一法宝,企业的目标也尽显为股东利润价值最大化。

随着20世纪三四十年代的电子通讯与计算机网络的新技术革命将人类由工业社会推进到信息社会,自40年代起,大科学、大工程与大企业的发展趋势出现,已"使新科学研究与生产规模达到了前所未有的高度"(郑积源,1987)。此后,为追求生产力水平的提高,将科学技术、生产经营、管理与教育及其他许多方面,都统统纳入社会化发展的新阶段。期间一味追求财产权益的思想不断发生膨胀,客观上与"以人为本"的思想日益发生对抗,这种对抗演化为人权运动、劳动者权益运动、环境保护运动,以及各种各样的"特殊利益团体"所掀起的特定人本议题。企业为了争取"民心"和获得生存所拓展的资源时空,开始被动地采取各种管理措施对强大的人性压迫做出积极回应,主要集中在人的生存待遇的提高和生活环境的改善等议题上。自20世纪以来,科学主义的管理行为演化渐次走向极端,全球一系列社会问题和环境问题已经严重影响许多企业的生存,特别是一些造成严重环境污染的企业,其产品批量生产,使企业必须面临社会责任的承担问题,为此企业开始将社会风险管理纳入企业发展战略之中。在其进入20世纪90年代之后,随着经济全球化的发展趋势成为定局,谋求竞争优势成为企业管理的核心,把企业社会责任融入核心业务流程与企业战略部署,促使企业管理进入所谓的战略性社会责任管理阶段,该阶段的这种管理模式仍然沿着理性轨道运行,具有明显的"工具性"特征。近些年来,世界一流公司的社会责任管理实践已经发生了显著变化,由管理动力已经狭隘的财务价值追求转向经济、社会、环境的综合价值创造驱动(李伟阳、肖红军,2010)。同时也伴随着企业由完全被低层次需求所"俘获"转向被不同层次需求所"俘获",这种转变也是对提倡以人本主义或人本管理为时尚和口号的一种被动的响应。

随着知识经济时代网络通讯技术的迅猛发展,加速了知识、信息的高度流动与分散,地球由"圆的"变成"平的",外在环境客观地加剧了人本主义原本所具有的影响力和感召力,因为它与人们心灵深处的自然伦理情感和与各国人对世俗生活的需求是相同的。基于这种情怀铺垫,马斯洛在《良好精神状态管理》一书中论述了"开明管理"的思想,并阐述了企业组织"协同"(synergy)的思想,用人性、生命的力量来彻底取代非人性、制度的压抑。他用人的自我实现的话语否弃了人被当作物品或者工具的传统话语,直接推动了前仆后继的企业管理者们摒弃了"战略—结构—系统"的管理结构体系,逐渐建立了具有更加广阔、更有生命力的"目标—过程—员工"的人本管理结构体系,培育了企业中最基本的人本主义理想和准则,恢复了企业的人性活力,促进企业由被不同层次需求所"俘获"逆转为"俘获"不同层次需求,彻底抹去了全社会责任管理的绝大部分"工具理性"特征,还原了具有人性色彩的人本管理的"价值理性"特征。

随着我国"科学发观"的倡导,我国企业的管理不仅仅需要注入人本精神,而且需要补上科学管理这门课。今天我国企业倡导以人为本的科学发展观和建立和谐社会,挑战了人本管理模式"让管理更具有人性"这一命题。这种挑战由以往的从个体上把握研究对象转变为现今的从整体上把握研究对象,将管理学方法论由还原论转变为整体论,彻底改变了对现代管理学科学性的一种机械逻辑论和对理性的滥用现状,这也是对管理的科学性与人性、科学主义与人本主义的管理模式分类本身进行的批判。基于整体论的方法论将人性与科学性结合,通过顶层设计或者流水线设计将人性寓于科学技术、组织流程、技术运用、竞争和协作之中,用组织成员之间的共生关系和信任机制来取代科学规则与人性的对立、管理者与被管理者的对立。这样使得人本主义精神寓于科学精神之中,科学主义管理模式本身也普遍具有内在的人本主义精神。在人类进入知识经济时代的今天,人的高度社会分工和知识员工的高度流动性,造成了传统工业经济时代的组织关系结构衰竭,新的多元组织结构正待孕育而生。因此,为了避免异化现象所造成的人性本质的扭曲,由社会价值透视寓于科学精神和人本精神的高度融合的共同(同和)机制,来替代科学与人性对立的协调机制,在适应于管理学所强调的个体思维方式向整体思维方式转变的同时,企业人本管理模式也随之转变为全社会人本管理模式,人类社会开启了全社会人本管理与企业管理实践的第四次革命,在企业管理实践中,企业也实现了由个体"俘获"不同层次需求向整体"俘获"超需求格局的转变,稳定和丰富发展了全社会人本管理的理论体系。

3.4 本章小结

在信息非对称的物本经济阶段,无论是适应于被完全低层次需求所"俘获"的假设的传统管理模式,还是适应于被不同层次所"俘获"的假设的全社会责任管理模式,尽管提高了管理的艺术水平,降低了管理的"工具性能",添加了管理的"价值性能"的某些成分,但它们还是念念不忘把管理学简化成一种"物理学"的科学主义思维模式。人完全是在经济、社会和心理的定律控制下发挥人的有限能动性作用。在信息非对称的人本经济阶段,目前许多人热衷于人本管理模式,基于新康德主义(neo-Kantianism)、现象学(phenomenology)、诠释学(interpretation)等哲学思想的理论,强调管理学与自然科学的差异,认为组织及其管理现象的本质是人的主体精神的外化或客体化,是"精神世界"和"文化世界"(罗珉,2008)。这使得管理学者认识到,员工的创造力和个人能动性是一种远比统一性及服从性更加重要的竞争资源。因此,组织及其管理现象不能用反映的方式,更不能用自然科学的方法,唯一可行的只能是运用"个别化方法",即"理解""感受""分析"或"解释"来研究"以需求为本"的企业管理模式,彻底改写管理模式理论假设为"个体俘获不同层次需求",可以用"需求是判断人价值的唯一标准"的人本主义经济真理标准来验证。然而,人本主义管理模式强调培养全人的目的观,有悖于人的本性,因为创造人类历史的是人民,而不是个别的英雄人物。当然,这里人的主体不存在并非真的不存在,而是"无"中含"有",只不过不是单独存在的,而是寓于组织及其管理的整体之中,也就是我们并不否定英雄人物在人类历史进程中所发挥的伟大历史作用,因为英雄是广大人民的集中代表。因此,在信息对称的人本经济阶段,也即共享经济,为了符合历史是人民创造的辩证唯物主义观点,整体"俘获"超需求是笔者提出的所谓全社会人本管理理论的假设前提。也就是说,全社会人本管理模式是以人为本的科学发展观下的自然产物之一,它可能也是被现代人们所称之为的后现代管理学的核心管理模式。

总而言之,上述企业利润目标物本管理模式、企业社会综合价值目标全社会责任管理模式为生产导向型企业管理模式,其中,企业委托代理理论即企业物本管理理论和全社会责任管理理论,它是研究生产导向型企业物本资本雇佣财务管理的基础理论。企业人本价值目标人本管理模式和企业全社会人本价值目标全社会人本管理模式,分别表现为顾客导向型企业管理模式和用户导向型平台企业管理模式。其中,人本管理理论和全社会人本管理理论,分别是研究顾客导向型企业人本资本合作财务管理理论的基础理论和用户导向型平台企业人本资本共享数据财务管理理论的基础理论。为此,后文中企业人本管理理论为研究信息非对称的人本经济阶段顾客导向型企业人本资本合作财务管理理论提供了理论依据;企业全社会人本管理理论为研究信息非对称的人本经济阶段用户导向型平台企业人本资本共享数据财务管理理论提供了理论依据。

第 4 章
生产导向型企业物本资本雇佣财务管理理论研究

从某种意义上讲,西方资本主义革命缘起于工业科技革命。人类社会第一个资本主义国家是英国,而人类社会第一次工业革命也发生在英国,这也体现了马克思生产力学说,作为体现人类社会生产关系的资本主义制度促进了大机器工业革命。为了追求解放全人类,实现人的自由,人类社会生产力发展经历了由欠发达生产力水平阶段向发达生产力水平阶段的转变。在工业革命发展历程中爆发了代表欠发达生产力水平的人类社会第一次、第二次工业革命现代基础制造技术,以及代表发达生产力水平的人类社会第三次工业革命现代基础制造技术与正在爆发的第四次工业革命现代基础信息技术。生产关系与生产力相互作用促进了人类社会经济转型与升级,物本经济演变为人本经济。人类社会对物本经济发展规律进行了深入探究,取得了中心化信任结构下共识性理论体系,这些理论体系也就成为探索人本经济发展规律的理论基础。因此,在总结国内外财务管理学者研究生产导向型企业物本资本雇佣财务管理理论体系之前,笔者有必要先理清楚物本经济发展的规律性理论。

本章的研究内容安排如下:首先,以第一次、第二次工业革命的现代基础制造技术创新进步为逻辑起点,以物本经济发展为对象,以探析物本经济发展观的形成为目标,论述信息非对称的物本经济阶段物本经济理论发展的现状,即以物为本的中心化信任结构、卖方市场基本需求、理性经济人假设、帕累托改进福利判断标准;其次,以物本经济发展观为指导、以物为本的中心化信任结构为背景、以卖方市场基本需求为逻辑起点、以生产导向型企业物本财务发展为目标,论述信息非对称的物本经济阶段生产导向型企业物本资本雇佣财务管理模式的发展现状,即卖方市场基本需求的理论假设前提、生产导向型企业物本资本雇佣财务管理本质、生产导向型企业物本资本雇佣财务管理人假设、生产导向型企业物本资本雇佣财务管理原则、生产导向型企业物本资本雇佣财务管理目标、生产导向型企业物本资本雇佣财务管理职能、生产导向型企业物本资本雇佣财务管理关系,以及生产导向型企业物本资本雇佣财务管理价值;最后,对物本经济发展规律的理论与生产导向型企业物本资本雇佣财务管理的理论做小结,同时为后文研究顾客导向型企业人本资本合作财务管理理论体系给出参照性理论提示。

4.1 信息非对称的物本经济阶段物本经济理论的发展现状

众所周知,早在 18 世纪 30—40 年代,英国就完成了以蒸汽机为代表的人类社会第一次工业革命,随后于 19 世纪末相继在法国、美国展开了第一次工业革命。直至 19 世纪 40 年代,德国在西方第一次工业革命浪潮的冲击下才缓慢地开启工业革命步伐(A.C.Kenwood、A.L.Lougheed,1982)。为了更好地满足不断扩大的市场基本需要,以蒸汽机为动力的机器生产逐渐取代手工操作,资本家开始建造工房、安置机器、雇佣工人集中生产,于是一种以生产为导向的新型生产组织形式——工厂出现了。据考证,这种新型生产组织形式发生在工厂手工业最为发达的英国棉纺织业。机械师凯伊在1733年发明了"飞梭",织工哈格里夫斯于1765年发明了"珍妮纺织机",这些技术革新的连锁反应揭开了英国工业革命的序幕。随后,在棉纺织业中相继出现了螺机、水力织布机等先进机器。不久之后,瓦特在1785年完成改良型蒸汽机,致使以蒸汽机为动力的机器生产也在采煤、冶金等许多工业部门相继展开。因此,工厂逐渐成为英国工业化生产的最主要组织形式。

为了进行生产管理、提高效率,工厂总结出各种生产管理模式,其中最为著名的是"泰罗制"标准化管理模式,并逐渐地形成了标准化制造范式。为了快捷、便利地运送货物和原料以满足工厂机器生产的需要,美国人富尔顿在1807年进行以蒸汽为动力的汽船试航成功;英国人斯蒂芬森在1814年发明了"蒸汽机车",并在1825年亲自驾驶着一列拖有34节小车厢的火车试车成功,从此人类的交通运输进入了一个以蒸汽为动力的时代。人们发明了以蒸汽机为动力的火车、轮船等交通工具,进而促进了交通运输事业的革新,这不仅是一次技术改革,更是一场深刻的社会变革,推动了经济领域、政治领域、思想领域、世界市场等诸多方面的变化。

在经济领域,大量推广以机器代替手工劳动的工厂制组织,加速了工厂制组织规模迅速扩大,致使工厂制组织所有权与经营权分离,在微观层面上逐渐形成了委托代理方式的现代制度企业,在宏观层面上逐渐形成了由企业委托方汇集形成的工业资产阶级和由企业受托方汇集形成的无产阶级。由于他们在企业中追求的各自目标不同,最终酝酿形成了社会两大对抗阶级。在具有委托代理契约本质的企业中,代表无产阶级的受托方获取维持再生产的补偿价值,而代表资产阶级的委托方获得所有受托方创造的剩余价值。这种企业制度日益壮大了资产阶级的力量,并通过解除封建压迫的资产阶级革命,实行自由经营、自由竞争和自由贸易,有助于资本主义在各国获得经济上的统治地位。

在政治领域,第一次工业革命极大地提高了生产力,巩固了资本主义在各国经济上的统治地位。根据马克思的政治经济学观点,经济基础决定上层建筑。获得经济上的统治地位的资产阶级,在政治上打着天赋人权的幌子,追求自由、平等、民主的资产阶级政治制度;在经济领域喊着人不为己天诛地灭的口号,追求公平竞争的市场规则,这种在委托代理契约上的现代企业制度已经奠定与维护了资产阶级在政治上的不平等、不自由与不民主,并且赢家通吃的自由市场规则更是加剧了资产阶级与无产阶级之间的不平等与贫富分化。因此,资产阶级的功利主义无论是在政治领域还是在经济领域,均处于统治地位。资本家为了从大量产品中获得剩余利润,仅仅在乎工人为自己创造剩余价值所实施的手段,而并不在乎工人们的权益是否得到尊重,因此,逐渐形成了以物为中心,仅仅将人当作手段而非目的,通过人类价值归于物类价值来实现物类价值为本的普遍看法,即物本经济发展观。因此,资产阶级追求功利主义哲学观与物本经济发展观在本质上是一致的。可以说,在政治领域,资产阶级哲学观为功利主义;在经济领域,资产阶级价值观为物本经济发展观。

在思想领域,资产阶级为了在灵魂深处塑造资产阶级存在的合法性,大力宣传天赋人权,以机会平等来预设无产阶级与资产阶级之间存在的现实上的不平等。资产阶级的政治领域代言人,譬如,自然神论者孟德斯鸠(Charles Louis de Secondat),他是法国启蒙时期的思想家、社会学家、律师,西方国家学说和法学理论的奠基人,他倡导的环境学说,试图从人的思想上泯灭或消除资产阶级与无产阶级之间的事实不平等,他倡导资产阶级与无产阶级之间的现实或事实不平等是由环境差异造成的,这等于说是上帝安排的,与封建社会所倡导的宿命论没有本质的区别;资产阶级的经济领域代言人,譬如,西方经济学鼻祖约翰·梅纳德·凯恩斯(John Maynard Keynes),他倡导在私有产权基础上建立自由市场的经济学说,名义上倡导维护所有人的私有利益,但就实际经济效果而言,是维护资产阶级私有经济利益的,并强调以资源要素为对象的自由市场配置方式。把资本家获得超额利润归集为人类社会欠发达生产力所决定的人类社会供给能力小于人类社会需求能力,进而形成卖方市场基本需求所驱动的企业以生产为导向的经营战略,通过资源要素市场优化配置而形成了需求决定价值的企业剩余价值,这似乎是自由市场造就了企业获得剩余价值,而与工人无关。这种以经济现象代替经济本质的思维逻辑,形而上学地自然形成了西方资产阶级社会在政治领域的功利主义哲学观和经济领域的物本经济发展观相得益彰的资产阶级"民主"思想与民主制度。

在世界市场中的第一次工业革命时期,源于工匠实践经验的许多技术发明,尚未真正实现科学和技术结合。通过资产阶级革命和改革而逐渐建立在第一次工业革命基础上,且仅仅能够巩固资产阶级自身的统治地位的现代工厂制度却实现了科学与技术的融合,譬如,著名的"泰罗制"。通过第一次工业革命解除了作坊的雇佣或庄园的奴隶们的封建压迫,还给他们人身的自由,逐步建立了自由经营、自由竞争和自由贸易的赢家通吃的西方市场。

1866年,德国人西门子发明了发电机,并于20世纪70年代推广应用,致使电器代替机器,电的能源补充和取代以蒸汽机为动力的油气能源。随后,电灯、电车、电影放映机相继问世,人类进入了"电气时代"。19世纪70年代,以煤气和汽油为燃料的内燃机相继诞生。80年代,德国人卡尔·弗里特立奇·本茨等成功地制造出由内燃机驱动的汽车,随后由内燃机驱动的轮船、飞机等也相继得到了迅速发展。90年代,柴油机创制成功。同时,内燃机的发明推动了石油开采业和石油化工工业的发展,使自然科学创新发展与工业生产紧密地结合起来。至此,第二次工业革命实现了科学与技术结合,铸就了西方工业文明。加之19世纪70年代美国人贝尔发明的电话和90年代意大利人马可尼发明的无线电报,加强了世界各国的经济、政治和文化联系。由于第二次工业革命铸就了西方工业文明,它以绝对的经济、政治、文化、军事和科技优势碾压东方农业文明,并且西方采用新技术的企业挤垮了大量技术落后的东方企业,因此形成了西方主导卖方自由市场规则的世界市场。卖方市场基本需求就成为人类社会的主流需求,并成为一切物本经济的理论前提。

在第一次工业革命和第二次工业革命中,逐渐在经济、政治和思想领域孕育形成物本经济发展观自然成为一切物本经济理论的价值观或世界观。第一次工业革命和第二次工业革命的基础技术促使现代企业所有权与经营权分离,造成委托方(所有权方)与受托方(经营方)之间信息非对称,资本主义的资本驱动供给与需求分离的买方世界自由市场不断地拓展,以及供给方与需求方之间信息非对称成为卖方市场的新常态。因此,信息非对称成为第一次工业革命和第二次工业革命所决定的物本经济"新常态",基于物本经济的信息非对称形成以物为本的中心化信任结构,它成为一切物本经济理论信用范式,同时正是因为非对称的信息,致使物本经济决策者以追求自身利益最大化来想象其他决策者和自己一样,以此经济人的理性来假设别人和自己一样理性,这种理性经济人假设成为一切物本经济理论的人性假设。西方著名经济学家维弗雷多·帕累托(Vilfredo Pareto)因对意大利20%的人口拥有80%的财产的观察而被约瑟夫·朱兰和其他人概括为帕累托法则(20/80法则),并成为一切物本经济福利改进的判断标准。

总而言之,以第一次、第二次工业革命技术创新进步为逻辑起点,以物本经济发展为对象,以探析物本经济发展观的形成为目标,来总结信息非对称的物本经济理论的发展现状。

4.2 生产导向型企业物本资本雇佣财务管理理论体系

鉴于前文信息非对称的物本经济阶段物本经济理论的总结,得出了物本经济发展观指导物本经济发展。一方面,企业以资本雇佣劳动方式实施以生产为导向的经营战略,通过标准化制造范式完成物性第一、人性第二的商品供给,以满足买方市场基本需求;另一方面,企业基于非对称信息缔结委托代理契约来维系"金字塔"式企业科层制信任关系,同时市场基于非对称信息缔结由第三方监督或认可的契约来维系供需信任关系。无论是企业科层制信任关系,还是市场供需信任关系,它们共同奉行物本经济发展观,并在追求物类价值为本的过程中形成中心化信任结构关系,这种关系成为信息非对称的物本经济"新常态"。因此,中心化信任结构成为研究生产导向型企业物本资本雇佣财务管理的背景。卖方市场基本需求成为企业追求物类价值为本的原动力,这种企业发展的原动力成为研究生产导向型企业物本资本雇佣财务管理的逻辑起点。在信息非对称的物本经济阶段,追求物本经济发展成为生产导向型企业物本资本雇佣财务管理的一贯性目标。因此,以物本经济发展观为指导、以物为本的中心化信任结构为背景、以卖方市场基本需求为逻辑起点、以企业物本财务发展为目标,这些成为论述信息非对称的物本经济阶段生产导向型企业物本资本雇佣财务管理的理论基础。根据该理论基础可以展开论述生产导向型企业物本资本雇佣财务管理理论体系。

4.2.1 生产导向型企业物本资本雇佣财务管理理论的假设前提

需求是判断价值的唯一标准,这是人本主义经济学的观点。欠发达社会生产力水平决定了人类社会供给能力小于人类社会需求能力,致使人类社会卖方市场基本需求成为人类社会的主流需求。人类社会基本需求驱动人们追求人类价值归于物类价值为本的物本经济发展,因此,卖方市场基本需求成为信息非对称的物本经济发展的根本性引擎。也就是说,卖方市场基本需求成为信息非对称的物本经济发展的前提。作为信息非对称的物本经济发展规律产物之一的生产导向型企业物本资本雇佣财务管理理论,相应地,卖方市场基本需求也就成为生产导向型企业物本资本雇佣财务管理理论体系的假设前提。这里所谓的理论假设前提,是指理论体系形成的先决条件,如果没有这个先觉条件,那么就没有理论体系的任何一部分。但它是不同理论体系的逻辑起点。因此,理论体系的逻辑起点也是理论体系的一部分,它无法成为构成理论体系的假设前提。

信息非对称的卖方市场基本需求决定了企业通过采用资本雇佣劳动方式来追求自身规模经济,以赢得卖方市场主动权,进一步实施生产导向型企业经营战略,从而全面地兑现企业委托代理契约的义务与权利。也就是说,信息非对称的卖方市场基本需求成为企业委托代理契约本质的决定性条件或因素。而生产导向型企业委托代理契约的本质决定了生产导向型企业物本资本雇佣财务管理的本质,以及源于其本质所决定的其他理论体系。因此,信息非对称的卖方市场基本需求成为生产导向型企业物本资本雇佣财务管理理论体系的假设前提。

4.2.2　生产导向型企业物本资本雇佣财务管理的本质

任何理论都是来源于实践总结,又回归于实践指导。也就是人们常说的从现象看本质,从本质揭示现象背后的规律。因此,生产导向型企业物本资本雇佣财务管理研究的逻辑起点源于其本质。截至目前,关于企业财务管理的本质为本金论。国内绝大多数财务学者从财务视角沿袭三种思维逻辑来研究企业财务管理的本质,第一种思维逻辑是从财务活动来概括观点,即"货币收支论""资金运动论""价值运动论";第二种思维逻辑是从财务关系来概括观点,即"分配论""货币关系论";第三种思维逻辑是从财务活动和财务关系来概括观点,即"本金投入与收益分配论""财权流论"。笔者认为,第三种思维逻辑更为严密、全面。"财权流论"吸收了"本金投入与收益分配论"的全部优点,注重"财力"与"权力"的高度融合,从经济属性和社会属性、财务活动和财务关系两个层面对财务本质进行完整表述(曹越、伍中信,2011),这种完整表述集中体现了物本经济发展观。然而,以上论述的财务本质并非财务管理本质,笔者认为,财务管理本质=财务本质+管理本质。管理本质在于提高效率和效益,因此,笔者认为,信息非对称的物本经济阶段生产导向型企业物本资本雇佣财务管理的本质是有效财权流论。也就是说,传统企业财务本质的论述是就财务论财务,由此可以推论出企业财务管理的本质也是就企业财务管理论企业财务管理,仍然没有涉及企业财务管理所依存的经济阶段及其经济发展观。因此,有效财权流论的生产导向型企业物本资本财务管理本质无法揭示它是何种价值观下经济规律的产物,使得生产导向型企业物本资本财务管理失去了它的"根"。因此,一个"无根"之说的"有效财权流"论很难令人相信它是企业财务管理现象的全面、深刻的抽象。

任何一个财务管理学者都知道,企业财务管理的目的在于追求并实现其企业价值最大化,也就是说,追求并实现企业价值最大化才是企业财务管理的全部意义之所在。因此,要全面地揭示企业财务管理的本质,就需要跳出财务管理论财务管理,才能窥视企业财务管理现象的全貌。笔者根据第2章论述信息非对称的物本经济阶段生产导向型企业物本资本与财务管理之间的关系,即奉行物本经济发展观指导生产导向型企业完成非货币资源与货币性资源组合优化配置,在实现生产导向型企业物本资本价值最大化的同时,企业财务管理成本最小化。针对生产导向型企业物本资本与财务管理之间的关系,笔者讨论生产导向型企业物本资本雇佣财务管理的本质。

1. 生产导向型企业物本资本雇佣财务管理的价值观

以物类价值为本的企业采取生产导向经营战略实施标准化制造范式,旨在满足信息非对称的卖方市场基本需求,因此,企业经营信奉物本经济发展观,而作为企业经营一部分的企业财务管理自然也信奉物本经济发展观。很多学者将传统企业财务管理称之为企业物本财务管理,其中的"物本"是指物本经济发展观,表明生产导向型企业物本资本财务管理的价值观。但是，它没有直接体现生产导向型企业物本资本财务管理目的：生产导向型企业物本资本结构最优，且获得的生产导向型企业物本资本价值最大，同时产生的生产导向型企业物本资本财务管理成本最小。诚然，这种生产导向型企业物本资本财务管理目的服务于物本经济发展观，是物本经济发展观在企业管理中必然体现的结果。笔者将物本经济发展观作为生产导向型企业物本资本雇佣财务管理价值观，同时生产导向型企业物本资本财务管理的"灵魂——物本经济发展观"附体于生产导向型企业物本资本，在思维模式上实现了生产导向型企业物本资本与财务管理融为一体。

传统的财务管理学者在研究企业财务管理时必然关注企业的投资、筹资、运营和分配，既涉及货币资源产权配置，又涉及非货币资源产权配置。他们是在企业产权配置与交易的基础上来研究财权配置与交易的。这几种体现了财务管理教科书上所说的企业财务活动与财务关系。也就是说，传统的财务管理研究也是在非货币资源产权配置与交易基础上，分析企业货币资源财权配置与交易。生产导向型企业物本资本雇佣财务管理实际上是对传统企业财务管理的总结与重新梳理规范，而非创建一套新的信息非对称的物本经济阶段企业财务管理理论体系。因此，生产导向型企业物本资本雇佣财务管理的价值观为物本经济发展观。

2. 生产导向型企业物本资本雇佣财务管理的经济规律

任何经济理论均是其经济规律的产物。第二章论述了信息非对称的物本经济阶段生产导向型企业物本资本价值定理。这表明生产导向型企业物本资本雇佣财务管理是物本经济发展观的产物，同时表明生产导向型企业在获得物本资本结构最优化的同时，也实现了物本资本价值最大化，以及物本资本财务管理成本最小化。从某种意义上讲，生产导向型企业获得物本资本结构最优化，也是其获得物本资本综合成本最小化。也就是说，在生产导向型企业成本最小化的基础上，实现了生产导向型企业价值最大化。因此，生产导向型企业物本资本雇佣财务管理的经济规律为生产导向型企业物本资本价值定理。由生产导向型企业物本资本价值定理得出两个推论定理。推论定理1是指生产导向型企业物本资源优化配置定律。即生产导向型企业物本资源优化配置程度与其物本资源弹性系数呈正比。在不同具体生产导向型企业物本资源优化配置程度与其具体物本资源弹性系数相等之际，实现了生产导向型企业物本资源最优化配置。推论定理2是指生产导向型企业委托代理契约优化设计定律。资源基础理论为：企业是各种具有异质性资源的集合体。这些在资源方面的差异是企业获利能力不同的重要原因，也是拥有优势资源的企业能够获取经济租金的原因。

沃纳菲尔特（Wernerfelt）（1984）将这些确保竞争优势的资源总结为以下五个条件：① 有价值；② 稀缺；③ 不能完全被仿制；④ 其他资源无法替代；⑤ 以低于价值的价格为企业所取得。与其说企业是各种具有异质性资源的集合体，倒不如说企业是"捆绑"各种异质性资源的契约。资源依赖理论强调组织权力，把组织视为一个政治行动者，认为组织的策略无不与组织试图获取资源以及控制其他组织权力的行为有关。因此，企业不同异质性资源的"捆绑"形式直接决定了配置资源权利的优化格局。这种优化格局集中体现了企业所追求的价值观。在信息非对称的物本经济阶段，这种优化格局以物类价值为本，由此形成了推论定理2。笔者对推论定理1和推论定理2的总结，无非是从企业物本资源配置活动层面上的产力，以及从企业物本资源配置关系层面上的权力进行的，也就是信息非对称的物本经济阶段的生产导向型企业的产力＋权力＝产权。由此,可以概括生产导向型企业物本资本的经济规律为,追求以产权为本的生产导向型企业物本经济发展,也即生产导向型企业物本资本价值定理。由此可得出推论,即生产导向型企业物本资本价值定理也是生产导向型企业物本资本雇佣财务管理的经济规律。

通过对生产导向型企业物本资本雇佣财务管理的价值观进行分析,得出的结论是,生产导向型企业以资本雇佣劳动方式奉行物本经济发展观,并进行物本资本财务管理;通过对生产导向型企业物本资本雇佣财务管理的经济规律进行分析,得出的结论是,生产导向型企业以资本雇佣劳动方式奉行物本经济发展观,并追求以产权为本的企业物本资本财务管理。前文论述了生产导向型企业物本资本财务管理的本质为有效财权流论。跳出企业财务管理论财务管理的局限性,结合前文所分析的生产导向型企业物本资本雇佣财务管理的价值观与经济规律,可以得出,生产导向型企业物本资本雇佣财务管理的本质为有效产权流论。虽然有效产权流论与有效财权流论在本质上具有一致性,但它们的范畴不同,前者包括后者。有效产权流论体现了从超越企业财务管理的视角来看待信息非对称的物本经济阶段生产导向型企业物本资本财务管理现象,可以全面性地得出生产导向型企业物本资本雇佣财务管理的本质。

4.2.3 生产导向型企业物本资本雇佣财务管理的人性假设

在信息非对称的物本经济阶段,卖方市场基本需求驱动企业追求物性第一、人性第二的生产导向型经营战略。由于非对称信息决定了所有独立经济主体须根据有限信息做出维护自身利益最大化的决策,因此,主流经济学者将决策者概括为理性经济人假设。根据生产导向型企业物本资本雇佣财务管理＝生产导向型企业物本资本＋生产导向型企业雇佣财务管理,以及生产导向型企业雇佣财务管理＝生产导向型企业雇佣财务＋生产导向型企业雇佣管理的等式,可以看出,生产导向型企业物本资本和生产导向型企业雇佣财务属于经济学范畴。因此,主流经济学中理性经济人假设可以作为它们的人性假设观点,这是毫无疑问的。然而生产导向型企业雇佣管理属于管理学范畴,那么,管理学范畴中的人性假设如何呢?

在信息非对称的物本经济阶段,企业股东为了追求自身利益最大化,采用委托代理契约来约束企业雇佣者。由于企业所有权与经营权分离,进而导致企业内部信息非对称,因此,作为企业管理者,也就是决策者,他们须基于非对称信息做出最优管理决策。代表所有权的企业股东与代表经营权的企业管理者因各自维护自身利益最大化而导致企业出现委托代理问题,即逆向选择与道德风险,这些问题却成为企业管理者所面临的普遍的问题。这些普遍问题的存在也间接证明了企业管理者首先是理性经济人。管理者从事管理,他们追求管理有效性,即提高效率与效益。这也是企业管理的本质。因此,在经济学范畴的理性经济人假设的基础上,推论出管理学范畴的管理者为理性管理人假设。无论是理性经济人假设,还是理性管理人假设,就此人的行为结果而言,都是实现个人价值最大化,但从获得价值最大化的过程来看,前者的行为属于经济行为,而后者的行为属于管理行为。因此,不能用主流经济学理性经济人假设作为管理学的人性假设,因为它们之间存在人的行为过程的差异。尽管生产导向型企业物本资本雇佣财务管理属于交叉学科,但其重心在于管理,因此,生产导向型企业物本资本雇佣财务管理的人性假设为理性管理人假设。

4.2.4 生产导向型企业物本资本雇佣财务管理的原则

财务管理原则也称为理财原则,是指组织企业财务活动和协调处理财务关系的基本准则,也是体现理财活动规律性的行为规范,及其对财务管理的基本要求(王化成,2017)。在财务管理教科书中,不同财务管理学者所编制的财务管理原则也存在一定差异。譬如,余绪缨(1995)的三原则论,即环境适应原则、整体优化原则、盈利与风险对应原则;李沪松等人(1993)的四原则论,即成本收益原则、风险与收益均衡原则、资源合理配置原则、利益协调原则;梁建民(2004)的五原则论,即系统原则、现金收支平衡原则、成本—收益—风险权衡原则、管理原则、委托代理关系原则;周忠惠等人(1995)的五原则论,即价值最大化原则、风险与所得均衡原则、资源配置原则、利益关系协调原则和成本效益原则;谷祺等人(1995)的五原则论,即成本-效益原则、风险和收益均衡原则、财务状况整体衡量原则、依法理财原则、权责结合与利益关系协调原则;王化成(2013)的六原则论,即系统原则、平衡原则、弹性原则、比例原则、优化原则、盈利与风险对等原则;中国注册会计师教育教材编审委员会(1995)的六原则论,即资金合理配置原则、收支积极平衡原则、成本效益原则、收益风险均衡原则、分级分权管理原则、利益关系协调原则;郭复初(1997)的六原则论,即权益性原则、整体性原则、真实性原则、风险与收益配合原则、责权利相结合原则、计划性原则。

此外,还有 Douglas R. Emery 和 Jone D. Finnerty(1997)的三类 12 条原则。第一类是有关竞争经济环境的原则,包括自利行为原则、双方交易原则、信号传递原则和引导原则;第二类是价值与经济效率原则,包括有价值的创意原则、比较优势原则、期权原则和净增效益原则;第三类是财务交易原则,包括风险—报酬权衡原则、投资分散化原则、资本市场有效原则和货币时间价值原则。

总而言之,上述财务管理教科书中所列示的企业财务管理原则,虽更多的是五原则和六原则,但是没有指出制定企业财务管理原则的具体逻辑与依据。为此,根据信息非对称的物本经济阶段生产导向型企业物本资本雇佣财务管理的本质与人性假设,结合产权的定义,来论述生产导向型企业物本资本雇佣财务管理的原则。根据产权的定义,即因人对物的关系而形成人与人之间的关系,企业财务管理原则是指组织企业财务活动和协调处理财务关系的基本准则。因此,企业财务管理原则的制定包括企业财务活动和企业财务关系。生产导向型企业物本资本雇佣财务管理的本质为有效产权流论,以及生产导向型企业物本资本雇佣财务管理的人性假设为理性管理人假设。就企业财务活动而言,生产导向型企业物本资本雇佣财务管理原则为资源有效配置原则、成本效益原则、收益风险对等原则;就企业财务关系而言,生产导向型企业物本资本雇佣财务管理原则为依法理财原则、委托代理关系原则、利益关系协调原则;就企业财务活动与企业财务关系相互结合而言,生产导向型企业物本资本雇佣财务管理原则为系统优化原则和责权利均衡原则。

4.2.5 生产导向型企业物本资本雇佣财务管理的目标

在信息非对称的物本经济阶段,关于生产导向型企业物本资本财务管理目标的研究,截至目前,得出以下共识性观点,即生产导向型企业物本资本财务管理目标为产值最大化、利润最大化、股东财富最大化(刘志远、李海英,2010;温素彬,2010)。上述不同观点产生于信息非对称的物本经济阶段的不同经济条件,下面将阐述形成生产导向型企业不同财务管理目标所需要的经济条件。

1. 产值最大化的经济条件

在农耕经济社会阶段,农民利用驯化牲畜和简陋人造工具从事农业生产劳作和作坊手工作业,这种代表极其低下人类社会生产力水平的劳动工具,创造出极其有限的供给产品,因此,通过战争掠夺财富来补救供给不足成为奴隶社会、封建社会的主要手段之一。无论是作坊经济还是庄园、地主经济,其所有权与经营权高度集中统一。低下的人类社会生产力水平决定了农耕经济主体所产生的供给极其有限,这就意味着农耕经济主体只讲产值不讲效益、只求数量不求质量。随着第一次工业革命在英国爆发,并且在整个欧洲逐步蔓延式展开,西方完成了由农耕经济转变为工业经济,从而工业文明替代了农业文明。在从国家层面上给手工作坊转变为工业经济主体立法后,人类社会第一次诞生了现代企业制度,由此开启了真正意义上的企业财务管理。本文所讲的物本经济阶段包括农耕经济和前工业经济。所谓的前工业经济,是指由国内外经济学者将第一次工业革命与第二次工业革命界定为前工业革命。从第三次工业革命开始,国内外经济学者界定为后工业经济阶段的开始。

在第一次工业革命阶段,机械化与手工化的劳动分工并存,人类社会生产力水平仍处于极其欠发达阶段,卖方市场基本需求极其明显且单一化,也就是说,无论是企业所有者还是企业经营者,他们都了解卖方市场基本需求是什么,且需求远远大于供给。作为有钱的资本所有者可以采取资本雇佣劳动的方式扩展企业规模,这是企业只求数量不求质量、只抓生产不抓销售、只重投入不重挖潜。因此,生产导向型企业把总产值最大化当作财务管理的目标。当然,计划经济的社会主义初级阶段,国家为了满足人们极度匮乏的物质产品需求,无论是工厂还是国有企业,他们所采取的经营方法仍是只求数量不求质量、只抓生产不抓销售、只重投入不重挖潜,总产值最大化成为组织绩效考核的唯一目标。因此,总产值最大化也成为这个阶段生产导向型企业物本资本财务管理的目标。

2. 利润最大化的经济条件

在第二次工业革命阶段,流程化的机械化劳动分工为主,手工化劳动分工为辅,虽然人类社会生产力水平仍处于欠发达阶段,但是相较于第一次工业革命时期,它有质的飞跃。此时,虽然卖方市场基本需求仍是社会主流需求,但是人类社会基本需求与社会供给之间的差距不是太悬殊,局部领域可能出现了需求小于供给的买方市场。人类社会的基本需求不再单一化,而出现多种基本需求。企业在仍然采取资本雇佣劳动方式扩大其规模的同时也关注范围经济,寻求生产多种产品来获取高额利润。此时,企业既求数量又关注质量、既抓生产又抓销售。因此,利润最大化成为生产导向型企业考核绩效的主要目标。尽管有的学者将企业经营战略归纳为以销售为导向的企业经营战略,但是企业的重心仍是生产。因为企业不太可能出现销售危机,只是销售价格高一点或低一点而已,也就是企业赚钱多一点或少一点的问题。因此,生产导向型企业物本资本雇佣财务管理的目标选择利润最大化。很多学者批评企业财务管理者目光短浅,只重视眼前,不重视未来。其实,批评者没有详细了解生产导向型企业物本资本雇佣财务管理目标选择利润最大化的实际经济条件,即在卖方市场基本需求与社会供给存在较大差距的情况下,也就是商品不太可能存在滞销的情况下,企业无须担心未来商品的销售。也就是说,企业不是不考虑未来,而是未来是早就可以预期的。在当时的经济条件下,生产导向型企业物本资本雇佣财务管理目标选择利润最大化,这是实现企业利益最大化的最佳选择,或较长期博弈的结果。

3. 股东财富最大化的经济条件

从第二次工业革命后期到第三次工业革命前期,也就是人类社会生产力水平由量变到质变的交汇期,实现了人类社会生产力水平由欠发达阶段转变为发达阶段。在人类社会生产力水平转变的过程中,集中体现了卖方市场基本需求转变为买方市场马斯洛层序需求,即卖方市场基本需求快速结束,买方市场马斯洛层序需求日趋成为人类社会的主流需求。在卖方市场基本需求快速结束阶段,意味着生产导向型企业供给能力接近卖方市场基本需求能力,企业经常采用薄利多销的营销策略。商品很有可能出现滞销的情况,企业必须关注未来商品销售,也就是说,企业要考虑未来,且未来难以预期。在此期间,英国为了修建铁路而需要筹集巨量资金,仅仅英国银行无力承担此巨量资金和巨大风险的铁路建设项目,最终英国通过成立发行股权证券交易所来筹集权益性资本,且获得了成功。随后,上市公司如雨后春笋般地涌现且日益发展。在当时的经济条件下,应通过证券资本市场来实现对企业未来的考虑和预期,并且生产导向型企业物本资本雇佣财务管理目标选择股东财富最大化,这才是未来难以预期的经济条件下企业利益最大化的最佳选择。

针对上述生产导向型企业物本资本雇佣财务管理目标,企业管理属于企业服务性劳动,也属于企业生产关系范畴,因此,生产导向型企业物本资本雇佣财务管理的直接目标是企业成本最小化。因为通过对各种货币性资源或相当于货币性资源的有效配置,可以实现配置各种货币性资源的成本最小化,进而实现生产导向型企业物本资本价值最大化。根据生产导向型企业物本资本价值定理,此时,生产导向型企业物本资本结构最优,且其物本资本成本最小。生产导向型企业物本资本雇佣财务管理的间接目标是企业价值最大化,而其终极目标为上述所论证的产值最大化、利润最大化和股东财富最大化。

4.2.6 生产导向型企业物本资本雇佣财务管理的职能

既然财务管理学是一门经济学与管理学的交叉学科,那么财务管理就是经济学范畴的财务与管理学范畴的管理创新的融合。因此,财务管理的职能就是财务职能与管理职能的创新融合。就财务而言,它包括财务活动与财务关系。就财务活动而言,财务基本职能为货币化资源配置职能,具体包括筹资、投资、收益、分配。就财务关系而言,财务基本职能为财权配置职能,具体包括体现公平的"通用财权"职能和体现效率的"剩余财权"职能(曹越、伍中信,2011)。一般意义上的管理职能包括围绕过程与要素展开的计划、组织、协调、控制、决策、评价等职能(葛宝山、姚梅芳,2003)。而财务与管理之间是被统驭与统驭的关系,因此,财务管理基本职能为货币化资源优化配置职能与财权优化配置职能。就管理财务活动而言,货币化资源优化配置职能具体包括财务计划职能、财务决策职能和财务控制职能;就管理财务关系而言,财权配置是指将财权分配到组织内部结构中,以达到权责利相互制衡,提高企业经济效率(曹越、伍中信,2011)。财权优化配置职能具体包括财务组织职能、财务协调职能和财务评价职能。在信息非对称的物本经济阶段,其财务管理职能主体奉行物本经济发展观,追求所有权与经营权分离的企业财务管理职能是通过层级授权方式形成的。因此,根据层级授权方式形成了归口分级的企业财务管理职能。

显然,上述企业财务管理职能采用了就事论事的还原论隔离法,这样认知事物的方法论在企业所有权与经营权的环境下容易造成企业财务管理职能与企业经营职能脱离,制约或阻碍了企业财务管理战略与企业经营战略之间的相互配合,从而摧毁企业以生产为导向的总体战略。因此,采用还原论隔离法认知信息非对称的物本经济阶段企业财务管理职能,显然不符合企业财务管理的认知规律。传统企业财务管理基本职能包括货币化资源优化配置职能和财权优化配置职能。根据生产导向型企业物本资本雇佣财务管理本质决定生产导向型企业物本资本雇佣财务管理职能,生产导向型企业物本资本雇佣财务管理的本质为有效产权流论。因此,根据产权的定义来认知生产导向型企业物本资本雇佣财务管理职能,其基本职能为货币资源与非货币资源综合优化配置职能和产权优化配置职能。

根据虚体经济服务实体经济的规律,企业财务管理服务企业价值创造。企业货币资源优化配置服务非货币资源优化配置,也就是非货币资源优化配置是货币资源优化配置的前提,如果脱离这个前提,那么企业的货币资源配置就会失去动力和依据。在实际企业财务管理职能的制定中,必须先考虑如何促进企业经营职能,然后才制定企业财务管理具体职能,也就是财务管理的专业化劳动分工岗位安排。在信息非对称的物本经济阶段,企业奉行物本经济发展观,追求物类价值为本,实现企业物本资本价值创造。因此,企业物本资源(也称之为非货币资源)优化配置形式可称之为物本资本。它是企业组织资本,也是企业资本组合以物类价值为本方式体现的物本经济发展观。因此,物类价值为本成为企业财务管理职能的目标,也就是企业财务管理目标决定企业财务管理职能。生产导向型企业物本资本雇佣财务管理的基本职能为货币资源与非货币资源综合优化配置职能和产权优化配置职能。

根据生产导向型企业物本资本雇佣财务管理职能＝生产导向型企业物本资本雇佣财务职能＋生产导向型企业物本资本管理职能,生产导向型企业货币资源与非货币资源综合优化配置职能可表达为物本资本筹资、物本资本投资、物本资本收益以及物本资本分配,与物本资本计划、物本资本组织、物本资本协调、物本资本控制、物本资本决策以及物本资本评价的创新融合。由此可以得出,具体货币资源与非货币资源综合优化配置职能为:物本资本筹资计划、物本资本筹资组织、物本资本筹资协调、物本资本筹资控制、物本资本筹资决策以及物本资本筹资评价;物本资本投资计划、物本资本投资组织、物本资本投资协调、物本资本投资控制以及物本资本投资决策;物本资本收益计划、物本资本收益组织、物本资本收益协调、物本资本收益控制、物本资本收益决策以及物本资本收益评价;物本资本分配计划、物本资本分配组织、物本资本分配协调、物本资本分配控制、物本资本分配决策以及物本资本分配评价。生产导向型企业产权优化配置职能可表达为通用财权职能、剩余财权职能与计划、组织、协调、控制、决策以及评价的创新融合。由此可以得出,具体产权优化配置职能为:通用财权计划职能、剩余财权计划职能、通用财权组织职能、剩余财权组织职能、通用财权协调职能、剩余财权协调职能、通用财权控制职能、剩余财权控制职能、通用财权决策职能、剩余财权决策职能、通用财权评价职能以及剩余财权评价职能。

4.2.7 生产导向型企业物本资本雇佣财务管理的对象

根据还原论隔离法认知信息非对称的物本经济阶段企业财务管理对象,以及根据系统论整体法认知信息非对称的物本经济阶段企业财务管理对象,由此可总结出,生产导向型企业物本资本雇佣财务管理关系成为信息非对称的物本经济阶段企业财务管理体系的新要素之一。

1. 还原论隔离法认知生产导向型企业物本资本雇佣财务管理的对象

截至目前，没有哪位财务管理学者将"关系"纳入企业财务管理中作为理论体系中的一个要素。但无论是产权还是人权，它们描述的对象都是关系，所以很多国内学者都说产权与人权在本质上是一致的。在信息非对称的物本经济阶段，卖方市场基本需求驱动企业追求以产权为本的财务管理，产权成为企业财务管理的核心，因此，作为产权的研究对象，自然而然地成为企业财务管理的研究对象。关系的定义可表述为：关系是指人与人之间、人与事物之间、事物与事物之间的相互联系。采用还原论隔离法认知企业财务管理对象，截至目前，绝大多数财务管理学的教科书中将企业财务管理对象分为企业财务管理的主体与客体。其中，企业财务管理客体是指具有货币资源或与货币本质相同的资源的有效配置，通俗地说，就是与钱或相当于钱有关的事物。即企业财务管理的对象一方面是指企业财务管理活动，即投资资金或资金等价物管理、筹资资金或资金等价物管理、运营资金或资金等价物管理和分配资金或资金等价物管理。目前，企业财务管理教科书中所总结的企业财务管理的对象为财务管理活动，即投资、筹资、运营和分配。显然，这是企业财务活动，而非企业财务管理活动。因此，它并非企业财务管理对象，而是企业财务对象。另一方面，企业财务管理客体是指因企业财务管理活动而产生的企业财务管理关系，即企业财务管理制度、企业财务管理规则以及企业财务管理章程等。目前，企业财务管理教科书中对企业财务管理对象的总结是或有或无，莫衷一是。当然，也有财务管理学者在财务管理教科书中将其总结为企业财务制度、企业财务规则以及企业财务章程等。显然，这是企业财务对象，而非企业财务管理对象。

就关系的定义而言，企业财务管理客体是指企业财务管理的事物，而企业财务管理主体应该是主管企业财务管理事物的人，当然，这种理解过于狭隘，除了人，还有人组成的机构主体。在信息非对称的物本经济阶段，物本经济发展观指导物本经济发展。而企业通常是由资本雇佣劳动观指导企业物本经济发展，它是物本经济发展观在企业经济中的具体体现，其本质是一致的。企业基于资本雇佣劳动观缔结企业委托代理契约，由此可以推导出企业财务管理主体。一方面，由企业财务主体通过委托代理方式产生企业财务管理主体或企业财务管理机构，以及企业财务管理机构中的科层制企业财务管理人员。这是目前企业财务管理教科书中所采用的主流观点，但是笔者认为，企业真正的财务管理主体应该包括企业股东大会、董事会以及董事长，他们是企业财务主体的化身，具有进行企业财务战略管理的职能。这在很多企业财务管理教科书中也给出了相同或类似的观点。截至目前，企业财务管理学教科书中几乎都是通过还原论隔离法来解读或认知企业财务管理的主体与客体，然而企业财务管理主体与企业财务管理客体之间的关系仍被排斥在企业财务管理的范畴之外，显然，这不符合人们对事物认知的规律。笔者采用系统论整体法来重新补充企业财务管理的对象，以期增加人们对它的认知范畴。

2. 系统论整体法认知生产导向型企业物本资本雇佣财务管理的对象

如果要采用系统论整体法来认知信息非对称的物本经济阶段生产导向型企业物本资本财务管理的对象，那么就要跳出就企业财务管理对象论企业财务管理对象的逻辑。企业财务管理是服务于企业经济管理的，因此，企业经营管理目标决定企业财务管理目标，从而企业财务管理对象要体现企业经营管理对象。为此，在信息非对称的物本经济阶段，笔者将企业财务管理提升为企业物本资本财务管理,其具体论证在前文已经论述,在此不再赘述。笔者根据关系的定义,采用系统论整体法来认知信息非对称的物本经济阶段生产导向型企业物本资本雇佣财务管理的对象,具体认知如下:

(1) 生产导向型企业物本资本雇佣财务管理的主体

在信息非对称的物本经济阶段,根据关系的定义,采用系统论整体法来认知生产导向型企业物本资本雇佣财务管理的主体。首先,它是指从事与生产导向型企业的钱或钱相关的人,或机构主体。根据生产导向型企业委托代理契约,就人而言,生产导向型企业物本资本雇佣财务管理主体一般包括董事长、总经理、CFO、副总经理、财务管理正副经理、财务管理正副处(部)长、财务管理正副科长以及其他企业财务管理人员。就机构主体而言,生产导向型企业物本资本雇佣财务管理主体一般包括股东大会、董事会、企业财务管理处(部)、企业财务管理科室。

其次,它是指从事与生产导向型企业的钱或钱相关的人与人之间的关系。就生产导向型企业物本资本财务管理机构内部而言,从事与生产导向型企业物本资本财务管理机构内部的钱或钱相关的人与人之间的关系表现为,生产导向型企业物本资本财务管理机构内部的委托代理关系,也就是所谓的生产导向型企业物本资本财务管理的行政隶属之间人与人的关系;就生产导向型企业物本资本财务管理机构外部而言,从事与生产导向型企业物本资本财务管理机构外部的钱或钱相关的人与人之间的关系表现为,生产导向型企业物本资本财务管理人员或财务管理机构主体与生产导向型企业债权人之间的债务债权管理关系、生产导向型企业物本资本财务管理人员或财务管理机构主体与生产导向型企业股权人之间的权益管理关系,以及生产导向型企业物本资本财务管理人员或财务管理机构主体与企业员工之间的利润分配管理关系,或生产导向型企业经营管理协调关系等。

最后,它是指从事与生产导向型企业的钱或钱相关的人与物之间的关系。通常表现为生产导向型企业物本资本财务管理与生产导向型企业经营之间的财务管理人员或机构主体,以及生产导向型企业经营物资之间的结算、预算、审核及绩效考核等关系。

总而言之,信息非对称的物本经济阶段生产导向型企业物本资本雇佣财务管理主体可概括为:由生产导向型企业财务管理人员或生产导向型企业财务管理机构主体有机构成的生产导向型企业物本资本雇佣财务管理的主体。就关系的定义而言,这里的"有机构成"体现了生产导向型企业财务管理人员或生产导向型企业财务管理机构之间,以及它们与生产导向型企业经营事物之间的关系。

(2) 生产导向型企业物本资本雇佣财务管理的客体

在信息非对称的物本经济阶段,根据关系的定义,采用系统论整体法来认知生产导向型企业物本资本雇佣财务管理的客体。首先,它是指生产导向型企业物本资本财务管理的钱或货币等价物,主要包括主权货币资金、外币资金、债券、股票以及各种金融衍生品等。其次,它是指与生产导向型企业物本资本财务管理人员或财务管理机构主体和钱或货币等价物相关的事物之间的关系。就钱或货币等价物而言,生产导向型企业物本资本雇佣财务管理的客体通常包括债权债务资金或债券以及认购债券证等、权益资金或股票、认股权证等、工资以及基金等。就与钱或货币等价物相关的事务而言,生产导向型企业物本资本雇佣财务管理的客体通常包括为生产导向型企业各种经营而准备或支付的资金或货币等价物。譬如,企业投资资金、筹资资金、运营资金和分配资金等。最后,它是指从事与生产导向型企业物本资本财务管理的钱或货币等价物之间的关系。就钱或货币等价物之间的关系而言,它通常包括主权货币与外币之间的汇兑结算业务、企业职工工资结算业务、企业各种经营业务收付款之间的汇兑结算,以及企业资金融通业务等。就钱或货币等价物与非钱或货币等价物之间的关系而言,它通常包括企业各种经营业务之间的收付款结算业务、企业非正常经营业务结算,以及企业破产清算业务等。

总而言之,在信息非对称的物本经济阶段,生产导向型企业物本资本雇佣财务管理的客体可概括为:由生产导向型企业财务管理的钱或货币等价物有机构成的生产导向型企业物本资本雇佣财务管理的客体。就关系的定义而言,这里的"有机构成"体现了生产导向型企业财务管理的钱或货币等价物之间以及它们与生产导向型企业经营事物之间的关系。

综上所述,根据关系的定义,采用系统论整体法认知信息非对称的物本经济阶段生产导向型企业物本资本雇佣财务管理的对象,无论是生产导向型企业物本资本雇佣财务管理主体,还是生产导向型企业物本资本雇佣财务管理客体,它们都应该概括信息非对称的物本经济阶段生产导向型企业物本资本雇佣财务管理的关系,这样才有利于区别传统企业财务管理的对象。同时反映了采用系统论整体法认知信息非对称的物本经济阶段生产导向型企业物本资本雇佣财务管理对象,与采用还原论隔离法认知信息非对称的物本经济阶段生产导向型企业物本资本雇佣财务管理对象之间存在本质的区别。因此,本文采用信息非对称的物本经济阶段生产导向型企业物本资本雇佣财务管理对象——关系,作为对信息非对称的物本经济阶段生产导向型企业物本资本雇佣财务管理对象的创新认知。

4.2.8 生产导向型企业物本资本雇佣财务管理制度

关于制度的概念十分宽泛,在不同社会和不同经济阶段,对制度的定义都存在不同认知。鉴于本文研究的是信息非对称的物本经济阶段的企业,本文选择制度最一般的含义,是指要求大家共同遵守的办事规程或行动准则。因此,信息非对称的物本经济阶段生产导向型企业物本资本雇佣财务管理制度是指要求企业经营者共同遵守的财务管理规程或财务管理行动准则。截至目前,笔者综合各种生产导向型企业物本资本财务管理制度,得出了一般意义上的生产导向型企业物本资本雇佣财务管理制度,通常包括总则、财务管理机构和财务管理人员、公司财务管理部门职能、财务管理工作岗位职责、财务工作管理、劳动工资管理、财务资金预算管理制度、库存现金管理制度、银行存款管理制度、发票管理制度、内部牵制管理制度、往来账款的管理制度等。

其中,总则中体现了生产导向型企业物本资本雇佣财务管理的假设前提、本质、原则和目标;财务管理机构和财务管理人员中体现了生产导向型企业物本资本雇佣财务管理的人的假设和主体;公司财务管理部门职能体现了生产导向型企业物本资本雇佣财务管理的职能;财务管理工作岗位职责既体现了生产导向型企业物本资本雇佣财务管理的职能,又体现了生产导向型企业物本资本雇佣财务管理的主体与目标;财务工作管理和劳动工资管理既体现了生产导向型企业物本资本雇佣财务管理的职能,又体现了生产导向型企业物本资本雇佣财务管理的客体与目标;财务资金预算管理制度、库存现金管理制度、银行存款管理制度、发票管理制度、内部牵制管理制度以及往来账款的管理制度等都体现了生产导向型企业物本资本雇佣财务管理的客体与目标,当然这些制度也间接体现了上述生产导向型企业物本资本雇佣财务管理的内容。生产导向型企业物本资本雇佣财务管理的理论体系遵循了人们认识事物的规律,即理论体系假设前提→本质→人性假设→原则→目标→职能→对象→制度。

针对生产导向型企业物本资本雇佣财务管理制度的具体内容,不同企业的隶属行业特征、市场特征、自身经营特征不同,以及不同时期国家对企业财务管理的要求不同,最终导致生产导向型企业物本资本雇佣财务管理制度的具体内容不同。笔者对此不做详细论述。

4.3 本章小结

科学技术创新进步促进了人类社会经济发展,即由物本经济演变为人本经济。本文立足于欠发达社会生产力水平,选择信息非对称的物本经济阶段满足卖方市场基本需求的生产导向型企业物本资本财务管理,研究沉淀物本经济发展观内化于生产导向型企业物本资本财务管理的理论体系;同时,沿袭人们对事物的认知规律——理论体系假设前提→本质→人性假设→原则→目标→职能→对象→制度,分析生产导向型企业物本资本财务管理的理论体系,以期向读者全面地呈现信息非对称的物本经济阶段物本经济发展观指导物本经济发展规律的理论产物之一。在继承传统财务管理理论成果的基础上,采用系统论整体法修正企业财务管理对象,根据关系的定义,系统分析生产导向型企业物本资本雇佣财务管理对象,同时结合管理学科与经济学科的区别,将传统财务管理的理性经济人修订为理性管理人,前者体现了经济规律,后者体现了管理特征。本文论证的最大贡献在于纠正了企业财务与企业财务管理的区别,同时跳出就财务管理论财务管理的逻辑,将传统财务管理修正为生产导向型企业物本资本雇佣财务管理,既开拓了人们认知财务管理的视野,也全面恢复了人们对信息非对称的物本经济发展规律的认知。

前文对物本经济发展规律及该规律下生产导向型企业物本资本雇佣财务管理理论体系做了总结,同时为后文人们认知企业人本资本的形成、企业人本资本价值的解析、企业人本管理理论的演化以及企业人本资本合作财务管理理论体系的构建提供了参照系。

第5章

企业人本资本价值解析

在信息非对称的物本经济阶段,早期资本结构理论研究主要包括:美国学者 D. Durand(1952)将当时对资本结构理论的主要见解划分为三种:① 净收益(NI)论。该理论认为每个企业应该是负债越多越好。② 净营业收益(NOI)论。其基本结论是企业价值与资本结构无关。③ 传统折中理论。它是介于 NI 与 NOI 之间的一种资本结构理论,其基本结论是企业存在最佳资本结构。美国学者 Miller 和 Modig-liani(1958)提出了所谓理想条件下的资本结构无关论,即 MM 定理。后来,他们考虑了公司所得税而修正了 MM 理论。Baxter、Stiglitz、Scott、Andrade 和 Kaplan 以及 Altma 等人尝试引入负债的财务困境与破产成本等概念,来解释实践中为何并不是每个企业均按考虑公司税修正的 MM 定理所认为的应 100% 负债现象。Warner(1977)在对美国 11 家宣告破产的铁路企业进行实证研究后发现,破产成本远小于公司负债利息的避税价值。因此,逐渐形成早期的权衡资本结构理论,即当公司追加负债的边际利息避税价值正好等于其边际财务成本和或有破产及相关代理成本之和时,公司达到最优负债水平。Leland、Pyle 和 Ross 认为,投资者倾向于把较高负债水平作为企业经营状况好的信号;Jesen、Meckling 和 Diamond 区分了负债资本对内外代理问题的影响;Myers 和 Majluf 等提出了资本结构的啄序假设;以 Jensen 等为首的自由现金流学说,提出了所谓债券融资的"控制理论";Harris、Raviv、Williamson 和 Hart 等将控制权引入对资本结构问题的研究;Brander 和 Lewis 将企业的资本结构对策同所在产品联系起来;Baker 和 Wurgler 提出了一个新的资本结构理论,即市场相机抉择理论。

综合上述得出的观点无非有两种:① 存在资本结构;② 不存在资本结构。在信息非对称的物本经济阶段,物本经济发展观在企业层面上形成资本雇佣劳动观,而资本结构能够决定劳动结构,不完全取决于企业资本结构,因为企业物本资本价值创造取决于劳动。也就是说,劳动是创造价值的源泉。因此,在不同企业情景下,如果企业委托代理制度适宜或促进企业专业化劳动分工,那么企业就存在最优企业资本结构。如果企业委托代理制度不适宜或阻碍企业专业化劳动分工,那么企业就不存在最优企业资本结构。也就是说,在信息非对称的物本经济阶段,通过探索企业资本结构来解释企业物本经济发展规律,显然很难得到一般意义上的结论。在信息非对称的人本经济阶段,企业由资本雇佣劳动观演变为资本与劳动和谐观,企业经营战略由以生产为导向演变为以顾客为导向。选择以人为本的视角,运用人本主义经济学理论来解析顾客导向型企业人本资本价值,进而回答顾客导向型企业人本结构存在与否,并阐述其实践意义。

5.1 顾客导向型企业人本资本价值解析

在信息非对称的人本经济阶段,笔者认为,追求以人为本的企业价值是顾客导向型企业创造社会财富能力大小的体现。如果要实现顾客导向型企业的价值最大化,那么顾客导向型企业投资者和经营者必须符合理性的社会生态人假设。基于资本与劳动和谐观点,从人本主义经济学的角度来看会计恒等式,即资产＝负债＋所有者权益。对该资产负债表会计恒等式成立的诠释为:某时刻企业资产价值恰好来自债权人和所有者投入的资产,也可以看作投资者和债权人的各项资产的永续年金现值。隐含企业资本增值与负债资本和权益资本增值的增速相同,体现了资本与劳动的和谐关系。同时通过对顾客导向型企业人本资本价值的解析,来解释顾客导向型企业最优资本结构与顾客导向型企业以人为本权利的有效配置,体现了人本主义思想。

5.1.1 顾客导向型企业人本资本结构变量设计

a 表示顾客导向型企业经营者在投资者要求下所有可选择其行动的努力水平,A 表示其行动的组合,即 $a \in A$,其中 a 可能是一维变量或多维变量。Θ 表示不受经营者控制的外生变量,$\theta \in \Theta$,在 θ 上的分布函数和密度函数分别为 $G(a,\theta)$ 和 $g(a,\theta)$。$X(a,\theta)$ 表示 a 和 θ 共同决定一个可观测结果,顾客导向型企业经营者选择行动 a 后,外生变量 θ 即可实现。我们将顾客导向型企业人本资本划分为人力资本和转移资本(包括组织资本、关系资本和物力资本),$i(a,\theta)$ 表示人力资本增值率,假定 i 是 a 的严格递增的凹函数,即当给定 θ 时,顾客导向型企业经营者工作越努力,增值率越高,其努力的边际增值率越会递减。$j(a,\theta)$ 表示转移资本在 θ 的自然状态下,经过顾客导向型企业经营者对该转移资本的配置后,其资本价值的转移价值率。$m(a,\theta)$ 和 $n(a,\theta)$ 表示顾客导向型企业所有者(股东)和顾客导向型企业债权人对顾客导向型企业经营者的行动 $X(a,\theta)$ 各自所要求的合作回报率。不考虑所得税的影响,满足顾客导向型企业人本资本价值最大化的条件为:

$$\int i(a,\theta)g(\theta)d\theta + \int j(a,\theta)g(\theta)d\theta \geqslant \int m(a,\theta)g(\theta)d\theta + \int n(a,\theta)g(\theta)d\theta$$

若考虑顾客导向型企业的所得税、个人所得税和负债利息避税价值的影响,则它的综合函数为 $h(a,\theta)$。设所得税税率为 τ,则有:

$$\int i(a,\theta)g(\theta)d\theta + \int j(a,\theta)g(\theta)d\theta \geqslant$$
$$\int m(a,\theta)g(\theta)d\theta + \int n(a,\theta)g(\theta)d\theta + \tau \int h(a,\theta)g(\theta)d\theta$$

将上述自然状态 θ 的分布函数转换为和的分布函数和对应的密度函数。$F(x,i,a)$ 和 $f(x,i,a)$ 分别代表导出的分布函数和对应密度函数。$S(x)$ 表示由 a 和 θ 共同决定一个可观测结果 $X=(a,\theta)$,顾客导向型企业经营者本身消费部分顾客导向型企业人力资本价值增值率。为了研究问题的方便,令 $\tau=0$ 或者 $h(a,\theta)$,实质从 $i(a,\theta)$ 扣除,从而得到一个新的顾客导向型企业人力资本价值增值率。上述函数式可简化为：

$$\int i[s(x)]f(x,i,a)\mathrm{d}x + \int j[s(x)]f(x,i,a)\mathrm{d}x \geqslant$$
$$\int m[s(x)]f(x,i,a)\mathrm{d}x + \int n[s(x)]f(x,i,a)\mathrm{d}x$$

顾客导向型企业人本资本价值最大，就是顾客导向型企业创造社会财富的能力最大，必须要求顾客导向型企业人力资本价值净增值率最大。同时，顾客导向型企业人本资本价值最大，必须要求顾客导向型企业人本资本结构最优。给定人力努力水平 a，问题简化为选择 $S(x)$ 的最优解。另外，假定顾客导向型企业人力资本价值增值率是可观测变量，则 $x=i$，此时，求顾客导向型企业人本资本价值存在最优解，也就是说，顾客导向型企业最优人本资本结构存在就简化为选择 $S(i)$ 的最优解。

假设顾客导向型企业经营者的行动 a（或自然状态）是可观测的，此时，顾客导向型企业股东可以根据观测到的 a 对顾客导向型企业经营者自身要求给予满足。如果顾客导向型企业经营者选择最大努力行动 a^*，则顾客导向型企业股东将满足顾客导向型企业经营者自身最大要求 $S(a^*)=S^*$，否则，顾客导向型企业股东将满足顾客导向型企业经营者自身要求 $S<S^*$，使得下列条件成立：

$$\int i[s(a^*)]f(i,a^*)\mathrm{d}i + \int j[s(a^*)]f[i,a^*]\mathrm{d}i > \int is(a)f(i,a)\mathrm{d}i + \int j[s(a)]f(i,a)\mathrm{d}i$$

只要 s 足够小，顾客导向型企业经营者决不会选择 $a \neq a^*$，因此，S^* 存在最优解。当顾客导向型企业人力资本价值净增值率最大时，顾客导向型企业人本资本价值最大。因此，建立目标函数 $\mathop{\mathrm{Max}}\limits_{s(i)} \int v[i-s(i)]f(i,a)\mathrm{d}i$，$v[i-s(i)]$ 为人力资本价值净增值率函数。

$$s.t. \int i[s(i)]f(i,a)\mathrm{d}i + \int j[s(i)]f(i,a)\mathrm{d}i \geqslant \int m[s(i)]f(i,a)\mathrm{d}i + \int n[s(i)]$$

$f(i,a)\mathrm{d}i$ 构造拉格朗日函数如下：

$$L[S(i)] = \int V[i-S(i)]f(i,a)\mathrm{d}i + \lambda \Big\{ \int i[S(i)]f(i,a)\mathrm{d}i + \int j[S(i)]f(i,a)\mathrm{d}i - $$
$$\int m[S(i)]f(i,a)\mathrm{d}i - \int n[S(i)]f(i,a)\mathrm{d}i \Big\}$$

最优化的一阶条件是 $-v'[i-s^*(i)] + \lambda\{i'[s^*(i)] + j[s^*(i)] - m'[s^*(i)] - n'[s^*(i)]\} = 0$，则有：

$$\lambda = \frac{v'(i-s^*(i))}{(i'+j'-m'-n')s^*(i)} \tag{5-1}$$

假设 $\dfrac{\int n[s(i)]f(i,a)\mathrm{d}i}{\int m[s(i)]f(i,a)\mathrm{d}i} = k$，则 $\int n[s(i)]f(i,a)\mathrm{d}i = k\int m[s(i)]f(i,a)\mathrm{d}i$，$L[S(i)] =$

$\int V[i-S(i)]f(i,a)\mathrm{d}i + \lambda \Big\{ \int i[S(i)]f(i,a)\mathrm{d}i + \int j[S(i)]f(i,a)\mathrm{d}i - (1+k) - $

$\int m[S(i)]f(i,a)\mathrm{d}i\}$。

最优一阶解条件为：$-v'[i-s^*(i)]+\lambda[s'+j'-(k+1)m']s^*(i)=0$，则有

$$k=\frac{j'+i'}{m's^*(i)}-\frac{v'[i-s^*(i)]}{m's^*(i)}\times\frac{1}{\lambda}-1 \quad (5-2)$$

$$k=\frac{v'[i-s^*(i)](m'+n')}{m's^*(i)}-1 \quad (5-3)$$

从式(5-2)中可以看出，λ 与 k 是映射关系，并且它们的大小呈相反方向变化。如果我们讨论 λ 存在经济条件，就相当于我们讨论 k 存在经济条件，但它们的量化关系呈相反方向变化。从式(5-1)、式(5-3)中可以看出，这里的拉格朗日乘数是严格的常数（因为满足参与约束的等式条件）。λ 和 k 均为常数，因此，顾客导向型企业人本资本价值存在最优解，且顾客导向型企业最优人本资本结构存在。式(5-1)中的最优条件意味着顾客导向型企业人力资本价值净增值率和顾客导向型企业转移资本价值净增值率的边际效用之比应该等于一个常数，它与顾客导向型企业人力资本价值增值率（和状态变量 θ）无关。如果 i_1 和 i_2 是任意的两个顾客导向型企业人力资本价值增值率水平，那么下列等式应该成立：

$$\frac{v'[i_1-s(i_1)]}{u'[s(i_1)]}=\frac{v'[i_2-s(i_2)]}{u'[s(i_2)]} \quad (5-4)$$

其中，$u'=(i'+j')-(m'+n')\Rightarrow\frac{v'[i_1-s(i_1)]}{v'[i_2-s(i_2)]}=\frac{u'[s(i_1)]}{u'[s(i_2)]}$。式(5-4)说明，在顾客导向型企业最优人本资本结构下，不同顾客导向型企业人力资本价值净增值率水平下的边际替代率对顾客导向型企业人力资本和顾客导向型企业转移资本是相同的，这是典型的帕累托最优条件。这表明顾客导向型企业人本资本价值大小的增值程度，完全取决于顾客导向型企业人力资本价值的增值率与顾客导向型企业投资者对顾客导向型企业经营者的满足程度，或者顾客导向型企业投资者对顾客导向型企业经营者的激励程度。当顾客导向型企业人本资本价值最大时，顾客导向型企业人本资本结构最优完全取决于人的努力程度。

5.1.2 顾客导向型企业最优人本资本结构解析

假定 θ 只取两个值，即 θ_1 和 θ_2（从而 i 只取两个值，即 i_1 和 i_2），则横坐标表示顾客导向型企业人力资本价值增值率 $i_2=i(a,\theta_2)$，纵坐标表示顾客导向型企业转移资本价值增值率 $i_1=i(a,\theta_1)$。顾客导向型企业人力资本价值增值率的无差异曲线以 O_P 为原点，顾客导向型企业转移资本价值增值率的无差异曲线以 O_A 为原点，45°线是确定性增值率曲线，每条无差异曲线在对应的确定性增值率曲线上的斜率等于概率比率 $g(\theta_2)/g(\theta_1)=f[i_2(a)]/f[i_1(a)]$（因为顾客导向型企业投资者和顾客导向型企业经营者对分布函数的看法一致，故无差异曲线在对应的确定性增值率线上的斜率是相等的）。其最优点是顾客导向型企业转移资本价值增值率的无差异曲线 i 和顾客导向型企业人力资本价值增值率的无差异曲线 V^0 的切点 E。

从图 5-1 中可以看出，如果顾客导向型企业人力资本价值增值率和顾客导向型企业转移资本价值增值率都是严格要求，则它反映了顾客导向型企业人本资本结构，即顾客导向型

企业人力资本＋治理资本＋物力资本的结构，它是顾客导向型企业合作治理结构的核心。顾客导向型企业经营者和顾客导向型企业投资者都是严格风险规避者($v''<0,u''<0$)，最优风险分担要求每一方都应承担一定的风险（即 E 不在任何一条确定性增值率线上）。进一步来看，如果顾客导向型企业经营者是风险中性者($v''=0$)，而顾客导向型企业投资者是严格风险规避者($u''<0$)，那么顾客导向型企业经营者的无差异曲线是一条直线(L_0)，最优风险分担点是，顾客导向型企业投资者不承担任何风险，所有的风险都由顾客导向型企业经营者承担。从数学上来讲，此时，顾客导向型企业经营者的人力资本价值增值率是恒定的(不失一般性，假定$v'=1$)，最优化条件式(5-1)变成：

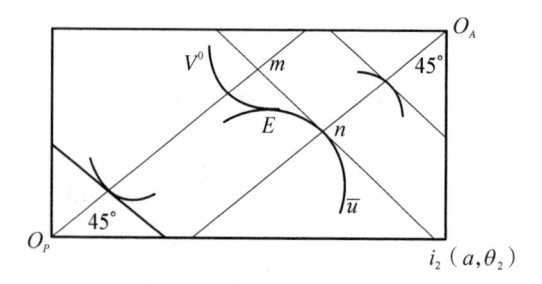

图 5-1 帕累托最优的顾客导向型企业人本资本结构风险分担状况

$$\frac{1}{u'[s(i)]}=\lambda \quad (5-5)$$

因为 λ 是一个常数，u' 随 S 而递减，满足上式条件的唯一的 $s(i)s^0$，即顾客导向型企业投资者的资本价值增值率与顾客导向型企业人力资本价值增值率无关。

类似地，如果顾客导向型企业经营者是严格风险规避者($v''<0$)，而顾客导向型企业投资者是风险规避者($u''=0$)，那么顾客导向型企业投资者的无差异曲线是一条直线，最优风险分担点是 m 点，顾客导向型企业经营者得到一个固定资本价值增值率 $i-s(i)=y^0$，顾客导向型企业投资者承担全部风险[$s(i)=i-y^0$]。

如果顾客导向型企业经营者和顾客导向型企业投资者都是风险中性者($V''=u''=0$)，直线 L_0 上的任何点都是最优的。

一般地，因为顾客导向型企业最优化人本资本结构条件式(5-5)隐含地定义了顾客导向型企业投资者对顾客导向型企业经营者的最大努力水平给予最大满足 $S^*(i)$，通过使用隐函数定理，可以得出顾客导向型企业投资者给予顾客导向型企业经营者的满足与每一方风险规避度的关系。随条件式(5-1)对 i 求导，则有：

$$-v''\left(1-\frac{ds^*}{di}\right)+\lambda u''\frac{ds^*}{dn}=0$$

将 $\lambda=v'/u'$ 代入上式，可解得：

$$\frac{ds^*}{di}=\frac{\rho_P}{\rho_A+\rho_P} \quad (5-6)$$

其中，$\rho_P=-\frac{v''}{v'}$；$\rho_A=-\frac{u''}{u'}$。它们分别代表顾客导向型企业经营者和顾客导向型企业投资者的阿罗-普拉特绝对风险规避度量。

式(5-6)意味着顾客导向型企业投资者支付 s^* 与顾客导向型企业人力资本价值增值率 i 的关系完全由风险规避度的比率来决定。给定 $\rho_P>0,\rho_A>0$（即双方均为风险规避者），则顾客导向型企业投资者的支付 s^* 随 i 的上升而上升，但其上升幅度小于 i 的上升幅度。当

$\rho_p = 0$ 时,$\frac{ds^*}{di} = 0$,s^* 与 i 无关;当 $\rho_A = 0$ 时,$\frac{ds^*}{di} = 1$,s^* 的增幅与 i 相同。如果顾客导向型企业经营者和顾客导向型企业投资者都具有不变的绝对风险规避度,即如果 ρ_p 和 ρ_A 与各自的增值率水平无关,那么,顾客导向型企业最佳人本资本结构是线性的。对式(5-6)求积分,可得:

$$s^*(i) = \alpha + \beta i$$

式中,$\beta = \frac{\rho_p}{\rho_p + \rho_A}$,它是积分常数项(可能取正值,也可能取负值)。

当然,不变的绝对风险规避度是非常特殊的,一般来说,如果假定 ρ_p 和 ρ_A 随 i 的增加而递减(即 i 越高就越不害怕风险),顾客导向型企业最优人本资本结构下的 $s^*(i)$ 是非线性的,其具体顾客导向型企业资本结构形式依赖于风险规避度的相对变化。

5.1.3 实现顾客导向型企业人本资本结构最优的途径

讨论当 $s = s^*$ 时要求 k 存在,且是在顾客导向型企业最优人本资本结构情况下的常数,那么,如何实现 $s = s^*$ 呢?本文认为,顾客导向型企业投资者对顾客导向型企业经营者给予最大满足,同时使顾客导向型企业人本资本价值最大。

假定 a 是一个一维努力变量,顾客导向型企业人力资本价值增值率为 $i = a + \theta$,其中 θ 是均值且为 0,方差等于 α^2 的正态分布随机变量,代表外生的不确定性因素。因此 $E(i) = E(a+\theta) = a$,$Var(i) = \sigma^2$,即顾客导向型企业经营者的努力水平决定产出均值,但不影响 i 的方差,顾客导向型企业投资者为风险中性。顾客导向型企业经营者是风险规避的。考虑线性顾客导向型企业经营者最大满足 $S(i) = \partial + \beta i$,其中 ∂ 是代理人的固定收入(与 i 无关),β 是顾客导向型企业经营者分享人力资本价值增值额的份额。$\beta = 0$ 意味着顾客导向型企业经营者不承担任何风险,$\beta = 1$ 意味着顾客导向型企业经营者承担全部风险。因为委托者是中性的,所以顾客导向型企业经营者的人力资本价值净增值率期望值为 $Ev(i - s_{(i)}) = E(\pi - a - \beta i) = \partial + E(1-\beta)i = -\partial + (1-\beta)a$。假定顾客导向型企业经营者的效用函数具有不变绝对风险规避特征,即 $u = -e^{-\rho w}$,其中 ρ 是绝对风险规避度量,w 是实际货币收入,同时假定顾客导向型企业经营努力的成本 $c(a) = \frac{b}{2}a^2$。这里 $-b > 0$ 代表成本系数,b 越大,同样的努力 a 带来的负效用越大,那么顾客导向型企业经营者自身的实际收入 $W = s(i) - c(a) = \partial + \beta(a + \theta) - \frac{b}{2}a^2$。

确定性等价收入为 $Ew - \frac{1}{2}\beta^2\sigma^2 = \alpha + \beta a - \frac{1}{2}\rho\beta^2\sigma^2 - \frac{1}{2}ba^2$。其中,$Ew$ 是顾客导向型企业经营者的期望收入;$\frac{1}{2}\beta^2\sigma^2$ 是顾客导向型企业经营者的风险成本。当 $\beta = 0$ 时,风险成本为 0。顾客导向型企业经营者最大化期望效用函数 $Eu = Ee^{-\rho w}$ 等价于最大化上述确定性等价收入。

令 $\bar{w}$ 为顾客导向型企业经营者的保留收入水平,如果确定性等价收入小于 $\bar{w}$,那么,顾客导向型企业经营者将不接受顾客导向型企业投资者给予的满足。因此,顾客导向型企业经营者参与约束可以表述为：

$$\alpha + \beta a - \frac{1}{2}\rho\beta^2\sigma^2 - \frac{b}{2}a^2 \geqslant \bar{w}$$

顾客导向型企业投资者只有根据顾客导向型企业经营者的努力水平 a，来确定对其给予的最大满足，才能实现顾客导向型企业人力资本价值增值率最大，因此，顾客导向型企业投资者的问题是选择 (α,β) 和 θ 解下列最优化问题：

$$\underset{\alpha、\beta,a}{\text{MaxE}v} = -\alpha + (1-\beta)a$$

$$S \cdot t \cdot \alpha + \beta a - \frac{1}{2}\rho\beta^2\sigma^2 - \frac{b}{2}a^2 \geqslant \bar{w}$$

在最优情况下，参与约束的等式成立，将参与约束通过固定项 α 代入目标函数，上述最优化问题可以重新表述为 $\text{Max}a - \frac{1}{2}\rho\beta^2\sigma^2 - \frac{b}{2}a^2 - \bar{w}$，因为 $\bar{w}$ 是给定的，所以最优化的一阶条件为：

$$a^* = \frac{1}{b}\ \beta^* = 0$$

将 a^*、β^* 代入顾客导向型企业经营者的参与约束等式，可得：$a^2 = \bar{w} + \frac{1}{2}(a^x)^2 = \bar{w} + \frac{1}{2b^2}$。因此，顾客导向型企业投资者对顾客导向型企业经营者给予的最大满足为 $S^* = \bar{w} + \frac{1}{2b^2}$，$a^* = \bar{w} + \frac{1}{2b^2}$，这也是帕累托最优的顾客导向型企业人本资本结构中顾客导向型企业投资者与顾客导向型企业经营者合作的最佳状态。这时要求顾客导向型企业经营者不承担任何风险（$\beta^* = 0$），顾客导向型企业投资者支付顾客导向型企业经营者的固定收入刚好等于顾客导向型企业经营者的保留工资加上努力的成本，最优努力水平要求等于努力的边际成本，即 $1 = ab$。因此，$a^* = \frac{1}{b}$。但如果顾客导向型企业投资者不能观测到顾客导向型企业经营者的努力水平 a，则上述帕累托最优不能实现。因为，给定 $\beta = 0$，顾客导向型企业经营者选择 a 最大化自己确定性等价收入，一阶条件意味着 $a = \frac{\beta}{b} \Rightarrow a = 0$，而经营的收入与其增值率无关，顾客导向型企业经营者选择 $a = 0$，而不是 $a = \frac{1}{b}$。

当顾客导向型企业投资者对顾客导向型企业经营者努力水平 a 不可观测时，顾客导向型企业投资者给顾客导向型企业经营者最大满足，以实现顾客导向型企业人本资本价值最大化，求解 s^*，则：

$$\underset{a,\beta}{\text{Max}} -\alpha + (1-\beta)a$$

$$S \cdot t \cdot \alpha + \beta a - \frac{1}{2}\rho\beta^2\sigma^2\ \frac{b}{2}a^2 \geqslant \bar{w}$$

最优问题重新表述为：

$$\operatorname*{Max}_{\beta} \frac{\beta}{b} - \frac{1}{2}\rho \beta^2 \sigma^2 - \frac{b}{2}\left(\frac{\beta}{2}\right)^2 - \bar{w}$$

最优一阶为：$\frac{1}{b} - \rho\beta\sigma^2 - \frac{\beta}{b} = 0$，即 $\beta = \frac{1}{1+b\rho\sigma^2} > 0$，将 $a^* = \frac{1}{b(1+b\rho\sigma^2)}$ 带入 S，其中，$a^* = \bar{w} - \frac{1+\sigma^2\rho}{2(1+b\rho\sigma^2)}$。因此，$s^* = \bar{w} - \frac{1+\sigma^2\rho}{2(1+b\rho\sigma^2)} + \frac{i}{1+b\rho\sigma^2}$，其中，$i$ 是变量；s^* 也是变量，但 s^* 肯定存在，因此顾客导向型企业人本资本结构 k 也肯定存在，但不是定值。i 的大小取决于顾客导向型企业经营者与顾客导向型企业投资者的共同努力，反映的是人本思想。其他风险讨论的情况和原理同上，这里不再赘述。

本文对信息非对称的物本经济阶段生产导向型企业物本资本结构是否存在的讨论给予解答，生产导向型企业物本资本结构存在，它在理论上是固定值，且随着市场约束条件、生产导向型企业物本资本不同，以及生产导向型企业经营者与生产导向型企业投资者对市场风险的偏好不同而不断变化。因此，顾客导向型企业最优人本资本结构要求人是理性的社会生态人，同时顾客导向型企业奉行人本经济发展观。本文通过解析顾客导向型企业人本资本价值揭示了信息非对称的人本经济阶段顾客导向型企业最优人本资本结构在理论上是存在的，它是信息非对称的人本经济阶段买方市场经济中任何顾客导向型企业都必须追求和遵循的一般经济规律。

5.2 用户导向型平台企业人本资本共享价值解析

方兴未艾的第四次工业革命的基础信息技术促进人类社会由信息非对称的人本经济演变为信息对称的人本经济（丁胜红，2020）。"互联网＋"的"去中心化""去媒介化"和"去信用化"促进用户导向型平台企业"扁平化"与"碎片化"的组织变革。同时信息对称的买方市场体验需求驱动"互联网＋"用户导向型平台企业去中心化的供给方与网络共享平台管理方逐渐分离，并形成由用户导向型平台企业员工网络社群组成的用户导向型平台企业供给方、参与用户网络社群组成的市场需求方和自主完成用户导向型平台企业制度使命的网络共享平台三方组成的对等网络关系（Benoit et al.，2017；Frenken、Schor，2017）。鉴于平台为共享注入了互联网基因，将基于强关系的小范围共享扩展为基于弱关系的大规模共享（Ranjbar et al.，2018）。至此，共享才成为共享经济（Belk，2014）。也就是说，信息对称的人本经济就是共享经济。在共享经济下，对等网络关系的用户导向型平台企业员工与参与用户共同创造产品或提供服务的价值，这改变了中心化信任结构下用户导向型平台企业产品或服务的成本结构。截至目前，会计虽无法确认与计量市场用户参与产品制造或服务提供的成本，却将参与用户对产品或服务价值的贡献强加于员工对产品或服务的贡献之上，这种做法既破坏了产品制造或服务提供的投入与产出之间的因果逻辑关系，又扭曲了由用户导向型平台企业员工与用户共创共享价值的税收原则。

为了解决参与用户对产品制造或服务提供的成本测算的根本性问题，下文的研究内容安排如下：首先，采用经济演化法论述用户导向型平台企业组合资本演化，结合共享经济本质与特征论述共享经济下用户导向型平台企业人本资本共享价值的形成；其次，基于用户导向型平台企业员工和参与用户双排序博弈解析，以及借助网络共享平台共享匹配来完成用户导向型平台企业员工和参与用户的人力资本共享匹配任务，且存在最优解，并以此存在最优解为前提条件，求解共享经济下用户导向型平台企业人本资本共享价值最优匹配比；最后，仿真演示用户导向型平台企业人本资本共享价值最优匹配比的存在，并总结其具体结论与建议。

5.2.1 用户导向型平台企业人本资本共享价值的形成

纵观人类社会科学技术发展水平飞跃经历了四次工业革命，四次工业革命的科学技术创新进步促进了人类社会经济发展，同时更新了人们对新经济发展的普遍看法，进而形成不同经济发展观指导用户导向型平台企业资本重新组合，形成不同经营战略的用户导向型平台企业组合资本（丁胜红，2020）。第一次、第二次工业革命标志着欠发达社会生产力水平与其社会生产关系相互作用，形成了指导信息非对称物本经济发展的物本经济发展观，它借助资本雇佣劳动关系指导物类价值为本的用户导向型平台企业资本组合，笔者将其满足信息非对称卖方市场基本需求的用户导向型平台企业组合资本称之为以生产为导向的用户导向型平台企业物本资本（丁胜红、吴应宇，2019）。第三次工业革命标志着发达社会生产力水平与其社会生产关系相互作用，形成了指导信息非对称人本经济发展的人本经济发展观，它借助资本与劳动合作关系指导人类价值为本的用户导向型平台企业资本组合，笔者将其满足信息非对称买方市场的马斯洛层序需求的用户导向型平台企业组合资本称之为以顾客为导向的用户导向型平台企业人本资本（丁胜红、盛明泉，2008）。正在爆发的第四次工业革命标志着更发达的社会生产力水平与其社会生产关系相互作用，形成了指导信息对称人本经济发展的人本经济发展观，它借助资本与劳动共享关系指导人类价值为本的用户导向型平台企业资本组合，笔者将其满足信息对称买方市场体验需求的用户导向型平台企业组合资本称之为以用户为导向的用户导向型平台企业人本资本（丁胜红，2020）。

信息对称的人本经济就是共享经济，也就是说，共享经济的价值观仍是人本经济发展观。其本质仍是以人为本，但它有自己的特征，即闲置资源、网络平台及共享动机（涂科、杨学成，2020）。判断闲置资源是否成为共享经济所共享的内容，采用相对闲置优势、长期效应和外部效应的判断标准，其判断标准的目的在于提高资源利用率（Dellaert，2019；Belk，2014）。判断网络平台在共享经济中是否承担匹配任务（Ranjbari et al.，2018），采用平等性（杨学成、涂科，2018；Yang et al.，2017；Petrie，2016）、协同性（Dellaert，2019；Belk，2014；Sutherland、Jarrahi，2018）以及自主性（Kumar et al.，2018；Fehrer et al.，2018；吴清军、李贞，2018）三种特性的判断标准，其判断标准的目的在于网络平台成就对等网络关系。共享动机是指驱动个体进行共享活动的内部动力，描述的是个体进行共享的目的（Dellaert，2019）。判断共享动机的标准，笔者认为在于互利共赢，强调以人为本。互利共赢的内容包括商业与非商业。基于上述共享经济特征及其判断标准，为分析共享经济下用户导向型平台企业人本资本共享价值提供了依据。

在"互联网+"时代，平台的网络集聚效应加速了各种知识资源在网络中的传播与扩散。人的主观能动性促进人们对网络传播与扩散的各种新知识进行吸收与内化，赋能人力资源更多功能。通过各种专业化劳动分工促使多种功能人力资源可以得到有效匹配。然而，人们在一定时间内选择某种功能的人力资源的同时，其他功能人力资源处于相对闲置状态，因此，在"互联网＋"时代，人力资源具有共享经济关键性特征，即相对闲置的资源。人拥有的功能人力资源越多，人的适应能力就越强，这说明人的多种功能人力资源具有相对闲置优势。人们通过学习所获得的功能人力资源将终身受用，这说明通过学习获得的功能人力资源具有长期效应。人的主观能动性促进人们之间相互学习知识，而知识的外部性决定了学习知识内化于人并形成多功能人力资源也会具有外部效应，也正是这种人力资源的外部效应，才让人们拥有的不同相对闲置人力资源在交互过程中获得了有效利用。因此，作为"互联网＋"时代网络平台化用户导向型平台企业的员工和网络市场的用户，自然也具有体现共享经济的关键性特征，即相对闲置的人力资源。

"互联网＋"的"去三化"促使用户导向型平台企业网络平台化（扁平化与碎片化）组织变革。其组织变革的根本内因在于，用户导向型平台企业采取所有权与经营权合一的方式来还原用户导向型平台企业员工的人身自由。自由之身的用户导向型平台企业员工和自由市场用户，借助网络共享平台共享匹配集聚并形成了多样化的员工网络社群和参与用户网络社群，而这些网络社群的形成体现了员工和参与用户具有平等性、协同性和自主性。正是这三种特性孕育出区别于中心化信任结构下的传统服务，却体现了去中心化信任结构下的共享经济根本特性，即网络关系的对等性。在注入对等网络关系的互利共赢动机的驱动下，由用户导向型平台企业员工网络社群构成的供给方和由市场参与用户网络社群构成的需求方共同围绕网络共享平台，展开共享匹配的共享经济活动，促进了共享经济的发展。在追求共享经济发展过程中不断地将"人本经济发展观"注入资本与劳动共享关系中，致使用户导向型平台企业员工与参与用户通过网络共享平台共享匹配，并在追求各自相对闲置资源有效利用的过程中，提高了他们对相对闲置物力资源的有效利用水平。在此过程中，用户导向型平台企业员工与参与用户通过双排序博弈来完成共享平台共享匹配任务，即用户导向型平台企业与市场之间供需匹配和用户导向型平台企业生产领域专业劳动分工匹配。因此，可通过双排序博弈来求解共享经济下用户导向型平台企业人本资本共享价值的最优解，以此求解获得最优解的逻辑规则来设计基于区块链的智能合约和共识机制，并由此构建完成共享匹配任务的网络共享平台。其网络共享平台共享匹配的本质在于，制定与执行共享经济下融于买方市场的用户导向型平台企业完备智能制度[①]，其完备智能制度成为共享经济下用户导向型平台企业人本资本共享价值形成的保障。因此，在用户导向型平台企业员工与参与用户双排序博弈解析共享经济下，用户导向型平台企业员工与参与用户的人力资本共享价值最优解。

5.2.2 用户导向型平台企业人力资本共享价值解析

在共享经济下，用户导向型平台企业在"互联网＋"的"去三化"过程中，借助网络共享平台共享匹配完成用户导向型平台企业员工与参与用户的人力资本共享匹配任务。在微观层面上，用户导向型平台企业借助"互联网＋"的"去三化"完成用户导向型平台企业员工人身自由的变革。① 借助"互联网＋"的"去媒介化"，实现用户导向型平台企业员工与市场用户

---

① 企业智能制度是指去第三方的企业制度。它的本质是智能契约。

交互式接触;②借助"互联网+"的"去信用化",促使用户导向型平台企业技术信任替代用户导向型平台企业人际信任和用户导向型平台企业制度信任,实现用户导向型平台企业的去中心化信任结构形成;③借助"互联网+"的"去中心化",实现用户导向型平台企业员工所有权与经营权合一,还用户导向型平台企业员工自由之身。只有这样,用户导向型平台企业员工与参与用户才能在去中心化信任结构下实现交互,并进一步借助网络共享平台共享匹配,促使用户导向型平台企业员工网络社群与参与用户网络社群对等网络关系的形成。

在宏观层面上,用户导向型平台企业借助"互联网+"的"去三化",促使碎片化与扁平化的用户导向型平台企业组织变革,同时完成网络共享平台共享匹配任务。基于满足买方市场体验需求的碎片化用户导向型平台企业形成多经济中心的供给方,借助网络共享平台共享匹配实现供需匹配。融于买方市场的扁平化用户导向型平台企业通过自由之身的用户导向型平台企业员工与参与用户借助网络共享平台共享匹配实现专业化劳动分工交互匹配。

总而言之,用户导向型平台企业在"互联网+"的"去三化"过程中完成如图 5-2 所示的网络共享平台人力资本共享匹配任务,这为共享经济下用户导向型平台企业人本资本共享价值的实现奠定了基础。

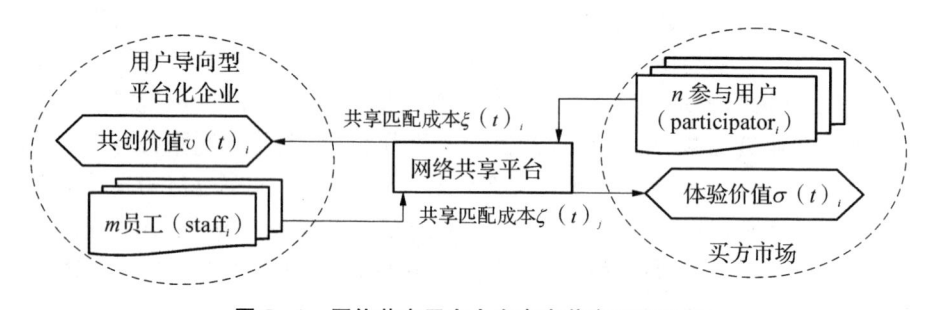

图 5-2 网络共享平台人力资本共享匹配任务

1. 网络共享平台人力资本共享匹配变量的定义

由图 5-2 所示,参与用户与用户导向型平台企业员工在交互过程中完成各自闲置人力资源的有效利用,实现各自人力资本共享价值。对此,定义网络共享平台人力资本共享匹配任务包括网络共享平台人力资本共享匹配成本和网络共享平台人力资本共享匹配价值的变量。网络共享平台人力资本共享匹配成本是指为了参与用户和用户导向型平台企业员工各自相对闲置资源的有效利用,而通过网络共享平台实现各自相对闲置人力资源有效匹配所付出的各自共享匹配代价。网络共享平台人力资本匹配价值是指通过网络共享平台人力资本共享匹配,而实现参与用户人力资本创造价值和用户导向型平台企业员工人力资本体验价值。具体变量定义如下:在参与用户人力资本共享匹配任务域 $\Theta(t)$ 内和在用户导向型平台企业员工人力资本共享匹配任务域 $\Xi(t)$ 内,它们都是时间 t 的函数。这里应考虑到网络共享平台面对用户导向型平台企业员工网络社群中 m 员工(staff)与参与用户网络社群中 n 参与用户(participator)的人力资本共享匹配问题。

就参与用户而言,$participator_i$ 的人力资本共享匹配任务记为 $p(t)_i$。$p(t)_i$ 的人力资本共享匹配任务是指通过网络共享平台共享匹配来完成参与用户相对闲置创造价值资源有效匹配并得到有效利用。其中,$p(t)_i$ 的人力资本共享匹配成本是由网络共享平台供需匹配成本和网络共享平台专业化劳动分工匹配成本构成的变量为 $\xi(t)_i$,人力资本创造价值变量为$\upsilon(t)_i$，完成participator$_i$的人力资本共享匹配任务变量为$p(t)_i$，显然有$p(t)_i = \xi(t)_i + \upsilon(t)_i \leqslant \Theta(t)$。针对参与用户网络社群中$n$个参与用户，显然有$\sum_{i=1}^{n} p(t)_i = \sum_{i=1}^{n} \xi(t)_i + \sum_{i=1}^{n} \upsilon(t)_i \leqslant \Theta(t)$。

就用户导向型平台企业员工而言，staff$_j$的人力资本共享匹配任务记为$s(t)_j$。$s(t)_j$的人力资本共享匹配任务是指通过网络共享平台共享匹配来完成用户导向型平台企业员工相对闲置体验价值资源有效匹配并得到有效的利用。$s(t)_j$的人力资本共享匹配成本是由网络共享平台供需匹配成本和网络共享平台专业化劳动分工匹配成本构成的变量为$\zeta(t)_j$，人力资本体验价值变量为$\sigma(t)_j$，完成staff$_j$的人力资本共享匹配任务变量为$s(t)_j$，显然有$s(t)_j = \zeta(t)_j + \sigma(t)_j \leqslant \Xi(t)$。

就用户导向型平台企业员工网络社群中m个员工而言，为了完成staff$_j$的人力资本共享匹配任务，显然有$\sum_{j=1}^{m} s(t)_j = \sum_{j=1}^{m} \zeta(t)_j + \sum_{j=1}^{m} \sigma(t)_j \leqslant \Xi(t)$。以上各个变量均为非负数，且各个人力资本共享匹配任务均在信息对称下展开交互匹配。

为此，笔者参考了共享经济中单资源供需匹配排序博弈（王长军、吴琼，2019），通过研究用户导向型平台企业员工与参与用户双排序博弈，来解析网络共享平台人力资本共享匹配任务存在最优解。考虑参与用户网络社群中participator$_i$具有自己人力资本共享匹配目标$f(t)_i$，并将其描述为与完成participator$_i$的人力资本共享匹配任务$p(t)_i$相关的函数。考虑用户导向型平台企业员工网络社群中staff$_j$具有自己的人力资本共享匹配目标$\delta(t)_j$，并将其描述为与完成Staff$_j$的人力资本共享匹配任务$s(t)_j$相关的函数。

假设构成参与用户网络社群的参与用户规模为$n(n = n_1 + n_2)$个，其中，$n_1(\geqslant 0)$个participator$_i$人力资本共享匹配任务指标$f(t)_i = p(t)_i, i = 1, 2, \cdots, n_1$；$n_2(\geqslant 0)$个participator$_k$人力资本共享匹配任务指标$f(t)_k = p(t)_k, k = 1, 2, \cdots, n_2$。由此，participator$_i$通过网络共享平台共享匹配获得适合的$\xi(t)_i$和$\upsilon(t)_i$以及最优化participator$_i$的$f(t)_i$。记$n$个participator$_i$人力资本共享匹配策略选择组成网络共享平台的人力资本共享匹配成本方案$\xi(t) = [\xi(t)_1, \xi(t)_2, \cdots, \xi(t)_n]$和人力资本创造价值方案$\upsilon(t) = [\upsilon(t)_1, \upsilon(t)_2, \cdots, \upsilon(t)_n]$，$n$个$\xi(t)$和$\upsilon(t)$组成的解空间分别记为$\hbar(t)$和$\lambda(t)$。同理，假设用户导向型平台企业员工网络社群中员工规模为$m(m = m_1 + m_2)$个，用户导向型平台企业员工网络社群中$m_1(\geqslant 0)$个staff$_j$人力资本共享匹配任务指标$\delta(t)_j = s(t)_j, j = 1, 2, \cdots, m_1$；$m_2(\geqslant 0)$个staff$_l$人力资本共享匹配任务指标$\delta(t)_l = s(t)_l, l = 1, 2, \cdots, m_2$。由此，每个staff$_j$通过网络共享平台共享匹配获得适合的$\zeta(t)_j$和$\sigma(t)_j$以及最优化staff$_j$的$s(t)_j$。记$m$个staff$_j$人力资本共享匹配策略选择组成网络共享平台的人力资本共享匹配成本方案$\zeta(t) = [\zeta(t)_1, \zeta(t)_2, \cdots, \zeta(t)_m]$和人力资本体验价值方案$\sigma(t) = [\sigma(t)_1, \sigma(t)_2, \cdots, \sigma(t)_m]$，$m$个$\zeta(t)$和$\sigma(t)$组成的解空间分别记为$A(t)$和$B(t)$。

在共享经济模式下，无论是市场中的participator$_i$，还是扁平化与碎片化用户导向型平台企业的staff$_j$，它们利用网络共享平台共享匹配交互完成各自人力资本共享匹配，以及利用"互联网工厂"实现staff$_j$与participator$_i$在交互过程中完成staff$_j$人力资本体验价值和participator$_i$人力资本创造价值。因此，实现staff$_j$与participator$_i$各自人力资本共享匹配任务的时间差异可忽略不计。

鉴于此,参照经典的"$\alpha|\beta|\gamma$"式表达方式(Pinedo M. L., 2012)。其中,α 表示共享经济下用户导向型平台企业资源环境,鉴于信息对称性决定 α 赋予常量 1;β 反映 participator$_i$ 或 staff$_j$ 的人力资本共享匹配任务信息;γ 为 participator$_i$ 或 staff$_j$ 完成各自人力资本共享匹配任务的全局性指标。解析 participator$_i$ 的人力资本共享匹配任务可表述为 $1|f(t)_{1\leqslant i\leqslant n_1}=p(t)_i;f(t)_{n_1+1\leqslant k\leqslant n_1+n_2}=p(t)_k|E[\xi(t),\upsilon(t)]$,其中 $E[\xi(t),\upsilon(t)]$ 为 participator$_i$ 完成人力资本共享匹配任务的全局性指标。解析 staff$_j$ 人力资本共享匹配任务可表述为 $1|\delta(t)_{1\leqslant j\leqslant m_1}=s(t)_j;\delta(t)_{m_1+1\leqslant k\leqslant m_1+m_2}=s(t)_k|Z[\zeta(t),\sigma(t)]$,其中 $Z[\zeta(t),\sigma(t)]$ 为 staff$_j$ 完成人力资本共享匹配任务的全局性指标。

2. 网络共享平台人力资本共享匹配任务存在最优解

本文研究的用户导向型平台企业员工和参与用户的人力资本共享匹配任务存在最优解属于多人多目标问题,因此,参照 Koutsoupias 等(2009)与 Lee 等(2012)文献,可定义 Nash Equilibrium(NE)解的概念为参与用户网络社群中存在 n_1 参与用户的人力资本共享匹配策略组合,即 $\xi(t)^{\mathrm{NE}}=[\xi(t)_1^{\mathrm{NE}},\xi(t)_2^{\mathrm{NE}},\cdots,\xi(t)_{n_1}^{\mathrm{NE}}]$ 和 $\upsilon(t)^{\mathrm{NE}}=[\upsilon(t)_1^{\mathrm{NE}},\upsilon(t)_2^{\mathrm{NE}},\cdots,\upsilon(t)_{n_1}^{\mathrm{NE}}]$,且 $\xi(t)\in\hbar(t)$ 和 $\upsilon(t)\in\lambda(t)$,使其对于每一个 $p(t)_i(i=1,2,\cdots,n_1)$,相比较 $[\xi(t)_1^{\mathrm{NE}},\cdots,\xi(t)_{i-1}^{\mathrm{NE}},\xi_i^{\mathrm{NE}},\xi_i^{\mathrm{NE}},\cdots,\xi(t)_{n_1}^{\mathrm{NE}}]\in\hbar(t)$ 和 $[\upsilon(t)_1^{\mathrm{NE}},\cdots,\upsilon_{i-1}^{\mathrm{NE}},\upsilon_i^{\mathrm{NE}},\upsilon(t)_{i+1}^{\mathrm{NE}},\cdots,\upsilon(t)_{n_1}^{\mathrm{NE}}]\in\lambda(t)$,如满足:

$$f_i[\xi(t)_i^{\mathrm{NE}},\upsilon_i^{\mathrm{NE}}]\leqslant f_i[\xi(t)_i,\upsilon_i],i=1,2,\cdots,n_1 \tag{5-7}$$

且其中至少有一个为严格小于,则称 $[\xi(t)_i^{\mathrm{NE}},\upsilon_i^{\mathrm{NE}}]$ 为 NE 参与用户的最优人力资本共享匹配策略。在 $[\xi(t)_i^{\mathrm{NE}},\upsilon_i^{\mathrm{NE}}]$ 中,在给定参与用户网络社群中其他参与用户选择的前提下,每个参与用户都已经做出了最优选择。将参与用户网络社群中其他 n_2 个参与用户人力资本共享匹配任务进行引入,Nash 均衡解不再是 Pareto 最优。由此,需要进一步引入 Pareto 解 $[\upsilon(t)^{\mathrm{Pareto}};\xi(t)^{\mathrm{Pareto}}]=[\upsilon(t)_1^{\mathrm{Pareto}},\upsilon_2^{\mathrm{Pareto}},\cdots,\upsilon(t)_n^{\mathrm{Pareto}};\xi(t)_1^{\mathrm{Pareto}},\xi(t)_2^{\mathrm{Pareto}},\cdots,\xi(t)_n^{\mathrm{Pareto}}][\upsilon(t)\in\lambda(t);\xi(t)\in\hbar(t)]$ 与"支配(Dominate)"的概念,对于任意 $[\upsilon(t),\xi(t)]=[\upsilon(t)_1,\upsilon_2,\cdots,\upsilon(t)_n;\xi(t)_1,\xi(t)_2,\cdots,\xi(t)_n][\upsilon(t)\in\lambda(t);\xi(t)\in\hbar(t)]$,如满足:

$$f_i[\xi(t)_i^{\mathrm{Pareto}},\upsilon(t)_i^{\mathrm{Pareto}}]\leqslant f_i[\xi(t)_i,\upsilon(t)_i],i=1,2,\cdots,n \tag{5-8}$$

且其中至少有一个是严格小于,则称 $[\upsilon(t)^{\mathrm{Pareto}};\xi(t)^{\mathrm{Pareto}}]$ 支配 $[\upsilon(t);\xi(t)]$。如果不存在可行结果支配 $[\upsilon(t)^{\mathrm{Pareto}};\xi(t)^{\mathrm{Pareto}}]$,则称 $[\upsilon(t)^{\mathrm{Pareto}};\xi(t)^{\mathrm{Pareto}}]$ 为 Pareto 解。鉴于参与用户网络社群中参与用户人力资本创造价值异质性决定 participator$_i$ 的人力资本共享匹配多样化目标,以全局优化方式处理 $E[\xi(t),\upsilon(t)]$,显然,其对应的结果为 Pareto 解,不能完全保证为 NE 解。当然,NE 解和 Pareto 解均是一般意义上的解。在实际共享经济中,基于网络共享平台的供需匹配与专业化分工匹配之间的一致性,依据双排序博弈逻辑规则设计区块链中参与用户人力资本共享匹配智能合约,并以此智能合约设计参与用户人力资本共享匹配共识机制,使其在网络共享平台上产生符合 NE 条件的解,以提升网络共享平台的人力资本共享匹配质量。

鉴于 EDD 排序规则常被用来处理与交互相关的目标函数(Pinedo M. L.,2012),因此,本文有必要探讨在网络共享平台共享匹配下,基于 EDD 规则设计参与用户人力资本共享匹配智能合约,以此智能合约设计参与用户的人力资本共享匹配共识机制。至此,获得 EDD 规则结果与 NE 解的一致性关系,即 Pareto 解归属 NE 解的集合。为此,给出定理1:参与用户人力资本共享匹配策略问题 $1\mid f(t)_{1\leqslant i\leqslant n_1}=p(t)_i;f(t)_{n_1+1\leqslant k\leqslant n_1+n_2}=p(t)_k\mid E[\xi(t),\upsilon(t)]$ 存在按 EDD 规则排序的 NE 网络共享平台共享匹配下最优参与用户人力资本共享匹配策略(定理1证明见附加5-1)。

根据定理1,同理可以得出定理2:用户导向型平台企业员工人力资本共享匹配策略问题 $1\mid\delta(t)_{1\leqslant j\leqslant m_1}=s(t)_j;\delta(t)_{m_1+1\leqslant k\leqslant m_1+m_2}=s(t)_k\mid Z[\zeta(t),\sigma(t)]$ 存在按 EDD 规则排序的 NE 网络共享平台共享匹配下最优人力资本共享匹配策略(定理2证明见附加5-2)。

定理1和定理2保证了在网络共享平台共享匹配下,基于 EDD 规则设计参与用户和用户导向型平台企业员工的人力资本共享匹配智能合约,以此智能合约设计参与用户和用户导向型平台企业员工的人力资本共享匹配共识机制,并产生符合 EDD 排序的 NE 解的可行性。由于要符合 NE 的要求,这样的 EDD 排序通常仍有可能不能最优化 $E[\xi(t),\upsilon(t)]$ 的全局性指标,它参与网络共享平台共享匹配下参与用户或用户导向型平台企业员工的诉求,也可能存在冲突。

为此,为衡量 NE 解、Pareto 解以及 EDD 规则下的 NE 解,它们应最大限度地完成网络共享平台人力资本共享匹配任务,有必要引入 POA,以其变量反映网络共享平台人力资本共享有效匹配程度。对于网络共享平台 $participator_i$ 的人力资本共享匹配任意问题实例,记最优化 $participator_i$ 的人力资本共享匹配任务指标 $E[\xi(t),\upsilon(t)]$ 的解为 $[\xi(t)^{\mathrm{opt}},\upsilon(t)^{\mathrm{opt}}]$。以 NE 解为例,则其 POA 定义为最差 NE 解与 $E[\xi(t)^{\mathrm{opt}},\upsilon(t)^{\mathrm{opt}}]$ 比值的上确界:

$$\mathrm{POA}=\underset{\vartheta}{\mathrm{Max}}\underset{[\xi(t)^{\mathrm{opt}},\upsilon(t)^{\mathrm{opt}}]}{\mathrm{Max}}\frac{E[\xi(t),\upsilon(t)]}{E[\xi(t)^{\mathrm{opt}},\upsilon(t)^{\mathrm{opt}}]} \qquad (5-9)$$

Pareto 解和 EDD 规则下 NE 解的 POA 可类似地给出,在此不做赘述。上式中,$E[\xi(t),\upsilon(t)]$ 可视为网络共享平台共享匹配下 $participator_i$ 诉求,显然,POA 越大,说明网络共享平台 $participator_i$ 的人力资本共享有效匹配程度越低。

下文将对网络共享平台共享匹配下 $participator_i$ 的人力资本共享匹配问题 $1\mid f(t)_{1\leqslant i\leqslant n_1}=p(t)_i;f(t)_{n_1+1\leqslant k\leqslant n_1+n_2}=p(t)_k\mid E[\xi(t),\upsilon(t)]$ 的 POA 进行研究,以其获得纠偏 EDD 规则,并以其修订 EDD 排序,实现最优化 $E[\xi(t),\upsilon(t)]$ 的全局性指标。对此,考虑网络共享平台共享匹配下 $participator_i$ 的人力资本共享匹配中两种典型指标,即完成网络共享平台共享匹配下 $participator_i$ 的人力资本共享匹配任务之和 $[E_1=\sum_{i=1}^{n}p(t)_i=\sum_{i=1}^{n}\xi(t)_i+\sum_{i=1}^{n}\upsilon(t)_i]$ 和最大限度完成网络共享平台共享匹配下 $participator_i$ 的人力资本共享匹配任务 $E_2=p_{\mathrm{Max}}$。记排序符合 EDD 规则的 NE 解和 Pareto 解分别为 $[\xi(t)_{\mathrm{EDD}}^{\mathrm{NE}},\upsilon(t)_{\mathrm{EDD}}^{\mathrm{NE}}]$ 和 $[\xi(t)_{\mathrm{EDD}}^{\mathrm{Pareto}},\upsilon(t)_{\mathrm{EDD}}^{\mathrm{Pareto}}]$。

下文给出定理3:对网络共享平台参与用户的人力资本共享匹配问题 $1\mid f(t)_{1\leqslant i\leqslant n_1}=p(t)_i;f(t)_{n_1+1\leqslant k\leqslant n_1+n_2}=p(t)_k\mid E[\xi(t),\upsilon(t)]$,当 $E[\xi(t),\upsilon(t)]$ 为 $E_1=\sum_{i=1}^{n}p(t)_i$ 或 $E_2=$

p_{Max} 时,存在按 EDD 规则排序的 NE 解 $[\xi(t)_{\text{EDD}}^{\text{NE}}, \upsilon(t)_{\text{EDD}}^{\text{NE}}]$,也是 $E[\xi(t), \upsilon(t)]$ 衡量下的最差 NE 解(定理 3 证明见附加 5-3)。

就用户导向型平台企业员工网络社群中员工而言,根据定理 3,同理可以给出定理 4:对网络共享平台用户导向型平台企业员工的人力资本共享匹配问题 $1 \mid \delta(t)_{1 \leqslant j \leqslant m_1} = s(t)_j$; $\delta(t)_{m_1+1 \leqslant k \leqslant m_1+m_2} = s(t)_k \mid Z[\zeta(t), \sigma(t)]$,当 $Z[\xi(t), \upsilon(t)]$ 为 $Z_1 = \sum_{j=1}^{n} s(t)_j$ 或 $Z_2 = s_{\text{Max}}$ 时,存在按 EDD 规则排序的 NE 解 $[\zeta(t)_{\text{EDD}}^{\text{NE}}, \sigma(t)_{\text{EDD}}^{\text{NE}}]$,也是 $E[\zeta(t), \sigma(t)]$ 衡量下的最差 NE 解(定理 4 证明见附加 5-4)。

就参与用户网络社群中的参与用户而言,基于 EDD 规则设计智能合约,并以此智能合约设计参与用户的人力资本共享匹配共识机制所产生的 NE 解 $[\xi(t)_{\text{EDD}}^{\text{NE}}, \upsilon(t)_{\text{EDD}}^{\text{NE}}]$ 是整个 NE 解集合的子集,所以,NE 解集合的 POA 是其 POA 的上界。但定理 3 表明,$[\xi(t)_{\text{EDD}}^{\text{NE}}, \upsilon(t)_{\text{EDD}}^{\text{NE}}]$ 与 NE 解集合有着相同的 POA。

就网络共享平台而言,如果基于 EDD 规则设计智能合约,以此智能合约设计参与用户的人力资本共享匹配共识机制并不能给参与用户的人力资本共享匹配带来改善,那么本文将进一步关注 Pareto 下的结果。为此,给出定理 5、定理 6、定理 7 和定理 8。

定理 5:对网络共享平台参与用户的人力资本共享匹配问题 $1 \mid f(t)_{1 \leqslant i \leqslant n_1} = p(t)_i$; $f(t)_{n_1+1 \leqslant k \leqslant n_1+n_2} = p(t)_k \mid E[\xi(t), \upsilon(t)]$,按 EDD 规则排序的 NE 解 $[\xi(t)_{\text{EDD}}^{\text{NE}}, \upsilon(t)_{\text{EDD}}^{\text{NE}}]$ 也是 Pareto 解(定理 5 证明见附加 5-5)。

定理 6:对网络共享平台用户导向型平台企业员工的人力资本共享匹配问题 $1 \mid \delta(t)_{1 \leqslant j \leqslant m_1} = s(t)_j; \delta(t)_{m_1+1 \leqslant k \leqslant m_1+m_2} = s(t)_k \mid Z[\zeta(t), \sigma(t)]$,按 EDD 规则排序的 NE 解 $[\zeta(t)_{\text{EDD}}^{\text{NE}}, \sigma(t)_{\text{EDD}}^{\text{NE}}]$ 也是 Pareto 解(定理 6 证明见附加 5-6)。

定理 7:对网络共享平台参与用户的人力资本共享匹配问题 $1 \mid f(t)_{1 \leqslant i \leqslant n_1} = p(t)_i$; $f(t)_{n_1+1 \leqslant k \leqslant n_1+n_2} = p(t)_k \mid E[\xi(t), \upsilon(t)]$,当 $E[\xi(t), \upsilon(t)]$ 为 $E_1 = \sum_{i=1}^{n} p(t)_i$ 或 $E_2 = p_{\text{Max}}$ 时,按 EDD 规则排序的 Pareto 解 $[\xi(t)_{\text{EDD}}^{\text{Pareto}}, \upsilon(t)_{\text{EDD}}^{\text{Pareto}}]$ 具有和 $[\xi(t)_{\text{EDD}}^{\text{NE}}, \upsilon(t)_{\text{EDD}}^{\text{NE}}]$ 相同的最差解(定理 7 证明见附加 5-7)。

定理 8:对网络共享平台用户导向型平台企业员工的人力资本共享匹配问题 $1 \mid \delta(t)_{1 \leqslant j \leqslant m_1} = s(t)_j; \delta(t)_{m_1+1 \leqslant k \leqslant m_1+m_2} = s(t)_k \mid Z[\zeta(t), \sigma(t)]$,当 $Z[\zeta(t), \sigma(t)]$ 为 $Z_1 = \sum_{i=1}^{n} s(t)_i$ 或 $Z_2 = s_{\text{Max}}$ 时,按 EDD 规则排序的 Pareto 解 $[\zeta(t)_{\text{EDD}}^{\text{Pareto}}, \sigma(t)_{\text{EDD}}^{\text{Pareto}}]$ 具有和 $[\zeta(t)_{\text{EDD}}^{\text{NE}}, \sigma(t)_{\text{EDD}}^{\text{NE}}]$ 相同的最差解(定理 8 证明见附加 5-8)。

综上可知,基于 POA 规则设计智能合约,以此智能合约对参与用户和用户导向型平台企业员工的人力资本共享匹配共识机制进行纠偏,可以得到一般意义上的 NE 解集合分别与 Pareto 解集合、EDD 规则的 NE 解集合具有一致性。也就是说,它们均具有相同的 POA。为了确保网络共享平台参与用户与用户导向型平台企业员工的人力资本共享匹配任务最优解存在,下文推导出相应 POA 的表达式。

就参与用户网络社群中参与用户而言,鉴于下文研究的 $E[\xi(t), \upsilon(t)]$ 为完成网络共享平台参与用户的人力资本共享匹配任务 $\sum_{i=1}^{n} p(t)_i$ 和最大限度完成网络共享平台参与用户的人力资本共享匹配任务 p_{Max} 时的 POA，参与用户网络社群中参与用户期望交期 $\widetilde{\omega}_i \to \infty$，对此讨论 POA 没有意义。本文仅考虑在参与用户人力资本共享匹配任务域 $\Theta(t)$ 内参与用户人力资本共享匹配任务，且假定 $\Theta(t) \geqslant (n_1+n_2)\tau$，$\Theta(t) \geqslant \widetilde{\omega}_{n_1+n_2}$，其中 τ 是指完成网络共享平台参与用户的人力资本共享匹配任务的时间。一般意义上，假设 $\widetilde{\omega}_{n_1+1} \leqslant \widetilde{\omega}_{n_1+2} \leqslant \cdots \leqslant \widetilde{\omega}_{n_1+n_2}$。鉴于 Pareto、NE 与 EDD 规则下的 NE 解集合有着相同的 POA，下文以按 EDD 规则排序的 NE 解为代表，推导 POA 的表达式。

当 $E_1[\xi(t),\upsilon(t)] = \sum_{i=1}^{n} p(t)_i$ 时，记最小化网络共享平台 participator$_i$ 的人力资本共享匹配任务 $E_1[\xi(t),\upsilon(t)] = \sum_{i=1}^{n} p(t)_i$ 的解为 $(\xi(t)_1^{\text{opt}}, \upsilon(t)_1^{\text{opt}})$，其中，participator$_i$ 的人力资本共享匹配任务为 $p(t)_i$，完成参与用户的人力资本共享匹配任务记为 $p(t)_i^{\text{opt}}$。显然有：

$$E_1[\xi(t)_1^{\text{opt}},\upsilon(t)_1^{\text{opt}}] = \sum_{i=1}^{n} p(t)_i^{\text{opt}} = \tau + 2\tau + \cdots + (n_1+n_2)\tau$$
$$= \frac{1}{2}(n_1+n_2)(1+n_1+n_2)\tau \qquad (5-10)$$

因此，在 $[\zeta(t)_{\text{EDD}}^{\text{NE}}, \sigma(t)_{\text{EDD}}^{\text{NE}}]$ 中，n_1 个 participator$_i$ 的人力资本共享匹配任务为 $p(t)_1 \cdots p(t)_{n_1}$ 间交互连续。一般意义上，存在按 EDD 规则排序的 NE 解 $[\zeta(t)_{\text{EDD}}^{\text{NE}}, \sigma(t)_{\text{EDD}}^{\text{NE}}]$，且 n_1+n_2 个参与用户的人力资本共享匹配任务间隔时间为 $\eta_i (\eta_i \geqslant 0)$。如图 5-3-(a) 所示。

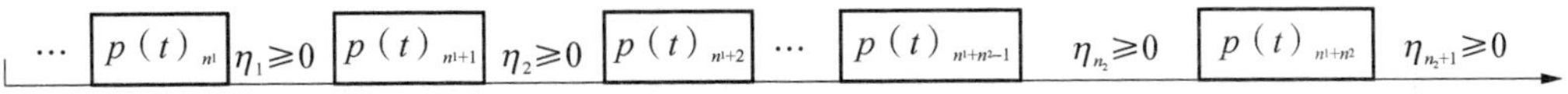

$\cdots$ | $p(t)_{n_1}$ | $\eta_1 \geqslant 0$ | $p(t)_{n+1}$ | $\eta_2 \geqslant 0$ | $p(t)_{n+2}$ | $\cdots$ | $p(t)_{n+n-1}$ | $\eta_{n_2} \geqslant 0$ | $p(t)_{n+n}$ | $\eta_{n_2+1} \geqslant 0$

图 5-3-(a)　一般意义的情况

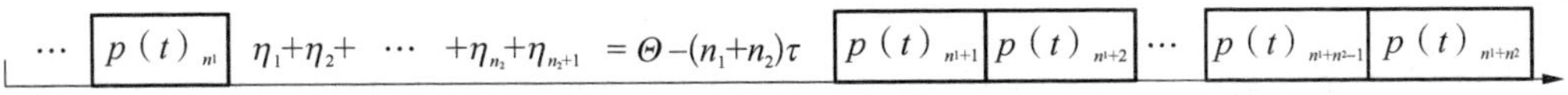

$\cdots$ | $p(t)_{n_1}$ | $\eta_1+\eta_2+ \cdots +\eta_{n_2}+\eta_{n_2+1} = \Theta-(n_1+n_2)\tau$ | $p(t)_{n+1}$ | $p(t)_{n+2}$ | $\cdots$ | $p(t)_{n+n-1}$ | $p(t)_{n+n}$

图 5-3-(b)　最差的情况

如图 5-3-(b) 所示，最差情况下的 NE 解为参与用户网络社群中所有参与用户的人力资本共享匹配任务连续处理，且最后一个任务 $p(t)_{n_1+n_2}$ 在参与用户人力资本共享匹配任务域 $\Theta(t)$ 内完成，此时 $\sum_{i=1}^{n} p(t)_i$ 最差，即：

$$E_1[\xi(t),\upsilon(t)] = \sum_{i=1}^{n} p(t)_i = \tau + 2\tau + \cdots + n_1\tau + [(\tau+2\tau+\cdots+n_1\tau)+\eta_1+\tau]+\cdots+$$
$$[(\tau+2\tau+\cdots+n_1\tau)+\eta_1+\cdots+\eta_{n_2}+n_2\tau] \leqslant \tau+\cdots+n_1\tau+[\Theta(t)-(n_2-1)\tau]+\cdots+$$
$$\Theta(t)-\tau+\Theta(t) = \frac{1}{2}(n_1+n_2)(1+n_1+n_2)\tau + n_2[\Theta(t)-(n_1+n_2)\tau] \qquad (5-11)$$

由式(5-10)和式(5-11)，可以得出：

$$\text{POA}_{E_1} = \frac{E_1[\xi(t)_{\text{EDD}}^{\text{NE}},\upsilon(t)_{\text{EDD}}^{\text{NE}}]}{E_1[\xi(t)_1^{\text{opt}},\upsilon(t)_1^{\text{opt}}]} \leqslant 1 + \frac{2n_2[\Theta(t)-(n_1+n_2)\tau]}{(n_1+n_2)(1+n_1+n_2)\tau} \qquad (5-12)$$

就用户导向型平台企业员工网络社群中的企业员工而言,采用上述数理推导,同理可以得出:

$$\text{POA}_{Z_1} = \frac{Z_1[\zeta(t)_{\text{EDD}}^{\text{NE}}, \sigma(t)_{\text{EDD}}^{\text{NE}}]}{Z_1[\zeta(t)_1^{\text{opt}}, \sigma(t)_1^{\text{opt}}]} \leqslant 1 + \frac{2m_2[\varXi(t) - (m_1 + m_2)\varphi]}{(m_1 + m_2)(1 + m_1 + m_2)\varphi} \quad (5-13)$$

其中,φ 是指完成网络共享平台用户导向型平台企业员工的人力资本共享匹配任务时间。上述式(5-12)和式(5-13)分别给出了参与用户的 POA_{E_1} 和员工的 POA_{Z_1} 的上界。

当 $E_2 = p(t)_{\text{Max}}$ 时,记最小化 $E_2 = p(t)_{\text{Max}}$ 的最优解为 $[\xi(t)_2^{\text{opt}}, \upsilon(t)_2^{\text{opt}}]$,记 participator$_i$ 的人力资本共享匹配任务 $p(t)_i$ 在 $[\xi(t)_2^{\text{opt}}, \upsilon(t)_2^{\text{opt}}]$ 中完成参与用户的人力资本共享匹配任务记为 $p(t)_i^{\text{opt}}$。则可能有:

$$E_2[\xi(t)_2^{\text{opt}}, \upsilon(t)_2^{\text{opt}}] = (n_1 + n_2)\tau \quad (5-14)$$

就用户导向型平台企业员工网络社群中的企业员工而言,采用上述数理推导,同理可以得出:

$$Z_2[\zeta(t)_2^{\text{opt}}, \sigma(t)_2^{\text{opt}}] = (m_1 + m_2)\varphi \quad (5-15)$$

另外,在 $[\zeta(t)_{\text{EDD}}^{\text{NE}}, \sigma(t)_{\text{EDD}}^{\text{NE}}]$ 中,参与用户网络社群中 n 个参与用户的人力资本共享匹配任务 $p(t)_{n_1+n_2}$ 的完成参与用户的人力资本共享匹配任务不会超过参与用户人力资本共享匹配任务域 $\varTheta(t)$。因此,对 $E_2 = p(t)_{\text{Max}}$,最差 NE 解的 POA_{E_2} 为:

$$\text{POA}_{E_2} \leqslant \frac{\varTheta(t)}{(n_1 + n_2)\tau} \quad (5-16)$$

就用户导向型平台企业员工网络社群中员工而言,采用上述数理推导,同理可以得出:

$$\text{POA}_{Z_2} \leqslant \frac{\varXi(t)}{(m_1 + m_2)\varphi} \quad (5-17)$$

笔者分别选取 $\widetilde{\omega}_{n_1+n_2} = \varTheta(t)$ 与 $\widetilde{\omega}_{m_1+nm} = \varXi(t)$,不难验证式(5-16)与式(5-17)分别为 POA_{E_2} 与 POA_{Z_2} 各自的紧边。就参与用户网络社群中参与用户而言,由此可以得出如下结论:对网络共享平台参与用户的人力资本共享匹配问题 $1 \mid f(t)_{1 \leqslant i \leqslant n_1} = p(t)_i; f(t)_{n_1+1 \leqslant k \leqslant n_1+n_2} = p(t)_k \mid E[\xi(t), \upsilon(t)]$,其中,当 $E[\xi(t), \upsilon(t)]$ 分别为 $E_1 = \sum_{i=1}^{n} p(t)_i$ 或 $E_2 = p_{\text{Max}}$ 时,则对应的 NE 解集合的 POA 分别为:

$$\text{POA}_{E_1} = 1 + \frac{2n_2[\varTheta(t) - (n_1 + n_2)\tau]}{(n_1 + n_2)(1 + n_1 + n_2)\tau} \quad (5-18)$$

$$\text{POA}_{E_2} = \frac{\varTheta(t)}{(n_1 + n_2)\tau} \quad (5-19)$$

就用户导向型平台企业员工网络社群中的企业员工而言,其结论为:对网络共享平台用户导向型平台企业员工的人力资本共享匹配问题 $1 \mid \delta(t)_{1 \leqslant j \leqslant m_1} = s(t)_j; \delta(t)_{m_1+1 \leqslant k \leqslant m_1+m_2} = s(t)_k \mid Z[\zeta(t), \sigma(t)]$,其中,当 $Z[\zeta(t), \sigma(t)]$ 分别为 $Z_1 = \sum_{i=1}^{n} s(t)_i$ 或

$Z_2 = s_{\text{Max}}$ 时,则对应的 NE 解集合的 POA 分别为:

$$\text{POA}_{Z_1} = 1 + \frac{2m_2[\Xi(t) - (m_1 + m_2)\varphi]}{(m_1 + m_2)(1 + m_1 + m_2)\varphi} \quad (5-20)$$

$$\text{POA}_{Z_2} = \frac{\Xi(t)}{(m_1 + m_2)\varphi} \quad (5-21)$$

总而言之,以式(5-18)、式(5-19)和式(5-20)、式(5-21)的 POA 规则设计区块链中参与用户和用户导向型平台企业员工的人力资本共享匹配智能合约,并以此智能合约设计纠偏参与用户和用户导向型平台企业员工的人力资本共享匹配共识机制,致使一般意义上的 NE 解集合、Pareto 解集合、EDD 规则下的 NE 解集合与 NE 解集合具有一致性。因此,以其区块链中参与用户和用户导向型平台企业员工的人力资本共享匹配的智能合约和共识机制构建网络共享平台,其网络共享平台共享匹配不仅能够确保用户导向型平台企业人力资本共享匹配任务存在最优解,而且能够实现共享经济下用户导向型平台企业人本资本共享价值最大化的用户导向型平台企业制度自主安排。

5.2.3 用户导向型平台企业人本资本共享价值的最优匹配

依据用户导向型平台企业员工与参与用户双排序博弈,探索基于区块链中前文所设计的参与用户和用户导向型平台企业员工的人力资本共享匹配智能合约和共识机制,并以此构建网络共享平台。以其网络共享平台共享匹配确保共享经济下,用户导向型平台企业智能制度具有完备性。在此完备用户导向型平台企业智能制度前提下,数理推导共享经济下用户导向型平台企业人本资本共享价值函数,及其求解共享经济下用户导向型平台企业人本资本共享最优匹配比。

1. 用户导向型平台企业人本资本共享价值函数

柯布-道格拉斯(Cobb-Dauglas)生产函数为 $Q = AL^{\alpha}K^{\beta}$[①],该函数假定 $H^{\epsilon}=1$、$\varepsilon=0$,H 为物本经济阶段卖方市场基本需求驱动用户导向型平台企业以生产经营为导向的内向型制度变量,$\varepsilon=0$ 描述了物本经济阶段信息对称性决定资本雇佣劳动关系的用户导向型平台企业内向型制度具有完备性。也就是说,基于对称信息所缔结的完备委托代理契约决定了用户导向型平台企业内向型制度无须改进,其内向型制度弹性系数为 0。根据前文论述,第一次、第二次工业革命科学技术创新进步驱动了信息非对称的物本经济发展。基于非对称信息所缔结的非完备委托代理契约决定了用户导向型平台企业内向型制度具有非完备性,其内向型制度弹性系数为 $\varepsilon[\varepsilon \in (0,1)]$。因此,信息非对称的物本经济阶段以生产经营为导向的用户导向型平台企业生产函数为 $Q = AL^{\alpha}K^{\beta}H^{\epsilon}$。

根据前文论述,第三次工业革命科学技术创新进步驱动了信息非对称的物本经济演变为信息非对称的人本经济。由基于非对称性信息缔结体现资本雇佣劳动关系的非完备委托代理契约,演变为基于非对称性信息缔结体现资本与劳动合作关系的非完备利益相关契约。买方市场个性化需求驱动用户导向型平台企业以顾客经营为导向的用户导向型平台企业内

---

① Q 为生产导向型企业产量,L 和 K 分别为生产导向型企业劳动和资本投入量,α 为劳动所得在总产量中所占的份额,β 为资本所得在总产量中所占的份额,A 为一定时期内生产导向型企业的不变技术水平。

外中心化管理。非完备委托代理契约决定以生产为导向的用户导向型平台企业内向型非完备性制度变量 H，演变为非完备利益相关契约决定以顾客为导向的用户导向型平台企业内部非完备性制度变量 H_{in} 和用户导向型平台企业外部非完备性制度变量 H_{out}。以生产为导向的用户导向型平台企业内向型非完备性制度弹性系数变量 $\varepsilon[\varepsilon \in (0,1)]$，演变为以顾客为导向的用户导向型平台企业内部非完备性制度弹性系数变量 $\varepsilon_{in}[\varepsilon_{in} \in (0,1)]$ 和用户导向型平台企业外部非完备性制度弹性系数变量 $\varepsilon_{out}[\varepsilon_{out} \in (0,1)]$。因此，信息非对称的人本经济阶段以顾客为导向的用户导向型平台企业生产函数为 $Q = AL^{\alpha}K^{\beta}H_{in}^{\varepsilon_{in}}H_{out}^{\varepsilon_{out}}$。

根据前文论述，正在爆发的第四次工业革命科学技术创新进步驱动信息非对称的人本经济发展演变为信息对称的人本经济。由基于非对称性信息缔结体现资本与劳动合作关系的非完备利益相关契约，演变为基于对称性信息缔结体现资本与劳动共享关系的完备超契约（丁胜红，2020）。"互联网＋"的"去三化"促使以顾客为导向的用户导向型平台企业内外中心化管理演变为以用户为导向的用户导向型平台企业去中心化管理。非完备利益相关契约决定以顾客为导向的用户导向型平台企业内部非完备性制度变量 H_{in} 和外部非完备性制度变量 H_{out}，演变为完备超契约决定与买方市场融为一体的以用户为导向的用户导向型平台企业完备性制度变量 $H(H^{\varepsilon}=1, \varepsilon=0)$。此时，$\varepsilon=0$ 描述了信息对称的人本经济阶段融于买方市场的用户导向型平台企业制度弹性系数为0。

扁平化与碎片化用户导向型平台企业通过网络共享平台共享匹配，来实现用户导向型平台企业与买方市场融为一体。网络平台为共享注入了互联网基因，共享才成为共享经济（Belk，2014）。基于人本经济发展观判断共享经济是信息对称的人本经济。通过前文网络共享平台人力资本共享匹配研究用户导向型平台企业员工与参与用户在交互过程中完成员工人力资本体验价值和参与用户人力资本创造价值，有效利用他们各自相对闲置的人力资源，同时相对闲置用户导向型平台企业物力资源也得到了有效利用，实现了用户导向型平台企业物力资本共享价值。因此，以顾客为导向的用户导向型平台企业员工劳动变量 L 演变为以用户为导向的用户导向型平台企业员工劳动变量为 L_{staff} 和参与用户劳动变量为 $L_{participator}$。

鉴于前文网络共享平台人力资本共享匹配研究，"互联网＋"的"去三化"促使用户导向型平台企业从事生产的供给方与从事管理的服务方分离为多中心化员工网络社群和完成人力资本共享匹配的网络共享平台。鉴于前文论述的一般意义上的NE解集合、Pareto解集合，EDD规则的NE解集合和NE解集合存在相同的POA，以其POA规则建立网络共享平台，通过网络共享平台人力资本共享匹配赋能共享经济下用户导向型平台企业完备智能制度功能。因此，共享经济下用户导向型平台企业智能制度完备性决定了用户导向型平台企业制度变量为常量1。也就是说，在共享经济下，用户导向型平台企业完备智能制度确保由用户导向型平台企业员工和参与用户的体验价值和创造价值构成其人力资本共享价值。

从资本视角来看，参与用户劳动记为参与用户人力资本共享价值变量 $L_{participator} = L_{participator}(\upsilon, x)$，其中，$\upsilon$ 为参与用户人力资本创造价值变量；x 为参与用户人力资本体验价值变量。用户导向型平台企业员工劳动记为用户导向型平台企业员工人力资本共享价值变量 $L_{staff} = L_{staff}(y, \sigma)$，其中，$y$ 为用户导向型平台企业员工人力资本创造价值变量；σ 为用户导向型平台企业员工人力资本体验价值变量。根据共享经济的定义，记为共享经济下用户导向型平台企业物力资本共享价值变量 K，它在被用户导向型平台企业员工和参与用户有效利用的过程中体现了以人为本的思想,赋予物力资本的人格化。因此,共享经济下用户导向型平台企业生产函数记为用户导向型平台企业人本资本共享价值函数 $Q = AL_{staff}(y,\sigma)^{\alpha_1} L_{participator}(\upsilon,x)^{\alpha_2} K^{\beta}$。

2. 用户导向型平台企业人本资本共享匹配比解析

由于消费者偏好的易变性决定了参与用户网络社群具有一定规模性,而用户导向型平台企业供需平衡性决定了员工网络社群也具有一定规模性。假定网络共享平台参与人力资本共享匹配的参与用户网络社群中 n 个参与用户和用户导向型平台企业员工网络社群中 m 个员工,由他们共享用户导向型平台企业物力资源的规模为 π。消费者的边际效应递减(屈坦基,2014)决定了参与用户和用户导向型平台企业员工的人力资本体验价值呈边际效应递减趋势,即 $L_{participator}(x)' = L_{participator}(\upsilon,x)'_x < 0, L_{staff}(\sigma)' = L_{staff}(y,\sigma)'_\sigma < 0$;知识的边际效应递增(Romer,1989;杨立岩、潘慧峰,2003)决定了"干中学"的参与用户和用户导向型平台企业员工的人力资本创造价值呈边际效应递增趋势,即 $L_{participator}(\upsilon)' = L_{participator}(\upsilon,x)'_\upsilon > 0$, $L_{staff}(y)' = L_{staff}(y,\sigma)'_y > 0$;物质资本在一定产量范围内呈边际效应递减趋势,超过一定产量后呈边际效应递增趋势(王询、孟望生,2013)决定了参与用户和用户导向型平台企业员工利用物力资本先呈边际效应递减趋势,即 $K' < 0$,后呈边际效应递增趋势,即 $K' > 0$。在上述条件下,求共享经济下用户导向型平台企业人本资本最优共享匹配比。其求解函数如下:

$$Q = AL_{staff}(y,\sigma)^{\alpha_1} L_{participator}(\upsilon,x)^{\alpha_2} K^{\beta}$$

$$s.t. y \leqslant L_{staff}(y) \leqslant my; \sigma \leqslant L_{staff}(\sigma) \leqslant m\sigma; \upsilon \leqslant L_{participator}(\upsilon) \leqslant n\upsilon; x \leqslant L_{participator}(x) \leqslant xn;$$
$$0 < K \leqslant \pi; y+\sigma < L_{staff}(y,\sigma) < m(y+\sigma); \upsilon+x < L_{participator}(\upsilon,x) < n(\upsilon+x)$$

(5-22)

用户导向型平台企业员工人力资本创造价值与参与用户人力资本体验价值在交互过程中实现各自共享价值最大化。根据拉格朗日-柯西定理求得共享经济下用户导向型平台企业人力资本最优交互匹配条件,即:

$$\frac{\alpha_1 \left[\dfrac{1}{L_{staff}(y)}\right]^1}{\left[\dfrac{L_{staff}(y,\sigma)}{L_{staff}(y)}\right]^{\alpha_1}} = \frac{\alpha_2 \left[\dfrac{1}{L_{participator}(x)}\right]^1}{\left[\dfrac{L_{participator}(\upsilon,x)}{L_{participator}(x)}\right]^{\alpha_2}} \quad (5-23)$$

用户导向型平台企业员工人力资本体验价值与参与用户人力资本创造价值在交互过程中实现各自共享价值最大化。根据拉格朗日-柯西定理求得共享经济下用户导向型平台企业人力资本最优交互匹配条件,即:

$$\frac{\alpha_1 \left[\dfrac{1}{L_{staff}(\sigma)}\right]^1}{\left[\dfrac{L_{staff}(y,\sigma)}{L_{staff}(\sigma)}\right]^{\alpha_1}} = \frac{\alpha_2 \left[\dfrac{1}{L_{participator}(\upsilon)}\right]^1}{\left[\dfrac{L_{participator}(\upsilon,x)}{L_{participator}(\upsilon)}\right]^{\alpha_2}} \quad (5-24)$$

在同时满足式(5-17)和式(5-18)的最优匹配条件下,它们在同质性物力资源有效共享匹配过程中实现各自相对闲置人力资源交互最优匹配,进而实现共享经济下用户导向型平台企业人本资本共享价值最大化。即根据拉格朗日-柯西定理求得实现共享经济下用户

导向型平台企业人本资本共享价值最优共享匹配比,即:

$$\alpha_1/L_{\text{staff}}(y,\sigma)=\alpha_2/L_{\text{participator}}(v,x)=\beta/K \qquad (5-25)$$

其中,式(5-23)、式(5-24)和式(5-25)的求解过程见附加5-9。

总而言之,无论是式(5-23)还是式(5-24),它们均表达了用户导向型平台企业员工与参与用户各自人力资本共享价值在达到峰值的同时,用户导向型平台企业员工与参与用户各自人力资本创造价值与人力资本体验价值的最优交互匹配值。式(5-25)表达了物力资本满足用户导向型平台企业员工与参与用户的人力资本共享价值在达到峰值的同时,物力资本共享价值最大,且它们的组合用户导向型平台企业人本资本共享价值也达到峰值。

3. 用户导向型平台企业人本资本共享匹配比仿真检验

根据前文论述,参与用户和用户导向型平台企业员工借助网络共享平台共享匹配完成了参与用户的人力资本体验价值函数与创造价值函数的耦合,形成了参与用户人力资本共享价值函数;同时完成了用户导向型平台企业员工的人力资本体验价值函数与创造价值函数的耦合,形成了用户导向型平台企业员工人力资本共享价值函数。鉴于消费者具有边际递减效应,由此可判断参与用户和用户导向型平台企业员工的人力资本体验价值具有边际递减效应,即:

$$L_{\text{participator}}(x)'=L_{\text{participator}}(v,x)'_x<0$$

知识具有边际递增效应,由此可判断"干中学"的参与用户和用户导向型平台企业员工的人力资本创造价值具有边际递增效应,即 $L_{\text{participator}}(v)'=L_{\text{participator}}(v,x)'_v>0$。由此可以推导出,参与用户和用户导向型平台企业员工各自人力资本共享价值函数呈倒"U"型抛物线。由于体验需求的层次性决定交互过程中的参与用户和用户导向型平台企业员工各自人力资本共享价值函数呈一组平行倒"U"型抛物线集合。结合式(5-23)和式(5-24)的经济含义,可以将此描述为参与用户和用户导向型平台企业员工的人力资本体验价值递减曲线相切参与用户和用户导向型平台企业员工各自人力资本共享价值呈一组立体平行"U"型抛物线顶点,其切线斜率决定了参与用户和用户导向型平台企业员工的人力资本共享价值存在最优匹配比。其具体经济含义如图5-4所示。

结合式(5-23)和式(5-24)的经济含义,可以将此描述为参与用户和用户导向型平台企业员工的人力资本创造价值递增曲线相切参与用户和用户导向型平台企业员工各自人力资本共享价值呈一组立体平行"U"型抛物线顶点,其切线斜率决定了参与用户和用户导向型平台企业员工的人力资本共享价值存在最优匹配比。其具体经济含义如图5-5所示。在图5-4和图5-5中,纵坐标 N 代表人力资本共享价值,横坐标 X 代表人力资本体验价值,横坐标 Y 代表人力资本创造价值。在图5-4中,label—A 代表参与用户和用户导向型平台企业员工的人力资本共享价值函数示意图;label—B 代表参与用户和用户导向型平台企业员工的人力资本创造价值函数示意图。在图5-5中,label—A 代表参与用户和用户导向型平台企业员工的人力资本共享价值函数示意图;label—B 代表参与用户和用户导向型平台企业员工的人力资本创造价值函数示意图。

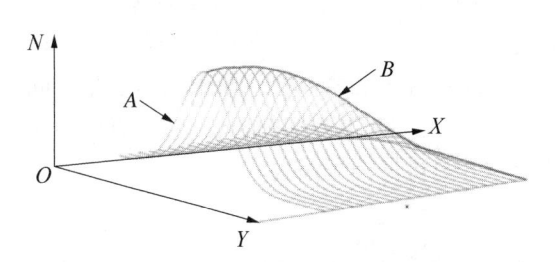

图 5-4 人力资本的体验价值与共享价值最优匹配

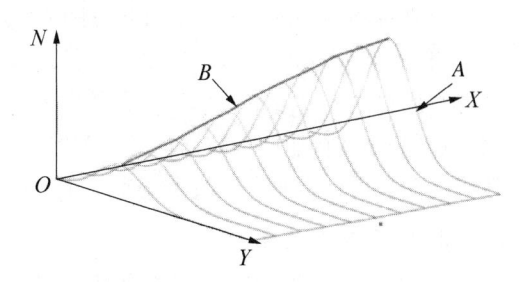

图 5-5 人力资本的创造价值与共享价值最优匹配

在共享经济下,参与用户和用户导向型平台企业员工利用物力资源来实现人尽其才、才尽其用。也就是说,在实现他们各自人力资本共享价值最大化的同时,相对闲置的物力资源也实现了最有效利用,并实现了物力资本共享价值最大化。鉴于前文论述,具有同质性的物力资本边际效益呈平面倒"U"型抛物线,结合式(5-25),可以推导出在共享经济下,物力资本共享价值与用户导向型平台企业员工人力资本共享价值之间最优匹配的等式,即 $\alpha_1/L_{\text{staff}}(y,\sigma)=\beta/K$,以及物力资本共享价值与市场参与用户人力资本共享价值之间最优匹配的等式,即 $\alpha_2/L_{\text{participator}}(v,x)=\beta/K$。它们具体描述的共享经济内容见图5-6和图5-7。

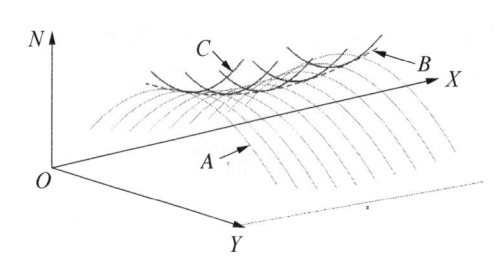

图 5-6 物力资本与用户导向型平台企业员工人力资本共享价值最优匹配

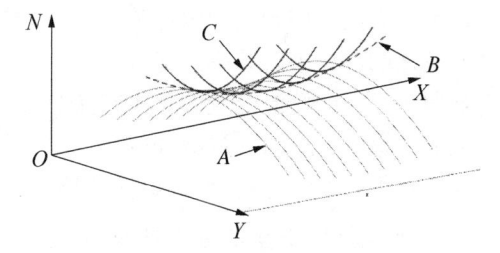

图 5-7 物力资本与参与用户人力资本共享价值最优匹配

图5-6、图5-7的纵、横坐标含义分别与图5-4、图5-5中的纵、横坐标含义相同。但图5-6和图5-7中的 A 分别代表用户导向型平台企业员工和市场参与用户的人力资本共享价值函数示意图。图5-6和图5-7中的 B 分别代表与用户导向型平台企业员工和市场参与用户的人力资本共享价值抛物线顶点相切的物力资本共享价值函数示意图。图5-6和图5-7中的 C 分别代表所有与用户导向型平台企业员工和市场参与用户的人力资本共享价值抛物线顶点相切的物力资本共享价值包络曲线函数示意图。

鉴于前文对共享经济下用户导向型平台企业人本资本共享匹配比的解析,以式(5-23)和式(5-24)为实现用户导向型平台企业人本资本共享价值最优匹配的前提条件,以物力资本共享价值分别与用户导向型平台企业员工、市场参与用户的人力资本共享价值获得最优匹配为基础,最终依靠用户导向型平台企业员工、市场参与用户借助网络共享平台共享匹配,来实现他们各自人力资本共享价值最优匹配。即由式(5-25)推导在共享经济下,用户导向型平台企业员工与市场参与用户的人力资本共享价值最优匹配等式,即 $\alpha_1/L_{\text{staff}}(y,\sigma)=\alpha_2/L_{\text{participator}}(v,x)$。

笔者选择由美国加利福利亚的 SRI 国际公司开发的消费者模型——VALS2 模型(Valuses and Lifestyle Surevey 2 Model)和卢卡斯人力资本模型,分别作为用户导向型平台企业员工与市场参与用户的人力资本共享价值函数中人力资本体验价值和人力资本创造价值的自变量。同时,以网购服装行业样本数据估计 VALS2 模型和卢卡斯人力资本模型的各自参数,以此构建用户导向型平台企业员工与市场参与用户的人力资本共享价值仿真函数。

4. 样本数据选择

在"互联网+"时代,鉴于本文研究对象为发挥网络平台共享配置效率的企业,同时企业更多从事线上与线下相结合交易模式处于主导地位。根据证监会 2012 年版行业分类标准,选取 2015—2019 年计算机、通信和其他电子设备制造业上市公司财务报告数据为研究样本对象,共计 418 家。数据主要来源于《中国股票市场研究数据库》,该数据库详细记录了企业营业收入、营业成本和资产负债率等经营性指标和财务性指标,具有典型性和代表性等优势。剔除 ST 或 ST* 企业 19 家,剔除不满足 5 年上市公司以及物力资本＝营业总成本－员工成本－用户成本为负数的 189 家,经过搜集、筛选、整理,最终形成了 210 家上市公司的平衡面板数据。就被解释变量而言,根据企业共享经济增长模型的经济含义,企业共享价值产出样本数据选择企业每年营业总收入,企业共享价值投入样本数据选择企业每年营业总成本。其理由如下:尽管上述所选择样本企业的技术水平基本上植入方兴未艾的第四次工业革命阶段,但企业管理模式从企业"+互联网"正向"互联网+"企业演变,企业仍然沿袭资本雇佣劳动观的某些专业化服务劳动分工;其企业服务领域的资源配置效率尽管没有达到本文所论述的网络平台共享匹配效率,但是为了满足本文被解释变量的经济内涵,将上述样本企业服务领域的资源配置效率推定为较低水平网络平台共享匹配效率,将上述样本企业服务领域数据给予剔除。就解释变量而言,无法直接从样本数据获取,根据解释变量模型采取相应测算公式,对此进行变量数据测算。

5. 变量数据测算与仿真结果

考虑到本文研究样本为 2015—2019 年计算机、通信和其他电子设备制造业上市公司财务报告,尽管该行业在"互联网+"背景下企业正在从企业"+互联网"向"互联网+"企业转变,但是在企业管理模式中保留了一些体现资本雇佣劳动观的某些做法。譬如,其上市公司财务报告中仍列示体现资本雇佣劳动观的未分配利润。根据企业共享经济增长模型的经济含义,结合前文将企业服务领域的资源配置效率推定为网络平台共享匹配效率,其样本数据上市公司服务领域投入的管理费用应该源于企业沿袭资本雇佣劳动观剥削企业员工人力资本的价值。作为企业日常经营管理业务所产生的管理费用,难以靠"剥削"市场参与用户人力资本价值来进行日常维系。无论是在企业契约理论还是在企业管理实践中,都是不可行的。因此,企业员工人力资本价值测算公式为:平均企业员工人力资本创造价值＝平均职工工资＋平均福利＋平均管理费用。利用卢卡斯人力资本模型来测算市场参与用户人力资本创造价值。利用 VALS2 模型来测算企业员工人力资本体验价值。企业物力资本配比价值测算公式为:平均营业总成本＝平均企业员工人力资本价值－平均市场参与用户人力资本价值。

根据上述企业员工人力资本体验价值测算公式、市场参与用户人力资本创造价值测算公式和企业物力资本配比价值测算公式,以计算机、通信和其他电子设备制造业某上市公司为例,测算共享经济下某上市公司人本资本配比价值数据见表5-1。

表5-1 共享经济下某上市公司人本资本配比价值测算举例　　　单位:万元

年 份	营业总收入	员工人力资本体验价值	参与用户人力资本创造价值	物力资本价值
2014	1 644 416.50	170 572.78	25 974.66	1 413 685.89
2015	1 536 181.48	198 517.97	19 769.12	1 286 736.47
2016	1 506 917.05	244 377.76	33 882.21	1 217 915.87
2017	1 420 977.86	264 381.60	73 398.30	1 062 150.64
2018	1 606 100.60	259 348.46	75 169.55	1 256 158.57
2019	1 322 381.88	279 679.95	54 639.81	924 401.06

按照上述共享经济下某上市公司人本资本配比价值测算举例,完成2015—2019年计算机、通信和其他电子设备制造业上市公司共享资本价值样本数据的收集和测算。利用Stata16.0,按年度估计共享经济下某上市公司物力资本匹配价值、企业员工人力资本体验价值和参与用户人力资本创造价值各自参数,具体估计结果如表5-2所示。

表5-2 某上市公司物力资本匹配价值、企业员工人力资本体验价值、
参与用户人力资本创造价值各自参数测算举例

年 份	β_1	β_2	β_3	系数之和	F统计量
2014	0.543*** (15.48)	0.285*** (5.63)	0.157*** (6.59)	0.985	2 189.07***
2015	0.482*** (10.68)	0.324*** (6.18)	0.185*** (6.74)	0.991	1 233.52***
2016	0.432*** (14.58)	0.402*** (9.76)	0.176*** (7.79)	1.01	2 027.85***
2017	0.330*** (5.88)	0.469*** (6.54)	0.211*** (5.75)	1.010	1 341.12***
2018	0.410*** (12.56)	0.415*** (11.60)	0.175*** (7.53)	1.000	2 386.34***
2019	0.485*** (18.71)	0.379*** (11.25)	0.147*** (8.83)	1.011	5 401.76***

注:括号中为t统计量;***表示在1%的显著性水平上显著。

根据表5-1和表5-2中的测算方法测算共享经济下企业员工人力资本体验价值与市场参与用户人力资本创造价值的各自参数,结合共享经济下用户导向型平台企业员工与市场参与用户的人力资本共享价值最优匹配等式,利用用户导向型平台企业员工与市场参与用户的人力资本共享价值仿真函数,获得用户导向型平台企业员工与市场参与用户各自人力资本共享价值抛物线相交的顶点坐标值符合$\alpha_1/L_{\text{staff}}(y,\sigma)=\alpha_2/L_{\text{participator}}(v,x)$的仿真结

果,具体仿真结果如图5-8所示。图5-8中的纵横坐标含义与图5-4～图5-7中的纵横坐标含义相同。图5-8中的用户导向型平台企业员工与市场参与用户的人力资本共享价值仿真函数图与图5-4～图5-7中的用户导向型平台企业员工与市场参与用户的人力资本共享价值抛物线示意图的含义相同。由此,在共享经济下,用户导向型平台企业员工与市场参与用户的人力资本共享价值最优匹配比值存在获得验证,进而间接印证了共享经济下,用户导向型平台企业人本资本共享价值最优匹配比真实存在。

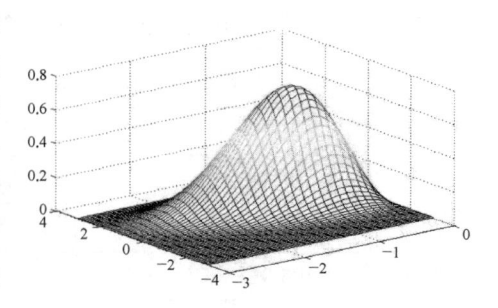

图5-8 用户导向型平台企业员工与市场参与用户的人力资本共享价值匹配仿真结果

5.3 本章小结

人类社会经历了四次工业革命,第一次、第二次工业革命的基础制造科学技术代表欠发达人类社会生产水平,它与其相适应的人类社会生产关系相互作用决定了信息非对称的物本经济发展。人类社会第三次工业革命的基础制造科学技术代表发达人类社会生产水平,它和与其相适应的人类社会生产关系相互作用决定了信息非对称的人本经济发展。人类社会第四次工业革命的基础信息科学技术代表更发达人类社会生产水平,它和与其相适应的人类社会生产关系相互作用决定了信息对称的人本经济发展。科学技术改变了人们的生活习惯和生活方式,进而改变了人们对社会习俗、规则以及世界经济发展的根本看法,逐渐形成物本经济发展观和人本经济发展观。不同经济发展观指导不同经济发展,进而形成不同经济发展规律。为了更深入、更微观地了解人本经济发展规律,本章从用户导向型平台企业组合资本入手,解析信息非对称的人本经济阶段顾客导向型用户平台化企业人本资本价值,以及信息对称的人本经济阶段,即共享经济阶段的用户导向型平台企业人本资本共享价值,为后章研究以人为本的用户导向型平台企业管理理论演变提供理论依据。

根据"互联网+"用户导向型平台企业演变为对等网络关系的用户导向型平台企业员工网络社群、网络共享平台和参与用户网络社群,并根据人本经济发展观分析共享经济下融于买方市场的用户导向型平台企业人本资本共享价值的形成。为此,基于用户导向型平台企业员工与参与用户双排序博弈探析用户导向型平台企业员工与参与用户的人力资本共享匹配任务最优解存在,并以此作为论证共享经济下用户导向型平台企业人本资本共享价值最大化存在的前提条件。在用户导向型平台企业处于有限人本资源的情况下,根据拉格朗日-柯西定理求解共享经济下用户导向型平台企业人本资本共享价值匹配恒等式,并对此恒等式做仿真检验。

鉴于上述研究得出如下研究结论:

① 网络共享平台共享匹配成为"互联网+"用户导向型平台企业的制度智能化安排。使一般意义下的 NE 解集合、Pareto 解集合、EDD 规则的 NE 解集合与 NE 解集合具有一致性的 POA 规则,以此设计共享经济下用户导向型平台企业智能合约制度,以此智能合约制度设计智

能合约制度有效安排的共识机制。以其智能合约和共识机制为基础构建网络共享平台,其网络共享平台共享匹配促使共享经济下用户导向型平台企业人本资本共享价值最大化。

② 在共享经济下,用户导向型平台企业人本资本共享价值最优匹配比成为测算参与用户人力资本成本与价值的依据。基于网络共享平台共享匹配获得共享经济下用户导向型平台企业人本资本共享价值最优匹配比,以此最优匹配比逻辑规则设计智能合约,并以此智能合约设计测算参与用户人力资本成本与价值的共识机制,以其智能合约和共识机制嵌入网络共享平台,通过网络共享平台共享匹配测算,可智能化获得参与用户人力资本共享成本与共享价值。

基于上述的研究结论,笔者提出如下建议:

① 测算参与用户的人力资本成本。在"互联网+"时代,市场用户通过网络共享平台匹配参与用户导向型平台企业员工共同创造用户导向型平台企业价值,改变了用户导向型平台企业产品的成本结构,致使目前会计无法将参与产品制造的用户成本纳入会计报表之中,进而无法报告用户导向型平台企业的准确营业收入和用户导向型平台企业的营业利润。因此,导致网络共享经济中大量个人所得税无法征收,损害了市场公平竞争原则。本文依据网络共享平台共享匹配测算参与用户的人力资本共享成本,这将解决传统会计无法确认与计量及报告参与用户人力资本成本的先天性缺陷。

② 修正用户导向型平台企业税收的价值创造原则。在共享经济活动中,用户导向型平台企业产品是由员工和参与用户共同创造产品或服务价值,而不是用户导向型平台企业员工单独创造产品或服务价值。因此,税收的价值创造原则由中心化用户导向型平台企业员工的价值创造原则,转变为去中心化用户导向型平台企业员工与市场用户共同价值创造原则。原来法律规定中心化用户导向型平台企业及其员工缴纳所得税,而在网络世界中,却是由去中心化经济主体及其用户导向型平台企业员工和参与用户共同创造价值,形成纳税所得。因此,改变目前征税机关按照中心化信任结构下传统税务法律法规征收居民用户导向型平台企业或经济实体所得税,回归于真正意义上创造价值且获得纳税所得的去中心化经济主体及其用户导向型平台企业员工与参与用户共同承担纳税义务,并对此纳税主体赋予去中心化信任结构下税务法律法规意义的智能化认可。然而,截至目前,税务会计依据中心化会计主体来核算用户导向型平台企业员工创造产品销售所形成的营业收入。在"互联网+"时代,"互联网+"用户导向型平台企业已经是去中心化经济主体,重构去中心化会计主体的人本资本会计是适应共享经济发展的必然产物。本文论证共享经济下用户导向型平台企业人本资本共享价值匹配比,不仅补充参与用户导向型平台企业创造价值的用户价值创造部分,确定去中心化经济主体税收的价值共创原则,而且为构建去中心化会计主体及其去中心化纳税主体法律界定提供理论支撑。

③ 为制定与"复活"智能化制度提供理论参考。以共享经济下用户导向型平台企业智能制度的制定与安排为范例,基于双排序博弈逻辑规则设计区块链中某目标智能合约,以此智能合约设计某目标共享价值优化的共识机制,并以其智能合约和共识机制为基础,构建某网络共享平台,通过某网络共享平台共享匹配可"复活"某智能化制度。

第 6 章

顾客导向型企业人本资本合作财务管理理论研究

兴起于 20 世纪 50 年代的产权学派,随着对产权客体"物"的演变过程的认识而不断加深,由物质形态的自然资源、人力自身的资源到意识形态的人力知识资源衍生的产物——道德规范、宗教规范、法律规定、政治政策、组织制度等。相当数量的经济学家已不赞同把产权归结为人对物的权利,而是赞同把产权等同于所有权,进而把所有权解释为包括广泛的因(物力)财产而发生的人们之间社会关系的权利束观点[1](L. Fisher,1923;刘伟、李风圣,1998)。这种与(物力)财产所发生的人与人之间的经济关系,一般界定为狭义产权,即财产产权。

目前,许多国内外学者仍承袭研究(物力)财产的产权束逻辑,来研究由人自身资源的存在及关于人力资源的使用(配置)所引起的人们之间相互认可的经济性行为关系(方竹兰,1997;舒尔茨,1990),即人力资源或人力资本经济性产权。而对产权社会性研究,表现在大多数国内外学者从哲学、法学和社会学角度对人权的研究(卓泽渊,2001;姜素红,2006;徐显明,2008)。似乎产权与人权在本质上有区别,或是两个不同的研究范式。巴泽尔认为产权只不过是人的人权的一部分(约拉姆·巴泽尔、钱勇、曾咏梅,2006)。阿尔钦和艾伦也认为:"试图比较人权与产权的做法是错误的。产权是使用经济物品的人权。"(刘伟、李风圣,1998)当姜素红(2009)强调此处"物"是哲学意义上的"物",即人主观世界以外的客观存在时,将狭义产权客体的经济物品拓展到具有"劳动二重性"且与自然人主体不可分离的具有经济性、社会性的人力资源领域,同时也衍生出能够脱离并深刻反映自然人主体内在精神的意识形态范畴。《中国人权百科全书》里认为,所谓人权,是指人依其自然属性和社会本质所享有或应享有的权利。实际上,它反映的既是具有自然属性的经济性物,也是具有社会本质的社会物,以及关于它们的相互配置所引起的人们之间相互认可的行为关系。这种行为关系的价值取决于人自身发展和社会发展的客观规律(韩德强,2001)。它符合马克思从历史唯物史观对"人本"的判断——人与自然关系、人与人之间关系的二重体系(洪远朋,2004)。因此,人权可分为经济性人权(产权)和社会性人权。

自 20 世纪以来,"以产权为本"的思想及其行为的演化逐渐走向极端,它导致两大矛盾在全球发生,一是自然资源放纵使用造成消耗失控,资源日渐枯竭形成了"增长的极限",使国家经济乃至全球经济面临可持续发展危机;二是人力资源膨胀和综合素质下降与消耗失控造成了生态环境恶化,严重威胁到人类的生存与发展,使人类面临生态环境良性循环可持续运行危机(郭道扬,2009)。另外,随着知识经济的到来,人们的观念逐渐从"物力资本"中

---

[1] 产权的权利束:占有权、使用权、出借权、转让权、用尽权、消费权和其他与财产相关的权利(沃克,1988);配杰威齐认为其权利束包括使用权、收益权、处置权、交易权。

心观向"人力资本"中心观转变(徐国君,2003)。在中心观转变过程中也伴随着经济信息化和知识化的推广过程,人力资本逐渐取得与"财务管理资本"同等的地位,这预示着"资本雇佣劳动观"的生产导向型企业"股东价值最大化"向"资本与劳动和谐观"的顾客导向型企业"利益相关者价值最大化"方向转变(丁胜红、盛明泉,2011)。这两大矛盾和企业价值观的转变,促使生产导向型企业股东由单纯注重"以财产权为本"的企业物本资本财务管理思想与行为,向顾客导向型企业利益相关者共同关注的以"共同显示器"的货币将顾客导向型企业的人力资本、组织资本、关系资本以及物力资本的价值透视到"以人权为本"的顾客导向型企业人本资本合作财务管理思想与行为上。这正是本章从人权范式来研究企业财务管理的根本动因。

随着经济形态从信息非对称的物本经济向信息非对称的人本经济的转变,从物本经济发展观向人本经济发展观的转变,从"增长的极限"向"可持续增长"的转变,呈现出泛化趋势的顾客导向型企业人本资本,借助"共同显示器"的货币来演示着顾客导向型企业人本资本合作财务管理的变化轨迹。然而,源于信息非对称的物本经济阶段生产导向型企业物本资本雇佣财务管理理论与信息非对称的人本经济阶段顾客导向型企业人本资本财务管理现实存在着一些脱节。因此,其理论存在重大缺陷:① 基于企业的经济性契约本质,将企业财务管理视为一种纯经济行为,完全忽视企业除经济性契约外,还具有社会性契约本质所反映的企业财务管理行为的社会"嵌入性"。② 注重财务管理资本本身的运作,而忽视除财务管理资本以外其他资本运作对财务管理的贡献。因此,国内出现过的货币关系论、资金运动论、分配关系论、本金投入收益论等多种观点,均在一定程度上偏离或扭曲了信息非对称的人本经济阶段顾客导向型企业人本资本合作财务管理的本质。③ 注重企业财产产权的制度形成研究,却忽视了企业制度本身的产权行为研究,因此,对企业价值观的解释显得相对不足。④ 注重企业财产权的经济性行为研究,却忽视向具有社会性的人力资源人权的社会性行为方向拓展,造成了产权与人权在本质上的一致性被人为地割裂,致使"以人权为本"的观念在现代财务管理理论体系中达不到完全贯彻。⑤ 注重静态研究,却忽视了财务管理理论对财务管理环境变迁的动态适应性(李心合,2003)。这些都根源于个体主义论、完全理性经济人假设和"形而上学"的形式主义传统。现代西方财务管理理论的这些不合时代要求的理论缺陷正呼唤信息非对称的人本经济阶段的现代财务管理理论体系创新。

6.1 产权范式向人权范式转变之缘起

当一个稳定的范式不能提供解决问题的适当方式时,它就会变弱,从而就有新的范式出现(丁胜红、韦鹏,2015)。鉴于此,从"功能总是会失去活力,而人们的需求将永存"的经济规律,来认知不同经济阶段企业财务管理理论研究范式转变的规律。在人类社会从采集农耕经济时代演化为工业经济时代后,财富的功能便从注重价值的使用向注重价值的交换转化,这种转化满足了人们对基本生存发展的范围扩大的需求。实现商品等价交换的两个前提是价值和稀缺性。稀缺性表现为他人获取的限制性,因此才有了交换的基础,产品也才有可能获得议价的能力。而价值通常表现在两个层面上,一是人对物(产品)的关系,即人们常说的功能和用户问题,讲的是产品的使用价值、交换价值;二是因人对物(产品)的关系而形成的人对人之间的关系,讲的是创造产品的社会价值。正是基于这两个不同微观层面的变化才逐渐演绎出人类社会的不同宏观历史阶段。在注重使用价值的自给自足采集农耕经济时代,人们对此历史阶段"物"的认知停留在实物财产权层面上,它为此后产权范式的形成奠定了物质基础;在注重交换价值的市场经济时代,人们对此经济阶段"物"的认知分为两个经济阶段,即信息非对称的物本经济阶段的"物"与信息非对称的人本经济阶段的"物"。前者表现为产权价值运动成为支配"商品化"经济演进的主导力量;后者表现为人权价值运动成为支配信息非对称的人本经济阶段人本经济的主导力量。因此,随着生产力与生产关系的相互作用演绎出人类社会以财产权为本向以产权为本、以人权为本转变的历史过程。在此过程中,不同历史阶段的产权、人权与财务管理的紧密联系是与生俱来的,两者在交叉融合的过程中因相互渗透、借鉴而共同发展。

在信息非对称的物本经济阶段,随着"人物化式"的"泰罗制"在生产导向型企业或工厂中逐渐建立以及"宪法"中的"权利法案"与民法及商法颁布实施,标志着人类社会由对权益追逐与剥夺的凶残方式逐渐演化为宪政统驭之下的法律制度全面而系统地保障着资产者产权与权益的"文明"方式(L. Fisher,1923)。在这种满足完全低层次需求文明方式下所滋生的利己主义成为(新)古典经济学以及穿梭在其他学科的"理性经济人"的价值观。在此价值观指导下,人们开始探讨不同"产品化"的产权结构对收益-报酬制度及要素资源配置的影响,对权利在经济交易中的作用给予了特别关注(Furubotn E. G.、Pejovich S.,1972),以此为契机,中西方学者开始直接或间接地以产权、交易费用和契约等核心范畴来构建或诠释企业财务管理经济理论的产权范式应运而生(曹越、伍中信,2011)。随着人们对奠定了现代西方财务管理理论基础的 MM 定理及其对假设前提进行拓展研究,人们处于不自觉状态中的财务管理与产权融合,产权范式也逐渐成为对应于物本经济时代中"商品化"的资金—价值量化研究的主流范式,它已完全适应于描述完全低层次需求假设下的现代财务管理理论体系的形成。

随着第三次工业革命基础制造技术的广泛应用,推动了信息非对称的人本经济发展,实现了人类社会由信息非对称的物本经济时代要素驱动经济增长方式向信息非对称的人本经济时代创新驱动经济增长方式的转变,人们的需求无论是内涵还是外延均在不断丰富与攀升,顾客导向型企业对顾客产品的开发也由"产品化"被"体验化"取而代之。在满足买方市场客户个性化需求倒逼的情况下,促进传统产权科层制组织的"中心化财务管理信息"向人权柔性组织的"中心化财务管理信息"的转变,而且摧毁了以产权为本的生产导向型企业物本资本雇佣财务管理模式,从而逐渐诞生了以人权为本的顾客导向型企业人本资本合作财务管理模式。在第三次工业革命的数据化、智能化和信息化基础技术广泛应用的情况下,以人为出发点的 Web 1.0 以及在此基础上产生的以人为本、以应用为本的创新 1.0,将帮助人们为满足马斯洛层序需求而提供坚实的物质技术基础,在满足人们各层次需求的"土壤"上所滋生的人本经济发展观将成为人本发展经济学以及穿梭在其他学科的"社会生态人"的价值观。这也徐徐地拉开了在人本经济时代人权范式研究的新视角,利用数据化、智能化和信息化基础技术将标准化制造方式转变为定制化制造方式,在改变企业成本机构基础上,直接推动了适应马斯洛层序需求的资金—价值"分层量化"的人权范式研究深入。它不仅描述买方市场马斯洛层序需求假设成为顾客导向型企业人本资本合作财务管理的理论前提,而且强调人本资本与财务管理结合的顶层设计。

当然，人权范式所研究的顾客导向型企业人本资本合作财务管理"量化"不同于产权范式所研究的生产导向型企业物本资本雇佣财务管理"量化"。前者顾客导向型企业人本资本合作财务管理"量化"是指顾客导向型企业人本资本合作财务管理的第三方泛货币量化（它既包括对应于完全低层次需求的货币量化价值运动状态，又包括对应于高层次需求的非货币量化价值运动状态）。泛货币是指传统的主权货币、电子货币、电子数据以及其他货币。而后者生产导向型企业物本资本雇佣财务管理"量化"是指第三方的主权货币量化。因此，生产导向型企业物本资本雇佣财务管理的产权范式向顾客导向型企业人本资本的人权范式转变。这不仅有其所需要的物质技术基础，而且满足社会进步过程中人们的需求变化。作为范式，在库恩看来，它是每一个科学发展阶段都有的特殊的内在结构，是科学研究群体所共同接受的一组假说、理论、准则和方法的总和，并内化形成他们的共同信念。显然，用人权范式来分析信息非对称的人本经济阶段顾客导向型企业人本资本合作财务管理理论体系的形成，是信息非对称的人本经济阶段必然理论产物之一。

6.2 顾客导向型企业人本资本划分之人权分析

将源于马克思的"人本"与美国诺贝尔经济学得主费雪的资本[①]融合在科学发展观的理念下，形成人本资本之内涵。对此选择企业从人权视角来分析它们融合的具体形式。撇开新古典经济学的分析范式，用嵌入性的立场重新审视企业的李心合教授(2003)认为，企业就是一系列经济性和社会性契约的集合体或契约网络[②]。这些契约表面上是将不同资源"捆绑"在一起，实际上是确定了每个利益相关者对应于物时的行为规范，以致企业每个利益相关者遵守他们各自的"责、权、利"的经济性、社会性的行为准则，否则承担不遵守这种准则的成本。因此，企业契约本质等价于企业人权，企业价值也就取决于利益相关者的人权价值。企业人权价值是指企业各种资源对企业利益相关者的意义(卓泽渊，2001)。在人权的权能行为过程中配置出更为稀缺的一系列资源——具有更高使用价值的企业财富，同时凝结企业利益相关者的人权行为价值，完成企业各种资本的保值、增值功能。因此，企业人权价值也是企业人本资本价值，企业人本资本是企业人权有效运动的资本组合形式。在对人权价值探索过程中，目前研究主要集中在人权的经济性权能领域，即所谓的产权经济行为。其中承袭主流经济学研究范式的科斯对企业性质进行研究并得出，企业的存在源于对市场交易费用的节约。后来对产权理论本身有发展的张五常从经济性契约视角论证了企业的存在是一个合约对另一个合约的替代。

随着信息非对称的人本经济发展，传统的生产导向型企业性质和组织形式发生了变化，人力资本的地位不断提高和人们对社会环境问题的关注，人们逐渐推崇"资本与劳动

---

① 资本：20世纪初叶，经济学家费雪将资本定义为任何能够在未来产生"现金流(cash flow)"的事物。资本概念涵盖了资本的任何形态，物质的、非物质的。这里还包括人情世故和社会关系，即日常生活中经常出现的一种资产是"IOU"（口语，"我欠你的"缩写）。

② 经济性契约，即以经济权利和义务为主要内容的契约，主要是与股东、债权人、经理和员工、供应商和客户等之间的协议，它反映了企业与经济主体之间的私人利益；社会性契约，即以规定社会责任和效用为主要内容的协定，它反映了企业与社会之间的公共利益关系。

和谐观"成为顾客导向型企业的利益相关者理论的主流观点(丁胜红、盛明泉,2011)。因此,将社会性契约嵌入威廉姆森通过资产专用性[①]、交易的不确定性以及交易频率的交易要素特征探索的顾客导向型企业内不同交易的组织形式的经济性契约中,并结合人权的权能性质(人的劳动性质)将企业人本资本规划为人力资本、物力资本、组织资本以及关系资本。其中将具有"以人为本"灵魂的且具有相同劳动本质属性的人权多元性的人力资本、组织资本和关系资本有机粘合于一体,称之为狭义人本资本(丁胜红、盛明泉,2008)。其"有机粘合"的理由,一方面是技术进步促进劳动分工,为了保障分工和专业化的规模经济,制度创新变得有利可图,而知识的增量又是制度创新、技术进步的原动力(丁胜红、周红霞,2011);另一方面是与人力资本价值创造的大小所依存的企业制度环境(划分为组织资本与关系资本)有很大关系,而制度环境可以凭借人力资本的载体创造或实现自身价值(丁胜红、盛明泉,2011)。然而,在信息非对称的人本经济阶段,人们崇尚知识、追求人权,人的尊严维护与价值实现离不开物力资本对之体现。也就是对于马克思从历史唯物主义视角对"人本"判断的全部意义来说,狭义人本资本价值管理仍离不开物力资本配合,因此,针对一个企业来说,由狭义人本资本与物力资本耦合为广义人本资本[②],仍然体现"以人为本"的顾客导向型企业利益相关者的尊严与价值。对其多元性人权内在精神的分析如下。

6.2.1 顾客导向型企业人力资本

在信息非对称的人本经济阶段,基于提高企业劳动专业化程度、降低交易的不确定性和提高交易频率的关联度,将顾客导向型企业人力资本划分为生产型人力资本和服务型人力资本。为适应企业一些规则安排的需要,服务型人力资本以及在顾客导向型企业服务领域内的物力资本均成为组织资本和关系资本的核心部分。因此,本文中的人力资本仅指生产型人力资本。当然物力资本也是如此。根据既相互关联又独立的顾客导向型企业劳动专业化分工格局,生产型人力资本人权的形成也是组织资本人权和关系资本人权的形成,它们既相互依存,又相互独立。

从产权形成来说,产权主体仍高举着主流经济学的旗帜——功利主义,并由政府强制和市场强制所形成两方面相互统一的"阿尔钦范式产权"[③](新帕尔格雷夫,1992)。顾客导向型企业以契约形式对政府强制和市场强制进行替代。在此过程中,人力资本的自然主体利用自身资本(产)与企业其他利益相关者进行产权交易,由于人力资本的自然主体与其客体之间具有不可分割性,极易造成人力资本产权主体的多元化。而多元化的人力资本产权正是造成顾客导向型企业人力资本主体的逆向选择和道德风险现象的根本原因。正因为如此,顾客导向型企业才需要设计激励相容性的经济性合约来克服这种机会主义现象。从社会性人权形成学说来看,人权既有国家通过法律法规强制产生的,也有社会通过道德规则、习俗、

[①] 资产专用性划分为五类,即地理区位的专用性(site specificity)、人力资本的专用性(human asset specificity)、物理资本的专用性(physical asset specificity)、完全为特定服务的资产专用性(devoted asset specificity)以及名牌商标资产的专用性(brand asset specificity)。

[②] 在后文中所提到的人本资本就是指广义人本资本。

[③] "阿尔钦范式产权"是以资本私有产权为分析对象,认为私有产权一方面是国家所强制而实施的对某种经济物品的各种用途进行选择的权利。另外,产权是市场竞争机制的本质,也是市场竞争权利机制。

习惯等强制产生的。因此,它包括应有权、法定权和实有权(徐显明,2008;罗玉中、万其刚、刘松山,2001)。对此,国内外学者达成共识——人权具有历史性。它反映了不同时期的国家、社会以及个人的不同意识,所以人权主体也具有社会性的内在精神——人道、法治和大同(夏勇,2007)。因此,顾客导向型企业也以社会性契约来反映出国家法律法规、道德规则、习俗、习惯等意识形态。

在人道精神方面,把社会发展目标、衡量社会进步标尺——促进人的发展和完善内化为顾客导向型企业人性化制度原则。通过人之作为人所享有或应有的资格、利益、能力和自由来维护自身和被绑架的"契约人"的尊严和价值。因此,顾客导向型企业利益相关者的人权主体的意识将成为英国学者约翰·凯在《利益相关者企业》一文中明确提出的"顾客导向型企业有自己个性、特点和激动的机制"的思想源泉。在具有多元化人权的企业中,顾客导向型企业价值观、思想、文化的形成将需要企业设计"以人权为本"的制度来对人力资本进行激励、约束以及酝酿。在法治方面,将法治原则融入顾客导向型企业人权制度中,以确立和保护顾客导向型企业利益相关者的权利并扼制具有多元化人力资本人权的"公共地悲哀",致使社会政治原则在顾客导向型企业人权制度形成中得以贯彻,设立和调整顾客导向型企业利益相关者的权利义务关系,来建立和谐有序的且更有利于人力资本价值发挥的顾客导向型企业制度环境。在大同方面,恩格斯:"……从人就他们是人而言的这种平等中引申出这样的要求:一切人,或至少是一个国家的一切公民,或一个社会的一切成员,都应当有平等的政治地位和社会地位……"这种平等的政治和社会地位在顾客导向型企业利益相关者中所体现出的是他们的尊严和价值——资本与劳动的和谐。

6.2.2 顾客导向型企业组织资本

在信息非对称的人本经济阶段,国内外大多数学者深刻地研究了人权制度的形成,而对制度本身的人权研究较少。顾客导向型企业利益相关者提供各自的知识通过编码而形成一系列规则,以及顾客导向型企业服务型人力资本主体利用自身资源或非自身资源参与或融入顾客导向型企业这些规则的安排,从而形成 Schmoller 的制度(Schmoller H.,1990)。因此,顾客导向型企业内部制度的人权主体是内部企业利益相关者。而具有内在精神的内部利益相关者通过自身知识或资源将自己的意识转嫁到制度中,使顾客导向型企业制度具有经济性和社会性。顾客导向型企业制度人权的多元性以及制度包含的具有不可分割性的服务型人力资本主体,决定了制度具有生产型人力资本同样不可避免的一些缺陷。从顾客导向型企业制度经济性契约视角来看,持"零嵌入性"立场的科斯强调顾客导向型企业作为价格机制替代物的存在是为了节约交易成本。恰好回答了组织资本的经济性价值所在,即通过顾客导向型企业内部制度安排,实现顾客导向型企业内部经济性治理机制对市场价格机制替代,来实现顾客导向型企业内部经济性资源优化配置,同时实现对市场"交易经济性成本"的节约(丁胜红、盛明泉,2011)。同理,组织资本社会性价值也是顾客导向型企业通过内部社会性治理机制对社会调节机制进行替代,来实现顾客导向型企业社会性资源优化配置,节约了"交易社会性成本"。因此,组织资本的实质是顾客导向型企业内部制度的人权有效运动形式,顾客导向型企业内部制度的人权价值决定组织资本价值。

6.2.3 顾客导向型企业关系资本

在信息非对称的人本经济阶段,产权经济学深化了资源稀缺性假设的内涵,赋予了"制度""交易"以资源稀缺性(李明义、段胜辉,2008)。而关系资本是指顾客导向型企业与供应商、客户、政府机构以及其他组织之间相互信任、相互依赖、相互关联的社会网络(丁胜红、盛明泉,2008)。这种社会网络表明了顾客导向型企业内外利益相关者通过各自带有内在精神的知识编码成一系列交易的规则,将自身拥有或控制的资源参与规则资源配置,形成了稀缺程度更高的资源来满足各自利益相关者偏好的需要,实现顾客导向型企业与盈利主体、非盈利主体之间的转移价值。显然,关系资本的本质是"交易"人权的有效运动形式。其"交易"人权主体也是多元的。当交易对象是人力资源时,同样因人力资源主、客体的不可分割性决定其关系资本的主、客体也具有不可分割性。也正是因为具有人权主体多元性和人权主、客体不可分割性的人力资本、组织资本以及关系资本,才更有利于资本主体的权能耦合而形成一种稳定的人权格局或结构,即"人本资本共振现象"[①](丁胜红、盛明泉,2008)。至此,利用"共同显示器"的货币单位来显示出顾客导向型企业人权有效运动形式的顾客导向型企业人本资本的外在表现形式——资金运动规律,有别于产权有效运动形式的生产导向型企业物本资本雇佣财务管理资本的外在表现形式"本金运动规律"。它是对伍中信教授提出代表企业财务管理学主流观点"财权流"的丰富与发展,拓展了财权流运作空间。"财权流"是货币化的"人权流"的本质。正是基于对顾客导向型企业人本资本的人权经济性、社会性划分的研究,为研究顾客导向型企业人本资本合作财务管理理论体系提供了研究范式。

6.2.4 顾客导向型企业物力资本

在信息非对称的人本经济阶段,顾客导向型企业物力资本通常为财务资本所有者为了实现资本与劳动和谐经营,通过顾客导向型企业人本资本财务管理实现企业狭义人本资本价值创造之载体,且赋予物力资本之物人化,渗透着人本思想。因此,笔者提出顾客导向型企业广义人本资本,将物力资本纳入顾客导向型企业组合资本之中。既然物力资本作为顾客导向型企业狭义人力资本价值创造之载体,那么,顾客导向型企业物力资本就划分为生产领域物力资本与服务领域物力资本。鉴于企业制度的定义主要是指企业规则及其规则安排,因此,顾客导向型企业规则安排既需要管理者又需要物力资源,顾客导向型企业服务领域中物力资本纳入内部制度资源有效配置的组织资本与外部制度资源有效配置的关系资本之中,成为构成顾客导向型企业组织资本与关系资本不可分割的一部分。基于顾客导向型企业人本资本结构人权之划分,依据人力资本具有边际效益递增性(丁栋虹,2001),作为企业制度人权运动形式的组织资本、关系资本(丁胜红、吴应宇,2011)具有边际效益递减性(黄少安,2000;周小亮,2001)。主流经济学派认为,在生产技术一定的情况下,物力资本具有边际收益递减性以及随着人本资本人权主体对自身客体资源配置的同时,物力资源也随着产权(经济性人权)主体的权利运行,使其资源配置也达到最优状况,笔者实证检验了顾客导向型企业人本资本结构特征(丁胜红、吴应宇,2011)。

---

① 人本资本必然组合以达到其资本的规模经济,此时,其组合资本的规模成本最小,收益最大。

6.3 顾客导向型企业人本资本结构在企业治理中的运用

前文论证了顾客导向型企业人本资本是由顾客导向型企业人力资本、顾客导向型企业物力资本、顾客导向型企业组织资本和顾客导向型企业关系资本构成,并借鉴顾客导向型企业人本资本结构特征(丁胜红、吴应宇,2011),从经营权与所有权的对称性视角来分析顾客导向型企业人本资本结构是有效企业治理的产物。

6.3.1 顾客导向型企业人本资本结构是其有效企业治理的产物

如果从历史渊源来考察企业人本资本结构的话,我们必须从企业权力结构——所有权与经营权分离的源头开始。真正注意到经营者控制企业的问题,最早可以追溯到亚当·斯密关于股份企业的经营情况的论述。亚当·斯密(1776)曾有一段著名的论述:"在钱财的处理上,股份企业的董事为他人尽力,而私人合伙企业的伙员,则纯粹是为了自己打算。所以要想股份企业的董事们监视钱财的用途,像私人合伙员那样用意周到,那是很难做到的。……疏忽和浪费,常为股份企业业务经营上多少难免的弊窦。"显然,亚当·斯密已经意识到了企业权力束配置所要解决的一个核心问题——对经营权力约束、监督和激励的问题,即控制经营权力的问题。凡勃伦(Vebhen,1921)支持企业控制经营权力从银行家手中向工程师手中的转移。加尔·布雷(1967)接受凡勃伦的观点,在他看来,所有权和控制权的分离产生了大量的私人部门和少量的公共部门,而且,这种分离引起了私人部门产量的增加。

20世纪以来,代表企业所有权的股份企业的股权变得日益分散。股权的分离意味着股东不再被认为是一个整体或独体,而只是相互分离的投资者。这样就导致了因所有权分散而弱化其股东行使控制经营权力,从而获得各自收益大小与其不可分散的控制经营权成本[①]不对称,产生了个人股东对激励、监督经营者的行为采取"搭便车"行为。因此,在股权分散的情况下,企业的控制经营权力事实上落到了企业经理层身上,出现了贝利和米思斯(Berle and Means,1932)所称的"经理革命"现象。如何解决控制经营权力回归到股东(所有者)手中,首先要解决分散股东行使控制经营权力而获得各自收益大小与其不可分散控制经营权力成本不对称问题。《凯德伯瑞报告》(1992)和《格林伯瑞报告》(1996)都将企业权力束配置焦点集中在代表所有股东利益的体制和结构上,这一体制和结构使分散股东行使控制经营权力而获得各自收益集成化,最终完成代表所有股东(所有者)行使控制经营权力而获得共同收益——董事会收益(薪酬)与其不可分散的控制经营权成本对称。企业董事会行使企业股东(所有者)的控制经营权力,并履行其义务。因此,责任问题成为企业权力束配置的核心问题,即董事会对谁负责的问题。《哈姆派尔报告》(1998)认为,企业权力束配置[②]一个比较适当的起点就是董事会作用。它回答了董事会对股东负有义务。由于企业股东(所有者)不仅对自己负责,而且对企业其他利益相关者负责,自然而然地董事会对利益相关者负有责

---

① 不可分散的控制经营权成本是指因行使控制经营权而付出代价是不可避免的,像市场中的系统风险那样,是不可消除、不可回避的。

② 企业权力束配置在本质上就是企业治理,它常常通过"制度安排"形式来表现(李维安,2001;孙永祥,2002)。

任。总之,上述讨论所涉及的核心问题是对控制经营权力的配置在本质上仍属于企业股东(所有者)的控制经营权力范围内。

代表股东的控制经营权力范围是否能扩大或扩散呢？这将成为企业权力束配置的焦点问题。20世纪80年代,美国企业董事协会所做的界定为:企业治理结构(企业权力束配置结构)是确保企业长期战略目标得以确立,确保整个管理机构按部就班地实现目标和计划的制度安排。这一定义将企业治理结构(企业权力束配置结构)的争议聚焦在企业目标上。根据企业不可分散控制经营权力的成本与其行使控制经营权力获得收益对称原则,从企业权力束系统的角度来看,如何实现企业不可分散控制经营权力成本最小化,使企业收益最大化,它必然产生如布莱尔(1999)所认为的企业剩余经营控制权和剩余索取权如何配置的广义企业治理结构问题。因此,《企业治理结构声明》(1997)明确指出,企业治理结构(企业权力配置结构)是有效地实现企业目标的一套结构或制度安排,否定企业治理结构决定企业目标,其实质是企业权力束配置的目标服从企业目标。从企业所有权代表者董事会的角度来看,企业权力束配置结构体现了布莱尔(1995)提出的狭义企业治理结构,即企业董事会的功能、结构和股东权力等方面的制度安排。

因此,英国把企业治理结构(企业权力束配置结构)聚焦在董事会,强调董事会的作用是企业治理的起点,而美国强调其起点是企业目标,强调企业治理目标[1]与企业目标的一致性。它们均有合理的地方,也存在共同不合理的地方,即它们均默认配置到企业不同职能部门的权力均能被完全有效地行使并能产生预期效应。其中,企业中所有的人[2]都是基于古典经济学中经济人(完全理性人)的假设。然而,在现实生活中,人是感情动物,人的潜力发挥不仅取决于自身素质,而且受人生存(工作)环境因素的影响。因此,人的理性是有限的。根据有限理性社会人的假设,对于一个经济组织来说,人的潜力发挥与其制度安排的作用是相辅相成的。它不仅表现为企业权力束能够合理地配置到各自行政部门,而行政部门的权力能够有效地被行政部门的人所行使——制度[3]本身安排的人的有效性,而且表现为制度安排对生产部门人的有效性。因此,企业权力束配置的合理性与其行使的有效性的唯一判断标准为:是否坚持"以人为本"的思想来配置企业权力束。其配置结果在微观上表现为人(制度本身的人以及制度所服务的人)的潜力达到最大发挥;在宏观上表现为企业价值达到最大。

从整个配置过程来看,表现为基于企业治理主流观点"制度安排"(李维安,2001;孙永祥,2002)提出治理资本(组织资本和关系资本)与制度服务对象的人力资本和物力资本相互作用,使人力资本、物力资本和治理资本(组织资本和关系资本)的价值增值趋于最大化,并且在增值过程中,人力资本价值增值、物力资本价值保值与治理资本(组织资本和关系资本)价值增值相互依存,不可分割。因此,笔者提出的人本资本由人力资本、物力资本与治理资本(组织资本和关系资本)组成。根据契约理论(完全契约与不完全契约)与资源基础学说理论(资源决定权力,权力来源于资源),将治理资本划分为在完全契约基础上形成的以正式制度为核心要素的组织资本和在不完全契约基础上形成的以非正式制度为核

---

[1] 企业治理目标是指通过企业权力束配置来有效实现企业目标的一套制度安排与机制运行。
[2] 企业中所有的人是指企业权力配置者与其权力执行者。
[3] 制度,一般来说,被定义为一组正式和非正式的规则,以及规则的执行安排(Schmoller,1990)。

心要素的关系资本。企业人本资本结构最终为人力资本、物力资本、组织资本和关系资本的构成。

总而言之,第三次工业革命的基础制造技术广泛地推广应用,促使人类社会由欠发达生产力水平上升为发达生产力水平,至此,人类社会供给大于需求的买方市场在人类社会经济发展中处于主导地位。而买方市场层序需求驱动劳动力市场的人力资本崛起,作为人力资本的经营权可回归于拥有人力资本所有权的所有者手里,这样坚持"以人为本"的思想来配置企业权力束从拥有资本所有权的所有者拓展到拥有人力资本所有权的所有者,进而推动顾客导向型企业经营战略实施。

6.3.2 顾客导向型企业人本资本结构在企业内部的演化

1. 超额利润市场的形成

以有限理性社会人假设为前提,根据不完全契约理论,顾客导向型企业就是一系列经济性和社会性的集合体或契约网络(李心合,2009)。构成契约网络的不同主体以及各自主体所拥有或控制的资源为:顾客导向型企业的外部资源(外来主体)为财务资本(股东、债权人)、人力资本(经理层、员工)、公共资本(政府)、市场资本(供应商、客户)等;顾客导向型企业的内部资源(内在主体)为治理资本[①](顾客导向型企业)、组织资本(顾客导向型企业)、关系资本(顾客导向型企业)、人力资本[②](顾客导向型企业)和物力资本(顾客导向型企业)。顾客导向型企业在正常经营过程中,由于顾客导向型企业内生性资本的作用,它会产生自己的资产。我们根据未来收益观的资产定义,当顾客导向型企业的外来主体收回自己的资产时,顾客导向型企业所剩下的资产则表现为顾客导向型企业的超额利润(价值)。我们从资本获得的来源来看,财务资本是股东从股票市场上获得和债权人从金融市场取得的;人力资本(外生性)是经理层、员工从经理市场和劳动力市场获得的;公共资本是政府从公共市场获得的;市场资本是供应商、客户从供应商市场和消费市场获得的。由此,我们可以得出顾客导向型企业的超额利润(价值)是顾客导向型企业主体从超额利润(价值)市场获得的。所以顾客导向型企业本身是超额利润(价值)市场的商品(后文将顾客导向型企业这种商品简称为顾客导向型企业品)。

顾客导向型企业品的生产者(供给者)实质上是顾客导向型企业各种外生性资本主体共同体(利益相关者的共同体)。由于顾客导向型企业超额利润(价值)的产权难以分别界定清晰,其产权主体处于虚位或缺位,所以真正成为其资产的产权主体不妨假定为顾客导向型企业(它是顾客导向型企业各种外生性资本主体共同体的代表者)。正如英国学者约翰·凯在《利益相关者顾客导向型企业》一文中称顾客导向型企业"是有自己个性、特点和激情的机构",当顾客导向型企业所有权力比较集中时,大股东以自己承担的市场比较大而掠夺了属于顾客导向型企业的超额利润(价值);当顾客导向型企业所有权力比较分散时,才显示顾客

---

① 治理资本是指顾客导向型企业制度安排形成治理资本(组织资本与关系资本),因此,制度的内生性决定治理资本的内生性。

② 人力资本是指顾客导向型企业自己开发的技术与属于顾客导向型企业的剩余劳动的人力结合为企业的内生性人力资本。通常外生性人力资本的价值是由其社会必要劳动时间所决定的,超过社会必要劳动时间为顾客导向型企业的剩余劳动时间决定企业内生性人力资本价值。

导向型企业的超额利润(价值)归于顾客导向型企业。作为顾客导向型企业品的需求者应该是股票市场、金融市场、债券市场、经理人市场、劳动人市场、公共市场、产品市场等外生性资源市场,它们对顾客导向型企业品的需求用来弥补自己市场资源配置的损失,正如科斯(1990)所认为的,顾客导向型企业的存在是对市场"交易费用"的节约。顾客导向型企业品的市场是其他所有市场机制共同作用的结果——超额利润(价值)市场机制,正如科斯(1990)所认为的,顾客导向型企业是市场价格机制替代物(这里的顾客导向型企业应该是指配置顾客导向型企业品的市场,只是他没有把顾客导向型企业品的市场抽象出来,形成共性的东西)。顾客导向型企业品超额利润(价值)的要素构成以及围绕超额利润(价值)市场的利润机制的价值形成过程,如图6-1所示。

图6-1表明,一个顾客导向型企业需要适合其发展技术与顾客导向型企业的人力相结合,从而产生属于顾客导向型企业需要的人力资本。也就是说,技术水平决定专业化劳动分工水平。顾客导向型企业制度在价值创造过程中与其本身所需人力相结合,产生属于顾客导向型企业需要的治理资本(组织资本与关系资本)。促进经济长期增长是其经济体中的生产力与其生产关系共同作用的结果,也是生产力的代表——人力资本(技能)和物力资本(技术)与其所需各种具体的生产关系的代表——治理资本(组织资本和关系资本)有机整合的匹配过程(丁胜红、周红霞,2011)。于是顾客导向型企业技术(进步)与顾客导向型企业制度(创新)的匹配性决定了顾客导向型企业人力资本、物力资本与治理资本(组织资本、关系资本)共同作用,从而形成一个浑然不可分割的顾客导向型企业组合资本——顾客导向型企业人本资本。因此,顾客导向型企业人本资本结构优劣与否将决定一个经济体经济是否繁荣。图6-1所示的顾客导向型企业人本资本形成的循环过程是通过超额利润(价值)市场的超利润(价值)机制对其进行配置的过程。

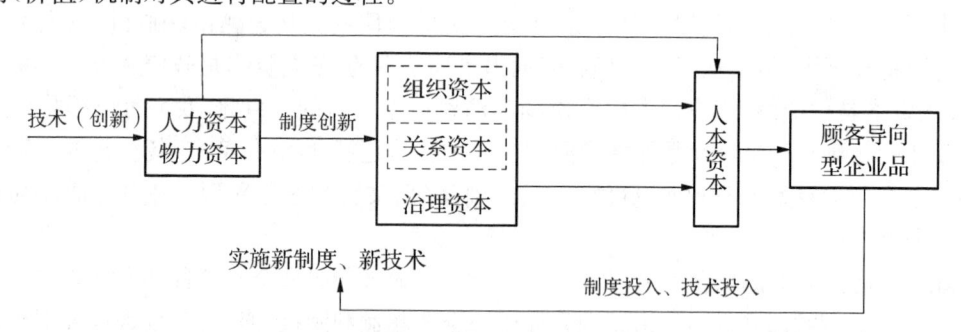

图6-1 顾客导向型企业品的要素构成以及围绕超额利小循环(价值)市场的利润机制的价值形成的过程

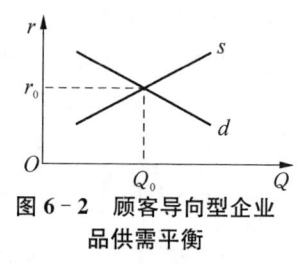

顾客导向型企业品的利润(价值)机制又是如何运转的呢?如图6-2所示,以 Q 代表顾客导向型企业品的数量,r 代表超额利润市场的价格——利润率,s 代表顾客导向型企业主体的供给曲线,d 代表除超额利润市场外的其他所有市场对顾客导向型企业品的需求曲线。如图6-1所示,人本资本结构决定了顾客导向型企业品的种类,因此,顾客导向型企业权力束的不同配置会形成不同人本资本结构,生产(供给)各种顾客导向型企业品以满足不同消费者对超额利润(价值)市场的企业商品需求。如图6-2所示,随着 r 升高,顾客导向型

图6-2 顾客导向型企业品供需平衡

企业主体供给顾客导向型企业品的数目增加（当然，在顾客导向型企业人本资本结构不变的情况下，顾客导向型企业规模的扩大相当于单位顾客导向型企业品的倍数），逐渐形成顾客导向型企业品供给曲线 s。随着 Q 增加，其他所有市场通过顾客导向型企业品需求来弥补自身市场机制的损失——交易费用，由其他所有市场机制共同作用所形成超额利润（价值）市场的空间不断减小，因此，超额利润（价值）市场的价格 r（利润率）就不断下降，逐渐形成顾客导向型企业品需求曲线 d。如果超额利润市场上的顾客导向型企业品处于供求平衡状态，则 s 与 d 相交。其中 (Q_0, r_0) 为顾客导向型企业品 Q_0 在超额利润（价值）市场上的价格 r_0。r_0 是其他市场价格机制替代物的价值，等于对其他市场交易费用的节约价值（价格）。此时，顾客导向型企业达到人本资本结构最优。

2. 各种权力记号、基本约定和分析

在市场上，高风险要求高回报，对于具有正常经营权能力的单位或个体来说，控制经营权是实现高回报的前提条件。根据资源基础学说理论，资源决定权力，权力来源于资源。而法学中强调权力与其义务的对等性。每个履行义务的主体履行自己义务所付出的代价与其享受权力所获得的回报应该是对等的。对于一个顾客导向型企业所有履行义务主体来说，所有者（股东）、债权人、经理层、员工、客户、供应商、政府、企业主体等所承担的义务，可以用他们各自所拥有或控制的资本（资源）来承担各自的市场风险大小，表示为 β_1、β_2、β_3、β_4、β_5、β_6、β_7 以及 β_8，我们假定所有市场风险集合为 H，且 $\beta_1, \beta_2, \cdots\cdots, \beta_8 \in H$。

① 当 $\text{Max}\{\beta_1, \beta_2\}$ 时，财务资本占绝对优势，顾客导向型企业在经营过程中表现为股东拥有的控制经营权处于主导地位。

当 $\beta_1 > \beta_2$ 时，一方面，顾客导向型企业的权力束配置表现为股东的所有权与经营权合一和股东的剩余价值索取权与剩余控制经营权合一处于主导地位。顾客导向型企业的类型表现为业主企业、合伙制企业、家族式企业等，其类型企业的所有者（股东）将承担企业的无限责任，企业不存在自有资产。但这类企业仍然存在超额利润（价值）市场。根据不可分散控制经营权成本与行使控制经营权获得收益（薪酬）对称性原则，其控制经营权成本通过其所有者拥有企业所有利润来获得补偿，此时企业的所有者承担企业品的超额利润（价值）市场的风险。另一方面，顾客导向型企业的权力束配置表现为所有者不仅拥有剩余价值索取权，而且享有很大控制经营权。顾客导向型企业类型表现为寡头垄断企业、完全垄断企业和我国一股独大的国有企业，该类企业所有者将承担很大的有限责任，但企业主体以企业品承担其超额利润（价值）市场风险。该类企业在规模不大的情况下，其控制经营权效率很高；随着企业规模扩大，企业所有者的能力、知识等有限，其控制经营权效率会渐渐下降。此时，企业的人力资本、物力资本与治理资本（组织资本、关系资本）的匹配程度会降低。因此，企业的董事会是提高控制经营权效率的必然产物，同时它的存在将提高治理资本的能力，只有满足顾客导向型企业不可分散的控制经营权成本与董事会收益（薪酬）对称性原则，才能最终提高它与顾客导向型企业的人力资本与物力资本的匹配性，从而提高企业的经营效率。

当 $\beta_2 < \beta_1$ 时，顾客导向型企业的类型表现为银行、金融机构等债权人掌控企业。这类企业大多数处于经营困境之中，可见企业的所有者（债权人）为了自己的本金和利息得到补救，同时承担着其企业品的超额利润市场的风险。通过提高控制经营权效率，来提高企业人

力资本、物力资本与治理资本的匹配程度,从而促进企业的经济发展。

当$\beta_1=\beta_2$时,顾客导向型企业的类型表现为企业所有者与债权人共同经营管理企业。其中,企业的债权人派代表到企业共同平等地行使企业的控制经营权力,形成企业利益均分,企业品的超额利润(价值)市场的风险共担的经营联合体。当然,他们也会共同平均地承担企业不可分散的控制经营权成本。

② 当$\text{Max}\{\beta_3,\beta_4\}$时,人力资本处于绝对优势,企业在经营过程中表现为劳动与资本合作。顾客导向型企业的权力束配置均表现为人力资本的所有权与经营权合一和人力资本的剩余价值索取权与剩余控制经营权合一处于主导地位。

当$\beta_3>\beta_4$时,顾客导向型企业类型表现为共同特征,即"双重股权制"。根据不可分散控制经营权成本与行使控制经营权获得收益(薪酬)对称性原则,其中企业董事会和工会共同控制经营权。

当$\beta_3<\beta_4$时,顾客导向型企业类型的共同特征为"员工革命"。企业员工拥有人力资本所有权,同时享有控制经营权。这样,企业以"团队"精神可以充分发挥以人为本思想,形成企业多元人力资本、多用途物力资本与多元治理资本(组织资本、关系资本)的匹配体系。在多元经营顾客导向型企业中,通常产生这种现象。根据不可分散控制经营权成本与行使控制经营权获得收益(薪酬)对称性原则,控制经营权由扁平化或平台化企业员工所拥有。至此,企业员工成为自由人,即享有人力资本所有权和经营权合一。

当$\beta_3=\beta_4$时,顾客导向型企业类型的共同特征为经理层与员工共同平等地享有经营权。这样的企业对经营者素质要求很高,往往在高科技企业容易出现这种情况。当然,他们也会共同平等地承担企业不可分散的控制经营权成本,因此,他们应该获得同样多的由控制经营权带来的收益(薪酬)。

③ 当$\text{Max}\{\beta_5,\beta_6\}$时,市场资本处于绝对优势,顾客导向型企业的权力束配置根据供应市场的原材料供应情况或市场中客户和供应商的偏好来安排。

当$\beta_5>\beta_6$时,顾客导向型企业处于客户买方市场,因此,顾客成为企业的基石。顾客导向型企业要想生存与发展,则主要取决于顾客对企业商品需求的偏好。如何调研出顾客对商品的偏好,将成为企业经营的主要内容。因此,企业的控制经营权更多关注是否获得分销商为企业销售所需的商品,于是这类顾客导向型企业常常发展销售价值链企业,以确保企业经营安全。其控制经营权配置倾向于企业销售管理层,尤其是销售管理人员。

当$\beta_5<\beta_6$时,顾客导向型企业处于供应商买方市场,供应商能否提供更多商品的原材料,将决定顾客导向型企业的生存与发展。此时,如何争夺企业生产资源,将成为企业经营的主要内容。因此,企业的控制经营权更多关注是否获得供应商为企业提供所需的原材料,于是这类顾客导向型企业常常发展供应价值链企业,以确保企业经营安全。其控制经营权配置倾向于企业采购管理层,尤其是采购管理人员。

④ 当$\text{Max}\{\beta_7\}$时,公共资本占绝对优势。该类顾客导向型企业大多数为关系到国家经济命脉和国计民生的企业。其顾客导向型企业权力束配置通常采用听命于政府对企业下达的指令或计划来生产。企业的控制经营权由政府来行使,当然,其不可分散控制经营权成本也由政府来"买单"。因此,这类企业实质上属于政府行政单位的衍生品,政府替它们承担企业品的超额利润(价值)市场风险。

因此,除了$\text{Max}\{\beta_1,\beta_2\}$式讨论的$\beta_1>\beta_2$情况的不同类型顾客导向型企业和$\text{Max}\{\beta_7\}$

式讨论的不同类型顾客导向型企业外,其他不同类型顾客导向型企业均由顾客导向型企业主体生产(提供)顾客导向型企业品来独立承担顾客导向型企业品的超额利润(价值)市场风险。在讨论顾客导向型企业控制经营权配置时,在 $\text{Max}\{\beta_1,\beta_2,\beta_3,\beta_4\}$ 式所讨论的不同顾客导向型企业中,显然顾客导向型企业的组织资本发挥的作用比关系资本大,而在 $\text{Max}\{\beta_5,\beta_6,\beta_7\}$ 式所讨论的不同顾客导向型企业中,情况则相反。

3. 残缺的完全理性人控制经营权配置成本提出及分类

根据不同人性假设,它所对应的人的控制经营权配置能力不同。有限理性社会人对应非完全控制经营权配置能力的社会人,完全理性社会人则对应完全控制经营权配置能力社会人。假如企业属于个人私有,该个体自己经营企业,他也不可能100%努力,因为企业价值最大化要求只有完全理性社会人才能达到具备控制经营权配置能力的要求。在实际生活中,社会人是有限理性人,影响有限理性人与完全理性社会人的控制经营权配置能力差距的大小,按照造成人控制经营权配置能力差距的因素可分为客观因素和主观因素。与之相对应,其成本分为客观成本 ζ 和主观成本 ξ,且 $\zeta+\xi=C$。C 称为残缺的完全理性人控制经营权配置成本。客观成本 ζ 是经营者在自身能力缺陷(差距)的情况下为自己未认识的,或已认识而无法改变的能力大小在价值上的表现形式。譬如个人亲和力、外表形象等。主观成本 ξ 是经营者自身已意识到的能力缺陷(差距)的大小表现形式,当然主观成本 ξ 是可改变的。它可以通过自身学习、经营阅历的积累等来提高自身的认识能力、管理决策能力,等等。有限社会人控制经营权配置成本假定为 E。

综上所述,我们讨论 $\text{Max}\{\beta_1,\beta_2,\beta_3,\cdots,\beta_8\}$ 情况,对于一个正常经营的顾客导向型企业,其控制经营权由所有者、债权人、经营者、员工、供应商、客户以及政府分别掌控或拥有。按照理性社会人假设,其理性社会人控制经营权成本为 $C+E$。来自不同风险市场的资源所有者享有的控制经营权以及承担的不可分散成本的大小为 $[\beta_i \div (\beta_1+\beta_2+\cdots+\beta_8)] \times (E+C)$,且 $i=1,2,\cdots,8$。这样,我们依据控制经营权主体的收益(薪酬)与其控制经营权的不可分散成本对称性原则,不仅能够正确地确定控制经营权主体的报酬(薪酬),而且能够形成不同顾客导向型企业的人本资本结构,生产出不同的顾客导向型企业品。

6.3.3 顾客导向型企业最优人本资本结构的形成路径

1. 残缺完全理性人与有限理性社会人的经营控制权配置成本的界定

控制经济权指的是对经营者行使决策能力以及努力程度等行为进行监管,以使经营者在决策能力以及努力程度等方面达到指定要求。为研究问题方便,我们将影响控制经营权配置成本的影响因素统一表示为决策能力指数和努力程度指数。我们记残缺完全理性人控制权配置成本为 $C[\tau_1(t),g_1(t),\theta]$,其中 θ 为残缺完全理性人控制权配置成本中客观成本 ζ 的非可控变量。为研究问题方便,我们在后文对企业价值最大化的研究中,也就没有考虑它。$\tau_1(t)$ 是指因经营者残缺的决策能力需要弥补的成本指数时间路径泛函;$g_1(t)$ 是指因经营者残缺的努力程度需要弥补的成本指数时间路径泛函;$\tau_2(t)$ 是指经营者实际决策能力的成本指数时间路径泛函;$g_2(t)$ 是指实际经营者努力程度的成本指数时间路径泛函。因此,完全理性社会人控制经营权配置成本泛函为 $\tau(t)$、$g(t)$,且 $g(t)=g_1(t)+g_2(t)$、$\tau(t)=\tau_1(t)+\tau_2(t)$,其中 H_g、H_τ 分别为残缺完全理性社会人控制经营权的决策能力成本指数所有可能路径集和努力程度成本指数所有可能路径集;Ξ_g、Ξ_τ 分别为有限理性社会人控制经营权的决策能力成本指数所有可能路径集和努力程度成本指数路径集。其中,$H_{g_1} \subset H_g$,$H_{\tau_1} \subset H_\tau$;$\Xi_{g_2} \subset \Xi_g$,$\Xi_{\tau_2} \subset \Xi_\tau$。

定义:$g(t)=1,T(t)=1$,即 $g_1(t)+g_2(t)=1,T_1(t)+T_2(t)=1$,则 $\forall \tau_1(t) \in H_{\tau_1}$,$\tau_2(t) \in \Xi_{\tau_2}$、$g_1(t) \in H_{g_1}$,$g_2(t) \in \Xi_{g_2}$。$\forall t \in [0,T]$,有 $0 \leqslant \tau_1(t),\tau_2(t) \leqslant 1, 0 \leqslant g_1(t),g_2(t) \leqslant 1$,且 $\exists t^\varphi \in [0,T]$,满足 $0<\tau_1(t^\varphi),\tau_2(t^\varphi)<1, 0<g_1(t^\varphi),g_2(t^\varphi)<1$。

约定:① 以下分析中给出最大(小)目标泛函,都满足一些特定约束条件,如初始条件、终结条件、横截条件、现实约束条件,为简化分析,以下对这些约束条件均略去。② 若无特别说明,以下考察的时间区域约定为 $[0,T]$,对于其他时间区域,如无限区域,道理类似。

2. 顾客导向型企业价值最大化的形成路径

根据顾客导向型企业剩余经营控制权和剩余索取权是否对称,将控制经营权分为:① 资本所有者拥有经营控制权。如前文中 $\text{Max}\{\beta_1,\beta_2\}$ 式所讨论的业主顾客导向型企业、合伙制顾客导向型企业、家族式顾客导向型企业,以及董事会完全行使控制经营权和我国一股独大的国有顾客导向型企业也近似地属于该类型顾客导向型企业。② 人力资本所有者拥有控制经营权。如前文中 $\text{Max}\{\beta_2,\beta_3,\cdots,\beta_7\}$ 式所讨论的不同类型的顾客导向型企业。

(1) 资本所有者拥有经营控制权

顾客导向型企业价值最大化函数为:$\text{Max} V_1[\tau_1(t),g_1(t)]$,$V_1[\tau_1(t),g_1(t)] = \int_O^T \prod[t,\tau_1(t),g_1(t),\tau'_1(t),g'_1(t)] \times e^{-\rho_1(t) \cdot t} d_t$①,则 $\forall \tau_1(t) \in H_{\tau_1}$、$g_1(t) \in H_{g_1}$。若 $\exists \tau^*_{V_1}(t) \in H_{\tau_1}$,$g^*_{V_1}(t) \in H_{g_1}$,使得 $V^*_1[\tau^*_{V_1}(t),g^*_{V_1}(t)] \geqslant V_1[\tau_1(t),g_1(t)]$,称 $\tau^*_{V_1}(t) | V_1 = \tau^*_{V_1}(t)$、$g^*_{V_1}(t) | V_1 = g^*_{V_1}(t)$ 分别为 V_1 意义上的资本所有者拥有经营控制权者弥补经营权者残缺决策能力和努力程度的最低成本指数(时间)路径。

由于 $g_1(t)+g_2(t)=1,\tau_1(t)+\tau_2(t)=1$,通常 $g_2(t)>0,\tau_2(t)>0$,则有:

1°. $\exists t_1 \in [0,T]$,使得 $\tau^*_{V_1}(t_1) \cdot g^*_{V_1}(t_1) < 1$,称此时的 $V^*_1[\tau^*_{V_1}(t),g^*_{V_1}(t)]$ 为顾客导向型企业极大值,具体又可分为下述几种情况:

① $\forall t \in [0,T]$,当 $0<g_{V_1}(t)<\tau_{V_1}(t)<1$ 时,称此时的 $V^*_1[\tau^*_{V_1}(t),g^*_{V_1}(t)]$ 为努力程度 $g_1(t)$ 相对欠缺的顾客导向型企业极大值。

② $\forall t \in [0,T]$,当 $0<\tau_{V_1}(t)<g_{V_1}(t)<1$ 时,称此时的 $V^*_1[\tau^*_{V_1}(t),g^*_{V_1}(t)]$ 为决策能力 $\tau_1(t)$ 相对欠缺的顾客导向型企业极大值。

③ $\forall t \in [0,T]$,当 $0<T_{V_1}(t)=g_{V_1}(t)<1$ 时,称此时的 $V^*_1[\tau^*_{V_1}(t),g^*_{V_1}(t)]$ 为决策能力与努力程度同等欠缺的顾客导向型企业极大值。

2°. 在给定的时间区域 $[0,T]$,当 $\tau_1(t)$ 被近似认为是既定的,即资本所有者拥有经营控制权者弥补经营权者决策能力的成本指数变量被假定为非决策变量,则 $\forall g_1(t) \in \Xi_{g_1}$。若 $\exists g^*_1(t) \in \Xi_{g_1}$,则使得 $V^*_1[\cdot,g^*(t)] \geqslant V_1[\cdot,g(t)]$,即 $V^*_1[\cdot,g^*_1(t)] > V_1[\cdot,g_1(t)]$ 称为

---

① 实际上,利润函数的形式可能不只是关于 $\tau_1(t)$ 和 $g_1(t)$ 及其一阶导函数的泛函,还可能是关于 $\tau_1(t)$ 和 $g_1(t)$ 及其 $K \in \{1,2,\cdots,n\}$ 阶导函数的泛函,在此忽略这种复杂性;另外,这里对利润和现金流的概念也不做区分,即认为利润都是由即期现金流的形式体现的,以下的分析类似。

$g^*(t)$ 为 V_1 意义上 $\tau_1(t)$ 既定时资本所有者拥有经营控制权者对经营权者努力程度未能达到最优要求的情况下顾客导向型企业极大值。

因此，在 $\text{Max}\{\beta_1\}$ 式中，不同类型顾客导向型企业存在同样性质问题，即资本所有者拥有经营控制权者对经营者的决策能力、努力程度残缺的弥补情况不同，会产生不同顾客导向型企业极大值。也就是说，控制经营权配置结果会生产出超额利润市场上不同顾客导向型企业品的极大价格（利润），当然也会产生不同顾客导向型企业品极优的人本资本结构。

(2) 人力资本所有者拥有经营控制权

顾客导向型企业价值最大化泛函为：$\text{Max}V_2[\tau_1(t), g_1(t); \tau_2(t), g_2(t)]$，$V_2[\tau_1(t), g_1(t); \tau_2(t), g_2(t)] = \int_0^T \prod[t, \tau_1(t), g_1(t); \tau_2(t), g_2(t); \tau_1'(t), g_1'(t); \tau_2'(t), g_2'(t)] \cdot e^{-\rho_2(t) \cdot t} d_t$，则 $\forall \tau_1(t) \in H_{\tau_1}$、$g_1(t) \in H_{g_1}$、$\tau_2(t) \in \Xi_{\tau_2}$、$g_2(t) \in \Xi_{g_2}$。若 $\exists \tau_1^*(t) \in H_{\tau_1}$、$g_1^*(t) \in H_{g_1}$、$\tau_2^*(t) \in \Xi_{\tau_2}$、$g_2^*(t) \in \Xi_{g_2}$，使得 $V_2^*[\tau_1^*(t), g_1^*(t); \tau_2^*(t), g_2^*(t)] \geqslant V_2[\tau_1(t), g_1(t); \tau_2(t), g_2(t)]$，称 $\tau_1^*(t)|V_2 = \tau_1^*(t)$、$g_1^*(t)|V_2 = g_1^*(t)$ 以及 $\tau_2^*(t)|V_2 = \tau_2^*(t)$、$g_2^*(t)|V_2 = g_2^*(t)$ 分别为 V 意义上的资本所有者拥有经营控制权者与人力资本所有者拥有经营控制权者对各自的经营权者达到最优决策能力和最优努力程度所付出的成本指数（时间）路径。

当 V_2 意义上的最优路径 $\tau^*(t)$、$g^*(t)$ 不受任何约束时，显然应有 $\tau^*(t) \equiv 1$、$g^*(t) \equiv 1$，但实际上，$\tau^*(t)$、$g^*(t)$ 可能会受约束条件制约，甚至 $\tau^*(t)$ 和 $g^*(t)$ 之间也可能会相互制约，使顾客导向型企业价值最优路径不能达到上述理想状态。据此，进一步分下述情况来考察。

1^1. $\forall t \in [0, T]$，若 $\tau^*(t) \equiv 1$ 且 $g^*(t) \equiv 1$，即 $\tau_1(t) + \tau_2(t) \equiv 1$ 且 $g_1(t) + g_2(t) \equiv 1$，称 $V_{\text{Max}} = V_2^*[\tau_1^*(t), g_1^*(t); \tau_2^*(t), g_2^*(t)]$ 为理想的顾客导向型企业最大值。

2^1. $\exists t_i \in [0, T]$，使得 $\tau^*(t_i) \cdot g^*(t_i) < 1$，称此时的 $V_2^*[\tau^*(t), g^*(t)]$ 即 $V_2^*[\tau_1^*(t), g_1^*(t); \tau_2^*(t), g_2^*(t)]$ 为非理想的顾客导向型企业极大值，具体又可分为以下几种情况：

① $\forall t \in [0, T]$、$\tau^*(t) \equiv 1$，即 $\tau_1^*(t) + \tau_2^*(t) \equiv 1$ 且 $\exists t_j \in [0, T]$，使 $g^*(t_j) < 1$，即 $g_1^*(t) + g_2^*(t) < 1$，称此时的 $V_2^*[\tau^*(t), g^*(t)]$ 即 $V_2^*[\tau^*(t); g_1^*(t), g_2^*(t)]$ 为资本所有者拥有经营控制权者对经营权者的努力程度残缺的弥补达到次优实际指定要求或人力资本所有者拥有经营控制权者对经营权者的努力程度实际监管只能达到次优实际指定要求的情况下顾客导向型企业极大值。

② $\forall t \in [0, T]$、$g^*(t) \equiv 1$，即 $g_1^*(t) + g_2^*(t) \equiv 1$ 且 $\exists t_m \in [0, T]$，使 $\tau^*(t_m) < 1$，即 $\tau_1^*(t) + \tau_2^*(t) < 1$，称此时的 $V_2^*[\tau^*(t), g^*(t)]$ 即 $V_2^*[\tau_1^*(t), \tau_2^*(t); g^*(t)]$ 为资本所有者拥有经营控制权者对经营权者的决策能力残缺的弥补达到次优实际指定要求或人力资本所有者拥有经营控制权者对经营权者的决策能力达到次优实际指定要求的情况下顾客导向型企业极大值。

③ $\exists t_{k_1}, t_{k_2} \in [0, T]$，使得 $0 < \tau^*(t_{k_1}) < 1$ 且 $0 < g^*(t_{k_2}) < 1$，$0 < \tau_1^*(t_{k_1}) + \tau_2^*(t_{k_2}) < 1$ 且 $0 < g_1^*(t_{k_1}) + g_2^*(t_{k_2}) < 1$，称此时的 $V_2^*[\tau^*(t_{k_1}), g^*(t_{k_2})]$ 即 $V_2^*[\tau_1^*(t_{k_1}), g_1^*(t_{k_1}); \tau_2^*(t_{k_2}), g_2^*(t_{k_2})]$ 为无论是人力资本所有者拥有经营控制权者对经营权者的实际努力程度和实际决策能力大小，还是资本所有者拥有经营控制权者对经营权者的残缺努力

程度和决策能力的弥补,均只能达到次优实际指定情况下的顾客导向型企业极大值。

3^1. 在给定的时间区域$[0,T]$,当$\tau(t)$被近似认为是既定的,即经营权者的决策能力被假定为非决策变量,则$\forall g(t) \in \Xi_g$,若$\exists g^*(t) \in \Xi_g$,使得$V_2^*[\cdot, g^*(t)] \geqslant V_2[\cdot, g(t)]$,即$V_2^*[\cdot, g_1^*(t), g_2^*(t)] > V_2[\cdot, g_1(t), g_2(t)]$称为$g^*(t)$为$V_2$意义上$\tau(t)$既定时,资本所有者拥有控制经营权者对经营权者努力程度的弥补达到次优实际指定要求或人力资本所有者拥有控制经营权者对经营权者的实际努力程度达到次优实际指定要求的情况下顾客导向型企业极大值。

综上所述,在$\text{Max}\{\beta_2, \beta_3, \cdots, \beta_7\}$式不同顾客导向型企业类型所存在的同性质问题为:顾客导向型企业价值最大化或极大化,是由资本所有者拥有与人力资本所有者拥有的控制经营权者根据经营权者的决策能力大小和努力程度高低进行权力配置所决定的。这说明在顾客导向型企业权力配置中,控制经营权的配置在顾客导向型企业合作治理中处于相当重要的地位,它是顾客导向型企业制度安排的核心。同样,这也说明顾客导向型企业主体生产顾客导向型企业品所需动力源的不同情况,以及构成顾客导向型企业品要素结构——顾客导向型企业人本资本结构的不同。

3. 顾客导向型企业的最优人本资本结构的形成路径

前文通过对顾客导向型企业的控制经营权的配置,来阐述顾客导向型企业权力束配置促进顾客导向型企业经济发展。下面根据权力支配资源,从顾客导向型企业资源整合的角度,来论证顾客导向型企业品的构成及价值最大化的要素结构。

(1) 顾客导向型企业最优人本资本结构点的形成

在顾客导向型企业合作治理中,不同权力束配置或相同权力的不同配置均能产生不同水平的顾客导向型企业合作治理成本,由技术进步与制度创新的匹配性,决定了不同水平的顾客导向型企业合作治理资本要求不同层次的顾客导向型企业人力资本与物力资本共同整合为不同顾客导向型企业人本资本,当然也就产生了不同顾客导向型企业人本资本结构。在黄少安(2000)和周小亮(2001)关于制度要素实施过程中的边际收益递减的假设,以及主流经济学关于物力资本边际收益递减的假定和国内外学者普遍认为人力资本在投资过程中的边际收益递增假设的基础上,我们来讨论顾客导向型企业最优人本资本结构的形成。如图6-3所示,P代表顾客导向型企业人本资本边际价值;Q代表顾客导向型企业品数量(以人本资本结构相同的单位顾客导向型企业品来度量的规模扩大的顾客导向型企业品,得出数倍单位顾客导向型企业品)。由于制度要素的边际收益递减的假设,我们得出以制度要素为核心的顾客导向型企业合作治理资本(组织资本、关系资本)的边际收益递减的结论。在人力资本边际收益递增假设和物力资本边际收益递减假设下,绘制如图6-3所示的示意图。其中,h代表人力资本边际收益递增曲线;R代表关系资本边际收益递减曲线;N代表组织资本边际收益递减曲线;g代表由R关系资本边际收益递减曲线与N组织资本边际收益递减曲线耦合为治理资本边际收益递减曲线;w代表物力资本边际收益递减曲线。

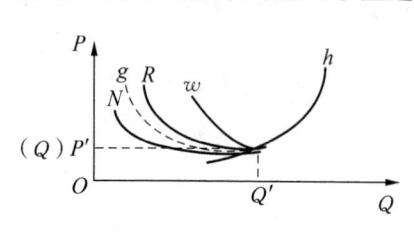

图6-3 最优顾客导向型企业人本资本结构的形成

在(Q',P')为g代表治理资本边际收益曲线与h代表人力资本边际收益曲线和w代表物力资本边际收益曲线的交汇点,它也是顾客导向型企业人本资本边际价值曲线的最低点。针对同一个顾客导向型企业品来说,其顾客导向型企业最优人本资本边际收益为$r_0=P'$,其中,r_0如图6-2所示;P'如图6-3所示;$Q_0=Q'$。此时顾客导向型企业人本资本结构最优。

(2) 顾客导向型企业最优人本资本结构路径的形成

由图6-3可知,在拥有顾客导向型企业外部人力资源和外部生产资源既定的条件下,顾客导向型企业主体通过顾客导向型企业权力束配置使顾客导向型企业的外生性资源以及顾客导向型企业内生性资源——顾客导向型企业品构成的人力资本、物力资本与治理资本(组织资本、关系资本)的生产要素的构成,使得顾客导向型企业价值达到最大的状况。实现顾客导向型企业品生产一般均衡的条件是顾客导向型企业内生的人力资本(技能)、物力资本(技术)和治理资本(组织资本、关系资本)这些要素的边际技术替代率对于使用这些要素生产顾客导向型企业品来说都是相等的。显然,这个条件是完全存在的。在一个经济组织中,集中体现生产力的代表——技术(物力资本)、技能(人力资本)与集中体现生产关系的代表——制度(组织资本、关系资本)的边际技术替代关系,由该顾客导向型企业的生产力与生产关系的相互作用所决定。因此,我们利用生产的埃奇沃斯盒状图来说明生产顾客导向型企业品的有效顾客导向型企业权力束的配置与生产顾客导向型企业品的契约曲线,如图6-4所示。

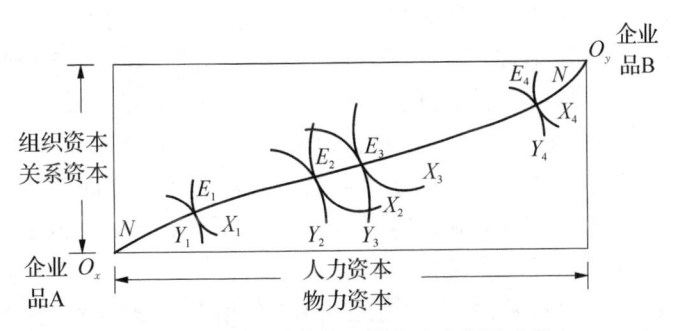

图6-4 生产的有效配置与生产契约曲线

图6-4中,顾客导向型企业品B的等产量曲线(Y_1、Y_2、Y_3、Y_4)、顾客导向型企业品A(X_1、X_2、X_3、X_4)均由各自的人本资本结构决定。

根据帕累托最优境界的定义,如果增加一种商品产量的唯一办法是减少另一种商品的产量,此时我们把投入品的这个分配状态称作生产的帕累托最优状态,也称为生产的有效配置。由盒状图6-4所示,E_1、E_2、E_3和E_4等点是顾客导向型企业品A和B的等产量曲线的切点,显然,它们均处于帕累托最优境界。从图6-4中可以得出以下结论:① 顾客导向型企业内部的人力资本(技能)、物力人力资本(技术)和组织资本(正式制度)、关系资本(非正式制度)的不同组合,可生产出不同性质顾客导向型企业品。② 在超额利润市场中,不同顾客导向型企业内部的人力资本、物力资本和组织资本、关系资本组合,可生产出具有替代性的不同最大数量的顾客导向型企业品。如果超过此数量,则会产生顾客导向型企业规模不经济。因此,在一定规模的超额利润市场中,不仅要避免同类顾客导向型企业的重复建设,而且要避免能够生产出具有替代商品的非同类顾客导向型企业的重复建设,否则将阻碍区域经济的发展。③ 围绕顾客导向型企业超额利润市场中的价格(利润)机制,为顾客导向型企业产业结构调整指明方向,并提供理论探索依据。④ 根据不同顾客导向型企业内部的人力资本、物力资本和组织资本、关系资本的投入资本之间边际技术替代率相等的情况,来寻找集群顾客导向型企业内部的最优生产点,以及可以确定集群顾客导向型企业的最大发展规模。⑤ 根据顾客导向型企业内部的人力资本、物力资本和组织资本、关系资本这四种生产要素的构成,为顾客导向型企业引进技术、人才以及经营管理模式提供指南和理论依据等。⑥ 将图 6-3 与图 6-4 的情况结合起来,不仅可获得生产顾客导向型企业品的等产量曲线,而且可以获得顾客导向型企业最优人本资本结构的路径。另外,根据顾客导向型企业品生产的契约曲线,可以获得顾客导向型企业品生产的可能性曲线。

6.4 顾客导向型企业人本资本合作治理结构的形成

治理理论的主要创始人之一詹姆斯·N.罗西瑙认为,治理是通行于规制空隙之间的那些制度安排,或许更重要的是当两个或更多规制出现重叠、冲突时,或者在相互竞争的利益之间需要调解时才发挥作用的原则、规范、规则和决策程序(詹姆斯·N.罗西瑙,2001)。在信息非对称的物本经济阶段,委托代理契约决定了企业管理者较为僵化地按照受托制度进行管理,纵然企业出现规制不足或过剩,也是企业委托者采取雇佣治理措施来弥补生产导向型企业规制不足或消除规制过剩所带来的问题。在信息非对称的人本经济阶段,顾客导向型企业也存在规制不足或过剩,但是作为利益相关者契约的顾客导向型企业所有权与经营权合一,此时导向型企业不存在委托代理管理者,它们都是导向型企业管理者。对于顾客导向型企业规制不足或过剩,那是导向型企业管理者采取合作治理措施来弥补顾客导向型企业规制不足或消除规制过剩所带来的问题。此时合作治理属于管理者经营范畴内的事情,因此,将合作治理纳入顾客导向型企业人本资本合作财务管理范畴之中的根本理由是存在的。

纵观科学技术进步所引发的人类社会由信息非对称的物本经济转型为信息非对称的人本经济,同时信奉不同经济发展观所内化为经济主体的信念也随之发生演变,即资本雇佣劳动信念演变为资本与劳动和谐信念。至此,生产导向型企业采用委托代理方式来维护寄生关系,生产导向型企业经营主要靠管理。顾客导向型企业采用利益相关合作方式来维护合作关系,顾客导向型企业经营主要靠管理,同时,合作治理也纳入了管理范畴中,新生一种方式。因为顾客导向型企业人与人之间的合作关系,依靠管理,有时会失灵,然而依靠合作治理,往往获得的效果相对有效。因此,国内外学者常常选择企业资本结构与治理结构的关系对此企业治理演变进行研究。

6.4.1 企业资本结构与企业治理结构关系研究现状

关于传媒上市企业治理结构与融资结构关系的实证研究发现,传媒上市企业的所有者无法影响企业的融资结构,传媒上市企业的董事会和经理人却能影响企业的融资结构(丁汉青、蒋聪滢,2017)。通过对境外上市企业样本数据分析发现,外资基金和非金融类外资股东治理效应是显著的(黄文青,2017)。通过对境内上市企业样本数据分析发现,企业治理水平低的企业,其资本结构调整速率相应较低;否则,结果相反(曾广录、曾汪泉,2017;Lee E.、Martin W.、Zeng C.,2014)。执行董事治理能够降低企业盈余管理水平,同时也增强了企业薪酬业绩敏感性(孙光国、孙瑞琦,2018)。非执行董事有助于抑制企业过度投资及管理层在职消费,管理层权力对非执行董事治理效应具有负面影响(桂荷发、黄节根,2018)。董事会特征与股权结构对上市企业价值创造能力存在间接影响,资本结构既存在直接影响,也存在间接影响(阮素梅、杨善林、张莉,2015)。企业治理水平与资本结构呈现显著的正相关关系(杨鑫、李明辉,2016)。郝晓雁和王慧娟(2017)将智力资本引入资本结构中,检验发现,第一大股东的持股比例与企业治理效应不存在明显线性关系,而前五大股东的持股比例越高,企业治理效应越明显;资产负债率、流动负债比率与企业治理效应负相关;结构资本和人力资本与企业治理效应正相关。

总而言之,在信息非对称的物本经济阶段,生产导向型企业雇佣治理问题是随着17世纪企业制企业的出现和发展而诞生的。亚当·斯密(1776)、约翰·穆勒(1848)、马歇尔(1890)等经济学家陆续发现,由所有者和经营者利益目标不一致以及信息不对称等原因导致了生产导向型企业雇佣治理现象。然而作为"黑箱理论"的古典经济学和新古典经济学虽然发现了两权分离带来的生产导向型企业雇佣治理问题,但是未能揭示问题产生的根源。所以生产导向型企业经营主要依靠管理,而治理仅仅管理辅助方式。因此,很少有财务管理学将治理纳入生产导向型企业物本资本财务管理范围内。在信息非对称的人本经济阶段,企业所有权与经营权由分离转变为合一,生产导向型企业寄生关系被顾客导向型企业合作关系替代。追求物类价值为本的生产导向型企业雇佣治理结构转变为追求人类价值为本的顾客导向型企业合作治理结构。从上述文献可以看出,有更多国内外学者选择企业资本结构来研究企业治理结构。为此,应通过物类价值为本与人类价值为本来梳理企业资本结构与治理结构的关系,并找出它们之间存在的内在演变规律。

6.4.2 生产导向型企业物本资本结构与雇佣治理结构的关系

人类社会经历了三次工业革命,以蒸汽机基础制造技术为代表的第一次工业革命和以福特式流水线基础制造技术为代表的第二次工业革命作为信息非对称的物本经济阶段划分的里程碑。这也是欠发达社会生产力发展水平的标志。欠发达社会生产力水平总体上决定了人类社会经济发展水平处于供给小于需求的水平,因此,低层次需求的卖方市场处于主导地位。无论是企业管理者还是企业所有者,他们都通晓卖方市场低层次需求,通过追求以生产为导向的企业经营战略来成就他们以物类价值为本的共同愿景与目标。信息非对称环境下,能够实现大量时空分离的交易或事项应归功于货币的"万能媒介"功能,这也决定了以货币为载体的财务资本本身具有稀缺性。福特式流水生产线、机器设备大批引入对大规模资金的需求加剧了财务资本稀缺程度,因此,在企业生产和并购活动过程中作为最稀缺资源的财务资本扮演着关键角色(金帆、张雪,2018)。对财产私有制的崇尚、财务资本的稀缺性以及在风险承担与抵押上无可比拟的优越性都为"财务资本雇佣劳动"信念进一步扎根于人们心中提供了坚实的铺垫(杨瑞龙、杨其静,2000)。因此,在财务资本雇佣劳动信念逐渐形成后,不断地强化以委托代理契约方式实现财务资本所有权与经营权逐步分离,同时以股东利益最大化为目标、以同股同权为原则,不断强化财务资本雇佣劳动的主导地位,实现企业经营权有效配置格局逐渐形成,最终形成以物类价值为本的企业治理结构。至此,Berle and Means(1932)对两权分离的系统论证正式开启了企业治理的大门,同时也开启了信息非对称的物本经济阶段生产导向型企业物本资本财务资本结构与雇佣治理结构之间关系的研究。

1. 生产导向型企业物本资本财务资本结构与雇佣治理结构关系的理论解构

在信息非对称的物本经济阶段,卖方市场的低层次需求驱动人类追求以生存为本,积累了信奉以物类价值为本的物本经济发展观。在物本经济发展观下,滋生了财务资本雇佣劳动信念,它塑造的以物类为本的思维逻辑贯穿于财务资本所有者与企业经济主体在信息非对称环境下追求所有权与经营权有效配置的过程中,集中展现出生产导向型企业物本资本财务资本结构与雇佣治理结构关系。对此,笔者勾画出生产导向型上市企业财务资本结构与雇佣治理结构关系逻辑图,如图6-5所示。

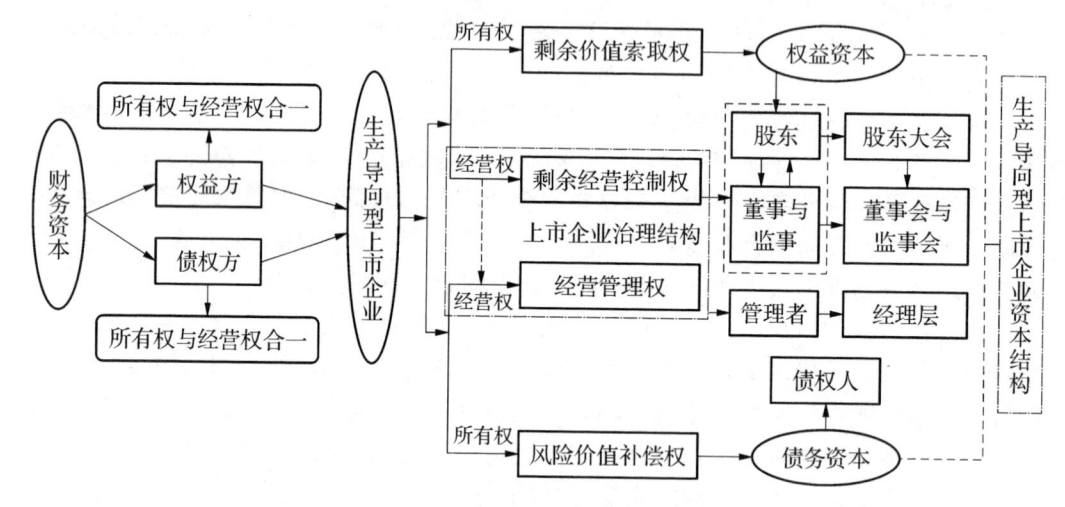

图6-5 生产导向型上市企业财务资本结构与雇佣治理结构的关系逻辑

就产权视角而言,企业资本结构的本质就是企业所有权结构,而企业治理结构的本质就是企业经营权结构。在信息非对称的物本经济阶段,物本经济发展观指导物本经济发展过程中,财务资本雇佣劳动这一根深蒂固的信念在财务资本结构主导生产导向型企业雇佣治理结构的所有权与经营权有效配置关系中奠定了精神和信仰根基。为此,基于委托代理逻辑视角勾勒出如图6-5所示的生产导向型上市企业资本结构与雇佣治理结构关系逻辑图。下文将详细阐述前工业经济阶段以物类价值为本的企业财务资本结构与治理结构关系。

(1) 生产导向型上市企业财务资本结构

通过图6-5所示的生产导向型上市企业财务资本所有权演变路径来解构财务资本结构的形成与变化。在信息非对称的物本经济阶段,财务资本的稀缺性决定了追求物类价值为本的生产导向型企业不断地寻求由权益资本和债权资本构成的财务资本。因此,权益方和债权方分别将权益资本和债券资本以投资交易方式暂时内置于上市企业中。在权益方和债权方各自携带权益资本和债权资本与生产导向型上市企业投资交易之前,由于他们的经营权尚未获得"用武之地",一般仅仅以所有权身份(权益方和债权方)行使其所有权。此时,财务资本的所有权与经营权处于合一状态。在财务资本内置于生产导向型上市企业中之后,债权人以风险价值补偿权形式体现其所有权——债权。在英美的企业治理模式中,其风险价值补偿权在实物层面上表现为债权资本成本率。在日德的企业治理模式中,强调以银行为主的金融机构对企业内部监督。当企业处于危及其债权资本安全时,银行或金融机构派驻代理人接管企业。此时,债权人以上市企业实际"大股东"的形式行使剩余价值索取权,剩余价值索取权在实物层面上表现为债权资本利润率。无论是美英企业治理模式，还是日德企业治理模式，它们都是以股东利益最大化为目标、以同股同权为原则的财务资本导向上市企业，其权益方以剩余价值索取权形式体现其所有权——股权。其剩余价值索取权在实物层面上均表现为净资产利润率，或每股收益率。因此，在财务资本雇佣劳动信念强化下，逐渐完成了人类价值归于物类价值的生产导向型上市企业股东价值最大化。企业财务资本结构表现为生产导向型上市企业初期的资产负债率和后期由债权资本成本率和权益资本利润率构成的综合资本成本率。

(2) 生产导向型上市企业雇佣治理结构

如图6-5所示，在财务资本雇佣劳动信念支撑下，通过追求企业所有权与经营权分离来解构生产导向型企业雇佣治理结构的形成。债权方通过交易方式将债权资本暂时内置于上市企业之中，将自己的经营管理权委托给生产导向型上市企业，由生产导向型上市企业经理层按照债权人委托愿景和目标在生产导向型上市企业战术决策层面上行使其经营管理权。在日德的企业治理模式中，以银行为主的金融机构和基于相互持股的法人组织对企业及其代理人实施长期内部监督控制。其债权方将经营监督权也赋予上市企业管理层，或自己直接履行监督职能。法人权益方将经营监督权赋予由具有董事身份者组成的监事会，并由其行使经营监督权。权益方通过交易方式将权益资本暂时内置于生产导向型上市企业中，以股票契约方式使自己获得生产导向型上市企业股东身份，表明自己拥有所有权，同时以股东大会形式行使自己的经营权——剩余经营控制权。当然，大股东也可能以CEO或CFO形式行使经营管理权。因此，相比于债权方，权益方的所有权与经营权仍保留合一方式。当然，小股东以"搭便车"方式将自己剩余经营控制权委托给由大股东组成的股东大会。在生产导向型上市企业战略决策层面上，由股东身份产生的企业董事、董事会、股东大会以所有权与经营权合一方式行使剩余经营控制权。在生产导向型上市企业战术决策层面上，由具有股东身份的CEO或CFO按照权益方委托愿景和目标行使其经营管理权。

因此，在日德的企业治理模式中，权益方主要是指法人组织持股，大股东表现为法人股东。由上述经营管理权、剩余经营控制权和内部经营监督权构成生产导向型上市企业雇佣治理结构。在英美的企业治理模式中，权益方将经营监督权委托给生产导向型上市企业外部的政府、中介机构、独立董事以及市场等企业外部利益相关方，强调外部经营监督。权益方为自由持股人，作为资本市场主体的股东直接行使外部经营监督权，而无须单独设立监事会。因此，在财务资本雇佣劳动信念下，很多学者提出由生产导向型上市企业内部经营管理权与剩余经营控制权有效配置，形成生产导向型上市企业内部治理结构和由生产导向型上市企业外部不同经营监督权有效配置，从而形成生产导向型上市企业外部治理结构。

2. 生产导向型企业物本资本财务资本结构与雇佣治理结构之间的背离关系

在信息非对称的物本经济阶段，根据企业所有权与经营权分离理论可以得出，由财务资本所有权结构决定企业财务资本结构，以及企业经营权结构决定企业雇佣治理结构。在有效委托代理过程中，企业财务资本结构与雇佣治理结构呈现正向关系。然而，在现实中，很多学者通过实证检验，其结果并非如此。造成这种理论关系与现实关系的背离，究其缘由如下：

首先，在信息非对称环境下，所有权与经营权分离并非有效。所有权人在信息非对称环境下误判行使自己期望经营权受托人。其误判情况如下：一方面，受托经营权人追求自身利益与所有权所期望履行经营权人为自己获得利益不一致，而可能面临着受托经营权人的"道德风险"和逆向选择；另一方面，虽然所有权人获得忠诚于自己的受托经营权人，或者所有权人自己履行经营权，但他们都有可能没有与有效行使经营权匹配的经营能力。至此，上述误判均可造成无效的所有权与经营权分离方式。

其次，在信息非对称环境下，委托代理契约的形成并非有效。财务资本所有者通过投资于专用性和非流动性的资产以达到对经营权的掌控，进而为实现自己预期目标而期望达成和实施委托代理契约，然而，财务资本投入企业之后形成企业永久性资产从而承受着较大风险，容易"被套牢"的财务资本极有可能面临管理者"敲竹杠"风险而缺乏签订契约的积极性（金帆、张雪，2018）。

最后，市场的非均衡性。人类社会各种生产技术不断进步，可能造成局部生产领域生产力水平进入发达阶段，进而产生局部供给大于需求的买方市场，然而所有者漠视买方市场驱动人力资本崛起的事实，或对市场误判，仍然信守财务资本雇佣劳动信念，进而阻碍了现实企业资本结构与雇佣治理结构之间正向关系的发展，或者研究者仍承袭财务资本雇佣劳动逻辑，从而得出实证检验结果背离自己提出的研究假设。

6.4.3 顾客导向型企业人本资本结构与合作治理结构的关系

随着以智能化、数据化和信息化制造技术为代表的第三次工业革命的爆发，它标志着人类社会由追求物类价值为本的信息非对称物本经济阶段，转变为追求人类价值为本的信息非对称的人本经济阶段。同时也开启了由供给大于需求的信息非对称买方市场代替由供给小于需求的信息非对称卖方市场。买方市场的马斯洛层序需求一方面驱动企业由生产导向经营战略转变为顾客导向经营战略；另一方面，驱动人力资本不断地崛起，人力资本成为企业稀缺资源。因此，在人本经济发展观下，导致财务资本与劳动和谐信念在买方市场马斯洛层序需求驱动顾客导向型企业追求自身发展过程中不断强化，以人力资本＋财务资本共同掌握顾客导向型企业经营权为核心特点、以顾客导向型企业利益相关者价值最大化为目标，实现财务资本与人力资本协同共赢。这个协同共赢过程展示出信息非对称的人本经济阶段顾客导向型企业人本资本财务资本＋人力资本结构与治理结构之间的关系。

1.顾客导向型企业人本资本财务资本＋人力资本结构与合作治理结构关系的理论解构

财务资本与劳动和谐信念塑造以人类为本的思维逻辑，贯穿于财务资本与人力资本的所有者与顾客导向型企业经济主体在信息非对称环境下追求所有权与经营权有效配置的过程中，集中展现出顾客导向型企业人本资本财务资本＋人力资本结构与合作治理结构之间的内在关系。对此，笔者勾画出顾客导向型上市企业财务资本＋人力资本结构与合作治理结构的关系逻辑，如图6-6所示。

（1）顾客导向型上市企业财务资本＋人力资本结构

通过图6-6所示的顾客导向型上市企业财务资本与人力资本所有权演变路径来解构财务资本＋人力资本结构的形成与变化。在信息非对称的人本经济阶段，财务资本的权益方和债权方仍可通过资本市场将权益资本和债权资本以证券形式内置于顾客导向型上市企业中。权益资本权益方在顾客导向型企业中仍沿袭以股利或股权利润率代表行使所有权价值形式行使其剩余价值索取权。债权资本债权方却以债券(权)收益率或债券型基金收益率代表行使所有权价值形式行使其剩余价值索取权,而非生产导向型上市企业风险价值补偿权。截至目前,人力资本的权益方在我国尚无法以证券形式将人力资本内置于顾客导向型上市企业中,其结果是出现阿里巴巴在国内无法正常上市的现象。相对于物力资本而言,人力资本具有私人性、不可处分性、动态性等特点,它在国际发达资本市场上以同股不同权形式允许创业企业家人力资本掌握控制权的双层股权结构的创业企业和动态"合伙人制"的阿里巴巴进入证券市场。人力资本权益方在顾客导向型上市企业中以人力资本股权收益率代表行使所有权价值形式行使其剩余价值索取权。因此,在财务资本与劳动和谐信念强化下,逐渐完成物类价值归于人类价值的顾客导向型上市企业利益相关者价值最大化。因此,财务资本+人力资本结构表现为顾客导向型上市企业股权利润率、债权收益率和人力资本股权收益率构成的综合资本成本率。

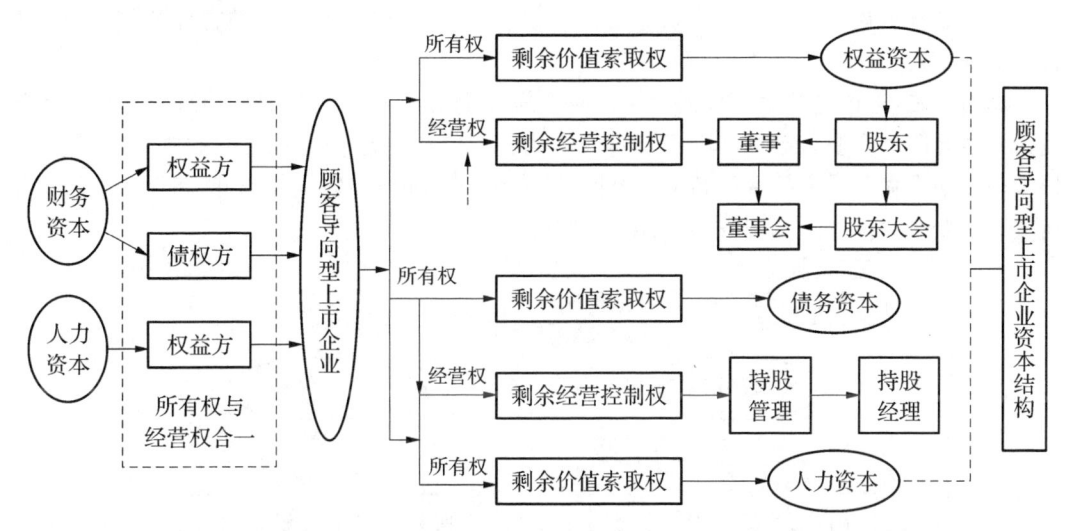

图 6-6 顾客导向型上市企业财务资本+人力资本结构与合作治理结构的关系逻辑

(2) 顾客导向型上市企业治理结构

如图 6-6 所示,在财务资本与劳动和谐信念支撑下,追求企业所有权与经营权合一以解构顾客导向型上市企业合作治理结构的形成。信奉财务资本与劳动和谐信念的债权方出"钱"与人力资本权益方出"力",并以共生契约方式在顾客导向型上市企业中建立互利共赢经营合作模式,人力资本权益者因获得债权方的"用武之地"而实现自身经营价值,进而使自身的所有权变得有价值;而债权资本债权方借助人力资本权益方经营能力实现债权方期望的经营权价值最大化,进而使自身的所有权变得有意义。因此,人力资本权益者与债权资本债权方共享剩余经营控制权,他们均以持股身份方式享有各自剩余价值索取权。也就是说,投资于任何企业的资本,在获得有效企业经营权之际,他们的所有权才会变得有意义。譬如,在阿里巴巴的西湖协议中规定动态合伙人制中 5 人董事会,其中 3 位董事确认自身人力资本持相应股份,且享有匹配剩余经营控制权,而另外 2 位董事可来自权益资本权益方。这样可在民主集中制原则下确保阿里巴巴剩余经营控制权的有效性。因此,无论是双层股权结构的创业企业,还是动态合伙人制的阿里巴巴,均以同股不同权形式表达人力资本权益方拥有剩余经营控制权的价值。

当然,债权方也可以以债转股方式获得顾客导向型企业剩余经营控制权,使得自己成为"董事"或"监事"。这种情况通常发生在日德的企业治理模式中。权益资本权益方仍以董事或董事长身份享有剩余经营控制权,但它不同于生产导向型上市企业的董事或董事长。顾客导向型上市企业董事身份的获得是凭借其自身经营能力,而不是凭借股东身份"世袭"。也就是说,凭借所有权可以拥有经营权,但拥有经营权未必具有经营能力。在同股同权的上市企业中就存在拥有经营权必拥有经营能力的假设,这种假设成立的条件在于,在前工业经济阶段,通过标准管理和标准化作业来完成生产导向型上市企业满足卖方市场基本需求的供给,对于任何一位股东来说,他们都基本上具备这种标准化的经营能力。而在信息非对称的人本经济阶段,原先标准化的经营能力无法满足买方市场个性化需求所决定的定制化供给,因此,这种同股同权成立的假设条件已经不存在了。因此,在财务资本与劳动和谐信念引导下通过债权资本债权方(或权益资本权益方)与人力资本权益方共同享有剩余经营控制权与以权益资本权益方所享有剩余经营控制权有效共同配置,形成了顾客导向型上市企业合作治理结构。

总而言之,上述论证生产导向型企业物本资本财务资本结构与雇佣治理结构的关系演变为顾客导向型企业人本资本财务资本+人力资本结构与合作治理结构的关系,其演变的根本内在动力在于科学技术创新进步,外在动力在于市场类型转变。为此,将其企业治理结构关系演变规律描述为如图6-7所示的逻辑。

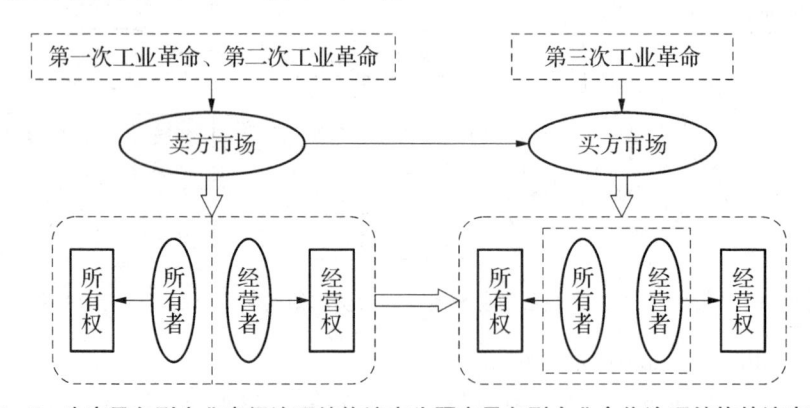

图6-7 生产导向型企业雇佣治理结构演变为顾客导向型企业合作治理结构的演变逻辑

根据图6-7所示,在信息非对称的物本经济阶段,生产导向型企业雇佣治理结构演变为信息非对称的人本经济阶段顾客导向型企业合作治理结构的动力在于,科学技术创新进步与市场转型,而在科学技术创新进步的外力与市场转型的内力共同作用促进企业所有权与经营权由分离转变为合一时,企业由资本与劳动和谐关系替代资本雇佣劳动关系,实现了企业由以生产为导向的经营战略转变为以顾客为导向的经营战略。由企业经营战略演变决定了生产导向型企业物本资本雇佣财务管理演变为顾客导向型企业人本资本合作财务管理。委托代理契约性质决定了生产导向型企业强调第三方的物类价值为本的财务管理,而利益相关者契约性质决定了顾客导向型企业一方面借助企业外部利益相关者从事第三方的人类价值为本的财务管理;另一方面,企业所有权与经营权合一决定了顾客导向型企业内部利益相关者基于一定企业规则从事自我管理。顾客导向型企业基于一定企业规则从事自我管理，其本质是顾客导向型企业合作治理。基于上文企业治理结构的演变规律，在信息非对称的人本经济阶段，笔者认为顾客导向型企业合作治理应该纳入顾客导向型企业人本资本合作财务管理范畴。下面对此结论做案例检验研究。

6.5 顾客导向型企业人本资本合作治理结构形成的案例检验研究

鉴于前文理论分析信息非对称的物本经济阶段生产导向型企业资本结构与雇佣治理结构关系，以及信息非对称的人本经济阶段顾客导向型企业资本结构与合作治理结构关系，选择海尔公司为案例，检验海尔公司资本结构与合作治理结构关系演变的规律，以此解释顾客导向型企业合作治理结构的形成。

6.5.1 海尔案例的选择

根据欧睿国际（Euromonitor）调查资料，截至2016年，海尔已经连续七次蝉联全球白色家电第一品牌，并被美国《新闻周刊》网站评为全球十大创新公司（赵剑波，2014）。因此，选择海尔为案例，它具有同行业典型性。海尔自身管理创新经历了四个变革阶段：1980—1990年，海尔抓住了改革开放的历史机遇，推行以产品质量为本的名牌管理战略；1990—1998年，海尔借着邓小平同志南巡讲话的机遇，抓住了国内兼并重组政策，实施多元化发展战略；1999—2004年，海尔借中国加入WTO之机，推行国际化战略；2005—2012年，海尔按照"走出去、走进去、走上去"的"三步走"思路，推行全球化品牌战略。显然，1980—1998年，海尔推行名牌管理战略和多元化发展战略，体现出海尔奉行财务资本雇佣劳动信念追求物类价值为本的大规模制造满足卖方市场家电基本需求，强调海尔科层制中心化财务管理模式；1999—2012年，海尔推行国际化战略与全球化品牌战略，体现出海尔奉行财务资本与劳动和谐信念追求人类价值为本的大规模个性化定制供给满足家电买方市场客户个性化需求，强调海尔柔性内外中心化财务管理模式。因此，海尔案例具有代表性。

6.5.2 海尔人本资本结构与合作治理结构关系演变案例检验

根据信息非对称的物本经济阶段与人本经济阶段企业资本结构与治理结构关系演变的理论解构，设计代表信息非对称的物本经济阶段与人本经济阶段海尔资本结构与治理结构指标体系，如表6-1所示。

表6-1 信息非对称的不同经济阶段海尔资本结构与治理结构指标体系

经济阶段	企业资本结构	企业资本指标	企业治理结构	企业治理指标
信息非对称的物本经济阶段	权益资本+债权资本	权益资本规模/债权资本规模	剩余经济控制权+经营管理权	董事、监事、高管人员平均报酬，独立董事平均报酬
信息非对称的人本经济阶段	权益资本+债权资本+人力资本	权益资本利润率/债权资本利润率/人力资本收益率	生产型经营控制权+管理型经营控制权	董事、监事、高管人员平均报酬，独立董事平均报酬

根据表6-1中的企业资本指标和企业治理指标,分别构建如下企业资本结构与企业治理结构指标:权益资本结构=权益资本规模÷(权益资本规模+债权资本规模),其他资本结构以此类推;董事治理结构=董事平均薪酬÷(董事平均薪酬+监事平均薪酬+高管人员平均薪酬),其他治理结构以此类推。海尔在2004年设立代表中小股东利益的独立董事行使监督经营权,然而,由于大股东决定独立董事薪酬,致使独立董事在我国上市公司中成为"花瓶",因而很难体现海尔中小股东的资本结构与独立董事治理结构的正向关系。因此,笔者对此不做验证,下文也如此。

如表6-1所示,在信息非对称的物本经济阶段,海尔资本结构与雇佣治理结构指标体系,由于1980—1989年海尔财务报告数据在国泰安数据库和深沪交易所找不到,因而选择1990—1998年海尔会计报告数据,结合图6-5中所示的生产导向型上市企业财务资本结构与雇佣治理结构的关系逻辑,绘制代表在信息非对称的物本经济阶段海尔财务资本结构与雇佣治理结构关系演变规律的趋势图,如图6-8和图6-9所示。

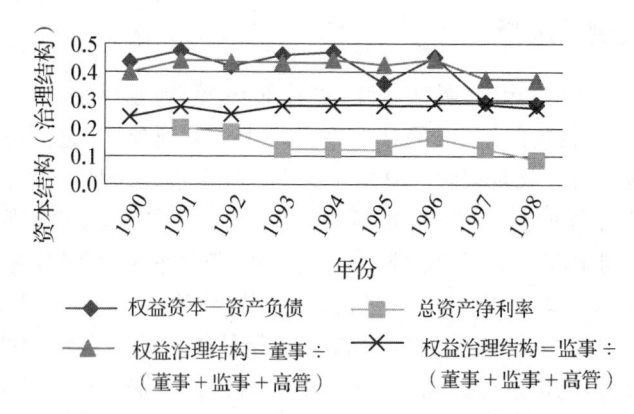

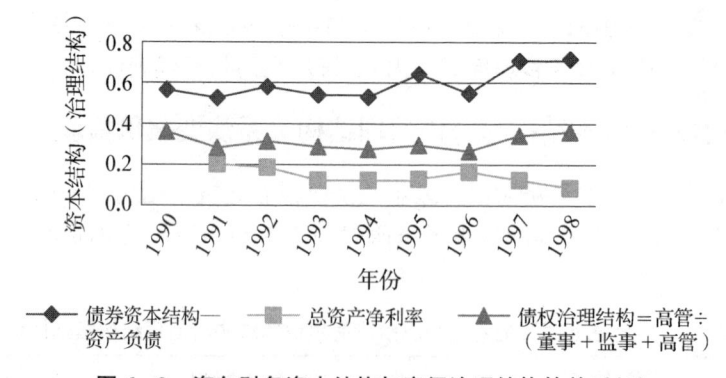

图6-8 海尔财务资本结构与雇佣治理结构的关系(1)

图6-9 海尔财务资本结构与雇佣治理结构的关系(2)

从图6-8中可以看出,代表剩余价值索取权的权益资本结构与代表剩余经营控制权的董事与监事治理结构基本呈正向关系。从图6-9中可以看出,代表风险价值补偿权的债权资本结构与代表经营管理权的高管治理结构基本呈正向关系。海尔财务资本结构与雇佣治理结构关系趋势与1990—1996年海尔净资产利润率趋势基本呈正向关系,这与海尔推行多元化发展战略获得成功吻合,检验了以物类价值为本的海尔财务资本结构与雇佣治理结构逻辑关系的科学合理性。然而,相比于 1996—1998 年海尔净资产利润率变化趋势,海尔权益资本结构和董事与监事治理结构关系趋势呈现正向趋势,而债权资本结构与高管治理结构关系趋势呈现反向趋势。这说明海尔以体现财务资本雇佣劳动信念的委托代理方式正在失效。

根据表 6-1 所示的信息非对称的人本经济阶段海尔资本结构与合作治理结构指标体系,选择 1999—2012 年海尔会计报告数据,结合图 6-6 所示的顾客导向型上市企业财务资本+人力资本结构与合作治理结构关系逻辑图,绘制代表在信息非对称的人本经济阶段海尔财务资本+人力资本结构与合作治理结构关系演变规律的趋势图,如图 6-10、图 6-11 和图 6-12 所示。

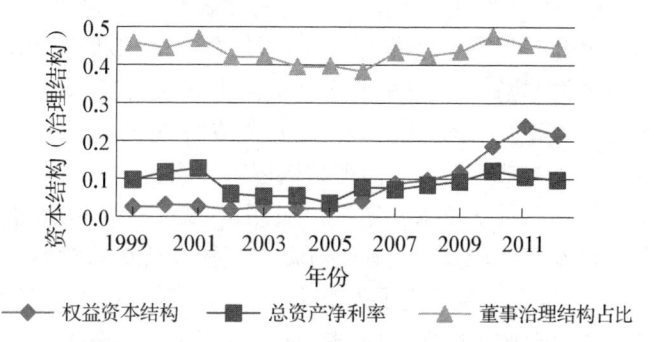

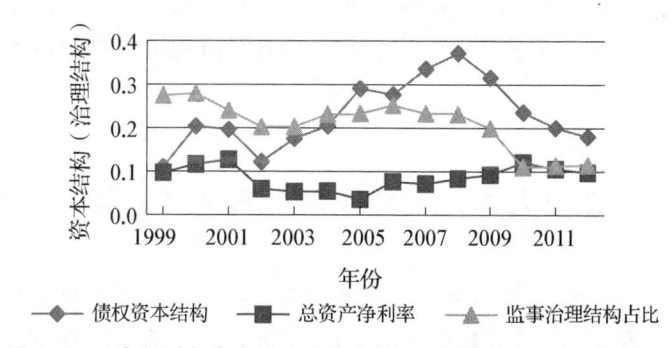

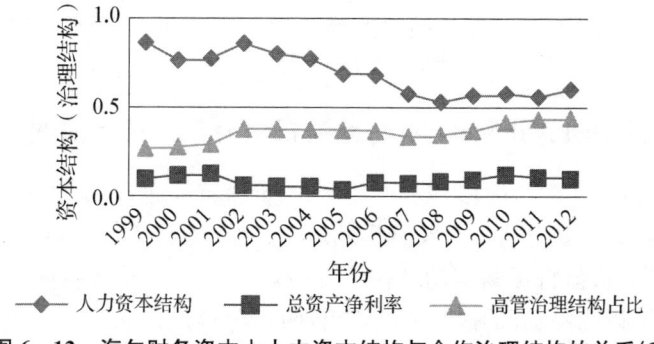

图 6-10 海尔财务资本+人力资本结构与合作治理结构的关系(1)

图 6-11 海尔财务资本+人力资本结构与合作治理结构的关系(2)

图 6-12 海尔财务资本+人力资本结构与合作治理结构的关系(3)

从图 6-10 中可以看出,代表剩余经营控制权的董事治理结构与代表剩余控制索取权的权益资本结构呈正向关系。从图 6-11 中可以看出,代表剩余价值索取权的债权资本结构与代表剩余控制权的监事治理结构总体上呈正向关系。从图 6-12 中可以看出,代表剩余价值索取权的人力资本结构与代表剩余控制权的管理层(高管)治理结构呈正向关系。上述海尔资本结构和治理结构关系趋势与代表利益相关者价值的海尔总资产利润率呈正向关系。1998—2004 年,海尔展开了以市场链为核心的管理模式探索,由于缺乏管理工具、管理方法创新,只取得了阶段性成功。从图 6-10、图 6-11 和图 6-12 中可以看出,海尔资本结构和合作治理结构关系趋势与代表利益相关者价值的海尔总资产利润率均呈正向下降关系。2007—2012 年,海尔开始推动以生产为导向的顾客导向型企业全面转型,开启了员工与用户共创价值的人单合一双赢管理模式 1.0。海尔资本结构和合作治理结构关系趋势与代表利益相关者价值的海尔总资产利润率均呈正向上升关系。总而言之,1999—2012 年,海尔奉行财务资本与劳动和谐信念,成功推行国际化战略与全球化品牌战略,验证了海尔追求人类价值为本的人本资本结构与合作治理结构逻辑关系。

第三次工业革命的基础科学技术不断推广应用,促进了人类社会经济由物本经济发展观指导信息非对称下物本经济转型为人本经济发展观指导信息非对称下人本经济。在人本经济发展过程中,人本经济发展观滋生了人类价值为本的财务资本与劳动和谐信念,在这些信念形成与强化的基础上形成了顾客导向型企业人本资本财务资本结构+人力资本结构与合作治理结构的逻辑关系,结合企业所有权结构决定企业资本结构,企业经营权结构决定企业治理结构,从理论上阐述了顾客导向型企业人本资本财务合作治理成为顾客导向型企业人本资本合作财务管理的创新内容。下面仍承袭演化经济理论分析顾客导向型企业人本资本合作财务管理理论体系的形成。

6.6 顾客导向型企业人本资本合作财务管理理论架构的形成

鉴于顾客导向型企业人本资本财务合作治理成为顾客导向型企业人本资本合作财务管理的创新内容,笔者依据产权范式来研究企业财务的历史与逻辑勾画,即财权理论(财务研究逻辑起点、财务本质、财务主体与财权主体、财务目标、财务职能、财权配置)、财务治理理论(财务治理结构、财务治理机制、财务治理行为规范)(曹越、伍中信,2011),根据企业财务管理=企业财务+企业管理,创新性地研究顾客导向型企业人本资本合作财务管理理论架构的形成。

6.6.1 财务管理研究逻辑起点:有效财权向有效人权的演变

在信息非对称的物本经济阶段,就"产品化"的价值特征而言,本金是现代财务研究的逻辑起点,分析现代财务要从分析本金及其运动规律开始(伍中信,1998)。这是延续货币产生之前的"以物易物"为价值特征的实物产权认知阶段。为了实现交易规模的拓展与繁荣,产生了"货币"以实现"以物易物"的时空分离,这种时空分离是建立在一定经济合约基础上的,而这种经济合约的"一般等价物"便是货币。因此,货币的本质是一种共识化的合约,而货币功能是"万能媒介",这一认知可以以我国北宋时期的"交子"为佐证。自从货币产生之后,配置的资源天然地被分解为货币资源与非货币资源,自此,本文所描述的货币资源配置关系被称为"财务"。当然,货币资源配置关系包括货币资源之间的配置关系(被人们俗称为"金融")与具体货币资源与非货币资源之间的配置关系(被人们俗称为"财务")。作为货币载体的本金自然也就成了研究财务的逻辑起点,就货币共识化合约本质而言,本金仅揭示货币共识化合约所描述的第一层面关系——人对物(货币),显然,它或缺了货币共识化合约所描述的第二层面关系——因人对物(货币)关系而形成人与人之间的关系。

因此,能够完整地描述在信息非对称的物本经济阶段具有货币量化价值运动状态的财务逻辑起点,财权更适合。这里的财权可理解为描述货币资源配置关系的产权,也就是说,财权的本质就是产权。随着通讯技术、计算机和网络技术迅猛发展,各种网络技术不仅改变了货币的外在特征,譬如说,各种金融衍生工具、比特币等,而且从根本上改变了货币合约的共识化特征。因为从以数据为核心的 Web 1.0 的基础上引申出创新 1.0,在创新 1.0 的基础上,借助传统货币"+互联网"实现货币商品由信息非对称的物本经济阶段主权化货币合约的共识化特征,向信息非对称的人本经济阶段泛主权化货币合约的个性化特征转变。因此,源于描述信息非对称的人本经济阶段具有电子货币量化价值特征的高层次需求价值,更加适合描述创新 1.0 下泛主权化货币[①]资源配置关系的财务研究的逻辑起点。财务不等于财务管理。上述论述无论是在信息非对称的物本经济阶段主权货币资源配置关系,还是在信息非对称的人本经济阶段泛主权化货币资源配置关系上,财权成为不同经济阶段的企业财务逻辑起点。显然,就财务论财务而言,企业财务逻辑起点是财权,无可非议。就财务管理而言,财务是管理的对象,而财务对象是财权,显然,财务管理的对象也是财权。就就事论事的还原论而言,无论是在信息非对称的物本经济阶段生产导向型企业物本资本财务管理,还是在信息非对称的人本经济阶段顾客导向型企业人本资本财务管理,它们的对象都是财权。就系统论而言,在信息非对称的物本经济阶段,生产导向型企业物本资本雇佣财务管理对象是产权,在信息非对称的人本经济阶段,顾客导向型企业人本资本合作财务管理对象是人权。

6.6.2 财务管理本质:有效财权流向有效人权流的演变

针对货币资源有效配置过程的抽象,就以本金作为财务研究的逻辑起点而言,财务本质自然概括为本金运动规律。从产权角度来看,就以财权作为财务研究的逻辑起点而言,财务本质自然概括为财权流。其理由是,一方面可以用"财力"的流动来表达货币量化的"商品化""价值流";另一方面可以通过"权利"的流动来体现满足人们完全低层次需求的现代企业制度这一特殊历史条件的"生产关系"。其中对"权利主体"的假设采用的是利己主义价值观的"理性经济人"。直至目前,很多财务学者仍将财务本质认知为一定社会条件下的生产关系,这仅仅关注到货币共识化合约的第二层面关系,而漠视货币共识化合约的第一层面关系。最为关键的是,货币合约仍局限于经济合约范畴之内,尽管有的学者试图将非经济合约范畴的社会环境纳入货币合约之中,并且选择与之对应的"社会生态人"的财务主体假设,但对财务对象的价值确认与计量仍然采用传统财务的还原论"隔离法",导致了财务理论与实

---

① 泛主权化货币是指对信息非对称的人本经济阶段买方市场马斯洛层序需求价值确认与计量采用主权货币,以及被政府认可的比特币、电子货币等,对此由国家授权或认可的货币或货币等价物统称为泛主权化货币。

践"两张皮"的现象产生。

随着人类社会主权货币量化价值特征的物本经济阶段向泛主权货币量化价值特征的人本经济阶段的转变，研究财务的逻辑起点也相应地由人权替代财权，财务本质自然概括为人权流。其理由如下：一方面通过"人力"的流动来表达个性化需求或定制化供给的泛主权货币量化"人权价值流"；另一方面通过"权利"的流动来体现满足人们个性化需求条件下适用于创新1.0的顾客导向型企业"＋互联网"制度这一特殊历史条件的"生产关系"。其中，对"权利主体"的假设采用人本主义价值观的"社会生态人"。因为这一假设适应泛主权货币资源配置的创新驱动经济增长方式，而非"理性经济人"假设下主权货币资源配置的要素驱动经济增长方式，前一种方式可理解为不同货币资源要素驱动方式的"整合"，即"创新"的内涵。它是传统货币"＋互联网"的必然产物。与"创新驱动经济增长方式"所对应的财务对象的价值确认与计量应该采用系统论的"整体法"，这一方法更适应于信息非对称的人本经济阶段买方市场马斯洛层序需求的人权价值流的描述。就还原论而言，根据财务管理＝财务＋管理，管理的本质在于提高效率和效益。在信息非对称的物本经济阶段，生产导向型企业物本资本财务管理对象是有效财权流。就系统论而言，在信息非对称的物本经济阶段，生产导向型企业物本资本雇佣财务管理对象是有效产权流。在信息非对称的人本经济阶段，顾客导向型企业人本资本合作财务管理对象是有效人权流。

6.6.3　财务管理对象：还原论隔离法向系统论整体法的演变

人类社会从信息非对称的物本经济阶段向信息非对称的人本经济阶段转变的过程中，适应于社会发展的现代企业本质也由非完备经济契约向综合契约演变（李伟阳、肖红军，2010）。无论是生产导向型企业本质，还是顾客导向型企业本质，企业主体是指企业独立从事价值活动的权力空间范围，即企业货币资源配置活动的权力空间范围、非货币资源配置活动的权力空间范围以及它们之间配置活动的权力空间范围。无论是信息非对称的物本经济阶段生产导向型企业经济契约本质，还是信息非对称的人本经济阶段由利益相关者缔结的顾客导向型企业综合契约本质，它们都有其自己的边界。作为企业货币资源配置活动权力空间范围和货币资源与非货币资源之间的配置活动权力空间范围的财务主体，显然，就权力空间范围而言，财务主体小于企业主体，即财务主体不包括非货币资源的配置活动权力空间范围。财务主体内置于顾客导向型企业主体之中，财务主体契约属性也将随着企业经济性契约向综合性契约的本质演化而演变。作为不同利益相关者拥有或控制的不同资源要素所有者缔结而成的具有多边契约关系的联结体——企业来说，其中作为不同货币资源要素所有者自然构成财权主体，因此财权主体是多元的。不同利益相关者拥有或控制的不同资源要素通过交易内置于企业中，因此，财务主体是一元的。在信息非对称的物本经济阶段，作为财务资本的所有者，通过资本雇佣劳动方式，它获取其他不同资源要素所有权，成为不同资源要素的所有者，因此，生产导向型企业财权主体是一元的，即股东，而财务主体也是一元的，即企业（经济主体）。在信息非对称的人本经济阶段，通过资本与劳动和谐方式，实现不同资源要素所有权聚合，不同货币资源要素所有者将自己拥有或控制的资源内置于顾客导向型企业中，因此，顾客导向型企业财权主体是多元的，而顾客导向型企业人本资本财务主体却是一元的。

就系统论而言，在信息非对称的物本经济阶段，生产导向型企业物本资本雇佣财务主体奉行资本雇佣劳动观；在信息非对称的物本经济阶段，顾客导向型企业人本资本合作财务主体奉行资本与劳动和谐观。也就是说，财务主体虽是一元的，但财务主体价值观是截然不同的。由于财务管理＝财务＋管理，因此，财务管理主体＝财务主体＋管理主体。管理本质在于提高效率和效益。财务主体显然未必都是有效的，也就是说，财务主体有可能大于管理主体。就还原论而言，在信息非对称的物本经济阶段，生产导向型企业物本资本财务管理主体是有效财务主体，即有效主权货币资源的配置活动权力空间范围；在信息非对称的人本经济阶段，顾客导向型企业人本资本财务管理主体是有效财务主体，即有效泛主权货币资源的配置活动权力空间范围。但前者奉行物本资本价值观，后者奉行人本经济价值观。

就系统论而言，在信息非对称的物本经济阶段，生产导向型企业物本资本雇佣财务管理主体是有效财务主体，其有效财务主体是指有效主权货币资源的配置活动权力空间范围＋有效主权货币资源与非主权货币资源之间的配置活动权力空间范围；在信息非对称的人本经济阶段，顾客导向型企业人本资本财务管理主体是有效财务主体，其有效财务主体是指有效泛主权货币资源的配置活动权力空间范围＋有效泛主权货币资源与非主权货币资源之间的配置活动权力空间范围。前者财务管理主体追求物类价值为本，后者财务管理主体追求人类价值为本，作为主体对象的客体。就还原论而言，在信息非对称的物本经济阶段，生产导向型企业物本资本财务管理客体是有效财务客体，即有效主权货币资源；在信息非对称的人本经济阶段，顾客导向型企业人本资本财务管理客体是有效财务客体，即有效泛主权货币资源。但前者以物为中心，后者以人为中心。

就系统论而言，在信息非对称的物本经济阶段，生产导向型企业物本资本雇佣财务管理客体是有效财务客体，其有效财务客体是指有效主权货币资源＋有效主权货币资源与非主权货币资源之间的配置资源；在信息非对称的人本经济阶段，顾客导向型企业人本资本财务管理客体是有效财务客体，其有效财务客体是指有效泛主权货币资源＋有效泛主权货币资源与非主权货币资源之间的配置资源。

6.6.4 财务管理目标：利己价值最大化向人本价值最大化的演变

目前，作为信息非对称环境下的企业财务目标主要有利润价值最大化、股东价值最大化、利益相关者价值最大化。作为具有"万能媒介功能"的货币资源，其本身没有价值，因此，要通过货币资源的财权有效配置来实现财务资本价值，只能通过降低货币资源的交易成本来分散其风险。因此，财务直接目标应该是货币资源的交易成本最小化，只有这样，财务终极目标才有可能是目前占主流地位财务目标的某一种，但在不同经济时代，货币资源本身及其交易成本的内涵有别样的不同。在信息非对称的物本经济阶段，实现财务目标的交易成本范畴仍承袭主流经济学所界定的生产领域外的经济范畴，其货币资源仍然是各种主权货币。在信息非对称的人本经济阶段，主导交易成本的价值观已由利己主义演化为人本主义，同时伴随着交易成本的经济范畴向社会环境范畴拓展，对此交易成本的确认与计量工具也由主权货币向泛主权货币演变。因此，在信息非对称的物本经济阶段向信息非对称的人本经济阶段转变的过程中，可以看出，财务目标由财务主体的利己价值最大化向人本价值最大化演变。

根据财务管理＝财务＋管理，可以推断出财务管理目标＝财务目标＋管理目标。根据本质决定目标，就还原论而言，信息非对称的物本经济阶段生产导向型企业物本资本财务管理目标为主权货币资源配置成本最小化；信息非对称的人本经济阶段顾客导向型企业人本资本财务管理目标为泛主权货币资源配置成本最小化。就系统论而言，信息非对称的物本经济阶段生产导向型企业物本资本财务管理直接目标为主权货币资源配置成本最小化＋主权货币资源与非主权货币资源之间配置成本最小化。而它的终极目标是利润最大化，或股东价值最大化。在信息非对称的人本经济阶段，顾客导向型企业人本资本财务管理直接目标为泛主权货币资源配置成本最小化＋泛主权货币资源与非主权货币资源之间配置成本最小化。它的终极目标是利润最大化，它的终极目标是利益相关者价值最大化，或企业价值最大化。

6.6.5　财务管理职能：分立向协同的演变

在信息非对称的物本经济阶段，财务职能是指企业财务在运行过程中所固有的功能。财务职能是由财务本质所决定的，通过具体财务职能来体现财务本质。作为财务本质的本金运动论，其财务职能具体为筹资、投资、资本运营、分配等财务过程中的财务职能，包括财务预测、财务决策、财务计划、财务控制、财务分析等。作为财务本质的财权流，以财务分层理论为基础，从财务主体（所有者和经营者）角度来研究财务职能更具科学性。所有者的财务职能定义为决策、监督、调控，经营者的财务职能为组织、协调和控制。在信息非对称的人本经济阶段，顾客导向型企业采用资本与劳动和谐方式实现财权客体的合作（财务信息资源整合、泛主权货币资源整合）与财权主体的合作（财务人才整合）。这促使了中心化信任结构下生产导向型企业财权流的财务本质向中心化信任结构下顾客导向型企业人权流的财务本质的演变。在这个演变过程中，信息非对称的物本经济阶段的两大基本财务职能（货币资源配置与财权配置）向信息非对称的人本经济阶段的两大基本财务职能（泛主权货币资源配置与人权配置）转变。其中，在信息非对称的人本经济阶段，顾客导向型企业具体财务职能与顾客导向型企业人本资本财务战略管理思想结合得更紧密，它可渗透到顾客导向型企业具体非财务职能范围之中，实现顾客导向型企业人本资本财务资源与非财务资源的深度融合，逐渐完成"利己"财务职能的"分立"向"人本"财务职能的"协同"转变。

根据财务管理＝财务＋管理，可以推断出财务管理职能＝财务职能＋管理职能。根据本质决定职能，在信息非对称的物本经济转变为信息非对称的人本经济的演变过程中，信息非对称的物本经济阶段生产导向型企业两大基本物本资本财务管理职能（有效货币资源配置与有效财权配置）向信息非对称的人本经济阶段顾客导向型企业的两大基本人本资本财务管理职能（有效泛主权货币资源配置与有效人权配置）转变。同时，奉行资本雇佣劳动观所滋生的生产导向型企业物本资本雇佣财务管理职能的"分立"，转变为资本与劳动和谐观所滋生的顾客导向型企业人本资本合作财务管理职能的"协同"。

6.6.6　财务管理权配置：公平与效率由相互对立向相互融合的演变

在信息非对称的物本经济阶段，财权配置是指将财权分配到"金字塔式"组织内部结构中，以达到权责利相互制衡，提高生产导向型企业经济效率（曹越，2011）。这种产权科层制企业组织架构体现了生产导向型企业财权配置的"刚性"。生产导向型企业资产产生的净收入取决于关于资产权利的事前界定（汪丁丁，1997）。这种财权配置理论不仅承袭了主流经济学观点——理性经济人的假设，而且遵循生产导向型企业价值创造源于生产导向型企业不同要素资源的驱动。因此,财权配置对于生产导向型企业资源配置效率的影响取决于"通用财权"和"剩余财权"之间的配置水平,它揭示了效率与公平是鱼和熊掌之间的关系。造成这种关系的根源,笔者认为是生产导向型企业所奉行的"利己主义"价值观的结果。尤其是在现实生活中,生产导向型企业非完备性契约本质就决定了财权配置不可能真正地实现"效率优先,兼顾公平"原则。

在信息非对称的人本经济阶段,顾客导向型企业资本与劳动和谐方式实现顾客导向型企业人权在柔性组织内部结构中配置,以达到权、责、利人本动态制衡,提高顾客导向型企业综合协同效率。这种柔性顾客导向型企业组织架构体现了以人为本的人权配置"柔性"。在信息非对称的人本经济阶段,买方市场马斯洛层序需求驱动人力资本崛起,知识资源以及信息资源所具有的高度流动性与分散性,决定了顾客导向型企业资产产生的净收入不可能完全取决于关于资产权利的事前界定。顾客导向型企业价值创造也由要素驱动转变为创新驱动,顾客导向型企业价值创造讲究团队竞合精神,在不同要素"合作"过程中实现创新智慧。因此,这就要求人权配置必须在"公平"中出"效率",在"效率"中体现"公平",这种"公平"与"效率"相融合的原则只能是建立在顾客导向型企业奉行资本与劳动和谐关系的基础上。当然,这里的"公平"不仅体现在经济领域,而且体现在社会与环境领域,与这些领域关系所建构的顾客导向型企业,其"效率"必然体现在经济、社会与环境的利益相关者综合效率上。

根据财务管理＝财务＋管理,推论出财务管理权＝财权＋管理权。根据前文论证的信息非对称的人本经济阶段顾客导向型企业人本资本合作财务管理本质是有效人权流,由此可以推断出信息非对称的物本经济阶段生产导向型企业物本资本雇佣财务管理权是有效生产导向型企业物本资本雇佣财务权＋有效生产导向型企业物本资本管理权。奉行资本雇佣劳动观的生产导向型企业物本资本雇佣财务管理权配置自然体现为公平与效率相互对立。根据前文论证的信息非对称的人本经济阶段顾客导向型企业人本资本合作财务管理本质是有效人权流,由此可以推断出信息非对称的人本经济阶段顾客导向型企业人本资本合作财务管理权是有效顾客导向型企业人本资本合作财务权＋有效顾客导向型企业人本资本管理权。奉行资本与劳动和谐观的顾客导向型企业人本资本合作财务管理权配置自然体现为公平与效率相互融合。

在信息非对称的人本经济阶段,为何将顾客导向型企业人本资本合作财务合作治理结构纳入顾客导向型企业人本资本合作财务管理范畴内,笔者在前文已做解释,在此笔者强调一下。截至目前,关于公司治理观点主要是指公司治理是公司运作的一种制度架构,是引领公司发展方向的一种安排。公司管理是在这种基本的架构和安排下,通过计划、组织、控制、指挥、协调和评价等功能的具体实施来实现公司目标。在信息非对称的物本经济阶段,生产导向型企业本质是委托代理契约,以及采用资本雇佣劳动方式,生产导向型企业需要引领公司发展方向的一种安排,即所谓的公司治理,这主要是生产导向型企业委托方侧重于顶层设计。按照体现生产导向型企业委托方意志的顶层设计,生产导向型企业需要在这种顶层设计下让受托方完成受托具体功能,即生产导向型企业管理,这是不同类型劳动者的专业化分工,它们不能相互包含。在信息非对称的人本经济阶段,顾客导向型企业本质是利益相关者缔结综合契约,作为顾客导向型企业的主人——利益相关者,他们以资本与劳动和谐方式经营企业。引领公司发展方向的一种安排是他们共同合作设计的,基于他们自己的共同设计架构和安排,同时自我进行管理。无论是顾客导向型企业合作治理,还是顾客导向型企业管理,这是相同类型劳动者的专业化分工。因此,所有权与经营权合一的治理与管理,在本质上具有一致性。因此,笔者将顾客导向型企业人本资本财务治理研究纳入顾客导向型企业人本资本财务管理研究的拓展范畴内,应该符合顾客导向型企业经营发展的需要。这在后文研究中将不做赘述。

6.6.7 财务治理结构:财权配置格局向人权配置格局的演变

无论是契约制度观还是财权配置观,财务治理结构的主流观点均是从企业产权基础引申而来的,符合信息非对称的物本经济阶段信奉利己主义价值观的企业价值创造的需要。尽管是在"社会人假说"的前提下构建了企业制度财务学(李心合,2005),但是基于逐利动机来研究企业财务行为的社会嵌入性,仍然遵循其生产导向型企业利己主义价值观,所构建的理论体系与"性本恶"的社会学、经济社会学、伦理学和法学等不会发生对立和冲突,并且迎合了马斯洛式需求的财务理论假设前提。相对于完全低层次需求假设前提的财务理论而言,它可算是一个不彻底性革命,因为对制度财务对象的确认与计量仍沿袭传统财务理论方法,即还原论的隔离法,仍然利用货币工具来度量顾客导向型企业人本资本财务资本价值,这至少不满足对高层次需求假设前提下的财务对象价值的确认与计量。此外,无论是"理性经济人"假设还是"社会人假说",都是对人的社会属性的界定,这也不符合人类的进化论学说——人具有自然和社会的双重属性。因此,在信息非对称的物本经济阶段,信奉利己主义价值观的财务雇佣治理结构是无法获得解决"公平"与"效率"之间矛盾的财务制度安排或财权配置格局的。

基于对人的尊严维护和人的价值认可的人本主义者认为,需求是判断价值的唯一标准。尤其在信息非对称的人本经济阶段,以资本与劳动和谐方式使顾客导向型企业获取层序需求能力,马斯洛层序需求的前提假设已成为构建信息非对称的人本经济阶段顾客导向型企业人本资本合作财务合作治理结构理论体系的现实选择。在信息非对称的人本经济阶段,借助资本与劳动和谐关系使得知识资源获得空前的自由流动性、分散性以及对其他资源流动的响应性,对应于马斯洛层序需求的财务管理对象的确认与计量应该采用体系论的"分层法",利用泛主权货币工具来度量顾客导向型企业以人为本的财务资本价值。作为顾客导向型企业人本资本合作财务合作治理结构理论的人性假设,自然而然是满足人的自然需求和社会需求的双重性,即社会生态人的假设。基于这种人性假设所构建的理论体系与"性本善"的社会学、经济社会学、伦理学和法学等不会发生对立和冲突。因此,在信息非对称的人本经济阶段,信奉人本主义价值观(资本与劳动和谐观)的顾客导向型企业人本资本合作财务合作治理结构,可通过顾客导向型企业人本资本合作财务管理权配置,来实现"公平"与"效率"之间的相互融合,其深刻内涵为人本主义与科学主义相互融合。

6.6.8 财务治理机制:利己微观空间向人本宏观空间的演变

在信息非对称的物本经济阶段,财务雇佣治理机制是指在信奉利己主义价值观的生产导向型企业财权基本配置框架下,基于财务雇佣治理结构安排和一定制度设计,能够自发对生产导向型企业物本资本财务雇佣治理活动进行调节、规范的机制,主要包括决策机制、财务激励机制、财务约束机制三个方面(衣龙新,2005)。由于生产导向型企业的产权科层制以及有边界生产导向型企业刚性财权配置,决定了利己财务雇佣治理机制具有先天的僵化性,对生产导向型企业物本资本财务雇佣治理活动自发式调节与规范的能力有限。在信息非对称的物本经济阶段向信息对称的人本经济阶段转变的过程中,知识资源的高度流动性、分散性已摧毁产权科层制组织,以人为本的柔性组织正待孕育而生,借助人力资本崛起的顾客导向型企业实现了从追求规模经济向追求范围经济方向拓展。丧失利己主义"土壤"的财务雇佣治理机制已无法满足以人权为本的顾客导向型企业发展的需要。将顾客导向型企业人本资本合作财务雇佣治理机制纳入顾客导向型企业人本资本财务管理领域的时代已悄悄到来。

笔者认为,顾客导向型企业人本资本合作财务治理机制是指在信奉人本主义价值观的价值链或价值网络人权配置架构下,基于追求全球性的有效人权配置格局安排和普适性的人本制度设计,能够自主对价值链或价值网络财务合作治理活动进行协整、规范的综合机制。这种追求以人为本的综合机制是在顾客导向型企业人本资本财务管理基础上,实现市场治理机制、政府治理机制、社会治理机制以及顾客导向型企业合作治理机制之间的深度融合,直接推动了顾客导向型企业人本资本合作财务合作治理机制范围由利己的微观空间转变为人本的宏观空间。

6.6.9 财务治理行为规范:利己主义向人本主义的价值观演变

在信息非对称的物本经济阶段,财务雇佣治理行为规范是指在信奉利己主义价值观的生产导向型企业财权配置基本框架下,依据财务治理结构,并在财务治理机制引导下,对财务治理主体行为进行约束、修正,以提高企业治理效率(曹越、伍中信,2011)。它主要包括财务决策行为规范、财务监控行为规范和财务分配行为规范(衣龙新,2005)。基于非完备经济性契约生产导向型企业本质决定财务雇佣治理行为规范局限于经济范畴,即便生产导向型企业的本质演化为综合性契约,仅仅将环境资源与社会资源纳入经济范畴来规范财务雇佣治理行为,也就是说,财务雇佣治理行为规范的范围局限于生产导向型企业的边界,这种财务雇佣治理行为规范面对超出生产导向型企业经济范畴的日趋恶化的全球性环境问题,它表现得无能为力。因为信奉利己主义价值观的财务雇佣治理行为主体只能规范属于自己的"一亩三分地",面对"公共地悲哀"无兴趣过问。

在信息非对称的人本经济阶段,第三次工业革命的数据化、信息化和智能化基础技术广泛应用,促进了信息非对称的卖方市场转变为信息非对称的买方市场。信息非对称的买方市场马斯洛层序需求促进人力资本崛起,资本与劳动和谐关系主导不同利益相关者拥有或控制不同资源要素内置于顾客导向型企业中,形成了由不同利益相关者缔结综合契约,它将经济、社会和环境等不同资源"捆绑"在一起,直接摧毁了生产导向型企业物本资本财务雇佣治理行为规范。这样的现实"土壤"孕育出由不同利益相关者缔结综合契约(或利益相关者契约)的顾客导向型企业本质,它决定了属于顾客导向型企业经济范畴以外的社会与环境范畴也一并纳入顾客导向型企业人本资本合作财务合作治理行为规范的范畴内,在信奉人本主义价值观的顾客导向型企业人权配置基本框架下,形成了顾客导向型企业人本资本合作财务合作治理结构,并在顾客导向型企业人本资本合作财务合作治理机制引导下,对顾客导向型企业人本资本合作财务合作治理主体行为进行约束、修正,以提高顾客导向型企业综合合作治理效率。针对消除"公共地悲哀",顾客导向型企业奉行人本主义价值观,以资本与劳动和谐方式建构以人为本的财务合作治理行为规范。这种追求"人人为我,我为人人"的财务合作治理行为规范,自然将属于人人的"公共领域"纳入以人为本的财务合作治理行为规范下,扫除了信息非对称的物本经济阶段生产导向型企业物本资本财务雇佣治理行为规范的"盲区",实现了顾客导向型企业在"公共领域"自我管理,塑造"公共领域"有序秩序,消除了"公共地悲哀"。有的学者将此称为公共领域的"无为而治",但其本质是基于以人为本的财务合作治理行为规范在公共领域实现人人自我管理。

总而言之,以社会生产力水平不断提高为原动力,促进人类需求层次不断攀升过程中演绎着信息非对称的物本经济向信息非对称的人本经济转变(丁胜红、韦鹏,2015)。在不同社会发展阶段中,为了探索促进顾客导向型企业人本资本合作财务管理理论的形成架构,财务学者们不断寻求内化于他们自身的共同信念——一组假说、理论、准则及其方法。为了探索信息非对称的物本经济阶段产权范式向信息非对称的人本经济阶段的人权范式的演变规律,依据信息非对称的物本经济阶段的财务理论架构体系,从历史演化角度,分析信息非对称的人本经济阶段顾客导向型企业人本资本合作财务管理理论架构的形成。在形成顾客导向型企业人本资本合作财务管理理论架构的基础上,构建非对称的人本经济阶段顾客导向型企业人本资本合作财务管理理论体系。

6.7 顾客导向型企业人本资本合作财务管理理论体系的构建

任何学科都有贯穿于其演进历史并推动其发展的基本问题,也都有与这个学科相适应的特定命题和概念系统或理论框架(李心合,2010)。人们对企业本质的认识由信息非对称的物本经济阶段生产导向型企业非完备经济性契约,向信息非对称的人本经济阶段顾客导向型企业利益相关者契约转变。在企业本质转变过程中,演化论述前文顾客导向型企业人本资本合作财务管理架构的形成。对此,笔者构建如图6-13所示的顾客导向型企业人本资本合作财务管理概念框架,并对此概念内涵进行深化与拓展。

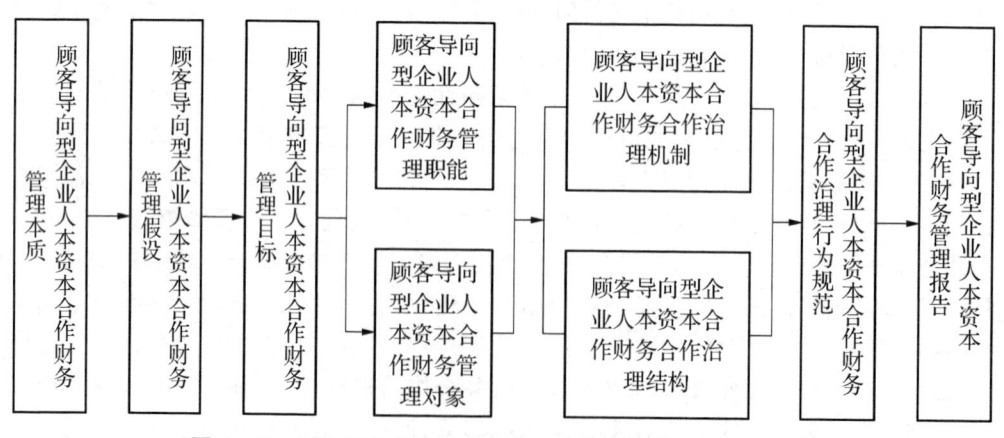

图6-13 顾客导向型企业人本资本合作财务管理的概念框架

如图6-13所示,根据信息非对称的物本经济阶段生产导向型企业物本资本雇佣财务管理理论架构,得出信息非对称的人本经济阶段顾客导向型企业人本资本合作财务管理部分理论架构,即顾客导向型企业人本资本合作财务管理本质、顾客导向型企业人本资本合作财务管理假设、顾客导向型企业人本资本合作财务管理目标、顾客导向型企业人本资本合作财务管理职能和顾客导向型企业人本资本合作财务管理对象。随着第三次工业革命的基础制造技术广泛应用,促进了人类社会由信息非对称的物本经济转变为信息非对称的人本经济,由所有权与经营权分离的生产导向型企业转变为所有权与经营权合一的顾客导向型企业,由不同类型劳动者专业化分工的生产导向型企业雇佣治理与管理分离转变为相同类型劳动者专业化分工的顾客导向型企业合作治理与管理融合。因此,笔者创新性地增补了信息非对称的人本经济阶段顾客导向型企业人本资本合作财务管理的另一部分理论架构,即顾客导向型企业人本资本合作财务合作治理机制、顾客导向型企业人本资本合作财务合作治理结构、顾客导向型企业人本资本合作财务合作治理行为规范以及顾客导向型企业人本资本合作财务管理报告。

根据前文论述的顾客导向型企业人本资本合作财务管理概念框架,下文将对此顾客导向型企业人本资本合作财务管理的概念内涵以及它们之间的逻辑关系做详细论述。

6.7.1 顾客导向型企业人本资本合作财务管理本质

以物类价值为本的企业财务中心观的信息非对称的物本经济阶段,持"零嵌入性"立场的企业财务学以本金作为研究逻辑起点,并通过"本金运动规律"的形式来刻画财务管理资本的产权有效运动形式——"财权流"。其理论符合信息非对称的物本经济阶段的企业财务现状。然而,财务不等于财务管理。根据财务管理=财务+管理,管理的本质在于提高效率与效益。因此,信息非对称的物本经济阶段,生产导向型企业物本资本财务管理本质为有效财权流。持"嵌入性"立场审视信息非对称的物本经济阶段生产导向型企业物本资本雇佣财务管理的本质为有效"产权流"。随着第一次工业革命、第二次工业革命以及第三次工业革命爆发,促进人类社会由以产权为本的物本经济阶段转变为以人权为本的人本经济阶段。持"嵌入性"立场审视信息非对称的人本经济阶段顾客导向型企业人本资本合作财务管理的本质为有效"人权流"。一方面,以泛主权化货币描述顾客导向型企业各种泛货币资源以及泛货币资源与非货币资源之间的综合配置动态——"人力流";另一方面,通过人权"权力"的流动来体现顾客导向型企业以人权为本的利益相关者之间的行为关系。它是对产权权力的丰富与发展。

6.7.2 顾客导向型企业人本资本合作财务管理假设

任何理论都是建立在一系列假设基础上的。关于研究顾客导向型企业人本资本合作财务管理理论的一系列假设,与其说它是针对财务管理环境的不确定性提出的,还不如说是针对顾客导向型企业人本资本合作财务管理主体的人权界定提出的。财务主体是指具有独立财权(产权),进行独立核算,拥有自身利益并努力使之最大化的经济实体(伍中信,2001)。因此,具有"人权流"的顾客导向型企业人本资本合作财务主体也应该是信息非对称的人本经济阶段顾客导向型企业。在信息非对称的人本经济阶段,企业经营理念由最初的生产导向型理念(production philosophy)、销售导向型理念(sale philosophy)、市场导向型理念(market philosophy)向顾客价值导向型理念(customer philosophy)转变。人力资本的地位在企业中不断提升,以及人们对环境成本的日益关注,以 Donaldson and Preston 等(1995)为代表的持利益相关者价值取向观点的学者以企业利益相关者契约为出发点(Donaldson

T.、Preston L.,1995),反驳以 Jensen and Meckling et al(1976)为代表的持股东价值取向观点的学者所认为的"资本雇佣劳动观点"(Jensen M.、Meckling W.,1976)。因此,信息非对称的物本经济阶段生产导向型企业物本资本财务学所具有的非完备经济性契约的财务主体系"合法虚构假设",向信息非对称的人本经济阶段顾客导向型企业人本资本财务学的所有利益相关者缔结的综合性契约的人本资本财务主体系"合法实构假设"转变。当然,作为产权经济学假设之一的"复杂性、不确定性与不完全信息的有效环境假设",仍适应于作为产权制度经济学分支之一的财务主体对环境假设而被继承下来。因此,信息非对称的人本经济阶段,为了适应顾客导向型企业人本资本财务主体的"合法实构假设",以及"复杂性、不确定性与不完全信息的有效环境假设",顾客导向型企业人本资本财务主体及其行为与社会的关系假设应该是"嵌入性假设",与信息非对称的买方市场的关系假设也应该是"不完全竞争假设"。

根据财务管理=财务+管理,管理的本质在于提高效率与效益。因此,信息非对称的人本经济阶段,顾客导向型企业人本资本合作财务管理主体假设为有效"合法实构假设"。顾客导向型企业人本资本合作财务管理主体环境假设为"复杂性、不确定性与不完全信息的有效环境假设"。顾客导向型企业人本资本合作财务管理主体及其行为与社会的关系假设应该是"有效嵌入性假设",与市场的关系假设也应该是"有效不完全竞争假设"。

由于信息非对称的物本经济阶段生产导向型企业非完备经济性契约本质转变为信息非对称的顾客导向型企业综合性契约,企业本质的演变决定了通过人权范式替代产权范式来分析顾客导向型企业人本资本合作财务管理主体内容显得更为合适。其中针对顾客导向型企业人本资本合作财务主体假设,由理性经济人假设转变为理性社会生态经济人假设。根据财务管理=财务+管理,由此可以推断出顾客导向型企业人本资本合作财务管理的人性假设为理性社会生态管理人假设。因为除功利主义外,还具有"道德、法治、大同"内在精神的人权主体谋求社会秩序的和谐与稳定(夏勇,2007)。用"共同显示器"的泛主权货币单位来显示顾客导向型企业人本资本合作财务管理主体的人本行为价值将迎合理性社会生态管理人假设。

将"制度"与"交易"纳入资源稀缺性的研究范畴,不仅为组织资本、关系资本的人类价值为本的客体的形成与分析提供了依据,而且将资源稀缺性假设作为顾客导向型企业人本资本合作财务管理学的基本假设之一。它符合顾客导向型企业人本资本合作财务管理主体对客体的价值,也就是说,顾客导向型企业人本资本合作财务管理主体行为的价值在于,提高顾客导向型企业人本资本合作财务管理客体的稀缺程度。在顾客导向型企业人本资本合作财务管理主体中,人本资本人权主体的行为推动其人权有效运动,实现了顾客导向型企业人本资本合作财务管理主体的财富或价值增加。因此,在顾客导向型企业人本资本合作财务管理目标函数的导向作用下,作为顾客导向型企业人本资本合作财务管理主体一般会选择"扩大再经营"的经营方式,因此,选择"可持续发展假设"作为顾客导向型企业人本资本合作财务管理。财务学和产权经济学逻辑一贯的假设是现金流动制,或收益性与流动性具有一致性假设。根据财务管理=财务+管理,管理的本质在于提高效率与效益。有效现金流动制,或有效收益性与有效流动性具有有效一致性假设为企业财务管理假设。在信息非对称的人本经济阶段,这些企业财务管理假设赋予人本经济发展观。因此,人类价值为本的有效现金流动制,或有效的以人为本收益性与有效的人类价值为本流动性具有有效一致性假设,成为顾客导向型企业人本资本合作财务管理一系列假设。下面分别沿着相关假设进行相关顾客导向型企业人本资本合作财务管理概念的构建。

6.7.3 顾客导向型企业人本资本合作财务管理目标

在信息非对称的人本经济阶段,顾客导向型企业人本资本合作财务管理目标是指具有利益相关者缔结综合契约的顾客导向型企业人本资本合作财务管理主体通过泛主权货币资源以及它与非泛主权货币资源有效配置,实现顾客导向型企业人本资本合作财务管理成本最小化,进而实现利益相关者价值最大化。也就是说,顾客导向型企业人本资本合作财务管理目标能否实现,将取决于顾客导向型企业以人为本的合作博弈均衡状态的形成条件。产权财务学者认为,根据财权=财力+权力,结合现代财务的本质决定财务目标,也应该从"财流"和"权流"两个方面来探讨企业财务目标(曹越、伍中信,2011)。在非完备经济性契约的生产导向型企业中,产权的排他性、可转让性、有限性、可分解性、明晰性以及行为性将决定产权的权力流形成,通过产权的权力行为推动相对物力流,逐渐形成了产权的权力流与物力流(财力流)。在信息非对称的人本经济阶段,作为人权运动组合形式的顾客导向型企业人本资本,其顾客导向型企业人本资本合作财务管理目标探索也应该基于以"共同显示器"的泛主权货币显示顾客导向型企业的"人本资本财力流"和"人权权力流"两方面。"人权权力流"与"人本资本财力流"是内容与形式的关系。由于企业人本资本具有人权(或产权)多元性和自然人与人权(或产权)客体的不可分割与不可分离性,致使顾客导向型企业"人本资本财力流"与"人权权力流"之间具有一致性。

在信息非对称的人本经济阶段,随着知识资源流动性与分散性的增加,以及第三次工业革命智能化、信息化与数据化基础技术的创新进步,促进人类社会形成的买方市场马斯洛层序需求驱动人力资本不断地崛起,致使顾客导向型企业以资本与劳动和谐方式实现最终利益相关者价值最大化。而源于经济、社会以及环境的不同属性的利益相关者将拥有或控制经济资源、社会资源以及环境资源通过交易内置于顾客导向型企业,形成了以人类价值为本的顾客导向型企业人本资源(人力资源+组织资源+关系资源+物力资源),致使将上述不同属性资源"捆绑"在一起,形成由不同属性的利益相关者缔结综合性契约,由此成了顾客导向型企业本质。在具有社会性契约的顾客导向型企业中,夏勇(2007)认为,社会性人权的人道性、大同性(普适性)以及法制性(保护性)等将决定企业(刘春花认为)劳动者的人身人格权利、政治权与自由权,以及经济、文化和社会权利在顾客导向型企业内运行。同样,也会形成社会性人权"权力流"与用"共同显示器"的泛主权货币显示"财力流"。

由于顾客导向型企业环境或氛围对顾客导向型企业人权主体情趣容易产生影响,人权社会性"物力流"也会制约其社会性人权权力流的改变。当然,顾客导向型企业经济性契约与社会性契约不是相互独立,而是相互转换的,因为顾客导向型企业以"经济社会化"方式进行人权行为投资将会获得"社会经济化"的回报。同样,顾客导向型企业环境性契约与社会性契约不是相互独立,而是相互转换的,因为顾客导向型企业以"环境社会化"方式进行人权行为投资将会获得"社会环境化"的回报。顾客导向型企业环境性契约与经济性契约不是相互独立,而是相互转换的,因为顾客导向型企业以"环境经济化"方式进行人权行为投资将会获得"经济环境化"的回报。实际上,顾客导向型企业不同属性的利益相关者缔结综合契约的目的在于,实现顾客导向型企业利益相关者价值最大化。作为顾客导向型企业人本资本合作财务管理主体，通过他们所拥有或控制的泛主权货币资源及其他涉及非主权货币资源的有效配置，来实现顾客导向型企业所有利益相关者的终身奋斗目标。即顾客导向型企业人本资本合作财务管理目标直接目标是顾客导向型企业人本资本合作财务管理成本最小化，顾客导向型企业人本资本合作财务管理目标最终目标是顾客导向型企业利益相关者价值最大化。

6.7.4 顾客导向型企业人本资本合作财务管理职能

从逻辑一贯性的立场来看，企业财务管理的本质和职能就应该与财务管理资源（资金或资本）的配置相联系（李心合，2010）。在信息非对称的人本经济阶段，顾客导向型企业由经济社会环境构成综合性契约的本质实际上是顾客导向型企业的综合人权界定与保护。顾客导向型企业人本资本合作财务管理职能的实质是通过契约形式来具体体现与人权属性相联系的人权功能。根据顾客导向型企业本质决定顾客导向型企业职能，顾客导向型企业在人本资本财务管理契约条件下，依据顾客导向型企业人权功能来设置各种具体人本资本财务管理职能。在信息非对称的物本经济阶段，现代企业财务管理学中的财务管理职能仅是企业产权职能的具体体现。其中，企业产权设置本身就是对资源的一种配置，与产权的"内化外部性"和"减少不确定性"功能相联系。产权的变动也同时改变了资源配置状况，甚至决定了资源配置的调节机制（李明义、段胜辉，2008）。因此，由产权的资源配置功能引申出现代财务管理的两大资本职能，即资源配置和财权配置。在资源配置的同时进行着财权配置，在财权有效配置的同时实现资源配置的优化（伍中信，2001）。企业可以根据产权的减少不确定性、内化外部性、激励、约束、收入分配等功能在满足企业财务管理需要的前提下设置形式多样的财务管理职能。当然，在信息非对称的物本经济阶段，企业以生产为导向经营来适应卖方市场基本需求，故上述企业为生产导向型企业。

在信息非对称的人本经济阶段，人权与产权具有本质一致性，因此，人权具有与产权相同的功能，即"内化外部性"和"减少不确定性"。人权的变动也同时改变了人本资源配置状况，甚至决定了人本资源配置的调节机制。因此，由人权的人本资源配置功能引申出顾客导向型企业在人本资本财务管理中的两大资本职能，即人本资源配置和人本财权配置。在人本资源配置的同时进行着人本财权配置，在人本财权有效配置的同时实现人本资源配置的优化。顾客导向型企业可以根据与产权相同功能的人权功能，在满足顾客导向型企业人本资本合作财务管理需要的前提下，结合顾客导向型企业人本资本合作财务管理目标，设置形式多样的顾客导向型企业人本资本合作财务管理职能。

6.7.5 顾客导向型企业人本资本合作财务管理对象

根据前文论述的顾客导向型企业人本资本合作财务管理理论架构形成，顾客导向型企业人本资本合作财务管理对象为顾客导向型企业人本资本合作财务管理关系。它包括顾客导向型企业人本资本合作财务管理主体、顾客导向型企业人本资本合作财务管理客体以及它们之间的关系。对此内容总结如下：在信息非对称的人本经济阶段，顾客导向型企业人本资本财务管理主体是有效财务主体，有效财务主体是指有效泛主权货币资源的配置活动权力空间范围＋有效泛主权货币资源与非主权货币资源之间的配置活动权力空间范围。截至目前，很多财务管理学者将企业财务管理对象划分为财务管理要素。笔者对此做如下论述：

① 生产导向型企业物本资本雇佣财务管理要素。在国内外的相关文献中,"会计要素"或"财务报表要素"的概念已经深入人心,但迄今为止还没有哪个文献提出或研究过"财务要素"(李心合,2010)。在企业财务管理学的教科书中,投资决策、融资决策和股利决策似乎成为主流财务管理学的三要素。显然,上述财务要素划分规则承袭了会计要素划分规则,即按照资源用途划分。这种划分方式集中体现了信息非对称的物本经济阶段物本经济发展观指导物本经济发展,在生产导向型企业中体现了物类价值为本的价值创造。从生产导向型企业产权视角来看,这只是生产导向型企业产权行为的三种财务管理方式,履行物类价值为本的具体物本资本财务管理职能。

② 顾客导向型企业人本资本合作财务管理要素。在信息非对称的人本经济阶段,人本经济发展观指导人本经济发展,在顾客导向型企业中体现了人类价值为本的价值创造。笔者认为,顾客导向型企业人本资本合作财务管理要素应该满足泛主权货币确认与计量顾客导向型企业人本资本合作财务管理客体价值——顾客导向型企业人本资本资产、顾客导向型企业人本资本合作财务管理主体价值——顾客导向型企业人本资本权益、与其人权权力对应的利益——顾客导向型企业人本资本利润以及它们用"共同显示器"的泛主权货币显示顾客导向型企业人本资本合作财务管理人权有效运动价值形式——泛主权货币资金流。依据顾客导向型企业人本资本的专业化劳动分工划分,很容易界定具体的人本资本财务管理要素,在此不做赘述。

6.7.6 顾客导向型企业人本资本合作财务合作治理机制

机制是指各要素之间的结构关系和运行方式。杨淑娥(2002)认为,财务治理是通过财权在利益相关者之间的不同配置,来调整利益相关者在财务体制中的地位,从而提高企业治理效率的一系列制度安排。显然,杨淑娥强调源于企业各要素财权在要素之间的结构关系中的不同配置,从而提高企业治理效率的一系列制度安排以表达财务运行方式。但笔者根据机制含义对企业财务治理做如下分析:制度是指规则及其规则安排。作为企业规则必然强调企业各要素之间的结构关系,如果企业规则没有规定好企业各要素之间的结构关系,那么它无法指导企业运营,也就是企业规则安排。因此,机制属于制度范畴。然而,无论是"原始模型假设",还是"利益集团理论假设",都是在一定制度下研究产权起源,却忽视了制度本身的产权研究。说到底,企业财务治理属于企业经营范畴,因此,企业财务治理机制应该属于企业财务经营制度(或财务管理制度)本身的产权研究。按照机制定义,笔者可推论出企业财务治理机制的定义,即企业各财务管理要素之间的结构关系和财务管理运行方式。为了体现不同经济阶段企业财务治理机制的本质差异,笔者将不同经济价值观体现在定义中。在信息非对称的物本经济阶段,生产导向型企业物本资本雇佣财务雇佣治理机制是指生产导向型企业各物本资本财务管理要素之间的以物本价值为本的结构关系和奉行资本雇佣劳动观的物本资本财务管理运行方式。

在信息非对称的人本经济阶段,顾客导向型企业人本资本合作财务合作治理机制是指顾客导向型企业各人本资本财务管理要素之间的以人本价值为本的结构关系和奉行资本与劳动和谐观的人本资本财务管理运行方式。所谓顾客导向型企业各人本资本财务管理要素,是指顾客导向型企业各人本资本财务管理的本质、假设、原则、目标、职能以及对象。在信息非对称的人本经济阶段,人本经济发展观指导人本经济发展,因此,奉行资本与劳动和谐观的顾客导向型企业人本资本合作财务管理要素之间的关系一定体现人类价值为本的结构关系,这种体现以人权为本的财务管理制度所揭示的顾客导向型企业人本资本财务管理要素之间的关系应是非线性关系。顾客导向型企业人本资本合作财务管理运行方式也应该是物类价值归于人类价值的财务管理运作方式,也就是对顾客导向型企业人本资本合作财务管理制度本身关于从事顾客导向型企业泛主权货币资源及其与非泛主权货币资源之间人权有效配置关系的规定,以及人权有效行为方式的安排。

6.7.7 顾客导向型企业人本资本合作财务合作治理结构

截至目前,关于财务治理结构的研究基本上存在两类主流观点。一是财务管理制度观。它是指为了解决财务治理问题而建立起来的股东大会、董事会、监事会、经理层和职工之间有关财务的责权利关系,以及在此基础上建立起来的一套有效的激励与约束机制。从理论上讲,财务治理结构是一套制度安排,它通过一定的形式与手段合理地安排公司财务的决策权、执行权和监督权,从而形成一套有效的财务制衡机制与激励约束机制。二是财权配置观。它是通过对财务监督权、财务决策权和财务执行权的合理配置来实现管理目标。监事会享有财务监督权,财务战略决策权由出资者、股东大会、董事会享有,总经理则享有财务经营权以及董事会授权下进行的日常财务决策权。从上述两种观点来看,国内外学者主要研究信息非对称的物本经济阶段企业财务治理结构。它仍属于企业财务管理制度范式。但这对信息非对称的物本经济规律及特征的揭示不够鲜明。

笔者对这两种观点分别加以修订。在信息非对称的物本经济阶段,就财务管理制度观而言,生产导向型企业物本资本雇佣财务雇佣治理结构是指为了解决物类价值为本的财务雇佣治理问题,而建立科层制下股东大会、董事会、监事会、经理层和职工之间有关委托代理的财务责权利关系,以及在此基础上建立起一套有效的资本雇佣劳动的激励与约束机制。就财权配置观而言,生产导向型企业物本资本雇佣财务雇佣治理结构是通过奉行资本雇佣劳动观对财务监督权、财务决策权和财务执行权的生产导向型企业物本资本财务受托权的有效配置,来实现生产导向型企业物本资本价值最大化的财务管理目标。在信息非对称的人本经济阶段,就财务管理制度观而言,顾客导向型企业人本资本合作财务合作治理结构是指为了解决人类价值为本的财务合作治理问题,而建立以人为本制度下利益相关者之间有关资本与劳动和谐的财务责权利关系,以及在此基础上建立起一套有效的资本与劳动和谐的激励与约束机制。就财权配置观而言,顾客导向型企业人本资本合作财务合作治理结构是通过奉行资本与劳动和谐观对财务监督权、财务决策权和财务执行权的利益相关者财权的有效配置,来实现顾客导向型企业人本资本价值最大化的财务管理目标。

6.7.8 顾客导向型企业人本资本合作财务合作治理的行为规范

在信息非对称的物本经济阶段,衣龙新(2005)认为,财务治理行为规范是在财权配置基本框架下,对财务治理主体行为进行约束、修正,以提高企业治理效率;它主要包括财务治理决策行为规范、财务治理监控行为规范和财务治理分配行为规范。显然,这是对企业财务治理制度产权权能行为各种规定的描述。这里所讲的企业是指生产导向型企业,其财务雇佣治理制度价值观为资本雇佣劳动观,也是物本经济发展观在企业物本经济中的体现。这里所讲的财务雇佣治理决策行为、财务雇佣治理监控行为和财务雇佣治理分配行为属于生产导向型企业代理行为。因此,财务雇佣治理决策行为规范、财务雇佣治理监控行为规范和财务雇佣治理分配行为规范属于生产导向型企业委托代理契约范畴。在信息非对称的人本经济阶段,顾客导向型企业人本资本合作财务合作治理行为规范是指依据顾客导向型企业以人为本的制度所规定的人权内在结构,并确保顾客导向型企业以人为本制度的人权有效运行而对顾客导向型企业以人为本制度的人权权能行为的具体规定,最终实现顾客导向型企业人本资本增值、保值功能。

在利益相关者顾客导向型企业中,由于人本资本人权多元性以及自然人与人权客体不可分割性,因此,对顾客导向型企业以人为本制度的人权主体权能行为进行具体规范显得尤为重要,否则就会发生"公共地悲哀"或以人为本制度人权主体的机会主义行为。目前,国内已有许多产权财务管理学者对具有准公共产权属性的企业财务管理制度财权权能行为规范进行研究。曹越和伍中信认为,由于有限理性和交易成本,财务动态治理(也可称为剩余财务治理)存在制度的"公共领域"中的行为。由于财务动态治理剩余财权配置中的"公共领域"并无明确的事前标准,所以需要通过诚信机制来规范人们的行为(曹越、伍中信,2011)。显然,这是利用社会道德权威来对具有准公共产权的财务管理制度产权权能行为进行规范。当然,我们也可以选择国家法律、社会的道德规范、习俗以及习惯、组织纪律等对"公共领域"内财务管理制度社会性人权权能进行规范,从而增加顾客导向型企业人本资本价值。

6.7.9 顾客导向型企业人本资本合作财务管理报告

在信息非对称的物本经济阶段,李心合(2010)认为,不只是会计学才有确认、计量和报告这三个概念,其实它们也是财务学的基本概念,并且是企业财务学概念框架的重要组成部分。根据财务管理=财务+管理,管理本质在于提高效率与效益。因此,借鉴李心合的财务学确认、计量与报告来分析信息非对称的人本经济阶段顾客导向型企业人本资本合作财务管理确认、计量与报告。

① 顾客导向型企业人本资本合作财务管理确认。在现代财务管理学中,李心合(2010)认为:"财务资产确认应具备三个条件:变现能力、投资能力和偿债能力。这是与投融资的内涵相一致的资产确认条件。"显然,这是描述信息非对称的物本经济阶段生产导向型企业物本资本财务资本的确认,因为投资能力和偿债能力是对财务资本增值与保值功能的描述。在信息非对称的人本经济阶段,以"共同显示器"的泛主权货币显示了顾客导向型企业人本资本价值。因此,它不仅描述了顾客导向型企业人本资本的变现能力以及满足顾客导向型企业人本资本增值、保值功能的投资能力和偿债能力,而且界定了能够导致现金流转的顾客导向型企业人本资本合作财务要素范围,同时也体现了财务确认的原则——"现金流动制"或"现金制"。这符合收益性与流动性相统一的人本资本财务假设。根据财务管理=财务+管理,管理本质在于提高效率与效益。因此,李心合(2010)教授的"财务资产确认应具备三个条件"应该修订为:有效变现能力、有效投资能力和有效偿债能力。这是与有效投融资的内涵相一致的资产确认条件。在信息非对称的人本经济阶段,顾客导向型企业人本资本合作财务管理确认可描述顾客导向型企业人本资本的有效变现能力以及满足顾客导向型企业人本资本增值、保值功能需求的有效投资能力和有效偿债能力,并且界定了能够导致有效现金流转的顾客导向型企业人本资本合作财务管理要素范围,同时也体现了财务管理确认的原则,即"有效现金流动制"或"有效现金制"。这符合有效收益性与有效流动性相统一的顾

客导向型企业人本资本合作财务管理假设。

②顾客导向型企业人本资本合作财务管理计量。在信息非对称的物本经济阶段,美国学者威廉·L.麦金森在《企业财务管理理论》一书中提出:"财务学是一门定量学科。与其他学科相比,财务学更倾向于数学化。"因此,财务学也存在计量。在经济性财务主体中,产权主体每一种行为都由行为目标、行为过程和行为结果三个相关因素构成(李明义、段胜辉,2008)。现代财务学中财务计量的目的为产权行为目标和制定方案提供了基础数据。由于不同产权主体都会追求产权收益最大化和成本最小化,所以,财务学所倡导的最基本方法就是给予风险的"成本-收益比较法",其计量内容不仅包括预期风险、成本、收益和价值等,而且包括反映产权行为过程的时间要素。为了与现金流转制保持一致并符合生产导向型企业物本资本价值的特征,利用"现值法"作为顾客导向型企业人本资本合作财务管理学的计量基础。

随着人们知识的增长和技术的进步,较精确的计量是可以做到的。在信息非对称的人本经济阶段,在具有综合性契约的顾客导向型企业人本资本合作财务管理主体中,根据财务管理=财务+管理,管理本质在于提高效率与效益。顾客导向型企业人本资本合作财务管理计量内容不仅包括以人本经济发展观替代物本经济发展观的现代财务学计量内容,而且可以扩展到用"共同显示器"的泛主权货币显示顾客导向型企业以人为本的制度资本——组织资本、关系资本,对顾客导向型企业具有综合性契约本质的以人为本制度的人权有效运行价值进行确认与计量。由于顾客导向型企业的以人为本制度中不同人权主体都会追求人权收益最大化和成本最小化,所以,顾客导向型企业人本资本合作财务管理计量最基本的方法仍可采取"成本-收益比较法",其计量内容不仅包括预期风险、成本、收益和价值等,而且包括反映人权行为过程的时间要素。为了与有效现金流转制保持一致并符合顾客导向型企业人本资本价值的特征,利用"现值法"作为顾客导向型企业人本资本合作财务管理学的计量基础。

③顾客导向型企业人本资本合作财务管理报告。顾客导向型企业人本资本合作财务管理报告一方面是指顾客导向型企业以人为本财务管理制度本身的财务管理,即顾客导向型企业人本资本财务治理——顾客导向型企业人本资本财务治理机制、顾客导向型企业人本资本财务治理结构以及顾客导向型企业人本资本财务治理行为规范;另一方面是指顾客导向型企业以人为本财务管理制度下的财务管理,即顾客导向型企业以人为本财务管理的本质、假设、原则、目标、职能以及对象。用"共同显示器"的泛主权货币单位来报告顾客导向型企业利益相关者的各种人权货币价值。在顾客导向型企业人本资本合作财务管理报告中,既要报告顾客导向型企业利益相关者的各种人权客体,也要报告顾客导向型企业利益相关者的各种人权主体权能和利益。因此,按照体现顾客导向型企业利益相关者的各种人权价值的人本资本财务管理要素——顾客导向型企业人本资本资产、顾客导向型企业人本资本权益、顾客导向型企业人本资本利润以及顾客导向型企业人本资本现金流列表报告。关于顾客导向型企业以人为本财务管理制度本身的财务管理的研究,为了更规范地报告顾客导向型企业人本资本合作财务治理结构,即顾客导向型企业以人为本制度的人权结构,顾客导向型企业服务领域按照构成顾客导向型企业的"内部(正式)制度"要素对组织资本进行细分,即编码型知识资本、管理型人力资本和服务型物力资本;按照构成顾客导向型企业的"交易(非正式制度)"要素对关系资本进行细分,即隐形型知识资本、交易型人力资本和交易型

物力资本。同时将细分的人本资本比照人本资本财务管理要素的划分进行列表报告。关于顾客导向型企业以人为本财务管理制度下财务管理的研究，为了更规范地报告顾客导向型企业人本资本合作财务管理结构，顾客导向型企业生产领域按照构成顾客导向型企业的异质性与否，将人力资本划分为同质性人力资本与异质性人力资本；也可以按照具体专业化劳动分工来划分人力资本类型，即标准化人力资本与定制化人力资本，前者满足市场基本需求，后者满足市场高需求。当然，顾客导向型企业人本资本合作财务管理报告的附表是分别对顾客导向型企业以人为本财务管理制度本身财务管理的人权价值变更、改变等做相关描述性说明，以及对顾客导向型企业以人为本财务管理制度下的人权价值变更、改变等做相关描述性说明。

6.8　本章小结

人类社会从信息非对称的物本经济阶段向信息非对称的人本经济阶段转变的过程中，人类对地球自然资源过度掠夺消耗而造成目前人们关注的严重的世界性环境问题，社会责任被迫嵌入企业中。同时，人力资本地位不断提高以及企业已转向"以顾客为上帝"的顾客价值导向型经营理念，企业管理者只有站在社会视角来经营企业，维护环境生态，以"经济社会化""经济环境化"的投资获得"社会环境经济化"的超值回报，企业才能生存与发展。因此，非完备经济性契约的生产导向型企业正向综合性契约的顾客导向型企业转变。信息非对称的物本经济阶段生产导向型企业物本资本雇佣财务管理也逐渐向信息非对称的人本经济阶段顾客导向型企业人本资本合作财务管理转变。其中，信息非对称的物本经济阶段卖方市场基本需求价值特征决定了主权货币单位成为度量生产导向型企业物本资本雇佣财务管理资本的工具，信息非对称的人本经济阶段买方市场马斯洛层序需求价值特征决定了泛主权货币单位成为度量顾客导向型企业人本资本合作财务管理资本的工具。企业资本计量工具演变的背后孕育着深刻的企业理论体系演变。

在信息非对称的人本经济阶段买方市场马斯洛层序需求下，以信息非对称的物本经济阶段卖方市场基本需求下生产导向型企业物本资本雇佣财务管理理论体系为参照系，论证了顾客导向型企业以人为本财务管理制度本身的财务管理理论体系与顾客导向型企业以人为本财务管理制度下财务管理体系。无论是信息非对称的物本经济阶段生产导向型企业物本资本雇佣财务管理理论体系，还是信息非对称的人本经济阶段顾客导向型企业人本资本合作财务管理理论体系，都是信息非对称情况下滋生的中心化信任结构下的企业理论体系。它们为后文研究信息对称的人本经济阶段用户导向型企业人本资本财务管理理论体系提供了参照与借鉴。作为去中心化信任结构下用户导向型企业人本资本财务管理理论体系，它既是对中心化信任结构下生产导向型企业物本资本财务管理理论体系的颠覆，又是对中心化信任结构下顾客导向型企业人本资本财务管理理论体系的替代。

第 7 章

用户导向型平台企业人本经济收入形成研究

在"互联网+"时代,正在爆发的第四次工业革命的现代基础信息技术在"第三次工业革命"数据化、信息化和智能化的基础制造技术基础上创新融合,促进人类创造技术的节奏正在加速,技术的力量也正以指数级的速度增长。极具复杂性和不确定性的物理世界借助物联网和互联网在 5G 以上技术的基础上,将网络世界与物理世界融为具有去中心化、全球化、追求和谐和赋予权力四大特征的数字化社会。借助自动获取数据的大数据技术打破物理世界的各种"信息孤岛",形成了信息对称的大数据买方市场。"互联网+"的"去中心化""去媒介化"和"去信用化"促使科层制企业在发生"扁平化"与"碎片化"的组织自我解构变革的同时,信息对称的大数据买方市场体验需求驱动"扁平化"与"碎片化"企业逐渐形成由企业员工、参与用户和网络平台三方构成去中心信任结构下的对等网络关系(Benoit et al.,2017;Frenken Schor,2017),借助网络平台的集聚效应集聚对等关系的企业员工与参与用户形成各自的网络社群。鉴于网络平台为"扁平化"与"碎片化"企业共享注入了互联网基因,在将基于强对等网络关系的小范围企业"+互联网"共享行为扩展为基于弱对等网络关系的大规模"互联网+"企业以共享为本的人本经济/共享经济(Ranjbar et al.,2018;Belk,2014)的同时,"互联网+"企业演变为"去中心化"与"趋中心化"共存的平台化企业。也就是说,平台化企业的本质为企业与"互联网+"相互融合的过程,并在此融合过程中表现为"去中心化"与"趋中心化"共存状态。

7.1 "互联网+"顾客导向型企业演变为用户导向型平台企业

在信息非对称的人本经济阶段,买方市场马斯洛式层序需求驱动企业采取以顾客为导向的经营战略。在"互联网+"时代,平台化企业的出现如何通过互联网平台实现顾客与企业交互,以及平台化企业如何实现用户导向型平台企业?下文将论述"互联网+"顾客导向型企业演变为用户导向型平台企业。

在"互联网+"时代,将充斥着极具复杂性和不确定性的物理世界通过物联网和互联网在 5G 以上技术基础上,转换成相融的虚体网络世界与物理世界,促使信息非对称的人本经济阶段买方市场转变形成了海量大数据买方市场。自动获取大数据的大数据技术虽打破了原物理世界中的各种"信息孤岛",但通过免费的"互联网+"模式打造出了信息对称的大数据买方市场。"互联网+"的"去中心化""去媒介化"和"去信用化"借助信息对称的大数据买方市场体验需求驱动企业"扁平化"与"碎片化"的组织自我解构变革。其组织自我解构变革的根本内因在于,企业以所有权与经营权合一方式还原①企业员工人身的自由。拥有自由之身的企业员工和自由市场用户借助网络平台集聚效应集聚形成企业员工网络社群和参与用户网络社群。在这些网络社群自由形成的过程中,将信息对称的自由、公平竞争市场规则赋能企业员工和参与用户,孕育而成三种属性,即平等性(S. Yang et al.,2017)、协同性(B. G. C. Dellaert,2019)和自主性(J. A. Fehrer et al.,2018)。正是这三种属性成就了企业员工、参与用户和网络平台这三方构成对等网络关系。

随着"去中心化"平台化企业已有存量用户网络社群越多,具有这三方对等网络关系借助网络平台实现顾客与企业员工交互,就越能吸引更多新用户网络社群的加入,并借助用户网络社群的路径依赖心理产生"锁定效应",进而获得"超链接社会"(hyper linked society)和"超联结社会"(hyper connected society)。随着源源不断滋生的"去中心化"平台化企业数据驱动的算法已成为新的权力代理人,以算法为核心的智能体技术赋权生成的权力形态正如同福柯(Michel Foucault)所描述的现代权力,它不是从某个核心源泉发散出来的,而是遍布社会机体的每一个角落和最细小的末端,以及它并非中央集权式的环状结构,而是错综复杂、多中心存在的网状结构(Michel Foucault,1980),由此产生了本质为算法权力(algorithmic power)的"超级权力"。这种"超级权力"不仅重新定义个人与个人、个人与组织、组织与组织,甚至组织与国家之间的关系,而且使人工智能悄然地嵌入各种组织之中,潜移默化地驱动着个人行为决策、组织行为决策,甚至政府行为决策。因此,在现实网络社会生活中,人们借助各自网络媒体的关注,将自己遭遇的单位或个人不公平事件在网路上曝光之后,它会在极短时间内招致全社会舆论,至此,全社会舆论所代表的声讨力量倒逼原单位或个人还公道于遭遇不公的个人。这就是网络社会中"超级权力"所带来的结果之一。

以感知体系、思考体系和行动体系为核心架构的智能体,在促进新的主导技术范式出现的同时,将导致国家综合国力平衡的新变动,这已成为国际竞争的焦点(Szalavetz,2019)。这个焦点的核心在于,各国以共享为本的人本经济主体利用网络平台集聚海量用户成为自己企业的"铁杆盟友",进而满足信息对称的大数据买方市场体验需求,同时通过自己的技术更新换代来引领或创造大数据买方市场体验需求,以达到实质性服务大数据买方市场以及自己拥有实时出清大数据市场的目的。参与用户网络社群与员工网络社群借助网络平台实现他们之间的交互,他们在交互过程中完成信息对称阶段用户导向型企业借助网络平台供需与共享的功能更有效替代信息非对称下顾客导向型企业对外市场服务与对内企业服务的功能。至此,信息对称阶段用户导向型平台企业共享经营功能更有效替代信息非对称阶段顾客导向型企业合作经营功能。因此,在信息对称的人本经济阶段,即共享经济阶段,"互联网+"顾客导向型企业演变为用户导向型平台企业。下面对用户导向型平台企业人本经济进行分析。

---

① 还原是指描述不同经济阶段经济主体中员工人力资本所有权与经营权之间由追求合一、追求分离再到追求合一的演变过程:在信息对称的物本经济(农耕经济)阶段,各种经济主体中员工人力资本所有权与经营权是追求合一的;到了信息非对称的物本阶段,各种经济主体中员工人力资本所有权与经营权是追求分离的;再到人本经济阶段,各种经济主体中员工人力资本所有权与经营权是追求合一的。

7.2 用户导向型平台企业人本经济分析

顾客导向型企业人本经济的本质特征为合作,而用户导向型企业人本经济的本质特征为共享,为此,可以称顾客导向型企业人本经济为顾客导向型企业以合作为本的人本经济或合作人本经济,也可称用户导向型平台企业人本经济为用户导向型企业以共享为本的人本经济或共享经济。因此,在后文中论述的用户导向型企业人本经济与用户导向型企业共享经济是等同的。从某种意义上讲,人本经济阶段分为人本经济初级阶段——信息非对称的人本经济阶段和人本经济高级阶段——信息对称的人本经济阶段或共享经济阶段。在人本经济高级阶段,用户网络社群与员工网络社群借助网络平台实现他们之间的交互,在他们的交互过程中实现"互联网+"顾客导向型企业以合作为本的人本经济演变为用户导向型平台企业以共享为本的人本经济,因此,用户导向型平台企业人本经济=用户导向型网络平台人本经济+用户导向型企业人本经济。

7.2.1 用户导向型网络平台人本经济构成分析

鉴于用户导向型平台企业人本经济=用户导向型网络平台人本经济+用户导向型企业人本经济,就用户导向型网络平台人本经济成分而言,一方面是指由用户导向型网络平台的人力资本供需配置人本经济成分和去第三方物力资本供需配置人本经济成分共同构成的用户导向型网络平台供需配置人本经济成分;另一方面是指由用户导向型网络平台的人力资本共享配置人本经济成分和去第三方物力资本共享配置人本经济成分共同构成的用户导向型网络平台共享配置人本经济成分。

① 就用户导向型网络平台去第三方物力资本供需配置人本经济成分而言。首先,"互联网+"的"去媒介化"为铲除用户导向型平台企业第三方经济主体物力资本投资奠定了信息技术基础;其次,信息对称性消除了第三方经济主体利用物力资本投资于用户导向型平台企业而获得寻租的可能性;最后,"互联网+"的"去信用化"为铲除用户导向型平台企业第三方经济主体物力资本投资奠定了智能合约(smart contracts)(K. Christidis、M.Devetsikiotis,2016)基础。因此,一方面,用户导向型平台企业去第三方物力资本主体可根据用户导向型平台企业对物力资本的多种经济用途需求,与用户导向型网络平台建立实现用户导向型平台企业物力资本供需配置智能股份合约,以实现全社会利益相关者资本的股权投资融合。这种以自由公平竞争物力资本市场规则替代顾客导向型企业物力资本的计划规则,实现了顾客导向型企业物力资本计划配置被用户导向型网络平台物力资本市场配置所替代。其中,顾客导向型企业物力资本计划配置包括供需功能和合作功能,而用户导向型平台企业物力资本市场配置也包括供需功能和共享功能。

② 就用户导向型网络平台人力资本供需配置人本经济成分而言。凡是满足用户导向型平台企业专业化劳动分工需求的专业化人才,可以利用自己特有的人力资本通过自由公平竞争人力资本市场规则参加到用户导向型网络平台人力资本竞争市场中。根据实物期权理

论赋予用户导向型平台企业员工和参与用户以"双重股权"[①]投资者身份,与用户导向型网络平台建立人力资本与证券资本供需配置智能双重股权合约。其中,用户导向型平台企业员工和参与用户的人力资本这种以自由公平竞争市场规则替代顾客导向型企业合作计划规则,实现了顾客导向型企业人力资本计划配置被用户导向型网络平台人力资本市场配置所替代。其中,顾客导向型企业人力资本计划配置包括供需功能和合作功能,而用户导向型平台企业人力资本市场配置也包括供需功能和共享功能。

③ 就用户导向型网络平台去第三方物力资本共享配置人本经济成分而言。在"互联网+"时代,信息对称的人本经济就是共享经济(丁胜红、吴应宇,2019),奉行人本经济发展观的共享经济具有闲置资源、网络平台及共享动机的基本特征(涂科、杨学成,2020)。判断闲置资源是否成为共享经济所共享的内容,主要在于这种资源本身是否具有相对闲置优势、长期效应和外部效应的基本特征(R.Belk,2014)。在满足信息对称的大数据买方市场,体验需求驱动用户导向型平台企业定制化供给商品,因体验需求本身融合多种需求属性[②]决定了用户导向型平台企业定制化供给商品应该具有多种综合信任功能,以满足消费者多种消费偏好。具有多种综合信任功能的商品要求构成消费商品的物力资源应该具有多种物理属性。正是这种物力资源本身的多种物理属性决定了它具有相对闲置优势、长期效应和外部效应的基本特征。因此,平台化用户导向型平台企业利用用户导向型网络平台供需配置获得具有多种物理属性的去第三方物力资源,在用户导向型平台企业员工与参与用户共享动机的驱使下,共享配置具有多种经济用途的去第三方物力资源,进而形成了用户导向型平台企业以合作为本的人本经济成分。其中,去第三方物力资源自身的某种经济用途在被用户导向型平台企业员工有效利用的同时,其本身的其他经济用途也被参与用户有效利用。至此,用户导向型平台企业去第三方物力资本利用效率水平获得了最大限度提升,这已成为平台化用户导向型平台企业人本经济的一种"新常态"。

④ 就用户导向型网络平台人力资本共享配置人本经济成分而言。在"互联网+"时代,信息对称的大数据买方市场体验需求本身所具有的多种需求属性要求消费者所需消费商品应该具有多种综合信任功能属性,而这种具有多种综合信任功能属性消费商品的创造,则需要用户导向型平台企业员工与参与用户具备多种专业化分工劳动能力。正是这种信息对称的大数据买方市场体验需求驱动用户导向型平台企业员工与参与用户各自人力资本具有多种专业化分工劳动能力,才决定了用户导向型平台企业员工与参与用户各自人力资本具有相对闲置优势、长期效应和外部效应的基本特征。因此,平台化用户导向型平台企业利用用户导向型网络平台供需配置获得具有多种专业化分工劳动能力的用户导向型平台企业员工与参与用户的各自人力资本,他们在"互联网用户导向型平台企业工厂"共创共享共赢过程中形成用户导向型平台企业以共享为本的人本经济成分。其中,用户导向型平台企业员工

---

① "双重股权"是指用户导向型企业员工与参与用户利用自身人力资本价值入股所享有的自身人力资本价值股权和用户导向型企业员工与参与用户利用自身拥有货币(财务)资本价值入股所享有的自己拥有证券资本价值股权。通常证券资本股权是指目前《公司法》所规定的代表股东企业股权。本文所提出的物力资本不包括证券资本,它是针对用户导向型企业生产领域内物力资本而言的,它构成人力资本价值创造的载体。

② 体验需求也称为超(大)需求,它是马斯洛层序需求的创新融合,即生理需求、安全需求、社交需求、尊重需求与自我价值实现需求创新融合为体验需求。显然,体验需求具有生理属性、安全属性、社交属性、尊重属性与自我价值实现属性的多种需求属性。体验需求形成于共享经济阶段信息对称的买方市场。

与参与用户在共创价值过程的同时,也分享参与用户体验价值。相反,参与用户在与用户导向型平台企业员工共享体验价值的同时,也实现了其与用户导向型平台企业员工共创价值。用户导向型平台企业员工与参与用户在完成共创与共享过程的同时,也实现了他们获得共赢的结果。因此,用户导向型平台企业员工与参与用户的人力资本利用效率水平获得了最大限度提升,这也成为平台化用户导向型平台企业以共享为本的人本经济的另一种"新常态"。

总而言之,通过用户导向型网络平台供需和共享配置,不仅实现了网络平台替代顾客导向型企业管理功能,而且实现了在用户导向型平台企业中物力资本与人力资本"双重股权"投资融合,促进了用户导向型平台企业以共享为本的人本经济发展。也就是说,通过用户导向型网络平台供需和共享配置,实现了用户导向型企业人本经济的构成。这不仅通过建立上述用户导向型网络平台供需物力资本与人力资本的"双重股权"智能合约,来彻底解决顾客导向型企业以合作为本的人本经济被用户导向型平台企业以共享为本的人本经济所替代,而且促进了用户导向型平台企业与市场一体化融合。

7.2.2 用户导向型平台企业人本经济构成分析

欠发达人类社会生产力水平及其生产关系相互作用所决定的人类社会经济发展处于物本经济阶段(丁胜红、周红霞,2020)。由美国数学家柯布(C.W.Cobb)和经济学家保罗·道格拉斯(Paul H. Douglas)基于信息对称的视角假设企业完备制度为常量 1,根据企业生产领域投入与产出的关系,建立了著名的柯布-道格拉斯生产函数:$Y=A(t)L^{\alpha}K^{\beta}\mu$[①]。随着第一次、第二次工业革命相继爆发,基础制造技术在人类社会经济发展中获得了广泛应用,欠发达人类社会生产力水平有了较大提高,催生信息非对称的物本经济发育成熟。至此,由柯布和道格拉斯假定在信息对称的物本经济阶段,具有完备委托代理契约本质的企业制度演变为信息非对称的物本经济阶段具有非完备委托代理契约本质的企业制度。非完备委托契约本质的企业制度不再是常量,而是变量,它集中体现了企业服务(管理)人员人力资本价值——提高企业效率,降低企业成本。因此,信息对称环境下柯布-道格拉斯生产函数(模型)中生产专业化分工人力资本 L,演变为信息非对称环境下企业生产专业化分工人力资本 L_Ω 和服务专业化分工人力资本 L_J,其中对应变量的人力资本产出弹性系数也相应地由 $\alpha(\alpha \in [0,1])$ 演变为 $\alpha_\Omega(\alpha_\Omega \in [0,1])$ 和 $\alpha_J(\alpha_J \in [0,1])$。信息对称环境下柯布-道格拉斯生产函数(模型)中完备内部制度常量 1,演变为信息非对称环境下生产导向型企业非完备内部制度的变量 S。信息非对称的物本经济阶段,生产导向型企业物本经济函数为:$Y=A(t)L_\Omega^{\alpha_\Omega}L_J^{\alpha_J}K^{\beta}S\mu$。

随着人类社会爆发了第三次工业革命,它标志着人类社会生产力由欠发达水平转向发达水平,且同时驱使人类社会由信息非对称的物本经济演变为信息非对称的人本经济(丁胜红,2020)。由此可以推论出,信息非对称的非完备委托代理契约企业的生产专业化分工人力资本 L_Ω 和服务专业化分工人力资本 L_J,演变为信息非对称的非完备利益相关者契约企业的生产专业化分工人力资本 L_Ω 和服务专业化分工人力资本 L_J。同时,信息非对称的物

[①] 式中,Y 为工业总产值;$A(t)$ 为综合技术水平;L 为投资的人力资本数量;K 为投资的资本,一般指固定资产净值;α 为人力资本产出的弹性系数,$\alpha \in [0,1]$;β 为资本产出的弹性系数,$\beta \in [0,1]$;μ 表示随机干扰的影响,且 $\mu \leqslant 1$。

本经济阶段卖方市场演变为信息非对称的人本经济阶段买方市场。至此,适应卖方市场基本需求的生产导向型企业内部管理制度演变为适应买方市场马斯洛层序需求的顾客导向型企业内外管理制度。由此可以得出,信息非对称的物本经济环境下生产导向型企业非完备内部制度的变量S,演变为信息非对称的人本经济环境下生产导向型企业非完备内部制度的变量S^1和非完备外部制度的变量S^2。前者模型表达了企业信奉资本雇佣劳动观,可称之为信息非对称的生产导向型企业以雇佣为本的物本经济模型,后者模型表达了企业信奉资本与劳动和谐观(丁胜红,2020),可称之为信息非对称的顾客导向型企业以合作为本的人本经济模型。

在"互联网+"时代,方兴未艾的第四次工业革命标志着人类社会生产力由发达水平转向更发达水平,且同时驱使人类社会由信息非对称的人本经济演变为信息对称的人本经济,即人本经济(丁胜红,2020)。"互联网+"的"去三化"颠覆了人们对传统企业与市场"二分法"的认知,扁平化与碎片化企业通过具有供需配置与共享配置的网络平台融入信息对称的大数据买方市场。鉴于前文分析用户导向型网络平台人本经济成分,它表明只有通过建立用户导向型网络平台供需配置与共享配置的自由公平竞争市场规则,才能实现顾客导向型企业利益相关者静态契约制转变为用户导向型平台企业全民利益相关者动态契约制。前者是非完备契约,后者是完备智能契约。

根据前文论述,"互联网+"的"去三化"驱动具有平等性、协同性和自主性三种属性的用户导向型平台企业员工与参与用户,借助网络平台集聚效应形成用户导向型平台企业员工网络社群、参与用户网络社群与网络平台的三方对等网络关系。其中,前文论述作为信息对称环境下用户导向型平台企业制度经济"化身"的用户导向型网络平台人本经济成分,通过用户导向型平台企业员工网络社群与参与用户网络社群,在"互联网用户导向型平台企业工厂"共创共享共赢过程①中形成用户导向型平台企业以共享为本的人本经济成分。至此,在用户导向型网络平台供需与共享配置下,用户导向型平台企业以共享为本的人本经济模型可由信息非对称的人本经济阶段顾客导向型企业以合作为本的人本经济模型推演而来。前者企业信奉资本与劳动和谐观,企业人本经济模型中人力资本分为生产专业化分工人力资本L_Ω和服务专业化分工人力资本L_J;后者企业信奉资本与劳动共享观,企业人本经济模型中生产型人力资本分为企业员工人力资本L_Ω和参与用户人力资本L_J,其中服务型人力资本功能被企业网络平台替代,成为任何企业共享生产领域的外生变量(丁胜红、周红霞,2020)。

信息非对称的人本经济环境下生产导向型企业非完备内部制度的变量S^1和非完备外部制度的变量S^2,演变为信息对称的人本经济环境下用户导向型平台企业内外制度融为一体的完备智能制度常量1。信息非对称的人本经济阶段,用户导向型平台企业以共享为本的人本经济模型为:$Y=A(t)L_\Omega^{\alpha_\Omega}L_J^{\alpha_J}K^\beta\mu$。其推导过程表达了形成用户导向型平台企业以共享为本的人本经济模型中各个变量内涵演变的缘起与形成,在此不做赘述。随着网络社群消费者的消费偏好易变性赋予信息对称的大数据买方市场体验需求易于变化,这种易变性决定了企业人本经济发展具有共享规模性。因此,在一定用户导向型平台企业共享规模内,用户导向型平台企业以共享为本的人本经济价值最大化的条件为:$\beta/K=\alpha_\Omega/L_\Omega=\alpha_J/L_J$。

---

① "互联网用户导向型平台企业工厂"共创共享共赢过程是指在用户导向型网络平台的供需与共享配置下完成用户导向型企业员工网络社群与参与用户网络社群在"互联网用户导向型平台企业工厂"中自主完成共创共享共赢的过程。

上述条件表明了在用户导向型网络平台供需和共享配置下,用户导向型平台企业存在最优人本经济结构,同时也表明了在用户导向型平台企业员工、参与用户和网络平台的三方对等网络关系下,存在平台化用户导向型平台企业以共享为本的人本经济价值最大化的条件。

总而言之,上述集中论述通过用户导向型网络平台供需和共享配置,来完成用户导向型平台企业获得最优人本经济发展的基本条件。其基本条件是实现顾客导向型企业以合作为本的人本经济演变为用户导向型平台企业以共享为本的人本经济的最根本保证。为了落实顾客导向型企业以合作为本的人本经济向用户导向型平台企业以共享为本的人本经济演变,下文通过企业人本资本投资转移来促进由合作为本向共享为本的企业人本经济演变。下面将理论分析顾客导向型企业演变为用户导向型平台企业的人本资本投资转移路径。

7.3 用户导向型平台企业人本资本投资的转移路径

鉴于前文从信息技术层面分析"互联网+"顾客导向型企业演变为用户导向型平台企业,下文将构建用户导向型平台企业人本资本投资的效用函数,并就其效用函数来分析顾客导向型企业演变为用户导向型平台企业的人本资本投资转移路径,为用户导向型平台企业人本经济形成提供依赖路径。

7.3.1 用户导向型平台企业人本资本投资效用函数的构建

在"互联网+"时代,用户导向型平台企业以共享为本的人本经济存在于将不同人本经济要素有机整合在一起产生大于各自人本经济要素本身价值之外的人本资本价值。用户导向型平台企业人本资本价值的形成在于,一方面,用户导向型平台企业自身的一部分人本资本价值产生于用户导向型平台企业共享人力资本要素经济资源自身的正外部性,譬如,"干中学",用户导向型平台企业从智慧劳动创造中获益的一部分人本资本价值;另一方面,用户导向型平台企业自身的另一部分人本资本价值产生于用户导向型平台企业各共享要素经济资源的规模人本经济和范围人本经济。因此,用户导向型平台企业像物力资本所有者、人力资本所有者那样,成为用户导向型平台企业利益相关者的独立一方,且它拥有自己以共享为本的人本资本价值。因此,笔者借鉴缘起于柯布-道格拉斯生产函数的企业跨期效用函数,构建用户导向型平台企业人本资本投资的效用函数。假设用户导向型平台企业人本资本投资的效用函数是一个单调的严格凹函数,采取跨期最优决策方式实现用户导向型平台企业人本资本投资的效用最大化。因此,用户导向型平台企业跨期人本资本投资的效用最大化函数构建如下:

$$\begin{Bmatrix} \text{Max} \\ C_t, K_{t+1}, L_{Jt}/I_{1t}, I_{\Omega t}, I_{Jt} \end{Bmatrix} \sum_{t=0}^{\infty} \rho^t \left[\log C_t - a_n \frac{(L_{\Omega t})^{1+\gamma}}{1+\gamma} - b_n \frac{(L_{Jt})^{1+\lambda}}{1+\lambda} - c_n \log I_{1t} \right]$$

(7-1)

式(7-1)表明,该用户导向型平台企业人本资本投资的效用函数由三个部分组成,分别是用户导向型平台企业的消费[①](C),用户导向型平台企业员工人力资本股权投资[②](L_Ω)、参与用户人力资本股权投资(L_J),以及用户导向型平台企业物力资本股权投资[③](I_{1t})。因此,上述效用函数表明,用户导向型平台企业员工与参与用户的人力资本投资股份数量越多,用户导向型平台企业经营水平就越低,其效用也就越低。式(7-1)是一个嵌套的效用函数,当不考虑用户导向型平台企业适度规模和物力资本股权投资影响时(即$a_n=0$,$b_n=0$,$c_n=0$),上述效用函数可抽象为用户导向型平台企业人本资本投资的效用函数中效用最大化问题。

上述最大化问题的约束条件如下:

$$C_t + I_{\Omega t} + I_{Jt} + \theta_1(L_{\Omega t} - L_\Omega) + \theta_2(L_{Jt} - L_J) = Y_t \quad (7-2)$$

$$K_{t+1} = (1-\zeta)K_t + I_{1t} + I_{\Omega t} + I_{Jt} \quad (7-3)$$

式(7-2)为用户导向型平台企业人本资本投资的资本约束方程,$I_{\Omega t}$、I_{Jt}分别为用户导向型平台企业员工、参与用户各自证券资本股权投资;Y表示用户导向型平台企业产出,该产出为用户导向型平台企业全面利益相关者动态契约制的股权主体所有;$\theta_1(L_{\Omega t} - L_\Omega)$、$\theta_2(L_{Jt} - L_J)$分别为用户导向型平台企业所有权与经营权合一的员工与参与用户通过向用户导向型平台企业优化各自人力资本股权投资数量来达到用户导向型平台企业稳态[④]。本文将其引入式(7-2)中作为用户导向型平台企业人本经济影响因素。在用户导向型平台企业的稳态下,顾客导向型企业静态契约制使得顾客导向型企业人力资本投资数量在一定范围内是保持不变的,该项为0。在达成平台化用户导向型平台企业稳态过程中,平台化用户导向型平台企业适度规模水平上升,$\theta_1(L_{\Omega t} - L_\Omega)$与$\theta_2(L_{Jt} - L_J)$向上偏离稳态,为平台化用户导向型平台企业员工与参与用户从事用户导向型平台企业共享生产所支付的人力资本投资成本。相反,$\theta_1(L_{\Omega t} - L_\Omega)$与$\theta_2(L_{Jt} - L_J)$向下偏离稳态,为平台化用户导向型平台企业员工与参与用户从事用户导向型平台企业共享生产所获得的人力资本投资收益。在平台化用户导向型平台企业共享生产函数方面,本文记Y_t为平台化用户导向型平台企业产出,且$Y_t = A(t) L_{in}^{\alpha_{in}} L_{out}^{\alpha_{out}} K^\beta$。该共享生产函数表明,用户导向型平台企业产出源于用户导向型平台企业共享的生产技术、人力资本投资和物力资本存量。为了简化研究,本文在此假设顾客导向型企业向用户导向型平台企业演变的生产技术是不变的,即$A_t = 1$。

式(7-3)为用户导向型平台企业物力资本积累方程。K_{t+1}为用户导向型平台企业在下期持有的物力资本存量,它来源于当期折旧后用户导向型平台企业物力资本存量、用户导向型平台企业资本的物力资本股权投资I_{1t},以及用户导向型平台企业员工、参与用户各自证券资本股权投资$I_{\Omega t}$、I_{Jt}。

---

① 用户导向型平台企业消费在于维持用户导向型企业自身共享价值。也就是通过用户导向型企业自身消费以维持用户导向型企业获得最优共享经济价值。这种用户导向型企业自身消费其本质也是一种投资行为。

② 用户导向型平台企业员工人力资本股权投资是指用户导向型企业员工自己通过用户导向型网络平台的智能股权契约投资于用户导向型企业的人力资本,对此称之为用户导向型企业人力资本股权投资,对于参与用户也是如此。

③ 用户导向型平台企业物力资本股权投资是指用户导向型平台企业去第三方的国有与非国有物力资本所有者通过用户导向型网络平台的智能股权契约投资于用户导向型企业的物力资本,对此称之为用户导向型企业物力资本股权投资。

④ 用户导向型平台企业稳态是指通过混改使用户导向型平台企业的员工与参与用户以所有权与经营权合一方式使自己的专业化分工劳动达到最佳状态。

7.3.2 用户导向型平台企业人本资本投资的转移路径

根据前文探析用户导向型平台企业人本资本投资的效用函数的最大化问题，解析由顾客导向型企业稳态到用户导向型平台企业稳态的用户导向型平台企业人本资本投资效应，在此基础上，对比解析下文顾客导向型企业向用户导向型平台企业演变的人本资本投资方程，进而推论出顾客导向型企业向用户导向型平台企业演变的转移路径。

1. 顾客导向型企业稳态

顾客导向型企业为利益相关者静态契约制，顾客导向型企业生产领域内仅仅有员工生产，而没有用户参与顾客导向型企业生产。为了对比研究的方便，本文根据专业化劳动分工原理将奉行资本与劳动和谐观的顾客导向型企业员工分类为顾客导向型企业生产员工Ⅰ和顾客导向型企业服务员工Ⅱ。正是因为顾客导向型企业存在"合作"经营关系，此两类企业员工才采取员工人力资本股权投资，它们的变量也采用 $L_{\Omega t}$ 与 L_{Jt} 形式，但它们在顾客导向型企业生产函数中的弹性系数内涵也相应随之发生变化。在此弹性系数变量内涵不做赘述。另外，顾客导向型企业两类员工证券资本股权投资仍采用 $I_{\Omega t}$ 与 I_{Jt}。根据前文的理论分析可知，顾客导向型企业人本资本约束条件要求满足 $\theta_1=0$、$\theta_2=0$。此时，分别记式(7-2)和式(7-3)的拉格朗日乘子为 h_t 和 ϑ_t。对顾客导向型企业人本资本价值最大化问题进行求解，分别对 $\{C_t, K_{t+1}, L_{Jt} / I_{1t}, I_{\Omega t}, I_{Jt}\}$ 一阶求导，可得：

$$\frac{1}{C_t} = h_t \tag{7-4}$$

$$a_n(L_{\Omega t})^\gamma = h_t \alpha_\Omega \frac{Y_t}{L_{\Omega t}} \tag{7-5}$$

$$b_n(L_{Jt})^\lambda = h_t \alpha_J \frac{Y_t}{L_{Jt}} \tag{7-6}$$

$$c_n \frac{1}{I_{1t}} = \vartheta_t \tag{7-7}$$

$$h_t = \vartheta_t \tag{7-8}$$

$$\vartheta_t = \rho[h_{t+1}\beta \frac{Y_{t+1}}{K_{t+1}} + \vartheta_{t+1}(1-\zeta)] \tag{7-9}$$

首先，根据式(7-8)和式(7-9)可以解出顾客导向型企业稳态时的顾客导向型企业物力资本存量占产出的比重为：

$$\frac{K}{Y} = \frac{\rho\beta}{1-\rho(1-\zeta)} \tag{7-10}$$

其次，根据式(7-4)和式(7-7)可以得到顾客导向型企业稳态情况下的顾客导向型企业物力资本股权投资与消费的关系，表示为 $I_1 = c_n C$，并进一步根据式(7-2)和式(7-8)求解出顾客导向型企业稳态时的顾客导向型企业消费、物力资本存量、物力资本股权投资股、企业生产员工Ⅰ与企业服务员工Ⅱ的证券资本股权投资分别占顾客导向型企业产出的比重如下：

$$\frac{C}{Y} = \left(1 - \zeta \frac{K}{Y}\right) \frac{1}{1-c_n} \tag{7-11}$$

$$\frac{I_1}{Y} = \left(1 - \zeta \frac{K}{Y}\right) \frac{c_n}{1-c_n} \tag{7-12}$$

$$\frac{I_\Omega + I_J}{Y} = 1 - \frac{C}{Y} \tag{7-13}$$

再次，根据式(7-5)、式(7-6)可以计算出顾客导向型企业稳态情况下顾客导向型企业生产员工Ⅰ与顾客导向型企业服务员工Ⅱ的人力资本投资如下：

$$a_n(L_\Omega)^{1+\gamma} = \frac{Y}{C}\alpha_\Omega \tag{7-14}$$

$$b_n(L_J)^{1+\lambda} = \frac{Y}{C}\alpha_J \tag{7-15}$$

然后，根据式(7-14)和式(7-15)顾客导向型企业稳态下的顾客导向型企业生产函数，可以解出顾客导向型企业稳态情况下的顾客导向型企业物力资本存量。由于本文假定顾客导向型企业向用户导向型平台企业演变的生产技术保持不变，顾客导向型企业生产的稳态物力资本存量可以表示为：

$$K = \left[\frac{\rho\beta}{1-\rho(1-\zeta)}\right]^{\frac{1}{\alpha_\Omega}} \times L_\Omega + \left[\frac{\rho\beta}{1-\rho(1-\zeta)}\right]^{\frac{1}{\alpha_J}} \times L_J \tag{7-16}$$

最后，根据式(7-16)计算顾客导向型企业稳态下的顾客导向型企业物力资本存量，并结合式(7-11)、式(7-12)和式(7-13)可以分别计算出顾客导向型企业稳态下顾客导向型企业的消费、物力资本股权投资，以及顾客导向型企业生产员工Ⅰ与顾客导向型企业服务员工Ⅱ的证券资本股权投资，对此不做赘述。

2. 用户导向型平台企业稳态

用户导向型平台企业为全面利益相关者动态契约制。用户导向型平台企业员工分类为用户导向型平台企业员工和参与用户，他们信奉资本与劳动共享观（丁胜红、周红霞，2020），正因为如此，才采取用户导向型平台企业员工与参与用户的人力资本股权投资，而非人力资本投资。相比于顾客导向型企业，本文引入$\theta_1(L_{\Omega t} - L_\Omega)$与$\theta_1(L_{Jt} - L_J)$来表示所有权与经营权合一的用户导向型平台企业人员岗位改革对用户导向型平台企业的共享生产影响，用户导向型平台企业的$\theta_1 \neq 1$、$\theta_2 \neq 1$。因此，分别对$\{C_t, K_{t+1}, L_{Jt}/I_{1t}, I_{\Omega t}, I_{Jt}\}$进行一阶求导可知，除式$L_{\Omega t}$、$L_{Jt}$外，均同顾客导向型企业在形式上是一致的。对$L_{\Omega t}$、$L_{Jt}$的一阶条件可以表示为：

$$a_n(L_{\Omega t})^\gamma = h_t\alpha_\Omega\left[\frac{Y_t}{L_{\Omega t}} + \frac{\theta_1}{(L_{\Omega t})^2}\right] \tag{7-17}$$

$$b_n(L_{Jt})^\lambda = \vartheta_t \alpha_j \left[\frac{Y_t}{L_{Jt}} + \frac{\theta_2}{(L_{Jt})^2} \right] \quad (7-18)$$

对式(7-17)、式(7-18)求用户导向型平台企业稳态,可得:

$$a_n(L_\Omega)^{1+\gamma} = \frac{Y}{C}\alpha_\Omega + \frac{\theta_1}{C \times L_\Omega} \quad (7-19)$$

$$b_n(L_J)^{1+\lambda} = \frac{Y}{C}\alpha_J + \frac{\theta_2}{C \times L_J} \quad (7-20)$$

其中,$\tilde{\omega}_\Omega = \theta_1/(a_n C \times L_\Omega)$、$\tilde{\omega}_J = \theta_2/(b_n C \times L_J)$。进一步结合用户导向型平台企业人本资本投资方程,可以计算出用户导向型平台企业稳态下的物力资本存量、物力资本股权投资、员工与参与用户的双重股权投资和用户导向型平台企业的消费。

3. 顾客导向型企业向用户导向型平台企业演变的人本资本投资方程解析

由于本文关注的是顾客导向型企业向用户导向型平台企业演变的"双重股权"投资的影响,在前文分析的基础上,本文进一步推导出用户导向型平台企业不同股权主体的投资方程。因此,对式(7-2)至式(7-9)进行一阶对数线性化展开,将非线性系统转变为线性系统,记为$\hat{L}_{\Omega t}$、$\hat{L}_{Jt}$,表明顾客导向型企业生产员工Ⅰ与顾客导向型企业服务员工Ⅱ的人力资本投资数量的变化。对其进行对数线性化分别可得:

$$\phi_1 \hat{L}_{\Omega t} + \varphi_1 \hat{L}_{Jt} = \hat{Y}_t - \hat{C}_t \quad (7-21)$$

$$\hat{I}_{1t} = \hat{C}_t \quad (7-22)$$

$$\hat{C}_{t+1} - \hat{C}_t = \frac{\frac{\beta Y}{K}}{\frac{\beta Y}{K} + 1 - \zeta} \quad (7-23)$$

$$\frac{C}{Y}\hat{C}_t + \frac{I_\Omega}{Y}\hat{L}_{\Omega t} + \frac{I_J}{Y}\hat{L}_{Jt} = \hat{Y}_t \quad (7-24)$$

$$\hat{K}_{t+1} = (1-\zeta)\hat{K}_t + \frac{I_1}{K}\hat{L}_{1t} + \frac{I_\Omega}{K}\hat{L}_{\Omega t} + \frac{I_J}{Y}\hat{L}_{Jt} \quad (7-25)$$

$$\hat{Y}_t = \beta\hat{K}_t + \alpha_\Omega \hat{L}_{\Omega t} + \alpha_J \hat{L}_{Jt} \quad (7-26)$$

式(7-21)中,$\phi_1 = 1+\gamma$、$\varphi_1 = 1+\lambda$。根据式(7-21)至式(7-26),可以推导出顾客导向型企业物力资本人本资本投资的方程如下:

$$\hat{I}_{1t} = \frac{\beta(Y-C+I_1)}{\zeta K}\hat{K}_t + \frac{\alpha_\Omega(Y-C+I_1) + (C-I_\Omega)\phi_1}{\zeta K}\hat{L}_{\Omega t} +$$
$$\frac{\alpha_J(Y-C+I_1) + (C-I_J)\varphi_1}{\zeta_K}\hat{L}_{Jt} \quad (7-27)$$

式(7-27)表明,顾客导向型企业物力资本人本资本投资是关于当期顾客导向型企业资本存量和当期顾客导向型企业生产员工Ⅰ与顾客导向型企业服务员工Ⅱ的人力资本投资数量的函数。由于顾客导向型企业物力资本存量是状态变量,当期的顾客导向型企业物力资本存量由上期物力资本状态变量和人力资本投资共同决定;$\hat{L}_{\Omega t}$、$\hat{L}_{Jt}$的变化则是受到顾客导向型企业的外生冲击。进一步地,也可以分别推导出,用于顾客导向型企业生产的物力资本股权投资方程、生产员工Ⅰ与服务员工Ⅱ的证券资本股权投资方程,均为上期顾客导向型企业物力资本存量增速、上期顾客导向型企业物力资产股权投资增速和当期顾客导向型企业生产员工Ⅰ与服务员工Ⅱ的人力资本投资数量增速的函数。

顾客导向型企业生产的物力资本股权投资方程如下:

$$\hat{I}_{1t} = \beta \hat{K}_t + (\alpha_\Omega - \phi_1)\hat{L}_{\Omega t} + (\alpha_J - \varphi_1)\hat{L}_{Jt} \qquad (7-28)$$

顾客导向型企业员工证券资本股权投资方程如下:

$$\hat{I}_{2t} = \frac{\beta(Y-C)}{I_\Omega}\hat{K}_t + \frac{\alpha_\Omega(Y-C)+C\phi_1}{I_\Omega}\hat{L}_{\Omega t} + \frac{\alpha_J(Y-C)+C\varphi_1}{I_J}\hat{L}_{Jt} \qquad (7-29)$$

根据顾客导向型企业证券资本股权投资主体的不同,对式(7-29)进行分离,其分离方程如下:

顾客导向型企业生产员工Ⅰ证券资本股权投资方程如下:

$$\hat{I}_{\Omega t} = \frac{\beta(Y-C)}{I_\Omega}\hat{K}_t + \frac{\alpha_\Omega(Y-C)+C\phi_1}{I_\Omega}\hat{L}_{\Omega t} \qquad (7-30)$$

顾客导向型企业服务员工Ⅱ证券资本股权投资方程如下:

$$\hat{I}_{Jt} = \frac{(1-C)\beta(Y-C)}{I_J}\hat{K}_t + \frac{\alpha_J(Y-C)+C\varphi_1}{I_J}\hat{L}_{Jt} \qquad (7-31)$$

其中,式(7-30)和式(7-31)中的 χ 为顾客导向型企业生产员工Ⅰ与服务员工Ⅱ对物力资本存量影响的投资方程分离系数。由于用户导向型平台企业人本资本的最大化问题对 $\{C_t, K_{t+1}, L_{Jt}/I_{1t}, I_{\Omega t}, I_{Jt}\}$ 的一阶条件保持不变,对 $L_{\Omega t}$、L_{Jt} 的一阶条件如式(7-17)、式(7-18),对其进行对数线性化分别可得:

$$\left[1+\gamma+(2+\gamma)\theta_1\frac{C}{y}\frac{1}{\hat{l}_\Omega}\right]\hat{L}_{\Omega t} = \hat{Y}_t - \hat{C}_t \qquad (7-32)$$

$$\left[1+\gamma+(2+\lambda)\theta_2\frac{C}{Y}\frac{1}{\hat{L}_J}\right]\hat{L}_{Jt} = \hat{Y}_t - \hat{C}_t \qquad (7-33)$$

其中,$\phi_2 = 1+\gamma+\frac{(2+\gamma)\theta_{1C}}{YL_\Omega}$、$\varphi_2 = 1+\gamma+\frac{(2+\gamma)\theta_{2C}}{YL_J}$,相比较 ϕ_1、φ_1,它们分别多了 $\frac{(2+\gamma)\theta_{1C}}{YL_\Omega}$、$\frac{(2+\gamma)\theta_{2C}}{YL_J}$,该部分为顾客导向型企业向用户导向型平台企业演变对生产的影响,即解除了束缚生产员工自由发挥的顾客导向型企业利益相关者静态契约制,实现了激发顾客导向型企业员工潜在创造力的用户导向型平台企业全面利益相关动态契约制,并提高了用户导向型平台企业生产力水平。然后,根据式(7-32)、式(7-33)和式(7-21)至式

(7-26)可以推导出,用户导向型平台企业生产的物力资本股权投资方程,以及用户导向型平台企业物力资本股权投资方程、员工与参与用户的证券资本股权投资方程。

用户导向型平台企业生产的物力资本股权投资方程为:

$$\hat{I}_t = \frac{\beta(Y-C)}{I_\Omega}\hat{K}_t + \frac{\alpha_\Omega(Y-C)+(C-I_\Omega)\phi_2}{I_\Omega}\hat{L}_{\Omega t} + \frac{\alpha_J(Y-C)+C\varphi_2}{I_J}\hat{L}_{Jt} \quad (7-34)$$

用户导向型平台企业物力资本股权投资方程为:

$$\hat{I}_{1t} = \beta\hat{K}_t + (\alpha_\Omega - \phi_2)\hat{L}_{\Omega t} + (\alpha_J - \varphi_2)\hat{L}_{Jt} \quad (7-35)$$

用户导向型平台企业员工证券资本股权投资方程为:

$$\hat{I}_{2t} = \frac{\beta(Y-C)}{I_\Omega}\hat{K}_t + \frac{\alpha_\Omega(Y-C)+C\phi_2}{I_\Omega}\hat{L}_{\Omega t} + \frac{\alpha_J(Y-C)+C\varphi_2}{I_J}\hat{L}_{Jt} \quad (7-36)$$

根据用户导向型平台企业证券资本股权投资主体的不同,对式(7-36)进行分离,其分离方程如下:

用户导向型平台企业员工证券资本股权投资方程为:

$$\hat{I}_{\Omega t} = \rho\frac{\beta(Y-C)}{I_\Omega}\hat{K}_t + \frac{\alpha_\Omega(Y-C)+C\phi_2}{I_\Omega}\hat{L}_{\Omega t} \quad (7-37)$$

参与用户证券资本股权投资方程为:

$$\hat{I}_{Jt} = (1-\rho)\frac{\beta(Y-C)}{I_J}\hat{K}_t + \frac{\alpha_J(Y-C)+C\varphi_2}{I_J}\hat{L}_{Jt} \quad (7-38)$$

其中,式(7-37)和式(7-38)中的ρ为用户导向型平台企业员工与参与用户对物力资本存量影响的投资方程分离系数。总而言之,通过对比解析顾客导向型企业与用户导向型平台企业各自稳态和顾客导向型企业向用户导向型平台企业演变的人本资本投资方程,可以得出如下结论:①用户导向型平台企业人本资本投资的转移路径理论依据在于,顾客导向型企业利益相关者静态契约制转变为平台化国企全民利益相关者动态契约制。②用户导向型平台企业人本资本投资的转移路径为:从顾客导向型企业单一股权投资稳态转移至用户导向型平台企业"双重股权"投资稳态。即采取全民利益相关者动态契约制的用户导向型平台企业"双重股权"投资[①]变化,打破了顾客导向型企业利益相关者静态契约制的单一股权投资[②]稳态,从而对用户导向型平台企业"双重股权"投资生产产生了影响,这种影响进一步转移至用户导向型平台企业的消费和产出,最终形成用户导向型平台企业全民利益相关者动态契约制的新稳态。

---

① "双重股权"投资是指平台化用户导向型平台企业采取所有权与经营权合一的物力资本投资与人力资本投资。这里的股权是指所有权与经营权合一的权利。

② 单一股权投资是指顾客导向型企业仅仅采取物力资本股权投资,就混改前上市国企而言,物力资本股权投资表现为证券股票投资。这里的股权指的是所有权,凭借所有权获得收益权。

7.3.3 用户导向型平台企业人本资本投资转移路径实证检验

1. 研究假设

式(7-27)至式(7-31)给出了顾客导向型企业物力资本股权投资(投资主体是顾客导向型企业本身)、顾客导向型企业用户导向型平台企业物力资本股权投资和顾客导向型企业生产员工Ⅰ与服务员工Ⅱ证券资本股权投资的影响方程;式(7-34)至式(7-38)则分别给出了用户导向型平台企业物力资本股权投资、用户导向型平台企业物力资本股权投资、用户导向型平台企业员工与参与用户证券资本股权投资的影响方程。就顾客导向型企业向用户导向型平台企业演变的物力资本股权投资而言,由于 $\phi_2 > \phi_1$、$\varphi_2 > \varphi_1$,对比式(7-27)和式(7-34)可知,用户导向型平台企业员工、参与用户的人力资本股权投资对用户导向型平台企业人本资本投资的正向影响系数,要比顾客导向型企业生产员工Ⅰ与服务员工Ⅱ的人力资本投资对顾客导向型企业人本资本投资的正向影响系数大。由此提出如下研究假设:

研究假设1:在用户导向型平台企业自身物力资本投资中,用户导向型平台企业员工、参与用户的人力资本股权投资对用户导向型平台企业人本资本投资的正向影响系数,大于顾客导向型企业生产员工Ⅰ与服务员工Ⅱ的人力资本投资对顾客导向型企业人本资本投资的正向影响系数。

就顾客导向型企业向用户导向型平台企业演变的物力资本股权投资而言,由于 $\phi_2 > \phi_1 > \alpha_\Omega$、$\varphi_2 > \varphi_1 > \alpha_J$,对比式(7-28)和式(7-35)可知,它们表明用户导向型平台企业员工、参与用户的人力资本股权投资对用户导向型平台企业人本资本投资的负向影响系数,要比顾客导向型企业生产员工Ⅰ与服务员工Ⅱ的人力资本投资对顾客导向型企业人本资本投资的负向影响系数大。由此提出如下研究假设:

研究假设2:在用户导向型平台企业物力资本股权投资中,用户导向型平台企业员工、参与用户的人力资本股权投资对用户导向型平台企业人本资本投资的负向影响系数,大于顾客导向型企业生产员工Ⅰ与服务员工Ⅱ的人力资本投资对顾客导向型企业人本资本投资的负向影响系数。

就顾客导向型企业向用户导向型平台企业演变的证券资本股权投资而言,由于 $\phi_2 > \phi_1$、$\varphi_2 > \varphi_1$,对比式(7-29)至式(7-31)和式(7-36)至式(7-38),它们表明用户导向型平台企业员工与参与用户的人力资本股权投资对用户导向型平台企业投资的正向影响系数,要大于顾客导向型企业生产员工Ⅰ与服务员工Ⅱ的人力资本投资对顾客导向型企业投资的正向影响系数。由此提出如下研究假设:

研究假设3:在用户导向型平台企业证券资本股权投资中,用户导向型平台企业员工、参与用户的人力资本股权投资对用户导向型平台企业人本资本投资的正向影响系数,大于顾客导向型企业生产员工Ⅰ与服务员工Ⅱ的人力资本投资对顾客导向型企业人本资本投资的正向影响系数。

2. 计量模型

根据前文论述研究假设,由顾客导向型企业利益相关者静态契约制转变为用户导向型平台企业全民利益相关者动态契约制,其变化体现于不同产权资本投资主体投资的各自资本对顾客导向型企业向用户导向型平台企业演变的人本资本投资影响不同,系统性提出前文 3 条研究假设。进一步地,本文构建用户导向型平台企业人本资本投资增长率的计量模型,对前文的研究假设进行实证检验。根据前文式(7-27)和式(7-34)、式(7-28)和式(7-35)、式(7-29)和式(7-36)的对数线性化结果,顾客导向型企业向用户导向型平台企业演变的人本资本投资,统一表示为顾客导向型企业向用户导向型平台企业演变的物力资本存量与人力资本投资数量,在此基础上构建回归方程如下:

$$\hat{I}_t^j = \eta_0 + \eta_1 \hat{K}_t + \eta_2 \hat{L}_{\Omega t} + \eta_3 \hat{L}_{Jt} + \varepsilon_t \tag{7-39}$$

式(7-39)表示顾客导向型企业向用户导向型平台企业演变的人本资本投资影响因素。$j=0、1、2$,它们分别表示顾客导向型企业向用户导向型平台企业演变的物力资本股权投资、用户导向型平台企业资本投资和证券资本投资。η_i 为相应变量的回归系数。ε_t 为误差项,本文假设 ε_t 服从正态分布。进一步地,本文将上式(7-39)扩展至面板层面,其方程表达式如下:

$$\hat{I}_{it}^j = \eta_1 \hat{K}_{it} + \eta_2 \hat{L}_{\Omega it} + \eta_3 \hat{L}_{Jit} + u_i + \varepsilon_{it} \tag{7-40}$$

式(7-40)表示建立一个包含个体固定效应的计量模型,其中 u_i 为个体项。本文在此没有包含时间固定效应,因为包含时间固定效应将会消除顾客导向型企业向用户导向型平台企业演变的人本资本投资影响。关于顾客导向型企业向用户导向型平台企业演变对用户导向型平台企业人本资本投资的动态影响,本文将在后文的转移路径和计量模型中进行讨论。

3. 变量设计

根据数据的可获得性,本文以顾客导向型企业向用户导向型平台企业演变的样本为研究对象。根据顾客导向型企业利益相关者静态契约制与用户导向型平台企业全民利益相关者动态契约制,结合式(7-40),变量设计如表 7-1 所示。

表 7-1 变量设计

	变量		变量值的计算说明
顾客导向型企业各个变量的名称	物力资本股权投资	I_t^j	顾客导向型企业($j=0$)、用户导向型平台企业($j=1$)和企业生产员工与服务员工($j=2$)年物力资本股权投资之和
	物力资本存量	K_t	顾客导向型企业年净固定资产价值之和
	生产员工Ⅰ人力资本投资	$L_{\Omega t}$	顾客导向型企业年生产员工人力资本价值之和
	服务员工Ⅱ人力资本投资	L_{Jt}	顾客导向型企业年服务员工人力资本价值之和
	总产出	Y_t	顾客导向型企业年总资产价值之和

(续表)

变量			变量值的计算说明
用户导向型平台企业各个变量的名称	物力资本股权投资	I_t^j	用户导向型平台企业($j=0$)、顾客导向型企业($j=1$)和企业员工与参与用户($j=2$)年物力资本股权投资之和
	物力资本存量	K_t	用户导向型平台企业年净固定资本价值之和
	员工人力资本股权投资	$L_{\Omega t}$	用户导向型平台企业年员工人力资本股权价值之和
	参与用户人力资本股权投资	L_{Jt}	用户导向型平台企业年参与用户人力资本股权价值之和
	总产出	Y_t	用户导向型平台企业年总资产价值之和

根据顾客导向型企业向用户导向型平台企业演变,本文将用户导向型平台企业本质定义为用户导向型平台企业全民利益相关者动态契约制。顾客导向型企业向用户导向型平台企业演变的内涵如下:顾客导向型企业向用户导向型平台企业演变的思想强调以人为本,顾客导向型企业向用户导向型平台企业演变的制度强调所有权与经营权合一的专业化劳动分工的岗位改革,顾客导向型企业向用户导向型平台企业演变的组织形式强调用户导向型平台企业。鉴于目前用户导向型平台企业尚未成熟且处于探索阶段,且考虑获取的样本数据多为利益相关者静态契约制形式的用户导向型平台企业会计报告。为了实证检验上文所提出的研究假设,根据顾客导向型企业向用户导向型平台企业演变的企业本质,对表7-1中所设计的变量样本数据做如下测算说明:管理的本质在于提高效率与效益(丁胜红、周红霞,2020),在利益相关者静态契约制的顾客导向型企业中,管理人员人力资本价值在于提高国企效率,进而降低顾客导向型企业单位成本(人力资本成本和物力资本成本)。因此,顾客导向型企业年服务员工人力资本价值之和为顾客导向型企业年服务人员的补偿价值,即他们的年工资+年福利之和。顾客导向型企业年生产人员人力资本价值之和为顾客导向型企业年生产员工的工资+福利之和+顾客导向型企业年未分配利润。

鉴于目前用户导向型平台企业仍用传统会计报告模式,根据用户导向型平台企业全民利益相关者动态契约制本质,重整利益相关者静态契约制的顾客导向型企业会计报告数据,测算用户导向型平台企业员工人力资本股权价值。在全民利益相关者动态契约制的用户导向型平台企业中,具有完备智能契约的用户导向型网络平台替代顾客导向型企业利益相关者静态契约制企业管理层。为了保持满足信息对称的大数据买方市场体验需求的原有商品或服务供给水平,顾客导向型企业管理人员补偿价值应该由用户导向型平台企业员工人力资本共享价值加以替补。其理由在于:① 作为准公共基础设施之一的用户导向型网络平台,其准公共产权属性决定了用户导向型网络平台投资应该由政府或公益性组织和企业共同承担建设,具有智能契约的用户导向型网络平台通过供需配置和共享配置提高企业效益,降低用户导向型平台企业成本,它的私有投资价值直接在大数据买方市场获得补偿,而对网络平台公有产权投资则以税费的形式加以补偿;② 在满足信息对称的大数据买方市场体验需求时,市场不关心是什么形式的经济组织提供的有效价值供给,而只在乎商品或服务本身价值是否有效。如果因用户导向型平台企业管理层被用户导向型网络平台替代而降低原来市场的产品或服务价值,则其将被原有市场所淘汰。因此,作为用户导向型平台企业的员工只有提高自身效率,才能满足或提升原来市场的商品或服务价值,维持或提升满足目前市场体验需求的水平。

因此,用户导向型平台企业年员工人力资本股权价值之和近似[①]测算公式为顾客导向型企业员工(生产员工+服务员工)的年工资+年福利之和+年未分配利润。根据用户导向型平台企业共享生产函数,用户导向型平台企业年总营业收入是由年参与用户人力资本价值之和+用户导向型平台企业员工年人力资本价值之和+用户导向型平台企业员工年物力资本价值之和构成的。用户导向型平台企业年参与用户人力资本股权价值之和近似测算公式为顾客导向型企业年总营业收入－顾客导向型企业年生产人员人力资本价值之和－顾客导向型企业年物力资本价值之和。即用户导向型平台企业年参与用户人力资本股权价值之和近似等于顾客导向型企业年毛利润－顾客导向型企业年未分配利润－顾客导向型企业年服务人员工资及福利之和。

4. 样本数据选择

根据用户导向型平台企业人本经济特征,选择顾客导向型装备制造企业和用户导向型平台化装备制造企业为本文的研究样本。本文以 2008—2015 年国有装备制造企业资本未发生减持作为顾客导向型装备制造企业的研究样本,以 2016—2019 年国有装备制造企业资本发生减持的国有装备制造企业作为用户导向型平台化装备制造企业的研究样本。本文研究样本选取标准如下:① 截至 2019 年年底,筛选国有控股上市装备制造公司使用国泰安数据库(CASMAR)中"上市装备制造公司股权性质文件中实际控制人名称和股权性质"和中国研究数据服务平台(CNRDS)中"公司股权性质文件中实际控制人类别"进行判断,筛选是否参与新一轮装备制造国企改革由国泰安数据库中"十大股东文件中前十大股东持股比例"和"上市装备制造公司控制人文件中实际控制人拥有上市装备制造公司控制权比例"整理所得;② 剔除数据缺失和不符合本文数据测算要求的样本,最终确定 340 家样本公司。全部连续变量经 1% 的 Winsorize 处理,以避免异常值影响。其他研究数据来自锐思数据库、国泰安数据库和中国研究数据服务平台。

5. 实证结果分析

(1) 顾客导向型装备制造国企向用户导向型平台化装备制造国企演变的物力资本股权投资回归——装备制造国企作为物力资本股权投资主体

本文对式(7-40)进行估计($j=0$),表 7-2 报告了全样本、顾客导向型装备制造国企和用户导向型平台化装备制造国企的回归结果。表 7-2 中的全样本与分样本实证检验结果表明,在用户导向型平台化装备制造国企的人本资本投资中,用户导向型平台化装备制造国企员工、参与用户的人力资本股权投资对用户导向型平台化装备制造国企资本投资的正向影响系数,大于顾客导向型装备制造国企生产员工Ⅰ与服务员工Ⅱ的人力资本投资对顾客导向型装备制造国企资本投资的正向影响系数。这表明研究假设 1 得到了验证。

---

① 近似是指顾客导向型企业的非完备利益相关者契约制约束缚顾客导向型企业员工创造价值潜力的发挥,因此,顾客导向型企业员工人力资本价值接近于用户导向型平台企业员工人力资本股权价值。

表 7-2 装备制造国企作为物力资本股权投资主体的物力资本股权投资回归结果

装备制造国企作为物力资本股权投资主体	(1) 顾客导向型装备制造国企	(2) 用户导向型平台化装备制造国企	(3) 全样本
K_t	0.547*	0.379*	0.474*
$L_{\Omega t}$	0.091*	0.192*	0.230*
L_{Jt}	0.128*	0.160*	0.060*
样本量	1 539	1 270	3 782

注：* 表示该变量的参数在 99% 范围内的分布值均不含 0。

(2) 顾客导向型装备制造国企向用户导向型平台化装备制造国企演变的物力资本股权投资回归——用户导向型平台企业物力资本股权投资主体

本文对式(7-40)进行估计($j=1$)，表 7-3 报告了全样本、顾客导向型装备制造国企和用户导向型平台化装备制造国企的回归结果。表 7-3 中的全样本与分样本实证检验结果表明，在用户导向型平台化装备制造国企物力资本股权投资中，用户导向型平台化装备制造国企员工、参与用户的人力资本股权投资对用户导向型平台化装备制造国企资本投资的负向影响系数，大于顾客导向型装备制造国企生产员工Ⅰ与服务员工Ⅱ的人力资本投资对顾客导向型装备制造国企资本投资的负向影响系数。这表明研究假设 2 得到了验证。

表 7-3 用户导向型平台化装备制造国企物力资本股权投资主体物力资本股权投资回归结果

用户导向型平台化装备制造国企物力资本股权投资主体	(1) 顾客导向型装备制造国企	(2) 用户导向型平台化装备制造国企	(3) 全样本
K_t	0.029*	0.067*	0.046*
$L_{\Omega t}$	−0.044*	−0.074*	−0.065*
L_{Jt}	−0.034*	−0.071*	−0.041*
样本量	1 539	1 270	3 782

注：* 表示该变量的参数在 99% 范围内的分布值均不含 0。

(3) 顾客导向型装备制造国企向用户导向型平台化装备制造国企演变的证券资本股权投资回归——装备制造国企员工[①]投资主体

本文对式(7-40)进行估计($j=3$)，表 7-4 报告了全样本、顾客导向型装备制造国企和用户导向型平台化装备制造国企的回归结果。表 7-4 中的全样本与分样本实证检验结果表明，在用户导向型平台化装备制造国企的证券资本股权投资中，用户导向型平台化装备制造国企员工、参与用户的人力资本股权投资对用户导向型平台化装备制造国企资本投资的正向影响系数，大于顾客导向型装备制造国企生产员工Ⅰ与服务员工Ⅱ的人力资本投资对

---

① 装备制造国企员工是指顾客导向型装备制造国企生产员工与服务员工，以及平台化用户导向型装备制造国企生产员工与参与用户。

顾客导向型装备制造国企资本投资的正向影响系数。这表明研究假设3得到了验证。

表7-4 装备制造国企员工投资主体的证券资本股权投资回归结果

装备制造国企员工投资主体	(1) 顾客导向型装备制造国企	(2) 用户导向型平台化装备制造国企	(3) 全样本
K_t	-0.573*	-0.373*	-0.490*
$L_{\Omega t}$	0.872*	0.906*	0.864*
L_{Jt}	0.799*	0.911*	0.950*
样本量	1 539	1 270	3 782

注：* 表示该变量的参数在99%范围内的分布值均不含0。

(4) 用户导向型平台化装备制造国企"双重股权"投资的转移路径

① 参数校准。表7-4的实证结果表明，在顾客导向型装备制造国企向用户导向型平台化装备制造国企演变过程中，作为装备制造国企不同产权主体的物力资本股权回归结果有效证实了本文的理论分析，也支持了本文的研究假设。基于前文在顾客导向型装备制造国企向用户导向型平台化装备制造国企演变过程中不同类型装备制造国企生产稳态理论分析，要想实现用户导向型平台化装备制造国企"双重股权"投资的转移路径，即顾客导向型装备制造国企生产稳态转移为用户导向型平台化装备制造国企生产稳态，则需要对用户导向型平台化装备制造国企动力系统进行参数校准，以得到符合用户导向型平台化装备制造国企生产实际的动力系统。

本文对用户导向型平台化装备制造国企物力资本存量对用户导向型平台化装备制造国企产出弹性进行估计，估计结果显示 $\beta = 0.223$。利用上述样本数据，对顾客导向型装备制造国企向用户导向型平台化装备制造国企演变过程中不同类型装备制造国企稳态方程模型进行假设检验，以获得偏回归系数，结合前文数理推导的顾客导向型装备制造国企向用户导向型平台化装备制造国企演变过程中不同类型装备制造国企稳态方程模型，进行求解估计，$\alpha_\Omega = 0.572$ 和 $\alpha_J = 0.205$。进一步地，采用直线法估算顾客导向型装备制造国企向用户导向型平台化装备制造国企演变过程中不同类型装备制造国企样本的固定资产平均折旧率为4.82%，根据式(7-10)结合采用历年顾客导向型装备制造国企向用户导向型平台化装备制造国企演变过程中不同类型装备制造国企物力资本存量占用户导向型平台化装备制造国企产出的比重方程，求解得到 $\rho = 0.387$。关于 a_n、b_n、c_n 和 γ、λ，利用上述样本数据对顾客导向型装备制造国企向用户导向型平台化装备制造国企演变过程中不同类型装备制造国企稳态方程模型进行假设检验，以获得偏回归系数，结合前文数理推导的顾客导向型装备制造国企向用户导向型平台化装备制造国企演变过程中不同类型装备制造国企稳态方程模型，进行求解估计，$a_n = 1.42$、$b_n = 0.03$、$c_n = 0.06$ 和 $\gamma = 0.32$、$\lambda = 0.26$。

② 转移路径分析。根据上述参数校准结果，可以对顾客导向型装备制造国企向用户导向型平台化装备制造国企演变过程中不同类型装备制造国企人本资本投资，以及顾客导向型装备制造国企向用户导向型平台化装备制造国企演变过程中不同类型装备制造国企的产出、消费、物力资本存量的转移路径进行模拟。基于Matlab R2014a软件Dynare工具包绘

制了如图 7-1 至图 7-3 所示的顾客导向型装备制造国企向用户导向型平台化装备制造国企演变过程中不同类型装备制造国企物力资本股权投资的转移路径,如图 7-4 所示的顾客导向型装备制造国企员工Ⅰ人力资本投资到用户导向型平台化装备制造国企员工人力资本股权投资的转移路径,以及如图 7-5 所示的顾客导向型装备制造国企员工Ⅱ人力资本投资到用户导向型平台化装备制造国企参与用户人力资本股权投资的转移路径。基于 Matlab R2014a 软件 Dynare 工具包绘制了如图 7-6 所示的顾客导向型装备制造国企向用户导向型平台化装备制造国企演变的装备制造国企产出、如图 7-7 所示的顾客导向型装备制造国企向用户导向型平台化装备制造国企演变的装备制造国企消费,以及如图 7-8 所示的顾客导向型装备制造国企向用户导向型平台化装备制造国企演变的装备制造国企物力资本存量的转移路径。

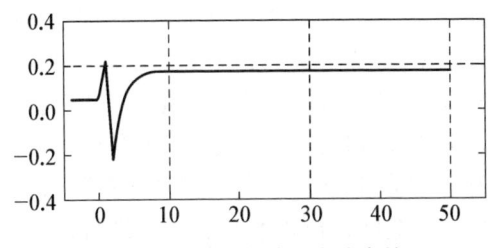

图 7-1 装备制造国企演变的国有物力资本股权投资

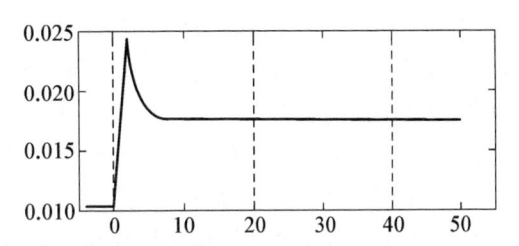

图 7-2 装备制造国企演变的国有与非国有物力资本股权投资

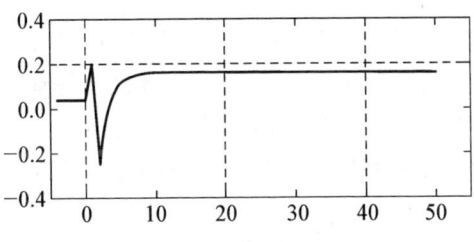

图 7-3 装备制造国企演变的证券资本股权投资

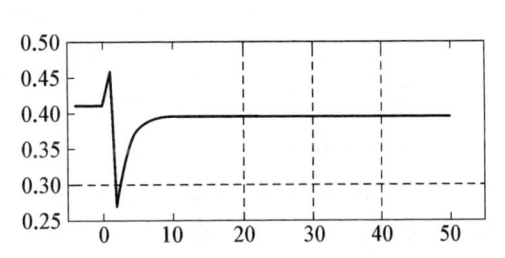

图 7-4 装备制造国企员工Ⅰ人力资本投资演变为员工人力资本股权投资

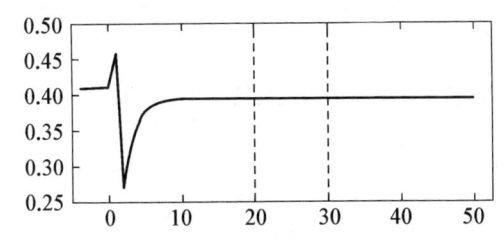

图 7-5 装备制造国企员工Ⅱ人力资本投资演变为参与用户人力资本股权投资

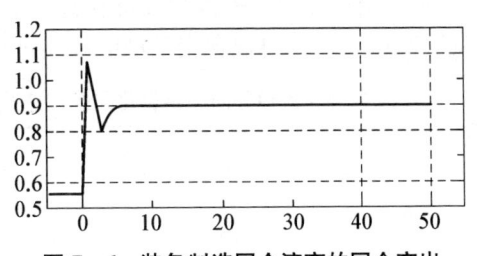

图 7-6 装备制造国企演变的国企产出

图 7-7　装备制造国企演变的国企消费　　图 7-8　装备制造国企演变的国企物力资本存量

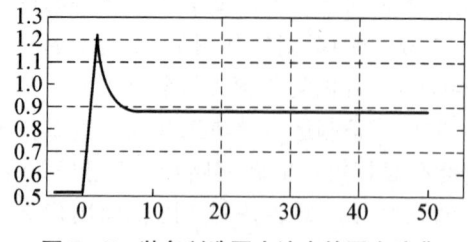

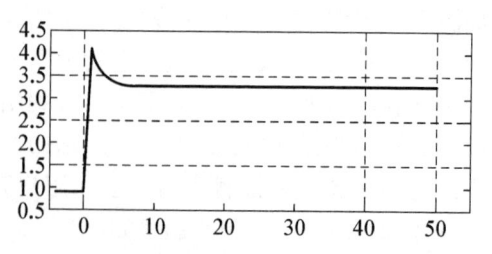

图标题中的装备制造国企演变是指顾客导向型装备制造国企向用户导向型平台化装备制造国企演变。

(5) 用户导向型平台化装备制造国企人本资本投资的动态过程检验

根据图 7-1 可知，用户导向型平台化装备制造国企对人本资本投资的影响呈现短暂上升后迅速下降至低点，并转而上升至用户导向型平台化装备制造国企稳态的动态过程。这表明在短期内，演变为用户导向型平台化装备制造国企对人本资本投资产生负向影响。图 7-1 至图 7-3 反映了用户导向型平台化装备制造国企物力资本股权投资的转移路径。2016—2019 年，用户导向型平台化装备制造国企生产投资正处于如图 7-1 所示的下行至低点阶段。为此，本文进一步对用户导向型平台化装备制造国企投资的动态过程进行检验，并在式(7-40)的基础上构建如下计量模型：

$$\hat{I}_{it} = \beta_1 \hat{K}_{it} + \beta_2 \hat{K}_{it} + \beta_3 \hat{L}_{\Omega t} + \beta_4 \hat{L}_{\Omega t} dum_t + \beta_5 \hat{L}_{Jt} dum_t + \beta_6 dum_t + \beta_7 \hat{L}_{\Omega it} dum_t time_t + \beta_8 \hat{L}_{Jit} dum_t time_t + \mu_i + \varepsilon_{it} \quad (7-41)$$

在式(7-41)中，dum_t 表示装备制造国企演变的虚拟变量；$time_t$ 则表示时间变量；其余变量的含义如前文所示。引入由顾客导向型装备制造国企向用户导向型平台化装备制造国企演变的人力资本变量与虚拟变量的交叉项，在于研究由顾客导向型装备制造国企向用户导向型平台化装备制造国企演变的人力资本投资对用户导向型平台化装备制造国企人本资本投资的影响。此外，本文还引入了顾客导向型装备制造国企向用户导向型平台化装备制造国企演变的人力资本变量、虚拟变量和时间变量的交叉项，用以检验随着时间的变化，顾客导向型企业员工Ⅰ到用户导向型平台化装备制造国企员工，以及顾客导向型装备制造国企员工Ⅱ到用户导向型平台化装备制造国企参与用户的人力资本变量，对顾客导向型装备制造国企向用户导向型平台化装备制造国企演变的人本资本投资影响的动态变化过程。本文基于 Stata14 软件对包含交叉项的模型进行回归。

表 7-5　用户导向型平台化装备制造国企人本资本投资的动态过程检验回归结果

变　量	(1)	(2)	(3)	(4)	(5)
K_t	0.474* (11.91)	0.452* (11.36)	0.450* (11.30)	0.438* (10.82)	0.442* (13.30)
$L_{\Omega t}$	0.155* (8.53)	0.136* (8.54)	0.134* (8.50)	0.114* (7.45)	0.129* (7.19)

(续表)

变 量	(1)	(2)	(3)	(4)	(5)
L_{Jt}	0.186* (5.62)	0.178* (6.45)	0.181* (6.66)	0.145* (5.06)	0.146* (5.08)
Dum_t	−0.065** (−2.44)		0.660** (3.17)	0.849* (4.04)	0.664** (−3.17)
$L_{\Omega t} \times Dum_t$		−0.463* (−4.81)	−0.548* (−5.08)	−3.653* (−3.72)	7.953* (10.28)
$L_{Jt} \times Dum_t$		−0.481* (−4.84)	−0.533* (−5.06)	−0.436* (−4.06)	3.302* (6.33)
$L_{\Omega t} \times Dum_t \times time_t$				−0.002* (−4.28)	−0.002* (−5.89)
$L_{Jt} \times Dum_t \times time_t$				−0.004* (−7.56)	−0.003* (−6.46)
样本量	2 472	2 472	2 472	2 472	3 782
R^2	0.727	0.744	0.747	0.759	0.761
F 值	305.50	247.73	215.11	175.79	259.41

注：括号中为 t 统计量；*、** 和 *** 分别表示在10%、5%和1%的显著性水平上显著。

表7-5中的(1)回归结果仅包含顾客导向型装备制造国企向用户导向型平台化装备制造国企演变的虚拟变量的结果，显示该变量对用户导向型平台化装备制造国企人本资本投资的影响显著为负；结合表7-5中(2)的检验结果可知，用户导向型平台化装备制造国企生产人力资本变量和顾客导向型装备制造国企向用户导向型平台化装备制造国企演变的虚拟变量交叉项，对装备制造国企人本资本投资的影响系数为负，且通过了1%的显著性检验。这验证了在装备制造国企演变短期内，顾客导向型装备制造国企向用户导向型平台化装备制造国企演变对装备制造国企人本资本投资不利。这与图7-1、图7-2和图7-3中顾客导向型装备制造国企向用户导向型平台化装备制造国企演变的物力资本股权投资，以及7-4和图7-5中顾客导向型装备制造国企向用户导向型平台化装备制造国企演变的人力资本投资，在装备制造国企演变较短混改期间内快速下降的趋势是一致的。

然而，前文分析的结论表明，顾客导向型装备制造国企向用户导向型平台化装备制造国企演变的目的在于促进装备制造国企扩大人本资本投资，提高装备制造国企经济发展水平。表7-5中(3)和(4)的检验结果验证了该结论。在同时包含顾客导向型装备制造国企向用户导向型平台化装备制造国企演变的虚拟变量和交叉项后，顾客导向型装备制造国企向用户导向型平台化装备制造国企演变对装备制造国企人本资本投资的影响系数为0.660和0.849，且在1%的显著性水平上均是显著的，而交叉项的影响系数为−0.548和−0.436，且均通过了1%的显著性检验。这也证实了顾客导向型装备制造国企向用户导向型平台化装备制造国企演变在较短时期内促进装备制造国企人本资本投资，导致装备制造国企人力资本投资快速下降,进而拉动投资下降。表7-5中(5)的检验结果给出了2008—2019年用户导向型平台化装备制造国企演变的人本资本投资动态过程,该模型验证了顾客导向型装备制造国企向用户导向型平台化装备制造国企演变后的动态过程存在快速下降趋势。在控制顾客导向型装备制造国企向用户导向型平台化装备制造国企演变的人力资本变量、虚拟变量和时间变量的交叉项后,顾客导向型装备制造国企员工Ⅰ到用户导向型平台化装备制造国企员工,以及顾客导向型装备制造国企员工Ⅱ到用户导向型平台化装备制造国企参与用户的人力资本变量分别与虚拟变量交叉项,对用户导向型平台化装备制造国企人本资本投资的影响系数分别7.593、3.302,且通过了1%的显著性检验。该结果进一步验证了假设1。

图7-1中的用户导向型平台化装备制造国企人本资本投资下降过程则由顾客导向型装备制造国企员工Ⅰ到用户导向型平台化装备制造国企员工的人力资本变量、虚拟变量和时间变量三个变量的交叉项解释,以及顾客导向型装备制造国企员工Ⅱ到用户导向型平台化装备制造国企参与用户的人力资本变量、虚拟变量和时间变量三个变量的交叉项解释,该两项交叉项的回归系数均为负,它们在1%的显著性水平上是显著的,证实了顾客导向型装备制造国企向用户导向型平台化装备制造国企演变后的一段时间内,用户导向型平台化装备制造国企人本资本投资将呈现快速下降的趋势。由表7-5中(5)L_{α}系数0.129大于表7-5中(4)L_{α}系数0.114,表明顾客导向型装备制造国企利益相关者静态契约制束缚顾客导向型装备制造国企员工Ⅰ的人力资本价值创造,而用户导向型平台化装备制造国企全民利益相关者动态契约制激发用户导向型平台化装备制造国企员工的人力资本价值创造。进一步验证了前文用户导向型平台化装备制造国企员工人力资本价值测算的合理性。由表7-5中(5)L_{Jt}系数0.146与表7-5中(4)L_{Jt}系数0.145十分接近,表明顾客导向型装备制造国企"下岗再就业"的员工Ⅱ绝大部分成为用户导向型平台化装备制造国企的参与用户,验证了顾客导向型装备制造国企员工Ⅱ到用户导向型平台化装备制造国企参与用户之间演变逻辑是真实存在的。

选择以2008—2015年装备制造国企资本未发生减持作为顾客导向型装备制造国企的研究样本,以2016—2019年装备制造国企资本发生减持的装备制造国企作为用户导向型平台化装备制造国企的研究样本,采用面板样本数据进行实证分析,研究结果证实了研究假设。同时本文基于参数校准的方法,自2015年对顾客导向型装备制造国企向用户导向型平台化装备制造国企演变的人本资本投资转移路径进行模拟,并对顾客导向型装备制造国企向用户导向型平台化装备制造国企演变的人本资本投资的动态过程进行计量实证分析,研究结果进一步证实了理论分析。研究结论如下:

① 从长期的视角来看,2015年,顾客导向型装备制造国企向用户导向型平台化装备制造国企演变,国企"双重股权"投资会驱动顾客导向型装备制造国企向用户导向型平台化装备制造国企演变人本资本投资增加,从而推导用户导向型平台化装备制造国企人本资本投资从顾客导向型装备制造国企利益相关者静态契约制的稳态转移至用户导向型平台化装备制造国企全民利益相关者动态契约的稳态;从短期的视角来看,顾客导向型装备制造国企向用户导向型平台化装备制造国企演变会对用户导向型平台化装备制造国企人本资本投资具有负向影响,会在经历一个低点后回升至新的稳态。

② 用户导向型平台化装备制造国企体现了顺周期效应顾客导向型装备制造国企向用户导向型平台化装备制造国企演变的消费、投资、生产均由一个较低的稳态增长至一个较高的

稳态,并体现了顾客导向型装备制造国企向用户导向型平台化装备制造国企演变的顺周期效益,表现出顺周期的特征,这表明顾客导向型装备制造国企由利益相关者静态契约制转变为用户导向型平台化装备制造国企全民利益相关者动态契约制,更有助于增加用户导向型平台化装备制造国企人本资本投资,推动用户导向型平台化装备制造国企经济发展。

③ 顾客导向型装备制造国企向用户导向型平台化装备制造国企演变体现了装备制造国企员工的情感归属效应。顾客导向型装备制造国企向用户导向型平台化装备制造国企演变有利于顾客导向型装备制造国企"下岗再就业"的装备制造国企员工有机会与有渠道以参与用户身份重新回归曾经奉献自己美好青春并留下未尽情感的"热土",集中体现了用户导向型平台化装备制造国企员工的情感归属效应。

7.4 用户导向型平台企业人本经济业务收入形成研究

在"互联网+"时代,在以算法支撑的超网络社会里,以算法为核心的人工智能技术赋权生成的权力形态,使算法成为新的权力代理人。正如同福柯(Michel Foucault)所描述的现代权力,它是缘起于遍布社会机体的每一个角落和最细小的末端,形成于错综复杂、多中心存在的网状结构(Foucault M., 1980)之中,由此产生了本质为算法权力(algorithmic power)的"超级权力"。它随着各类智能体悄然地嵌入各种组织与个体之中,在不断地重塑超网络社会关系的过程中,潜移默化地驱动着个人、组织,甚至政府采取智能行为。这种以第四次工业革命现代基础信息技术主导的新的技术范式正在催生"互联网+"时代用户导向型平台企业以智能化劳动专业化分工为主,不仅创造离散型人本经济业务收入,而且创造了人本经济业态日夜"潮起"。然而,截至目前,针对用户导向型平台企业以智慧化劳动专业化分工为主创造的离散型人本经济收入,仍可研究目前中心化信任结构下会计准则。然而,用户导向型平台企业以智能化劳动专业化分工为主创造的人本经济收入,截至目前,尚未制定与实施去中心化信任结构下智能会计准则对此产权进行界定与保护,以致造成了"互联网+"时代人本经济发展过程中存在线上与线下大量税负不公,危害人本经济整体发展。因此,在去中心化信任结构下智能会计准则尚未出台运行之前,研究"互联网+"时代用户导向型平台企业用户导向型平台企业人本经济业务收入的形成,显得尤为重要。它不仅为制定去中心化信任结构下智能会计准则提供理论依据,而且为分析"互联网+"时代用户导向型平台企业以共享为本的人本经济发展提供经验参考。

7.4.1 用户导向型平台企业人本经济业务收入形成的原因与机制

用户导向型平台企业人本经济业务收入的形成,既有它的形成原因——"互联网+"时代现代基础信息技术广泛推广应用催生新的技术范式,而新的技术范式促使超网络社会中出现了新的专业化劳动分工——智能劳动与智慧劳动,又有它的形成机制——"互联网+"时代信息对称的大数据买方市场内,数据、技术、物力和人力各个生产要素之间相互联系和作用的关系及其功能。

1. 用户导向型平台企业人本经济业务收入形成成因分析

在"互联网+"时代,在以算法支撑的超网络社会中,由于人工智能技术在超网络社会中广泛的应用催生新的技术范式,在新的技术范式下孕育出新的人类社会专业化劳动分工——智能化劳动分工与智慧化劳动分工。基于行为主义人工智能与人对同源网络各种环境自主做出反应,它们重塑超网络社会智能化与智慧化的劳动分工体系,智能化与智慧化的劳动分工合作促进行为主义人工智能与人类之间创新组合,实现网络世界与精神世界的融合,以及借助互联网、物联网在5G以上技术基础上实现网络世界与物理世界的融合。至此,以算法为基础并借助行为主义人工智能实现"三界"融通的超网络社会形成了。在"三界"融通的超网络社会中,智能化劳动分工要求劳动具有连续性特征。无论是人工智能的劳动,还是智能化主体的劳动,其劳动连续性地创造以共享为本的人本经济的连续型经济业态,包括人本经济收入。如果要使行为主义人工智能与人在用户导向型平台企业实现创新融合,形成用户导向型平台企业智能化劳动专业化分工与智慧化专业化劳动分工之间协同耦合,那么需要智慧化劳动也表现出连续性特征。为此,要使用户导向型平台企业离散型专业化分工的智慧化劳动保持连续性特征,就需要用户导向型平台企业智慧化劳动者具备所有权与经营权合一,且能够保持精准化自由集聚。通过用户导向型平台企业大量自由集聚离散型智慧化劳动专业化分工,来完成与用户导向型平台企业智能化劳动专业化分工的协同对接,产生另一种用户导向型平台企业人本经济业务收入,其产生条件概括如下:

① 技术信任是超网络以共享为本的人本经济形成的根基。在超网络社会中,借助自动获取数据的大数据技术打破物理世界各种"信息孤岛",形成了网络世界与物理世界融为一体的大数据买方市场。在大数据买方市场中,大数据技术实现数据信息供需平衡,至此,信息对称成为大数据买方市场的新常态,也为超网络社会技术信任的形成奠定了市场基础。信息对称环境是滋生人际信任的充分条件,而人际信任又是制度信任的另一个充分条件。人际信任形成的必要条件在于人对信息的认知能力。如果人对信息认知能力有限,那么人际信任就难以产生,也就更谈不上制度信任的形成。人类社会科学技术不断地创新进步,体现了人们改造自然和征服自然的能力也在不断地提升,而人类改造与征服自然的能力是建立在人们认知世界事物(信息)能力的基础上。在超网络社会中,要实现用户导向型平台企业人工智能智能化劳动与人智慧化劳动之间专业化分工合作,说到底,这是用户导向型平台企业人工智能与人之间相互信任。也就是说,在"互联网+"时代,第四次工业革命的现代基础信息技术推广应用,促进了技术信任替代人际信任和制度信任。正是这种技术信任维系着以共享为本的人本经济业态体现与支撑超网络社会中各种体验经济业态或各种以共享为本的人本经济业态。无论是以共享为本的人本经济业态,还是体验经济业态与以共享为本的人本经济业态,它们都是"互联网+"时代超网络社会中一种人本经济业态的不同表达方式。因此,在"互联网+"时代,技术信任是超网络以共享为本的人本经济形成的根基。

② 以人权为本是超网络以共享为本的人本经济形成的"灵魂"。在"互联网+"时代,信息对称铲除了资本市场中所有资本所有者的资本寻租的可能。在以技术信任为根基的超网络社会中,信息对称的大数据买方市场体验需求驱动人力资本的不断崛起,人们拥有了人力资本,也就有了反对"剥削"和"压迫",崇尚自由、平等、公平和正义的底气和能力,这为超网络以共享为本的人本经济形成以人权为本的"灵魂"扎了"根"。这种"灵魂"赋能"互联网+"的"去中心化""去媒介化"和"去信用化",促使中心化信任结构下企业发生"扁平化"与"碎片化"的组织自我解构变革。这也是人们在经济领域内反对"剥削"和"压迫",崇尚自由、平等、

公平和正义的必然结果。在企业组织自我解构变革的基础上,逐渐形成由所有权与经营权合一的企业员工、参与用户和网络平台(管理者)三方构成的去中心化信任结构下对等网络关系(Benoit et al.,2017;Frenken、Schor,2017),借助网络平台的集聚效应集聚对等关系的企业员工与参与用户形成各自对等式的网络社群。

鉴于网络平台为"扁平化"与"碎片化"企业共享注入了互联网基因,在将基于强对等网络关系的小范围企业"+互联网"共享行为扩展为基于弱对等网络关系的大规模"互联网+"企业共享经济的同时,"互联网+"企业演变为"扁平化"与"碎片化"的用户导向型平台企业。这里所讲的平台化企业不等于平台企业,它是指利用替代传统企业管理层功能的用户导向型网络平台供需与共享配置功能,驱动用户导向型平台企业以共享方式昭示着以人权为本的"灵魂"在超网络社会中的企业躯体上"赋活"。随着"扁平化"与"碎片化"的用户导向型平台企业已有存量企业员工与用户网络社群越来越多,也就越能吸引更多新企业员工与用户网络社群的加入,并借助企业员工与用户网络社群的路径依赖心理产生"锁定效应",进而融入由"超链接社会"(hyper linked society)和"超联结社会"(hyper-connected society)构成的超网络以共享为本的人本经济关系。在超网络以共享为本的人本经济关系基础上,借助互联网的传递性、自由性、实时性、交换性、共享性、开放性的特点,将为以人权为本的"灵魂"进入超网络以共享为本的人本经济机体中注入了"源"。因为在超网络以共享为本的人本经济中存在形成以人权为本灵魂之"根""源",所以以人权为本成为超网络以共享为本的人本经济的"灵魂"。

③ 超网络以共享为本的人本经济成为用户导向型平台企业人本经济业务收入形成的"母体"。在"互联网+"时代,在以算法支撑的超网络社会中,消费者网络社群的偏好变化决定了信息对称的大数据买方市场体验需求的变化,这种信息对称的大数据买方市场体验需求变化驱动"去中心化""互联网工厂"也不断地"潮起潮落"。在以技术信任为根基和以人权为本为"灵魂"的超网络以共享为本的人本经济中,作为形成超网络以共享为本的人本经济的用户导向型平台企业员工网络社群和参与用户网络社群,它们尽可能地满足用户导向型平台企业智能化劳动与人智慧化劳动之间专业化分工合作,使人的智慧化劳动分工合作以网络社群形式完成对接具有连续性劳动特征的智能化劳动分工合作。正是这种在超网络以共享为本的人本经济中呈现连续性特征的集体劳动,才成就了满足信息对称的大数据买方市场体验需求变化的海量用户导向型平台企业"潮起潮落"。一部分"潮起潮落"的用户导向型平台企业以离散形式汇集于一体,总能形成部分用户导向型平台企业离散型以共享为本的人本经济业务收入;另一部分"潮起潮落"的用户导向型平台企业以数据流量方式形成用户导向型平台企业人本经济业务收入。当然,在超网络社会中,用户导向型平台企业智能化劳动分工合作替代用户导向型平台企业智慧化劳动分工合作,成为"潮起潮落"的用户导向型平台企业中用户导向型平台企业人本经济业务收入形成的主要来源之一。

因此,以用户导向型平台企业智能化劳动分工合作主导超网络用户导向型平台企业以共享为本的人本经济的发展,产生了如用户导向型平台企业人本经济业务收入的以共享为本的人本经济新业态,以共享为本的人本经济新业态孕育了新的经济。因此,很多学者将"互联网+"时代超网络用户导向型平台企业以共享为本的人本经济分别称之为共享经济、体验经济和以共享为本的人本经济。无论是体验经济还是共享经济,海量的大数据在连续性算法支撑下形成了人本经济业态。因此,以连续性算法支撑的超网络以共享为本的人本经济成为用户导向型平台企业人本经济业务收入形成的"母体"。

2. 以共享为本的人本经济机制促使用户导向型平台企业人本经济业务收入形成

鉴于上述分析用户导向型平台企业人本经济业务收入形成的成因，要使用户导向型平台企业人本经济业务收入成为超网络以共享为本的人本经济的新常态，还得探析促使用户导向型平台企业人本经济业务收入形成的以共享为本的人本经济机制。机制是指以一定的运作方式把事物的各个部分联系起来，使它们协调运行而发挥作用。在"互联网+"时代，就超网络以共享为本的人本经济而言，以共享为本的人本经济机制是以体验或共享运作方式把生产要素（数据、技术、人力和物力）的各个部分联系起来，使它们在超网络以共享为本的人本经济中协调运行而发挥作用。在经济学的研究领域，将"使它们在超网络以共享为本的人本经济中协调运行而发挥作用"称为超网络以共享为本的人本经济综合功能。功能的定义是对象能够满足某种需求的一种属性。根据马斯洛层序需求理论，体验需求指的是马斯洛层序需求融为一体的综合需求，否则就谈不上体验，因为人的体验是无法分层次的感觉。至此，体验需求具有马斯洛层序需求的一种综合属性——生存属性＋安全属性＋爱与归属属性＋尊重属性＋自我实现属性。

因此，超网络以共享为本的人本经济具有融"生存、安全、爱与归属、尊重和自我实现为一体的综合功能"。正是超网络以共享为本的人本经济这种综合功能赋能超网络社会资源具有多功能属性，才成就了超网络以共享为本的人本经济存在海量的相对闲置资源。在"互联网+"时代，利用互联网等现代信息技术整合、分享大量分散化闲置资源，满足不同需求的经济活动总和，形成了共享经济内涵（中国共享经济发展报告课题组，2016）。共享本质就是体验，强调对不同需求满足的共享经济，它自然也是体验经济。从共享经济内涵可以看出，共享特征源于共享动机驱动网络平台提高相对闲置生产要素资源利用率（涂科、杨学成，2020）。相对闲置生产要素资源是源于生产要素资源自身具有多种物理属性，在生产要素资源多种物理属性基础上满足超网络社会的不同需求，支撑超网络社会的算法赋予生产要素资源多功能属性。并且促进超网络社会各种用户导向型平台企业利用以算法支撑的网络平台对源于生产要素资源多功能属性的大数据价值进行挖掘，实现满足超网络以共享为本的人本经济主体最佳综合功能交互体验。显然，以共享为本的人本经济具有共享特征和体验特征，这两种特征都共生于连续性以共享为本的人本经济业态。因此，以共享为本的人本经济机制促使用户导向型平台企业人本经济业务收入成为以共享为本的人本经济新常态。

3. 用户导向型平台企业人本经济业务收入新常态的实证检验

截至目前，税务会计对用户导向型平台企业离散型人本经济业务收入的确认与计量，主要立足于中心化信任结构下形成的各种纳税法律与规则。然而，在信息对称的大数据买方市场（或线上）中，用户导向型平台企业连续型经济业务采取连续确认与计量，并加以连续征税，则需要去中心化信任结构下形成各种智能化纳税法律与规则。在方兴未艾的第四次工业革命现代信息基础技术正在推广的过程中，一方面，由于政府依据中心化信任结构下各种纳税法律与规则无法及时赋予信息对称的大数据买方市场自生经济主体纳税权利和义务；另一方面，中心化信任结构下各种纳税法律与规则无法完全确认与计量"线上"连续型人本经济业务收入。目前,征税机关依据中心化信任结构下各种纳税法律与规则仅仅对离散型人本经济业务收入征税。因此,在数据要素市场中,为了检验用户导向型平台企业人本经济业务收入在超网络社会中常态化存在,依据 Restuccia and Rogerson(2008)采用要素投入的税收比例表示要素市场的流动摩擦系数,系数越大表示要素市场的资源配置效率就越低。根据税收本质是从实现企业价值中获得补偿的一种形式,用户导向型平台企业缴纳数据所得税①占用户导向型平台企业以共享为本的人本经济业务收入的比例表达一定期间内数据要素市场的数据人本资源配置效率,其模型如下:

$$\Gamma = \tau \sum_{i=1}^{n} \Delta Y_1 / \left[\sum_{i=1}^{n} \Delta Y_1 + \int Y_2(t) \mathrm{d}t \right] \tag{7-42}$$

由式(7-42)推导出如下用户导向型平台企业纳税比例模型,即:

$$\Gamma = \tau / \left[1 + \int Y_2(t) \mathrm{d}t / \sum_{i=1}^{n} \Delta Y_1 \right] \tag{7-43}$$

如果线上用户导向型平台企业人本经济业务收入 $\int Y_2(t) \mathrm{d}t$ 增速大于代表线下与线上用户导向型平台企业离散型以共享为本的人本经济业务收入 $\sum_{i=1}^{n} \Delta Y_1$ 增速,那么 $\int Y_2(t) \mathrm{d}t / \sum_{i=1}^{n} \Delta Y_1$ 呈加速递增趋势,而 Γ 呈加速递减趋势。

由此可以提出研究假设 λ_1:在用户导向型平台企业以智能化劳动专业化分工合作主导超网络用户导向型平台企业以共享为本的人本经济发展情况下,以用户导向型平台企业纳税比例与用户导向型平台企业以共享为本的人本经济增长呈显著负相关。如果其研究假设得到验证,那么用户导向型平台企业人本经济业务收入在超网络社会中常态化存在。

如果线上用户导向型平台企业人本经济业务收入 $\int Y_2(t) \mathrm{d}t$ 增速小于代表线下与线上的用户导向型平台企业离散型以共享为本的人本经济业务收入的 $\sum_{i=1}^{n} \Delta Y_1$ 增速,那么 $\int Y_2(t) \mathrm{d}t / \sum_{i=1}^{n} \Delta Y_1$ 呈加速递减趋势,而 Γ 呈递增趋势。

由此可以提出研究假设 λ_2:在以智慧化劳动专业化分工合作主导超网络以共享为本的人本经济发展情况下,以用户导向型平台企业纳税比例与用户导向型平台企业以共享为本的人本经济增长呈显著正相关。如果其研究假设得到验证,那么用户导向型平台企业人本经济业务收入在超网络社会中非常态化存在。

在第一次工业革命基础制造技术得以广泛应用阶段,最先采用资本雇佣劳动观描述企业物本经济增长模型的当推柯布-道格拉斯生产函数(Cobb-Douglas production function):$Y = A(t) K^{\alpha} L^{\beta} u$②。在正在爆发的第四次工业革命现代基础信息技术正在推广应用阶段,采

---

① 数据所得税是指针对以共享为本的人本经济收入征收的一种所得税的简称。
② 柯布-道格拉斯生产函数各个变量的内涵为:Y 代表企业产出;A 代表企业应用科技进步率;K 代表企业生产领域资本投入;α 代表企业生产领域资本产出弹性系数,α∈(0,1);L 代表企业生产领域劳动投入;β 代表企业生产劳动产出弹性系数,β∈(0,1);u 为影响企业生产领域经济增长的随机扰动项。

用资本与劳动共享观描述用户导向型平台企业以共享为本的人本经济增长模型为 $Y = A(t)K^{\alpha}L_{\text{staff}}^{\theta}L_{\text{user}}^{\vartheta}u$①。在用户导向型平台企业以共享为本的人本经济资源一定规模的情况下,用户导向型平台企业最优以共享为本的人本资本结构模型记为 $\Re = (\theta + \vartheta)/(\alpha + \theta + \vartheta)$。企业以共享为本的人本资本结构模型记为 $\Pi = (L_{\text{staff}} + L_{\text{user}})/(L_{\text{staff}} + L_{\text{user}} + K)$。相对于企业最优以共享为本的人本资本结构而言,企业以共享为本的人本资本结构变量 Π 的变化趋势呈倒"U"型。为了降低数值上的离散程度,同时方便解释结果,为此,笔者定义企业以共享为本的人本资本结构优化度是指企业以共享为本的人本资本结构接近最优以共享为本的人本资本结构的程度。设定企业以共享为本的人本资本结构优化离散度模型如下:

$$\Xi = |\Re - \Pi| \tag{7-44}$$

显然,企业以共享为本的人本资本结构优化离散度对用户导向型平台企业以共享为本的人本经济增长呈正向影响,为了验证用户导向型平台企业人本经济业务收入存在的常态化,本研究将此企业以共享为本的人本资本结构优化离散度作为控制变量。

(1) 变量设计

根据数据人本资源配置效率模型、企业以共享为本的人本资本结构优化离散度模型以及用户导向型平台企业以共享为本的人本经济增长内涵,结合上述研究假设,设计变量如表7-6所示。

表 7-6 变量设计

类 别	变量名称	变量符号	变量公式
被解释变量	用户导向型平台企业以共享为本的人本经济增长	Z	$Z = \ln Y/\text{input}$
解释变量	数据人本资源配置效率	Γ	$\Gamma = \tau/[1 + \int Y_2(t)\mathrm{d}t/\sum_{i=1}^{n}\Delta Y_1]$
控制变量	企业以共享为本的人本资本结构优化离散度	Ξ	$\Xi = |\Re - \Pi|$

在表7-6中,用户导向型平台企业以共享为本的人本经济增长(Z)定义为企业共享价值的产出 Y 与企业共享价值的投入 input 之间的比值。

(2) 实证检验模型构建

依据前文研究假设,构建实证检验模型如下:

$$y_{it} = \beta_0 + \beta_1 x_{1it} + \beta_2 x_{2it} + u_i + \varepsilon_{it} \tag{7-45}$$

其中,β_0 为常数项,$y = \ln Z$、$x_1 = \ln \Gamma$、$x_2 = \ln \Xi$。β_i 为 x_t 估计参数,$i = 1, 2, \cdots, n$,$t = 1, 2, \cdots, m$。它们表示第 i 个用户导向型平台企业在 t 时间构成截面观察用户导向型平台企业。u_i 是第 i 个用户导向型平台企业个体效应。当 μ_i 为常量时,代表恒常不变因素影响用

---

① 企业共享经济增长模型各个变量的内涵为:L_{staff} 为企业员工劳动变量;θ 代表企业员工劳动产出弹性系数,$\theta \in (0,1)$;L_{user} 为参与用户劳动变量;ϑ 代表企业参与用户劳动产出的弹性系数,$\vartheta \in (0,1)$。其他变量随着企业价值观含义的变化而变化,在此不做赘述。

户导向型平台企业以共享为本的人本经济增长,其他随时间变化而变化的因素归入随机扰动项ε_{it}中,此时模型式(7-45)为固定效应模型;当个体效应μ_i是随机变量,随机误差项为$\mu_i+\varepsilon_{it}$时,此时模型式(7-45)为随机效应模型。

(3)样本数据选择

在"互联网+"时代,鉴于本文研究对象为用户导向型平台企业以共享为本的人本经济,从事线上与线下相结合交易模式处于主导地位。根据证监会2012版行业分类标准,选取2015—2019年计算机、通信和其他电子设备制造业上市公司财务报告数据为研究样本对象,共计418家。数据主要来源于《中国股票市场研究数据库》。剔除ST或ST*企业19家,剔除不满足5年上市公司,以及参与用户成本=营业总成本-员工成本-物力资本的结果为负数的189家,经过搜集、筛选、整理,最终形成了210家上市公司的平衡面板数据。

就被解释变量而言,根据用户导向型平台企业以共享为本的人本经济增长模型的经济含义,计算机、通信和其他电子设备制造业上市公司以共享为本的人本资本价值产出(Y)样本数据选择企业每年营业总收入,计算机、通信和其他电子设备制造业上市公司以共享为本的人本资本价值投入(input)样本数据选择计算机、通信和其他电子设备制造业上市公司每年营业总成本。就解释变量而言,计算解释变量企业纳税比例($\ln \varGamma$)的样本数据来源于《2019中国统计年鉴》。就控制变量而言,考虑到本文研究样本为2015—2019年计算机、通信和其他电子设备制造业上市公司财务报告,尽管该行业在"互联网+"背景下追求以共享为本的人本经济发展,但是在企业管理模式中保留一些体现资本雇佣劳动观的某些做法。譬如,其上市公司财务报告中仍列示体现资本雇佣劳动观的未分配利润。根据用户导向型平台企业以共享为本的人本经济增长模型的经济含义,结合前文将企业以共享为本的人本资本结构优化离散度模型,计算机、通信和其他电子设备制造业上市公司员工人力资本价值测算公式为:平均企业员工人力资本价值=平均职工工资+平均福利+平均管理费用+平均未分配利润。市场参与用户人力资本价值测算公式为:平均市场参与用户人力资本价值=总营业收入-平均企业员工人力资本价值-平均企业物力资本价值。平均企业物力资本价值测算公式源于企业产品或服务的平均物力成本计算。

根据上述计算机、通信和其他电子设备制造业上市公司员工人力资本价值测算公式、市场参与用户人力资本价值测算公式和平均计算机、通信和其他电子设备制造业上市公司物力资本价值测算公式,以计算机、通信和其他电子设备制造业某上市公司为例,测算该上市公司以共享为本的人本资本价值数据如表7-7所示。

表7-7 某上市公司以共享为本的人本资本价值测算举例　　　　单位:万元

年　份	营业总收入	企业员工人力资本价值	参与用户人力资本价值	物力资本价值
2014	1 644 416.5	170 572.78	25 974.66	1 413 685.89
2015	1 536 181.48	198 517.97	19 769.12	1 286 736.47
2016	1 506 917.05	244 377.76	33 882.21	1 217 915.87
2017	1 420 977.86	264 381.6	73 398.3	1 062 150.64

(续表)

年 份	营业总收入	企业员工人力资本价值	参与用户人力资本价值	物力资本价值
2018	1 606 100.6	259 348.46	75 169.55	1 256 158.57
2019	1 322 381.88	279 679.95	54 639.81	924 401.06

按照上述某上市公司以共享为本的人本资本价值测算举例,完成 2015—2019 年计算机、通信和其他电子设备制造业上市公司以共享为本的人本资本价值样本数据的收集和测算。根据用户导向型平台企业以共享为本的人本经济增长模型,即:

$$Y = A(t) K^{\alpha} L_{\text{staff}}^{\theta} L_{\text{user}}^{\vartheta} u \tag{7-46}$$

对(7-46)式两边取对数,可得:

$$\ln Y = \beta_0 + \beta_1 \ln K + \beta_2 \ln L_{\text{staff}} + \beta_3 \ln L_{\text{user}} + \varepsilon \tag{7-47}$$

其中,$\ln A(t) = \beta_0$、$\alpha = \beta_1$、$\theta = \beta_2$、$\vartheta = \beta_3$、$\upsilon = \beta_4$ 和 $\ln u = \varepsilon$。

根据式(7-47),利用 Stata 16.0,按年度估计上市公司物力资本、上市公司员工人力资本和参与用户人力资本偏回归系数,进而估计出相应被解释变量的弹性系数,具体估计结果如表 7-8 所示。

表 7-8 某上市公司物力资本、员工与参与用户人力资本的弹性系数及其 $\mathfrak{R}$ 和 Ξ 测算举例

年 份	β_1	β_2	β_3	系数之和	$\mathfrak{R}$	F 统计量	Ξ
2014	0.543*** (15.48)	0.285*** (5.63)	0.157*** (6.59)	0.985	0.449	2 189.07***	0.29
2015	0.482*** (10.68)	0.324*** (6.18)	0.175*** (6.74)	0.981	0.509	1 233.52***	0.33
2016	0.432*** (14.58)	0.402*** (9.76)	0.176*** (7.79)	1.01	0.572	2 027.85***	0.33
2017	0.330*** (5.88)	0.469*** (6.54)	0.235*** (5.75)	1.034	0.681	1 341.12***	0.46
2018	0.410*** (12.56)	0.415*** (11.60)	0.177*** (7.53)	1.002	0.591	2 386.34***	0.37
2019	0.485*** (18.71)	0.379*** (11.25)	0.147*** (8.83)	1.011	0.520	5 401.76***	0.30

注:括号中为 t 统计量;*** 表示在 1% 的显著性水平上显著。

从表 7-8 中的系数之和看出,通信设备、计算机及其他电子设备制造行业正处于规模报酬不变阶段。利用上市公司最优以共享为本的人本资本结构模型 $\mathfrak{R}$ 计算 2015—2019 年计算机、通信和其他电子设备制造业上市公司最优以共享为本的人本资本结构,如表 7-8 中第 6 列所示。利用表 7-7 中上市公司最优以共享为本的人本资本结构 $\mathfrak{R}$ 和上市公司以

共享为本的人本资本结构 Π,其中,$\varrho_{staff}+L_{user}$ 为上市公司营业收入减去物力资本成本,$L_{staff}+L_{user}+K$ 为企业总资产。测算如表 7-8 中第 8 列所示的上市公司以共享为本的人本资本结构优化离散度 Ξ。

(4) 实证检验分析

根据上文测算样本数据,利用 Stata 16.0 对表 7-9 中的变量进行如下的描述性统计结果。

表 7-9 变量描述性统计结果

变量	变量的含义	均值	标准差	最小值	中位数	最大值
Z	用户导向型平台企业以共享为本的人本经济增长	0.34	0.169	0.07	0.30	0.83
$\ln \Gamma$	数据人本资源配置效率	−14.02	1.225	−16.51	−14.13	−10.44
$\ln \Xi$	用户导向型平台企业以共享为本的人本资本结构优化离散度	−1.33	0.627	−4.24	−1.17	−0.55

注:本文对所有变量做了上下 1% 的缩尾处理。

从表 7-10 中可以看出,各变量之间的 Pearson 相关性系数矩阵数据人本资源配置效率变量、上市公司以共享为本的人本资本结构优化离散度与上市公司以共享为本的人本经济增长都在 1% 显著水平上负相关,初步验证了本文解释变量、控制变量与被解释变量有显著的相关关系。进一步进行共线性分析,方差膨胀因子(VIF)最大值为 1.28,均值为 1.21,远小于 10,故本文变量不存在多重共线性,可以进行下一步的回归检验。

表 7-10 实证模型(4)Pearson 相关性分析

变量	Z	$\ln \Gamma$	$\ln \Xi$
Z	1		
$\ln \Gamma$	−0.170***	1	
$\ln \Xi$	−0.250***	−0.151***	1

注:*** 表示在 1% 的显著性水平上显著。本文对所有变量做了上下 1% 的缩尾处理。

本文总样本由 2015—2019 年计算机、通信和其他电子设备制造业上市公司的 936 组观测值构成,利用 Stata16.0 软件进行检验。鉴于本文样本选择 2015—2019 年中国计算机、通信和其他电子设备制造业所有上市公司,共计 418 家,剔除不合格 208 家,有效样本为 210 家,样本没有任何遗漏。根据有效样本 210 家平均分为 936 组观察值,分组样本具有固有的特点。因此,选择固定效益优于随机效应。样本数据形态是一个只有 6 期的短面板($T=6$),因此,无须进行平稳性检验及协整检验(Baltagi B. H.,2013)。鉴于企业生命周期性对上市公司以共享为本的人本资本结构的影响,因此,考虑双向固定效应,即个体固定效应和时间固定效应。另外,考虑到同一上市公司不同时期的扰动项可能存在自相关,本文采用聚类稳健标准误将数据代入混合回归模型、固定效应模型、随机效应模型和双向固定效应模型,具体检验结果见表 7-11。

表 7-11　上市公司以共享为本的人本经济增长模型实证检验结果

变　量	Polled OLS 模型 1	FE 模型 2	RE 模型 3	Two-way FE 模型 4
$\ln \Gamma$	−0.004 (−0.70)	0.022*** −3.49	0.007 (1.36)	0.021** −3.31
$\ln \Xi$	0.002 (0.15)	0 (0.06)	0.002 (0.27)	−0.016** (−2.41)
Constant	0.237** (2.65)	0.637*** (7.28)	0.430*** (5.96)	0.591*** (6.18)
是否控制时间	否	否	否	是
R-squared	0.406	0.159		0.209
N	993	993	993	993

注：括号内为 t 统计量。***、** 分别表示在 1%、5% 的显著性水平上显著。本文对所有变量做了上下 1% 的缩尾处理。

由表 7-11 可知，不同方法的系数估计值有所差异。通过 LSDV 法考察混合回归是否有效，大多个体虚拟变量均显著（p 值为 0.000），故认为存在个体效应，不应使用混合回归，由于篇幅限制，在此不做展示。进一步地，由于本文使用聚类稳健标准误，故传统豪斯曼检验不适合本文，采用过度识别检验对随机效应模型进行检验，结果汇报的 $\chi^2(4)$ 统计量为 167.304，p 值为 0.000 0，在 1% 的显著性水平上拒绝"个体异质性与解释变量不相关"原假设，验证了前文选择固定效益优于随机效应的判断，故应该采用固定效应模型。鉴于企业生命周期理论，企业以共享为本的人本资本结构在不同企业生命阶段存在不同最优以共享为本的人本资本结构，因此，企业以共享为本的人本资本结构优化度对上市公司以共享为本的人本经济增长的影响存在时间效应。因此，理论上应该选择双固定效应模型来检验上市公司以共享为本的人本资本结构对上市公司以共享为本的人本经济增长的影响，其检验效果应该比较显著。从表 7-11 中可以看出，模型 4 为增加控制时间效应的固定效应模型检验结果，对所有年度虚拟变量进行联合显著性检验，F 统计量 p 值为 0.000 0，故选择双固定效应模型有效。至此，从模型 4 检验结果来看，本文解释变量都通过了显著性检验。数据人本资源配置效率与上市公司以共享为本的人本经济增长在 1% 的显著性水平上呈显著正相关，推论假设 λ_2 得到检验，同时它的对称性推论假设 λ_1 也得到了间接验证，故计算机、通信和其他电子设备制造业常态化存在上市公司人本经济业务收入。根据上市公司以共享为本的人本资本结构 Π 变量可以作为上市公司以共享为本的人本资本结构优化离散度变量替代变量，选择双向固定效应模型进行稳健性检验，具体检验结果见表 7-12。

表 7-12　稳健性检验回归结果

变　量	偏回归系数	标准差	t 值	$P>\|t\|$	F 统计量
$\ln \varGamma$	0.017	0.007	2.51	0.013	
$\ln \varPi$	0.044	0.019	2.38	0.018	14.75***

注：*** 代表在 1% 的显著性水平上显著。

从表 7-12 中可以看出，本文实证检验模型稳定性得到了检验。

7.4.2　用户导向型平台企业人本经济业务收入形成的影响因素

在超网络社会中，通过分析用户导向型平台企业人本经济业务收入形成，发现用户导向型平台企业人本经济业务收入形成于信息对称的大数据买方市场中自主形成"潮起潮落"[①]用户导向型平台企业的海量交易中。在超网络社会中，通过网络平台集聚效应集聚海量用户网络社群，汇集形成信息对称的大数据买方市场海量体验需求变化，以推动海量企业员工网络社群自由构成"潮起潮落"的用户导向型平台企业。在"潮起潮落"过程中，一方面，用户导向型平台企业以智能化劳动专业化分工合作主导稳定"潮流"，汇集形成用户导向型平台企业人本经济业务收入；另一方面，用户导向型平台企业以智慧化劳动专业化分工合作主导变化"潮流"，形成用户导向型平台企业离散型以共享为本的人本经济业务收入。无论是用户网络社群，还是企业员工网络社群，他们最终回归于超网络社会基本单元——家庭。不妨以构成超网络社会基本单元的家庭为单位，借鉴 Fu et al.（2000）及 Henderson and Ioannides（1983）构建模型的方法，将超网络用户导向型平台企业以共享为本的人本经济中用户导向型平台企业离散型以共享为本的人本经济业务收入和用户导向型平台企业人本经济业务收入引入约束条件中，同时，为简化数理解析，笔者扩展 DeSalvo and Eeckhoudt（1982）的分析方法。

根据前文实证检验结果，笔者发现，用户导向型平台企业智能化劳动分工合作主导超网络社会以共享为本的人本经济发展，用户导向型平台企业人本经济业务收入在超网络社会中常态化存在。因此，笔者将超网络社会中"潮起潮落"以共享为本的人本经济过程，简化为用户导向型平台企业以智慧化劳动专业化分工引导的用户导向型平台企业变化"潮流"阶段和用户导向型平台企业以智能化劳动专业化分工合作引导的用户导向型平台企业稳定"潮流"阶段。划分理由是，智能化劳动分工合作主导超网络社会以共享为本的人本经济发展，用户导向型平台企业智能化劳动专业化分工合作逐渐替代或耦合用户导向型平台企业智能化劳动专业化分工合作。用户导向型平台企业的一切收入来自家庭各自类型消费。以家庭各自消费是用户导向型平台企业获得各类收入的源泉，而家庭各类收入是激发用户导向型平台企业以共享为本的人本资本价值创造的原动力。下面通过分析人类社会基本单元家庭不同消费类型，来揭示用户导向型平台企业离散型人本经济业务收入与连续型人本经济业务收入制的形成。

基于上述不同阶段假设超网络家庭离散型以共享为本的人本经济业务收入与家庭人本

---

① "潮起潮落"原来是指大海在月球引力作用下潮水暴涨与潮水暴跌的自然现状。在本文中比喻信息对称的大数据买方市场体验需求驱动满足不断变化体验需求的供给，形成了海量供需平衡的以共享为本的人本经济主体。

经济业务收入共存期间 1 和仅仅存在人本经济业务收入期间 2。在第 1 期间，家庭耐用品需求消费为 q，非耐用品需求消费为 x。其中，x 是指家庭衣食行医等消费总称变量。家庭耐用品选择自给和购买概率分别是 ϕ 和 $1-\phi$，其家庭耐用品的消费支出分别为 $P(A)q$ 和 $R(A)q$，P 代表自给耐用品价格，R 代表购买耐用品价格，A 代表耐用品特征，q 为耐用品需求数量，且 $dP/dA>0$ 和 $dR/dA>0$。在超网络环境下，家庭面临着以共享为本的人本经济业务收入的不确定性，笔者将第 2 期在超网络以共享为本的人本经济中以共享为本的人本经济业务划分为两种类型，即 $h(f)$ 和 $h(\widetilde{\omega})$。其中，$h(f)$ 代表在超网络以共享为本的人本经济中家庭智慧化劳动的离散型以共享为本的人本经济业务。$h(\widetilde{\omega})$ 代表在超网络以共享为本的人本经济中家庭智能化劳动的人本经济业务。家庭在第 2 期在超网络以共享为本的人本经济中形成 $h(f)$ 和 $h(\widetilde{\omega})$ 两种类型以共享为本的人本经济业务的概率依次为 π 和 $1-\pi$；在第 2 期，在超网络以共享为本的人本经济中 $h(f)$ 和 $h(\widetilde{\omega})$ 以共享为本的人本经济业务分别形成家庭离散型以共享为本的人本经济业务收入 $y(f)$ 和家庭人本经济业务收入 y。在第 1 期，超网络以共享为本的人本经济中对应于第 2 期的两种类型 $h(f)$ 和 $h(\widetilde{\omega})$ 的划分标准，将第 1 期在超网络以共享为本的人本经济中家庭以共享为本的人本经济业务收入划分为家庭离散型以共享为本的人本经济业务收入 $y_{h(f)}(\widetilde{\omega},f)$ 和家庭人本经济业务收入 $y_{h(\widetilde{\omega})}(\widetilde{\omega},f)$。其中，影响家庭以共享为本的人本经济业务收入的家庭劳动专业化分工变量为：智能化劳动变量 $\widetilde{\omega}$ 和智慧化劳动变量 f。第 2 期家庭效用取决于第 2 期在超网络以共享为本的人本经济中家庭离散型以共享为本的人本经济业务收入 $y(f)$ 和家庭人本经济业务收入 y，以及第 1 期家庭剩余家庭离散型以共享为本的人本经济业务收入 $y_{h(f)}(\widetilde{\omega},f)$ 和家庭人本经济业务收入 $y_{h(\widetilde{\omega})}(\widetilde{\omega},f)$。家庭以共享为本的人本经济业务收入满足家庭耐用品消费（自给承担成本 T 和购买承担成本 τ）和非耐用品消费 w。其中，s 的货币性以共享为本的人本经济业务收益率为 r。给定上面的定义和假设，家庭需求特征——耐用品需求（q、A 和 ϕ）和非耐用品需求（x）的预期效用最大化问题可用如下公式表示：

$$E(U)=\pi[U_1(x,q)+U_2(w)]_{h(f)}+(1-\pi)[U_1(x,q)+U_2(w)]_{h(\widetilde{\omega})} \quad (7-48)$$

$$s.t. x^{h(f)}=y_{h(f)}(\widetilde{\omega},f)-s_{h(f)}(\widetilde{\omega},f)-[\phi P(A)q+(1-\phi)R(A)q]$$

$$w^{h(f)}=y_{h(f)}(f)+s_{h(f)}(\widetilde{\omega},f)(1+r)+[\phi P(A)q+(1-\phi)R(A)q](1+\eta)- \\ [\phi Tq+(1-\phi)\tau q]$$

$$x^{h(\widetilde{\omega})}=y_{h(\widetilde{\omega})}(\widetilde{\omega},f)-s_{h(\widetilde{\omega})}(\widetilde{\omega},f)-[\phi P(A)q+(1-\phi)R(A)q]$$

$$w^{h(\widetilde{\omega})}=y_{h(\widetilde{\omega})}+s_{h(\widetilde{\omega})}(\widetilde{\omega},f)(1+r)+[\phi P(A)q+(1-\phi)R(A)q](1+\eta)- \\ [\phi Tq+(1-\phi)\tau q]$$

其中，η 为家庭耐用品数据资产收益率。

家庭劳动专业化分工（f 和 $\widetilde{\omega}$）的一阶条件为：

$$E_f=\pi\{U_{1x}[y_{h(f)}(\widetilde{\omega},f)_f-s_{h(f)}(\widetilde{\omega},f)_f]+U_{2w}[y_{h(f)}(f)_f+(1+r)s_{h(f)}(\widetilde{\omega},f)_f]\}_{h(f)}+ \\ (1-\pi)\{U_{1x}[y_{h(\widetilde{\omega})}(\widetilde{\omega},f)_f-s_h(\widetilde{\omega},f)_f]+(1+r)U_{2w}s_{h(\widetilde{\omega})}(\widetilde{\omega},f)_f\}_{h(\widetilde{\omega})}=0$$

$$(7-49)$$

$$E_{\widetilde{\omega}}=\pi\{U_{1x}[y_{h(f)}(\widetilde{\omega},f)_{\widetilde{\omega}}-s_{h(f)}(\widetilde{\omega},f)_{\widetilde{\omega}}]+(1+r)U_{2w}s_{h(f)}(\widetilde{\omega},f)_{\widetilde{\omega}}]\}_{h(f)}+$$

$$(1-\pi)\{_{U1x}[y_{h(\widetilde{\omega})}(\widetilde{\omega},f)_{\widetilde{\omega}} - s_{h(\widetilde{\omega})}(\widetilde{\omega},f)_{\widetilde{\omega}}] + (1+r)U_{2w}s_{h(\widetilde{\omega})}(\widetilde{\omega},f)_{\widetilde{\omega}}\}_{h(\widetilde{\omega})} = 0 \qquad (7-50)$$

二阶条件为 ($E_{ff} < 0, E_{\widetilde{\omega}\widetilde{\omega}} < 0$):

$$\begin{aligned}E_{ff} =& \pi\{U_{1xx}[y_{h(f)}(\widetilde{\omega},f)_f - s_{h(f)}(\widetilde{\omega},f)_f]^2 + U_{1x}[y_{h(f)}(\widetilde{\omega},f)_{ff} - s_{h(f)}(\widetilde{\omega},f)_{ff}] + \\ & U_{2ww}[y_{h(f)}(f)_f + (1+r)s_{h(f)}(\widetilde{\omega},f)_f]^2 + U_{2w}[y_{h(f)}(f)_{ff} + (1+ \\ & r)s_{h(f)}(\widetilde{\omega},f)_{ff}]\}_{h(f)} + (1-\pi)\{U_{1xx}[y_{h(\widetilde{\omega})}(\widetilde{\omega},f)_f - s_{h(\widetilde{\omega})}(\widetilde{\omega},f)_f]^2 + \\ & U_{1x}[y_{h(\widetilde{\omega})}(\widetilde{\omega},f)_{ff} - s_{h(\widetilde{\omega})}(\widetilde{\omega},f)_{ff}] + (1+r)^2 U_{2ww}[s_{h(\widetilde{\omega})}(\widetilde{\omega},f)_f]^2 + \\ & (1+r)U_{2w}s_{h(\widetilde{\omega})}(\widetilde{\omega},f)_{ff}\}_{h(\widetilde{\omega})} \end{aligned} \qquad (7-51)$$

$$\begin{aligned}E_{\widetilde{\omega}\widetilde{\omega}} =& \pi\{U_{1xx}[y_{h(f)}(\widetilde{\omega},f)_{\widetilde{\omega}} - s_{h(f)}(\widetilde{\omega},f)_{\widetilde{\omega}}]^2 + U_{1x}[y_{h(f)}(\widetilde{\omega},f)_{\widetilde{\omega}\widetilde{\omega}} - s_{h(f)}(\widetilde{\omega},f)_{\widetilde{\omega}\widetilde{\omega}}] + \\ & (1+r)^2 U_{2ww}[s_{h(f)}(\widetilde{\omega},f)_{\widetilde{\omega}}]^2 + (1+r)U_{1w}s_{h(f)}(\widetilde{\omega},f)_{\widetilde{\omega}\widetilde{\omega}}\}_{h(f)} + \\ & (1-\pi)\{U_{1xx}[y_{h(\widetilde{\omega})}(\widetilde{\omega},f)_{\widetilde{\omega}} - s_{h(\widetilde{\omega})}(\widetilde{\omega},f)_{\widetilde{\omega}}]^2 + U_{1x}[y_{h(\widetilde{\omega})}(\widetilde{\omega},f)_{\widetilde{\omega}\widetilde{\omega}} - \\ & s_h(\widetilde{\omega},f)_{\widetilde{\omega}\widetilde{\omega}}] + (1+r)^2 U_{2ww}[s_{h(\widetilde{\omega})}(\widetilde{\omega},f)_f]^2 + (1+r)U_{2w}s_{h(\widetilde{\omega})}(\widetilde{\omega},f)_{\widetilde{\omega}\widetilde{\omega}}\}_{h(\widetilde{\omega})} \end{aligned} \qquad (7-52)$$

下面笔者运用比较静态方法,分析家庭劳动专业化分工对不同期间家庭以共享为本的人本经济业务收入的影响。对公式(7-49)进行全微分,可得关于不同期间 df 表达式如下:

$$\begin{aligned}df =& -E_{ff}^{-1}\{\pi[U_{1xx}(y_{h(f)}(\widetilde{\omega},f)_f - s_{h(f)}(\widetilde{\omega},f)_f)]_{h(f)}dy_{h(f)}(\widetilde{\omega},f) + (1-\\ & \pi)[U_{1xx}(y_{h(\widetilde{\omega})}(\widetilde{\omega},f)_f - s_{h(\widetilde{\omega})}(\widetilde{\omega},f)_f)]_{h(\widetilde{\omega})}dy_{h(\widetilde{\omega})}(\widetilde{\omega},f) + \pi[U_{2ww}(y_{h(f)}(f)_f + \\ & (1+r)s_{h(f)}(\widetilde{\omega},f)_f)]_{h(f)}dy_{h(f)}(f) + (1-\pi)(1+\\ & r)[U_{2ww}s_{h(\widetilde{\omega})}(\widetilde{\omega},f)_f]_{h(\widetilde{\omega})}dy_{h(\widetilde{\omega})}\} \end{aligned} \qquad (7-53)$$

从式(7-53)中可以得到期间1以智慧化劳动分工合作引导的不同类型家庭以共享为本的人本经济业务收入的关系如下:

$$\frac{\partial f}{\partial y_{h(f)}(\widetilde{\omega},f)} = -E_{ff}^{-1}\{\pi[U_{1xx}(y_{h(f)}(\widetilde{\omega},f)_f - s_{h(f)}(\widetilde{\omega},f)_f)]_{h(f)} < 0 \qquad (7-54)$$

$$\frac{\partial f}{\partial y_{h(\widetilde{\omega})}(\widetilde{\omega},f)} = -(1-\pi)E_{ff}^{-1}[U_{1xx}(y_{h(\widetilde{\omega})}(\widetilde{\omega},f)_f - s_{h(\widetilde{\omega})}(\widetilde{\omega},f)_f)]_{h(\widetilde{\omega})} < 0 \qquad (7-55)$$

从式(7-53)可以得到期间2以智慧化劳动分工合作引导的不同类型家庭以共享为本的人本经济业务收入的关系如下:

$$\frac{\partial f}{\partial y_{h(f)}(f)} = -\pi E_{ff}^{-1}[U_{2ww}(y_{h(f)}(f)_f + (1+r)s_{h(f)}(\widetilde{\omega},f)_f]_{h(f)} < 0 \qquad (7-56)$$

$$\frac{\partial f}{\partial y_{h(\widetilde{\omega})}} = -(1-\pi)(1+r)E_{ff}^{-1}[U_{2ww}s_{h(\widetilde{\omega})}(\widetilde{\omega},f)_f]_{h(\widetilde{\omega})} < 0 \qquad (7-57)$$

对公式(7-50)进行全微分,可得关于不同期间 $d\widetilde{\omega}$ 的表达式如下:

$$d\widetilde{\omega} = -E_{\widetilde{\omega}\widetilde{\omega}}^{-1}\{\pi[U_{1xx}(y_{h(f)}(\widetilde{\omega},f)_{\widetilde{\omega}} - s_{h(f)}(\widetilde{\omega},f)_{\widetilde{\omega}})]_{h(f)}dy_{h(f)}(\widetilde{\omega},f) + (1-\pi)$$

$$[U_{1xx}(y_{h(\widetilde{\omega})}(\widetilde{\omega},f)_{\widetilde{\omega}} - s_{h(\widetilde{\omega})}(\widetilde{\omega},f)_{\widetilde{\omega}}]_{h(\widetilde{\omega})} dy_{h(\widetilde{\omega})}(\widetilde{\omega},f) + \pi(1+r)$$
$$[U_{2ww}s_{h(f)}(\widetilde{\omega},f)_{\widetilde{\omega}}]_{h(f)} dy_{h(f)}(f) + (1-\pi)(1+r)$$
$$[U_{2ww}s_{h(\widetilde{\omega})}(\widetilde{\omega},f)_{\widetilde{\omega}}]_{h(\widetilde{\omega})} dy_{h(\widetilde{\omega})}\} \tag{7-58}$$

从式(7-58)可以得到期间1以智能化劳动分工合作引导的不同类型家庭以共享为本的人本经济业务收入的关系如下：

$$\frac{\partial \widetilde{\omega}}{\partial y_{h(f)}(\widetilde{\omega},f)} = -\pi E_{\widetilde{\omega}\widetilde{\omega}}^{-1}[U_{1xx}(y_{h(f)}(\widetilde{\omega},f)_{\widetilde{\omega}} - s_{h(f)}(\widetilde{\omega},f)_{\widetilde{\omega}})]_{h(f)} < 0 \tag{7-59}$$

$$\frac{\partial \widetilde{\omega}}{\partial y_{h(\widetilde{\omega})}(\widetilde{\omega},f)} = -(1-\pi)E_{\widetilde{\omega}\widetilde{\omega}}^{-1}[U_{1xx}(y_{h(\widetilde{\omega})}(\widetilde{\omega},f)_{\widetilde{\omega}} - s_{h(\widetilde{\omega})}(\widetilde{\omega},f)_{\widetilde{\omega}}]_{h(\widetilde{\omega})} < 0 \tag{7-60}$$

从式(7-58)可以得到期间2以智能化劳动分工合作引导的不同类型家庭以共享为本的人本经济业务收入的关系如下：

$$\frac{\partial \widetilde{\omega}}{\partial y_{h(f)}(f)} = -\pi(1+r)E_{\widetilde{\omega}\widetilde{\omega}}^{-1}[U_{2ww}s_{h(f)}(\widetilde{\omega},f)_{\widetilde{\omega}}]_{h(f)} < 0 \tag{7-61}$$

$$\frac{\partial \widetilde{\omega}}{\partial y_{h(\widetilde{\omega})}} = -(1-\pi)(1+r)E_{\widetilde{\omega}\widetilde{\omega}}^{-1}[U_{2ww}s_{h(\widetilde{\omega})}(\widetilde{\omega},f)_{\widetilde{\omega}}]_{h(\widetilde{\omega})} < 0 \tag{7-62}$$

下面继续讨论家庭劳动专业化分工对家庭以共享为本的人本经济业务收入的影响。在超网络社会中智慧化与智能化劳动分工合作，促使家庭获得不同类型以共享为本的人本经济业务收入都有剩余，由此可以得出如下推论成立：$y_{h(f)}(\widetilde{\omega},f)_f > s_{h(f)}(\widetilde{\omega},f)_f > 0$、$y_{h(\widetilde{\omega})}(\widetilde{\omega},f)_f > s_{h(\widetilde{\omega})}(\widetilde{\omega},f)_f > 0$、$y_{h(f)}(\widetilde{\omega},f)_{\widetilde{\omega}} > s_{h(f)}(\widetilde{\omega},f)_{\widetilde{\omega}} > 0$、$y_{h(\widetilde{\omega})}(\widetilde{\omega},f)_{\widetilde{\omega}} > s_{h(\widetilde{\omega})}(\widetilde{\omega},f)_{\widetilde{\omega}} > 0$。

根据 DeSalvo and Eeckhoudt(1982)的方法，可以得出如下推论成立：$U_{1xx} < 0$、$U_{2ww} < 0$。因此，式(7-54)至式(7-61)的符号均为负。由此可以得出如下命题：

命题1：在智慧化劳动分工合作引导的用户导向型平台企业变化"潮流"期间，若智能化劳动与智慧化劳动的专业化分工合作，且满足上述条件，则 $\frac{\partial f}{\partial y_{h(f)}(\widetilde{\omega},f)} < 0$、$\frac{\partial f}{\partial y_{h(\widetilde{\omega})}(\widetilde{\omega},f)} < 0$、$\frac{\partial \widetilde{\omega}}{\partial y_{h(f)}(\widetilde{\omega},f)} < 0$、$\frac{\partial \widetilde{\omega}}{\partial y_{h(\widetilde{\omega})}(\widetilde{\omega},f)} < 0$。

命题2：在智能化劳动分工合作引导的用户导向型平台企业稳定"潮流"期间，若智能化劳动与智慧化劳动的专业化分工合作，且满足上述条件，则 $\frac{\partial f}{\partial y_{h(f)}(f)} < 0$、$\frac{\partial f}{\partial y_{h(\widetilde{\omega})}} < 0$、$\frac{\partial \widetilde{\omega}}{\partial y_{h(f)}(f)} < 0$、$\frac{\partial \widetilde{\omega}}{\partial y_{h(\widetilde{\omega})}} < 0$。

耐用品需求(q、A 和 ϕ)和非耐用品需求(x)的一阶条件为：

$$E_q = \pi(U_{1q} - [\phi P(A) + (1-\phi)R(A)]U_{1x} + \{[\phi P(A) + (1-\phi)R(A)](1+\eta) - [\phi T + (1-\phi)\tau]\}U_{2w})_{h(f)} + (1-\pi)(U_{1q} - [\phi P(A) + (1-\phi)R(A)]U_{1x} + \{[\phi P(A) + (1-\phi)R(A)](1+\eta) - [\phi T + (1-\phi)\tau]\}U_{2w})_{h(\widetilde{\omega})} \tag{7-63}$$

$$E_A = \pi\{[\phi P_A + (1-\phi)R_A][(1+\eta)U_{2w} - U_{1x}]\}_{h(f)} + (1-\pi)\{[\phi P_A + (1-\phi)R_A][(1+\eta)U_{2w} - U_{1x}]\}_{h(\widetilde{w})} \tag{7-64}$$

$$E_\phi = \pi q(\{(1+\eta)[P(A) - R(A)] - (T-\tau)\}U_{2w} - [P(A) - R(A)]U_{1x})_{h(f)} + (1-\pi)q(\{[P(A) - R(A)](1+\eta) - (T-\tau)\}U_{2w} - [P(A) - R(A)]U_{1x})_{h(\widetilde{w})} \tag{7-65}$$

$$E_x = \pi(U_{1x})_{h(f)} + (1-\pi)(U_{1x})_{h(\widetilde{w})} \tag{7-66}$$

$$E_w = \pi[U_{2w}(w)]_{h(f)} + (1-\pi)[U_{2w}(w)]_{h(\widetilde{w})} \tag{7-67}$$

耐用品需求(q、A 和 ϕ)和非耐用品需求(x)的二阶条件为：$E_{qq} < 0$、$E_{AA} < 0$、$E_{\phi\phi} < 0$、$E_{xx} < 0$ 和 $E_{ww} < 0$。

$$E_{qq} = \pi\{U_{1qq} - 2\beta_1 U_{1qx} + \beta_1^2 U_{1xx} + \beta_2^2 U_{2ww}\}_{h(f)} + (1-\pi)\{U_{1qq} - 2\beta_1 U_{1qx} + \beta_1^2 U_{1xx} + \beta_2^2 U_{2ww}\}_{h(\widetilde{w})} \tag{7-68}$$

$$E_{AA} = \pi\{[\phi P_{AA} + (1-\phi)R_{AA}][(1+\eta)U_{2w} - U_{1x}] + [\phi R_A + (1-\phi)R_2]^2[(1+\eta)^2 U_{2wW} - U_{1xX}]\}_{h(f)} + (1-\pi)\{[\phi P_{AA} + (1-\phi)R_{AA}][(1+\eta)U_{2w} - U_{1x}] + [\phi P_A + (1-\phi)R_A]^2[(1+\eta)^2 U_{2wW} - U_{1xX}]\}_{h(\widetilde{w})} \tag{7-69}$$

$$E_{\phi\phi} = \pi q(\beta_3^2 U_{2ww} - \beta_4^2 U_{1xx})_{h(f)} + (1-\pi)q(\beta_3^2 U_{2ww} - \beta_4^2 U_{1xx})_{h(\widetilde{w})} \tag{7-70}$$

$$E_{xx} = \pi(U_{1xx})_{h(f)} + (1-\pi)(U_{1xx})_{h(\widetilde{w})} \tag{7-71}$$

$$E_{ww} = \pi[U_{2ww}(w)]_{h(f)} + (1-\pi)[U_{2ww}(w)]_{h(\widetilde{w})} \tag{7-72}$$

其中，$\beta_1 = \phi P(A) + (1-\phi)R(A)$，$\beta_2 = [\phi P(A) + (1-\phi)R(A)](1+\eta) - [\phi T + (1-\phi)\tau]$，$\beta_3 = (1+\eta)[P(A) - R(A)] - (T-\tau)$，$\beta_4 = P(A) - R(A)$。

下面笔者运用比较静态方法，分析智慧化劳动与智能化劳动对不同期间家庭耐用品需求(q、A 和 ϕ)和非耐用品需求(x)的影响。对公式(7-63)进行全微分，可得关于不同期间 $\mathrm{d}q$ 表达式如下：

$$\mathrm{d}q = -E_{qq}^{-1}(\pi\{U_{1qx}[y_{h(f)}(\widetilde{w},f)_f - s_{h(f)}(\widetilde{w},f)_f] - \beta_1[y_{h(f)}(\widetilde{w},f)_f - s_{h(f)}(\widetilde{w},f)_f]U_{1xx} + \beta_2[y_{h(f)}(f)_f + (1+r)s_{h(\widetilde{w})}(\widetilde{w},f)_f]U_{2ww}\}_{h(f)}\mathrm{d}f + (1-\pi)\{U_{1qx}[y_{h(\widetilde{w})}(\widetilde{w},f)_f - s_{h(\widetilde{w})}(\widetilde{w},f)_f] - \beta_1[y_{h(\widetilde{w})}(\widetilde{w},f)_f - s_h(\widetilde{w},f)_f]U_{1xx} + \beta_2(1+r)s_{h(\widetilde{w})}(\widetilde{w},f)_f U_{2ww}\}_{h(\widetilde{w})}\mathrm{d}f) \tag{7-73}$$

$$\mathrm{d}q = -E_{qq}^{-1}(\pi\{U_{1qx}[y_{h(f)}(\widetilde{w},f)_{\widetilde{w}} - s_{h(f)}(\widetilde{w},f)_{\widetilde{w}}] - \beta_1[y_{h(f)}(\widetilde{w},f)_{\widetilde{w}} - s_{h(f)}(\widetilde{w},f)_{\widetilde{w}}]U_{1xx} + \beta_2(1+r)s_{h(f)}(\widetilde{w},f)_{\widetilde{w}}U_{2ww}\}_{h(f)}\mathrm{d}\widetilde{w} + (1-\pi)\{U_{1qx}[y_{h(\widetilde{w})}(\widetilde{w},f)_{\widetilde{w}} - s_h(\widetilde{w},f)_{\widetilde{w}}] - \beta_1[y_{h(\widetilde{w})}(\widetilde{w},f)_{\widetilde{w}} - s_{h(\widetilde{w})}(\widetilde{w},f)_{\widetilde{w}}]U_{1xx} + \beta_2(1+r)s_{h(\widetilde{w})}(\widetilde{w},f)_{\widetilde{w}}U_{2ww}\}_{h(\widetilde{w})}\mathrm{d}\widetilde{w}) \tag{7-74}$$

从式(7-73)和式(7-74)可得到期间1智慧化劳动与智能化劳动分别与家庭耐用品需求 q 的关系如下：

$$\frac{\partial q}{\partial f} = -\pi E_{qq}^{-1}\{[y_{h(f)}(\widetilde{w},f)_f - s_{h(f)}(\widetilde{w},f)_f]U_{1qx} - \beta_1[y_{h(f)}(\widetilde{w},f)_f - s_{h(f)}(\widetilde{w},f)_f]U_{1xx}\} > 0 \tag{7-75}$$

$$\frac{\partial q}{\partial f}=-(1-\pi)E_{qq}^{-1}\{U_{1qx}[y_{h(\widetilde{\omega})}(\widetilde{\omega},f)_f-s_{h(\widetilde{\omega})}(\widetilde{\omega},f)_f]-$$
$$\beta_1[y_{h(\widetilde{\omega})}(\widetilde{\omega},f)_f-s_{h(\widetilde{\omega})}(\widetilde{\omega},f)_f]U_{1xx}\}>0 \tag{7-76}$$

$$\frac{\partial q}{\partial \widetilde{\omega}}=-\pi E_{qq}^{-1}\{U_{1qx}[y_{h(f)}(\widetilde{\omega},f)_{\widetilde{\omega}}-s_{h(f)}(\widetilde{\omega},f)_{\widetilde{\omega}}]-$$
$$\beta_1[y_{h(f)}(\widetilde{\omega},f)_{\widetilde{\omega}}-s_{h(f)}(\widetilde{\omega},f)_{\widetilde{\omega}}]U_{1xx}\}>0 \tag{7-77}$$

$$\frac{\partial q}{\partial \widetilde{\omega}}=-(1-\pi)E_{qq}^{-1}\{U_{1qx}[y_{h(\widetilde{\omega})}(\widetilde{\omega},f)_{\widetilde{\omega}}-s_{h(\widetilde{\omega})}(\widetilde{\omega},f)_{\widetilde{\omega}}]-$$
$$\beta_1[y_{h(\widetilde{\omega})}(\widetilde{\omega},f)_{\widetilde{\omega}}-s_{h(\widetilde{\omega})}(\widetilde{\omega},f)_{\widetilde{\omega}}]U_{1xx}\}>0 \tag{7-78}$$

由于 $y_{h(f)}(\widetilde{\omega},f)_f>s_{h(f)}(\widetilde{\omega},f)_f, y_{h(\widetilde{\omega})}(\widetilde{\omega},f)_f>s_{h(\widetilde{\omega})}(\widetilde{\omega},f)_f U_{1qx}>0, U_{1xx}<0$, $\beta_1>0$, 式(7-75)至式(7-78)的符号均为正。可以得出如下命题：

命题3：在智慧化劳动分工合作引导的用户导向型平台企业变化"潮流"期间，若智慧化劳动与智能化劳动的分工合作，且满足上述条件，则 $\frac{\partial q}{\partial f}>0$、$\frac{\partial q}{\partial \widetilde{\omega}}>0$。

从式(7-73)和式(7-74)可得到期间2智慧化劳动与智能化劳动分别与家庭耐用品需求 q 的关系如下：

$$\frac{\partial q}{\partial f}=-\pi E_{qq}^{-1}\{\beta_2[y_{h(f)}(f)_f+(1+r)s_{h(f)}(\widetilde{\omega},f)_f]U_{2uw}\}<0 \tag{7-79}$$

$$\frac{\partial q}{\partial f}=-(1-\pi)E_{qq}^{-1}[\beta_2(1+r)s_{h(\widetilde{\omega})}(\widetilde{\omega},f)_f U_{2uw}]<0 \tag{7-80}$$

$$\frac{\partial q}{\partial \widetilde{\omega}}=-\pi E_{qq}^{-1}[\beta_2(1+r)s_{h(f)}(\widetilde{\omega},f)_{\widetilde{\omega}}U_{2uw}]<0 \tag{7-81}$$

$$\frac{\partial q}{\partial \widetilde{\omega}}=-(1-\pi)E_{qq}^{-1}[\beta_2(1+r)s_{h(\widetilde{\omega})}(\widetilde{\omega},f)_{\widetilde{\omega}}U_{2uw}]<0 \tag{7-82}$$

由于 $\beta_2>0$、$y_{h(f)}(f)_f>0$、$s_{h(f)}(\widetilde{\omega},f)_f>0$、$U_{2uw}<0$, 式(7-79)至式(7-82)的符号均为负，可以得出如下命题：

命题4：在智能化劳动分工合作引导的用户导向型平台企业稳定"潮流"期间，若智慧化劳动与智能化劳动的分工合作，且满足上述条件，则 $\frac{\partial q}{\partial f}<0$、$\frac{\partial q}{\partial \widetilde{\omega}}<0$。

对公式(7-64)进行全微分，可得关于不同期间 $\mathrm{d}A$ 的表达式如下：

$$\mathrm{d}A=-E_{AA}^{-1}[\pi([\phi P_A+(1-\phi)R_A]\{(1+\eta)[y_{h(f)}(f)_f+(1+r)s_{h(f)}(\widetilde{\omega},f)_f]U_{2uw}-$$
$$[y_{h(f)}(\widetilde{\omega},f)_f-s_{h(f)}(\widetilde{\omega},f)_f]U_{1xx}\})_{h(f)}\mathrm{d}f+(1-\pi)([\phi P_A+(1-\phi)R_A]$$
$$\{(1+\eta)(1+r)s_{h(\widetilde{\omega})}(\widetilde{\omega},f)_f U_{2uw}-[y_{h(\widetilde{\omega})}(\widetilde{\omega},f)_f-s_{h(\widetilde{\omega})}(\widetilde{\omega},f)_f]$$
$$U_{1xx}\})_{h(\widetilde{\omega})}\mathrm{d}f] \tag{7-83}$$

$$\mathrm{d}A=-E_{AA}^{-1}[\pi\{(\phi P_A+(1-\phi)R_A)[(1+\eta)(1+r)s_{h(f)}(\widetilde{\omega},f)_{\widetilde{\omega}}U_{2uw}-(y_{h(f)}(\widetilde{\omega},$$
$$f)_{\widetilde{\omega}}-s_{h(f)}(\widetilde{\omega},f)_{\widetilde{\omega}})U_{1xx}]\}_{h(f)}\mathrm{d}\widetilde{\omega}+(1-\pi)\{(\phi P_A+(1-\phi)R_A)[(1+\eta)(1+$$
$$r)s_{h(\widetilde{\omega})}(\widetilde{\omega},f)_{\widetilde{\omega}}U_{2uw}-(y_{h(\widetilde{\omega})}(\widetilde{\omega},f)_{\widetilde{\omega}}-s_{h(\widetilde{\omega})}(\widetilde{\omega},f)_{\widetilde{\omega}})U_{1xx}]\}_{h(\widetilde{\omega})}\mathrm{d}\widetilde{\omega}] \tag{7-84}$$

从式(7-83)和式(7-84)可得到期间 1 智慧化劳动与智能化劳动分别与家庭耐用品需求特征 A 之间的关系如下：

$$\frac{\partial A}{\partial f} = -\pi E_{AA}^{-1}\{-[y_{h(f)}(\widetilde{\omega},f)_f - s_{h(f)}(\widetilde{\omega},f)_f]U_{1xx}\} > 0 \qquad (7-85)$$

$$\frac{\partial A}{\partial f} = -(1-\pi)E_{AA}^{-1}\{-[y_{h(\widetilde{\omega})}(\widetilde{\omega},f)_f - s_{h(\widetilde{\omega})}(\widetilde{\omega},f)_f]U_{1xx}\} > 0 \qquad (7-86)$$

$$\frac{\partial A}{\partial \widetilde{\omega}} = -\pi E_{AA}^{-1}\{-[y_{h(f)}(\widetilde{\omega},f)_{\widetilde{\omega}} - s_{h(f)}(\widetilde{\omega},f)_{\widetilde{\omega}}]U_{1xx}\} > 0 \qquad (7-87)$$

$$\frac{\partial A}{\partial \widetilde{\omega}} = -(1-\pi)E_{AA}^{-1}\{-[y_{h(\widetilde{\omega})}(\widetilde{\omega},f)_{\widetilde{\omega}} - s_{h(\widetilde{\omega})}(\widetilde{\omega},f)_{\widetilde{\omega}}]U_{1xx}\} > 0 \qquad (7-88)$$

由于 $y_{h(f)}(\widetilde{\omega},f)_f > s_{h(f)}(\widetilde{\omega},f)_f$、$U_{1xx} < 0$、$y_{h(\widetilde{\omega})}(\widetilde{\omega},f)_{\widetilde{\omega}} > s_{h(\widetilde{\omega})}(\widetilde{\omega},f)_{\widetilde{\omega}}$，式(7-85)至式(7-88)的符号均为正，可以得出如下命题：

命题 5：在智慧化劳动分工合作引导的用户导向型平台企业变化"潮流"期间，若智慧化劳动与智能化劳动的分工合作，且满足上述条件，则 $\frac{\partial A}{\partial f} > 0$、$\frac{\partial A}{\partial \widetilde{\omega}} > 0$。

从式(7-83)和(7-84)可得到期间 2 智慧化劳动与智能化劳动分别与家庭耐用品需求特征 A 之间的关系如下：

$$\frac{\partial A}{\partial f} = -\pi E_{AA}^{-1}\{[\phi P_A + (1-\phi)R_A]\}\{(1+\eta)[y_{h(f)}(f)_f + (1+r)s_{h(f)}(\widetilde{\omega},f)_f]U_{2ww}\} < 0$$
$$(7-89)$$

$$\frac{\partial A}{\partial f} = -(1-\pi)E_{AA}^{-1}\{[\phi P_A + (1-\phi)R_A]\}\{(1+\eta)(1+r)s_{h(\widetilde{\omega})}(\widetilde{\omega},f)_f U_{2ww}\} < 0$$
$$(7-90)$$

$$\frac{\partial A}{\partial \widetilde{\omega}} = -\pi E_{AA}^{-1}\{[\phi P_A + (1-\phi)R_A](1+\eta)(1+r)s_{h(f)}(\widetilde{\omega},f)_{\widetilde{\omega}}U_{2ww}\} < 0 \quad (7-91)$$

$$\frac{\partial A}{\partial \widetilde{\omega}} = -(1-\pi)E_{AA}^{-1}\{[\phi P_A + (1-\phi)R_A](1+\eta)(1+r)s_{h(\widetilde{\omega})}(\widetilde{\omega},f)_{\widetilde{\omega}}U_{2ww}\} < 0$$
$$(7-92)$$

由于 $\phi P_A + (1-\phi)R_A > 0$，$\eta y_{h(f)}(f)_f + (1+r)s_{h(f)}(\widetilde{\omega},f)_f > 0$，$U_{2ww} < 0$，式(7-89)至式(7-92)的符号均为负，可以得出如下命题：

命题 6：在智能化劳动分工合作引导的用户导向型平台企业稳定"潮流"期间，若智慧化劳动与智能化劳动的分工合作，且满足上述条件，则 $\frac{\partial A}{\partial f} < 0$、$\frac{\partial A}{\partial \widetilde{\omega}} < 0$。

对公式(7-65)进行全微分，可得关于不同期间 $\mathrm{d}\phi$ 的表达式如下：

$$\mathrm{d}\phi = -E_{\phi\phi}^{-1}(\pi q\{\beta_3[y_{h(f)}(f)_f + s_{h(f)}(\widetilde{\omega},f)_f(1+r)]U_{2ww} - \beta_4[y_{h(f)}(\widetilde{\omega},f)_f - s_{h(f)}(\widetilde{\omega},f)_f]U_{1xx}\}_{h(f)}\mathrm{d}f + (1-\pi)q\{\beta_3[y_{h(\widetilde{\omega})}(f)_f + s_{h(\widetilde{\omega})}(\widetilde{\omega},f)_f(1+r)]U_{2ww} - \beta_4[y_{h(\widetilde{\omega})}(\widetilde{\omega},f)_f - s_{h(\widetilde{\omega})}(\widetilde{\omega},f)_f]U_{1xx}\}_{h(\widetilde{\omega})}\mathrm{d}f)$$
$$(7-93)$$

$$\mathrm{d}\phi = -qE_{\phi\phi}^{-1}(\pi\{\beta_3(1+r)s_{h(f)}(\widetilde{\omega},f)_{\widetilde{\omega}}U_{2ww} - \beta_4[y_{h(f)}(\widetilde{\omega},f)_{\widetilde{\omega}} - s_{h(f)}(\widetilde{\omega},f)_{\widetilde{\omega}}]U_{1xx}\}_{h(f)}\mathrm{d}\widetilde{\omega} + (1-\pi)\{\beta_3(1+r)s_{h(\widetilde{\omega})}(\widetilde{\omega},f)_{\widetilde{\omega}}U_{2ww} - \beta_4[y_{h(\widetilde{\omega})}(\widetilde{\omega},f)_{\widetilde{\omega}} - s_{h(\widetilde{\omega})}(\widetilde{\omega},f)_{\widetilde{\omega}}]U_{1xx}\}_{h(\widetilde{\omega})}\mathrm{d}\widetilde{\omega}) \tag{7-94}$$

从式(7-93)和式(7-94)可得到期间1智慧化劳动与智能化劳动分别与家庭耐用品需求特征ϕ的关系如下：

$$\frac{\partial \phi}{\partial f} = -\pi qE_{\phi\phi}^{-1}\{-\beta_4[y_{h(f)}(\widetilde{\omega},f)_f - s_{h(f)}(\widetilde{\omega},f)_f]U_{1xx}\} > 0 \tag{7-95}$$

$$\frac{\partial \phi}{\partial f} = -(1-\pi)qE_{\phi\phi}^{-1}\{-\beta_4[y_{h(\widetilde{\omega})}(\widetilde{\omega},f)_f - s_{h(\widetilde{\omega})}(\widetilde{\omega},f)_f]U_{1xx}\} > 0 \tag{7-96}$$

$$\frac{\partial \phi}{\partial \widetilde{\omega}} = -\pi qE_{\phi\phi}^{-1}\{-\beta_4[y_{h(f)}(\widetilde{\omega},f)_{\widetilde{\omega}} - s_{h(f)}(\widetilde{\omega},f)_{\widetilde{\omega}}]U_{1xx}\} > 0 \tag{7-97}$$

$$\frac{\partial \phi}{\partial \widetilde{\omega}} = -(1-\pi)qE_{\phi\phi}^{-1}\{-\beta_4[y_{h(\widetilde{\omega})}(\widetilde{\omega},f)_{\widetilde{\omega}} - s_{h(\widetilde{\omega})}(\widetilde{\omega},f)_{\widetilde{\omega}}]U_{1xx}\} > 0 \tag{7-98}$$

由于$\beta_4 > 0, y_{h(f)}(\widetilde{\omega},f)_f > s_{h(f)}(\widetilde{\omega},f)_f, U_{1xx} < 0, y_{h(\widetilde{\omega})}(\widetilde{\omega},f)_{\widetilde{\omega}} > s_{h(\widetilde{\omega})}(\widetilde{\omega},f)_{\widetilde{\omega}}$，式(7-95)至式(7-98)的符号均为正，可以得出如下命题：

命题7：在智慧化劳动分工合作引导的用户导向型平台企业变化"潮流"期间，若智慧化劳动与智能化劳动的分工合作，且满足上述条件，则$\frac{\partial \phi}{\partial f} > 0$、$\frac{\partial \phi}{\partial \widetilde{\omega}} > 0$。

从式(7-93)和式(7-94)可得到期间2智慧化劳动与智能化劳动分别与家庭耐用品需求特征φ之间的关系如下：

$$\frac{\partial \phi}{\partial f} = -\pi qE_{\phi\phi}^{-1}\{\beta_3[y_{h(f)}(f)_f + s_{h(f)}(\widetilde{\omega},f)_f(1+r)]U_{2ww}\} < 0 \tag{7-99}$$

$$\frac{\partial \phi}{\partial f} = -(1-\pi)qE_{\phi\phi}^{-1}\{\beta_3[y_{h(\widetilde{\omega})}(f)_f + s_{h(\widetilde{\omega})}(\widetilde{\omega},f)_f(1+r)]U_{2ww}\} < 0 \tag{7-100}$$

$$\frac{\partial \phi}{\partial \widetilde{\omega}} = -\pi qE_{\phi\phi}^{-1}[\beta_3(1+r)s_{h(f)}(\widetilde{\omega},f)_{\widetilde{\omega}}U_{2ww}] < 0 \tag{7-101}$$

$$\frac{\partial \phi}{\partial \widetilde{\omega}} = -(1-\pi)qE_{\phi\phi}^{-1}[\beta_3(1+r)s_{h(\widetilde{\omega})}(\widetilde{\omega},f)_{\widetilde{\omega}}U_{2ww}] < 0 \tag{7-102}$$

由于$\beta_3 > 0, y_{h(f)}(f)_f > 0, s_{h(f)}(\widetilde{\omega},f)_f > 0, r > 0, U_{2ww} < 0$以及$s_{h(\widetilde{\omega})}(\widetilde{\omega},f)_{\widetilde{\omega}} > 0$，式(7-99)至式(7-102)的符号均为负，可以得出如下命题：

命题8：在智能化劳动分工合作引导的用户导向型平台企业稳定"潮流"期间，若智慧化劳动与智能化劳动的分工合作，且满足上述条件，则$\frac{\partial \phi}{\partial f} < 0$、$\frac{\partial \phi}{\partial \widetilde{\omega}} < 0$。

对公式(7-62)进行全微分，可得关于不同期间$\mathrm{d}x$的表达式如下：

$$\mathrm{d}x = \pi\{[y_{h(f)}(\widetilde{\omega},f)_f - s_{h(f)}(\widetilde{\omega},f)_f]U_{1xx}\}_{h(f)}\mathrm{d}f + (1-\pi)\{[y_{h(\widetilde{\omega})}(\widetilde{\omega},f)_f - s_{h(\widetilde{\omega})}(\widetilde{\omega},f)_f]U_{1xx}\}_{h(\widetilde{\omega})}\mathrm{d}f \tag{7-103}$$

$$\mathrm{d}x = \pi\{[y_{h(f)}(\widetilde{\omega},f)_{\widetilde{\omega}} - s_{h(f)}(\widetilde{\omega},f)_{\widetilde{\omega}}]U_{1xx}\}h_{(f)}\mathrm{d}\widetilde{\omega} + (1-\pi)\{[y_{h(\widetilde{\omega})}(\widetilde{\omega},f)_{\widetilde{\omega}} - s_{h(\widetilde{\omega})}(\widetilde{\omega},f)_{\widetilde{\omega}}]U_{1xx}\}h_{(\widetilde{\omega})}\mathrm{d}\widetilde{\omega} \qquad (7-104)$$

从式(7-103)和式(7-104)可得到期间1智慧化劳动与智能化劳动分别与家庭非耐用品需求 x 的关系如下：

$$\frac{\partial x}{\partial f} = -\pi E_{xx}^{-1}\{[y_{h(f)}(\widetilde{\omega},f)_f - s_{h(f)}(\widetilde{\omega},f)_f]U_{1xx}\} < 0 \qquad (7-105)$$

$$\frac{\partial x}{\partial f} = -(1-\pi)E_{xx}^{-1}\{[y_{h(\widetilde{\omega})(\widetilde{\omega},f)_f} - s_{h(\widetilde{\omega})}(\widetilde{\omega},f)_f]U_{1xx}\} < 0 \qquad (7-106)$$

$$\frac{\partial x}{\partial \widetilde{\omega}} = -\pi E_{xx}^{-1}\{[y_{h(f)}(\widetilde{\omega},f)_{\widetilde{\omega}} - s_{h(f)}(\widetilde{\omega},f)_{\widetilde{\omega}}]U_{1xx}\} < 0 \qquad (7-107)$$

$$\frac{\partial x}{\partial \widetilde{\omega}} = -(1-\pi)E_{xx}^{-1}\{[y_{h(\widetilde{\omega})}(\widetilde{\omega},f)_{\widetilde{\omega}} - s_{h(\widetilde{\omega})}(\widetilde{\omega},f)_{\widetilde{\omega}}]U_{1xx}\} < 0 \qquad (7-108)$$

由于 $y_{h(f)}(\widetilde{\omega},f)_f > s_{h(f)}(\widetilde{\omega},f)_f > 0, y_{h(\widetilde{\omega})}(\widetilde{\omega},f)_f > s_{h(\widetilde{\omega})}(\widetilde{\omega},f)_f > 0$ 以及 $U_{1xx} < 0$，式(7-105)至式(7-108)的符号均为负，可以得出如下命题：

命题9：在智慧化劳动分工合作引导的用户导向型平台企业变化"潮流"期间，若智慧化劳动与智能化劳动的分工合作，则 $\frac{\partial x}{\partial f} < 0、\frac{\partial x}{\partial \widetilde{\omega}} < 0$。

对公式(7-66)进行全微分，可得关于不同期间 $\mathrm{d}w$ 的表达式如下：

$$\mathrm{d}w = -E_{ww}^{-1}(\{\pi U_{2ww}(w)[y_{h(f)}(f)_f + s_{h(f)}(\widetilde{\omega},f)_f]\}_{h(f)}\mathrm{d}f + (1-\pi)[U_{2ww}(w)s_{h(\widetilde{\omega})}(\widetilde{\omega},f)_f(1+r)]_{h(\widetilde{\omega})}\mathrm{d}f) \qquad (7-109)$$

$$\mathrm{d}w = -E_{ww}^{-1}\{\pi[U_{2ww}(w)s_{h(f)}(\widetilde{\omega},f)_{\widetilde{\omega}}(1+r)]_{h(f)}\mathrm{d}\widetilde{\omega} + (1-\pi)[U_{2ww}(w)s_{h(\widetilde{\omega})}(\widetilde{\omega},f)_w(1+r)]_{h(\widetilde{\omega})}\mathrm{d}\widetilde{\omega}\} \qquad (7-110)$$

从式(7-109)和式(7-110)可得到期间2智慧化劳动与智能化劳动分别与家庭非耐用品需求 x 的关系如下：

$$\frac{\partial w}{\partial f} = -\pi E_{ww}^{-1}\{U_{2ww}(w)[y_{h(f)}(f)_f + s_{h(f)}(\widetilde{\omega},f)_f]\}_{h(f)} < 0 \qquad (7-111)$$

$$\frac{\partial w}{\partial f} = -(1-\pi)E_{ww}^{-1}[U_{2ww}(w)s_{h(\widetilde{\omega})}(\widetilde{\omega},f)_f(1+r)]_{h(\widetilde{\omega})} < 0 \qquad (7-112)$$

$$\frac{\partial w}{\partial \widetilde{\omega}} = -\pi E_{ww}^{-1}[U_{2ww}(w)s_{h(f)}(\widetilde{\omega},f)_{\widetilde{\omega}}(1+r)]_{h(f)} < 0 \qquad (7-113)$$

$$\frac{\partial w}{\partial \widetilde{\omega}} = -(1-\pi)E_{ww}^{-1}[U_{2ww}(w)s_{h(\widetilde{\omega})}(\widetilde{\omega},f)_w(1+r)]_{h(\widetilde{\omega})} < 0 \qquad (7-114)$$

一般意义上讲，家庭劳动边际效益递增性决定家庭以共享为本的人本经济收入呈边际递增趋势，因此，可以得到 $y_{h(f)}(f)_f > 0$、$s_{h(f)}(\widetilde{\omega},f)_f > 0$、$s_{h(f)}(\widetilde{\omega},f)_{\widetilde{\omega}} > 0$、$s_{h(\widetilde{\omega})}(\widetilde{\omega},f)_w > 0$，结合 $U_{2ww}(w) < 0$，上述式(7-111)至式(7-114)的符号均为负号，可以得出如下命题：

命题10：在智能化劳动分工合作引导的用户导向型平台企业稳定"潮流"期间，若智慧化劳动与智能化劳动的分工合作，且满足上述条件，则 $\frac{\partial w}{\partial f}<0$、$\frac{\partial w}{\partial \tilde{w}}<0$。

总而言之，由命题1~2可以看出，以智能化劳动分工合作主导超网络社会中集体"潮起潮落"过程中，智慧化配合智能化的专业化分工合作劳动对家庭以共享为本的人本经济业务收入的影响均呈边际递减趋势。这个推论恰恰从马克思的利润率趋向下降规律理论得到了印证。也就是说，应用于超网络以共享为本的人本经济中的智能化劳动分工合作越发达，通过传统家庭人的智慧化劳动获得以共享为本的人本经济的业务收入越低。因此，在超网络以共享为本的人本经济中，按照马克思的按劳分配观点，由智慧化劳动主导的传统家庭必然转型为由智能化劳动主导的现代家庭，这也是未来中国乡村振兴的必由之路。其观点印证了马克思关于解放生产力是解放劳动者的观点。

然而，由命题3~10可以看出，在智慧化劳动分工合作引导的变化"潮流"期间，智能化配合智慧化专业分工合作劳动对家庭需求的影响呈边际递增趋势。这说明了以智慧化劳动为主导的传统家庭在超网络社会中处于主导地位。在智能化劳动分工合作引导的稳定"潮流"期间，智慧化配合智能化专业分工合作劳动对家庭需求的影响呈边际递减趋势。这说明了以智能化劳动为主导的现代家庭在超网络社会中处于主导地位。在以智能化劳动分工合作主导的超网络以共享为本的人本经济发展中，根据马克思关于人类社会生产力水平提高旨在满足人类社会日益增长的物质文化需求的观点，在超网络以共享为本的人本经济中，由智慧化劳动主导的传统家庭必然转型为由智能化劳动主导的现代家庭，这是未来中国乡村振兴的必由之路。

通过对命题1~10的经济含义进行分析，笔者认为，影响家庭人本经济业务收入形成的根本性因素在于智能化劳动主导的现代家庭形成。

7.5 本章小结

通过"互联网＋"顾客导向型企业演变为用户导向型平台企业，以及顾客导向型企业利益相关者静态契约制演变为用户导向型平台企业全民利益相关者动态契约制，由此顾客导向型企业信奉资本与劳动和谐信念演变为用户导向型平台企业信奉资本与劳动共享信念。在此企业信念演变下，揭示了顾客导向型企业以合作为本的人本经济演变为用户导向型平台企业以共享为本的人本经济，为此，通过顾客导向型企业向用户导向型平台企业演变的"双重股权"投资转移路径的理论与实证分析，验证了上述顾客导向型企业以合作为本的人本经济向用户导向型平台企业以共享为本的人本经济的演变。这为第9章研究用户导向型平台企业人本资本共享数据财务管理理论奠定了经济基础。

在"互联网＋"时代，以本质为算法权力的"超级权力"维系着超网络以共享为本的人本经济发展的制度与秩序，促进了第四次工业革命的现代基础信息技术在超网络以共享为本的人本经济得到广泛推广与应用，催生了以智能化劳动分工合作主导的超网络社会以共享为本的人本经济发展，形成了家庭人本经济业务收入新业态。家庭人本经济业务收入引导大数据买方市场体验消费，用户导向型平台企业以共享为本的人本经济发展在于满足信对称的大数据买方市场体验需求。因此,作为人类社会基本单位的家庭消费类型与收入类型将直接决定用户导向型平台企业的供给类型和收入类型。家庭人本经济业务收入决定了用户导向型平台企业智能化供给,家庭体验消费决定了用户导向型平台企业以共享为本的人本经济的业务收入。通过用户导向型平台企业离散型人本经济业务收入和连续型人本经济业务收入的形成分析,为第 8 章研究用户导向型平台企业人本资本共享数据财务管理理论奠定了财务基础。

第 8 章

用户导向型平台企业人本资本共享数据财务管理理论研究

在"互联网＋"时代,正在爆发的第四次工业革命的现代基础信息技术在第三次工业革命人工智能、工业机器人和数据制造等基础制造技术基础上创新融合,促进人类创造技术的节奏正在加速,技术的力量也正以指数级的速度增长。至此,极其复杂性和不确定性的物理世界借助物联网和互联网在 5G 以上基础上将网络世界与物理世界融合为具有去中心化、全球化、追求和谐和赋予权力四大特征的数字化社会。借助自动获取数据的大数据技术打破物理世界各种"信息孤岛",形成了信息对称的大数据买方市场。"互联网＋"的"去中心化""去媒介化"和"去信用化"在促使用户导向型平台企业发生"扁平化"与"碎片化"的组织自我解构变革的同时,信息对称的大数据买方市场体验需求驱动"扁平化"与"碎片化"的用户导向型平台企业逐渐形成由企业员工、参与用户和网络平台三方构成的去中心信任结构下对等网络关系(Benoit et al.,2017；Frenken、Schor,2017),借助网络平台的集聚效应集聚对等关系的企业员工与参与用户形成各自的网络社群。鉴于网络平台为"扁平化"与"碎片化"企业共享注入了互联网基因,在将基于强对等网络关系的小范围用户导向型平台企业"＋互联网"共享行为,扩展为基于弱对等网络关系的大规模"互联网＋"用户导向型平台企业共享经济(Ranjbar et al.,2018；Belk,2014)的同时,"互联网＋"用户导向型平台企业演变为"趋中心化"与"去中心化"的用户导向型平台企业。

随着"趋中心化"与"去中心化"的用户导向型平台企业已有存量企业员工与用户网络社群越来越多,也就越能吸引更多新企业员工与用户网络社群的加入,并借助企业员工与用户网络社群的路径依赖心理产生"锁定效应",进而获得"超链接社会"(hyper linked society)和"超联结社会"(hyper connected society)。至此,超网络(社会)成就了算法成为新的权力代理人。以算法为核心的人工智能技术赋权生成的权力形态正如同福柯(Michel Foucault)所描述的现代权力,它不是从某个核心源泉发散出来的,而是遍布社会机体的每一个角落和最细小的末端,以及它并非中央集权式的环状结构,而是错综复杂、多中心存在的网状结构(Foucault M.,1980)。由此产生了本质为算法权力(algorithmic power)的"超级权力",这种"超级权力"不仅重新定义个人与个人、个人与组织、组织与组织,甚至组织与国家之间的雇佣或合作关系,而且使人工智能悄然地嵌入各种去中心化组织之中,这种在人工智能与人重塑超网络社会关系的过程中潜移默化地驱动着个人与个人、个人与组织、组织与组织,甚至组织与国家之间的关系重构——由信息非对称的人本经济阶段合作关系转化为信息对称的人本经济阶段共享关系。这种人类社会关系重构也决定了人本经济主体专业化分工方式发生变化,即由合作专业化劳动分工转变为共享专业化劳动分工。这种企业专业化劳动分工方式的变化体现了企业价值观的变化,即顾客导向型企业的资本与劳动和谐观转变为用户导向型平台企业的资本与劳动共享观。

8.1 人本经济阶段企业财务治理属于企业财务管理范畴

通过企业关系透视企业治理,它随着人类社会关系的重构也将发生演变。治理理论的主要创始人之一詹姆斯·N.罗西瑙认为,治理是通行于规制空隙之间的那些制度安排,或许更重要的是当两个或更多规制出现重叠、冲突时,或者在相互竞争的利益之间需要调解时才发挥作用的原则、规范、规则和决策程序(罗西瑙,2001)。他将企业关系上升为企业规制范畴。针对企业规制不足或过剩,他提出治理理论,以解决企业规制不足或过剩问题。在信息非对称的物本经济阶段,委托代理契约生产导向型企业本质决定了生产导向型企业规制为雇佣型规制,针对委托代理契约生产导向型企业雇佣型规制不足或过剩问题,需要委托代理契约生产导向型企业雇佣治理。此时,作为委托代理契约生产导向型企业物本资本雇佣财务管理,它是生产导向型企业物本资本雇佣财务管理者按照生产导向型企业物本资本雇佣财务管理规制进行管理。而生产导向型企业物本资本雇佣财务管理规制不足或过剩,由于生产导向型企业物本资本雇佣财务管理者受制于委托代理契约约束,他们无法对生产导向型企业物本资本雇佣财务管理规制不足进行补救,以及对雇佣财务管理规制过剩进行消除。因此,对于生产导向型企业物本资本雇佣财务管理规制设计属于生产导向型企业委托方的权力,生产导向型企业受托方只能被动执行生产导向型企业委托方设计的制度及其规制等。因此,在信息非对称的物本经济阶段,生产导向型企业雇佣财务治理不属于生产导向型企业物本资本雇佣财务管理者财务运营范畴,因此,无论是生产导向型企业物本资本雇佣治理,还是生产导向型企业物本资本雇佣财务治理,它们都不属于生产导向型企业物本资本雇佣财务管理范畴。因此,国内外学者将公司治理作为单独研究领域,在此基础上开辟了工商管理学科这个独立的分支领域。

随着人类社会第三次工业革命的爆发,这标志着人类社会科学技术飞跃到更高水平,也标志着人类社会生产力水平由欠发达水平提升到发达水平。人类社会经济发展也由信息非对称的物本经济阶段进入信息非对称的人本经济阶段。科学技术推广应用改变了人们的生活习惯、习俗、规制以及制度,进而改变了人们的价值观:由物本经济发展观演变为人本经济发展观。在企业价值观上则体现为资本雇佣劳动观演变为资本与劳动和谐观。至此,企业价值观演变也就引导企业人与人的关系由雇佣关系转变为合作关系。在此合作关系基础上,推动企业经营战略由以生产为导向转变为以顾客为导向。因此,顾客导向型企业经营战略指导企业利益相关者设计体现合作关系的制度及其规制等。信息非对称的环境决定了顾客导向型企业人本资本合作财务管理规制存在不足或过剩。针对顾客导向型企业人本资本合作财务管理规制存在不足或过剩问题,企业利益相关者都具有所有权与经营权合一的身份,它们既是老板也是管理者。因此,顾客导向型企业利益相关者自主弥补顾客导向型企业人本资本合作财务管理规制不足,或自主消除顾客导向型企业人本资本合作财务管理规制,因此,在信息非对称的人本经济阶段,顾客导向型企业人本资本合作治理属于顾客导向型企业人本资本管理者范畴。因此,顾客导向型企业人本资本合作财务治理是对因信息非对称所决定的顾客导向型企业人本资本合作财务管理不足的补充。因此,第7章中论述顾客导向型企业人本资本合作财务管理理论时在第 6.6 节增加了顾客导向型企业人本资本合作财务治理理论。

截至目前,方兴未艾的第四次工业革命将人类社会生产力水平提升到更高层次上,人类社会关系由信息非对称的人本经济阶段合作关系演变为信息对称的人本经济阶段共享关系。在此共享关系基础上,推动企业经营战略由以顾客为导向转变为以用户为导向。因此,以用户为导向的平台化企业经营战略指导企业全民利益相关者设计体现共享关系的制度及其规制等。当然,这里所讲的信息对称是由信息技术所打造的具有一定规模的网络平台。在以一定算法支撑的网络平台内,借助大数据技术实现平台内信息对称。这里所讲的网络平台既可以是网络市场,也可以是网络工厂,还可以两者兼而有之。在"互联网+"时代,技术信任替代人际信任和制度信任。在一定网络平台中,信息对称的环境决定了用户导向型平台企业人本资本共享数据财务管理规制具有完备共享智能属性。因此,也可以将完备共享智能属性用户导向型平台企业人本资本共享数据财务管理,称为用户导向型平台企业人本资本共享数据财务管理智能规制。当然,这种完备智能制度是建立在信息技术基础上的。

随着信息技术更新换代,信息技术被淘汰的风险日趋积累,导致在用的信息技术不确定性不断增加,当积累到一定程度时需要技术信任代替人际信任和制度信任。因此,在用的信息技术所打造的信息对称的网络市场可能在"一夜之间"就被颠覆。用户导向型平台企业人本资本共享数据财务管理规制智能水平也存在不确定性,这就决定了建立在智能技术基础上的用户导向型平台企业人本资本共享数据财务管理智能规制,存在从一种完备性被另一种完备性所替代的可能。也就是说,用户导向型平台企业人本资本共享数据财务管理规制的智能完备性具有相对性。因此,用户导向型平台企业人本资本共享数据财务管理规制智能不确定需要从信息技术层面上加以补救,以消除具有智能属性的规制被淘汰的可能。也就是说,在信息技术升级情况下,用户导向型平台企业需要管理者+人工智能共享治理。因此,用户导向型平台企业人本资本共享治理具有智慧属性+智能属性,它在本质上是用户导向型平台企业全民利益相关者动态契约的一部分,而用户导向型平台企业全民利益相关者动态契约是由所有权与经营权合一的全民利益相关者,与人工智能一起借助网络平台赋能全民利益相关者动态契约具有智慧功能和智能功能。因此,用户导向型平台企业人本资本共享治理属于用户导向型平台企业管理者+人工智能管理范畴。也就是说,用户导向型平台企业人本资本共享数据财务治理属于用户导向型平台企业人本资本共享数据财务管理范畴。

因此,用户导向型平台企业人本资本共享数据财务治理理论属于用户导向型平台企业人本资本共享数据财务管理的一部分。由于以算法为支撑的网络社会借助物联网和互联网在 5G 以上基础上将网络世界与物理世界融合为具有去中心化、全球化、追求和谐和赋予权力四大特征的数字化社会,因此,在数字化社会中,一切以共享为本的人本经济也具有以共享为本的数据特征。在信息对称的人本经济阶段,用户导向型平台企业人本资本共享数据财务管理表现为以管理者+人工智能共享方式在稳定信息技术下,用户导向型平台企业人本资本共享数据财务管理和在升级信息技术下用户导向型平台企业人本资本共享数据财务治理。下面通过探析用户导向型平台企业人本资本共享数据财务智能治理结构的形成,来为用户导向型平台企业人本资本共享数据财务治理理论属于用户导向型平台企业人本资本共享数据财务管理理论板块提供理论支撑。

8.2 用户导向型平台企业人本资本共享数据财务治理结构形成研究

在信息对称的人本经济阶段,"互联网+"企业打破了原先企业的"信息孤岛",致使原先顾客与企业发生了交互,使之成为企业用户。在交互、透明与可视的"互联网工厂"中,用户参与企业员工研发、设计和制造,在追求体验过程中实现大数据买方市场与用户导向型平台企业融为一体,完成以共享为本的人本经济的体验价值。在优胜劣汰的大数据买方市场竞争中,满足用户体验需求过程中追求所有权与经营权合一的用户导向型平台企业逐渐实现"扁平化"(或趋中心化)和"碎片化"(或去中心化)。在与大数据买方市场融为一体的用户导向型平台企业"扁平化"过程中,用户导向型平台企业演变为所有权与经营权合一的三类人,即员工、用户和网络平台(管理者)。也就是说,他们具有相同身份,既是"老板"又是"员工";既是供给者,又是需求者。在与大数据买方市场融为一体的用户导向型平台企业"碎片化"过程中,形成满足大数据买方市场体验需求的用户导向型平台企业"去中心化"的智能化供给。

因此,在信息对称的大数据买方市场中,"互联网+"的万能媒介功能替代第三方的货币万能媒介功能,具有价值显示功能的数据货币(折叠数据货币协议)替代传统主权货币。在数据化社会中,以算法支撑以共享为本的人本经济体系中的数据货币,作为超网络社会的非中央集权式算法权力替代中央集权式社会权力,实现了数据货币非中央集权式算法权力替代信用货币中央集权式社会权力。至此,数据技术转向物力资本,传统市场转向海量大数据市场。数据作为一种新型润滑剂,它为大数据市场的多样化深度发展提供了更多可能,以共享为本的方式推动以共享为本的人本经济与产业经济融为一体,促进信息对称的人本经济迅猛发展。因此,数据财务资本逐渐替代财务资本驱动人本经济发展。人们所执着的物力资本与劳动共享信念在推行"互联网+"思维模式应用过程中逐渐凝练并不断地强化,引领信息对称的大数据买方市场体验需求驱动追求共享为本的人本经济发展。在人们追求共享为本的人本经济发展过程中集中体现以所有权与经营权合一的管理者+人工智能共同掌握经营控制权为核心、以融于大数据买方市场的用户导向型平台企业全社会价值最大化为目标,实现用户导向型平台企业三类人共创共享共赢。在共创共享共赢过程中展示出在信息对称的(后工业)人本经济下,与大数据买方市场融为一体的用户导向型平台企业人本资本结构——人力资本+物力资本,以及用户导向型平台企业人本资本共享数据财务治理结构之间的权力配置关系。对此,笔者勾画出与大数据买方市场融为一体的用户导向型平台企业人本资本结构——人力资本+物力资本,以及用户导向型平台企业人本资本共享数据财务治理结构之间的权力配置关系逻辑图,如图8-1所示。

如图8-1所示,体验经济是在信息对称的数据化社会中追求以共享为本的人本经济。用户导向型平台企业人本资本共享数据财务治理是指用户导向型平台企业在去第三方的数据财务(折叠协议)激励或约束基础上,结合数据财务决策驱动人力资源+物力资源获得有效共享配置的过程。也就是说,用户导向型平台企业人本资本价值创造存在于用户导向型平台企业人力资源+物力资源有效共享配置的过程,用户导向型平台企业人本资本价值创造的驱动力存在于以用户导向型平台企业以共享为本的去第三方数据财务决策为核心,以去第三方的数据财务激励或数据财务约束为基础的用户导向型平台企业共享数据财务治理。用户导向型平台企业共享数据财务治理本质在于用户导向型平台企业数据财务控制权配置。用户导向型平台企业数据财务控制权包括源于所有权的体验价值索取权和源于经营权的管理经营权和产销经营权。因此,用户导向型平台企业人本资本共享数据财务治理结构是用户导向型平台企业为实现最优人本资本结构的不同数据财务控制权的有效共享配置结构。

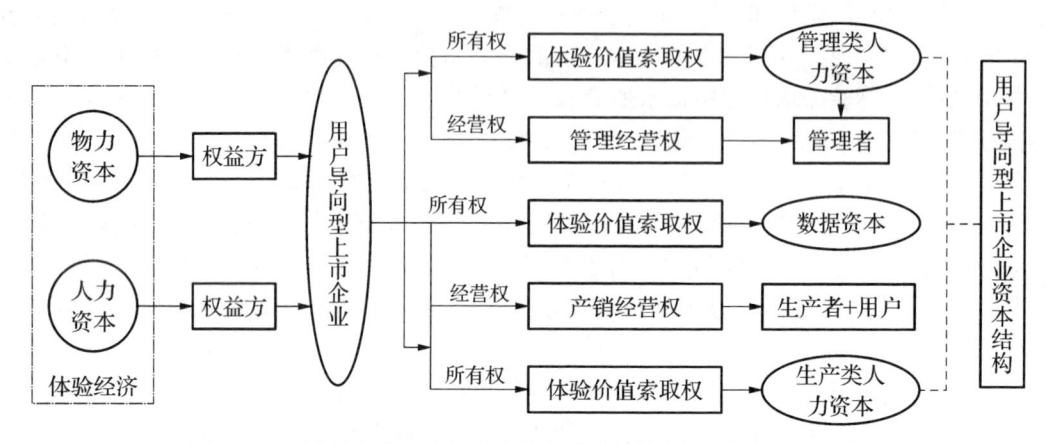

图 8-1 用户导向型平台企业人本资本结构与治理结构的关系逻辑

8.2.1 用户导向型平台企业人本资本结构——物力资本+人力资本

在信息对称的数据化社会中,对用户导向型平台企业物力资本+人力资本的资本结构做如下分析。就物力资本而言,无论是用户导向型平台企业管理者、生产者,还是大数据买方市场用户,他们在物力资源多用途基础上追求共创共享共赢,在充分利用物力资源多种用途实现物力资本价值的同时,他们各自的人力资本价值得以实现。物力资本所有者可能是用户导向型平台企业管理者、生产者和大数据买方市场用户,也可能是用户导向型平台企业;物力资源所有者将自己拥有的物力资源通过交易方式内置于用户导向型平台企业中。由于用户导向型平台企业本质为完备智能超契约,而用户导向型平台企业本质,即完备智能超契约是由具有对等网络关系的网络员工社群、网络参与用户的网络平台(管理方)借助算法而自主且自动缔结的。因此,他们可能成为物力资源所有者,享有物力资源所有权,并在物力资源所有权的基础上享有物力资源经营权。也就是说,物力资源的所有权与经营权是对称的。通常来说,物力资源所有者与经营者是合二为一的。

因此,在数据化社会中追求共享为本的人本经济发展的过程中,物力资本权益方通过大数据买方市场公平公正交易将物力资本内置于融于大数据买方市场的用户导向型平台企业中,借助各种用户导向型网络平台以体验价值索取权来索取物力资本所有权价值。其物力资本所有权价值包括数据交易价值和数据共享价值。数据共享价值形成于像微博、微信等以互动分享型为核心的商业网络平台;数据交易价值形成于像 TMD 等以数据共享、数据变现、数据交易为核心的商业网络平台。就人力资本而言,在信息对称的人本经济阶段,"互联网+"的"去中心化""去中介化"和"去信用化"彻底颠覆了传统企业管理模式(丁胜红、吴应宇,2019)。

用户导向型平台企业在"扁平化"过程中实现了生产者、管理者和参与用户的三类人所有权与经营权由分离转向合一。就管理类人力资本而言,由于所有权与经营权合一,融于大数据买方市场的用户导向型平台企业管理者凭借自身管理能力管理企业与大数据买方市场,不仅获得维持自身生存的补偿价值,而且凭借剩余体验价值索取权获得追求自身发展的剩余价值。也就是说,体验价值索取权的管理类人力资本价值包括补偿价值和剩余价值。因此,管理类人力资本权益者在管理"去中心化"的用户导向型平台企业员工网络社群与大数据买方市场用户网络社群在共创共享共赢的过程中,以体验价值索取权获得其管理者自身全部价值。就生产类人力资本而言,用户导向型平台企业员工借助用户导向型网络化平台实现员工与用户共同研发、设计与制造,在"碎片化"过程中完成了以所有权与经营权合一方式迎合大数据买方市场用户体验需求与智能供给的平衡。无论是员工还是参与用户,他们的所有权体现于凭借体验价值索取权以分享价值方式获得各自最大化的共享体验价值。因此,由物力资本、管理类人力资本和生产类人力资本共同构成用户导向型平台企业人本资本结构。

8.2.2 用户导向型平台企业人本资本共享数据财务治理结构

根据第 7 章中论证生产导向型企业物本资本财务资本结构与雇佣治理结构关系演变为顾客导向型企业人本资本财务资本＋人力资本结构与合作治理结构关系,本章沿袭其关系演变的根本内在动力在于科学技术创新进步,外在动力在于市场类型转变,为此,将形成用户导向型平台企业共享治理结构关系的演变规律,描述为如图 8-2 所示的顾客导向型企业合作治理结构演变为用户导向型平台企业共享治理结构的逻辑。

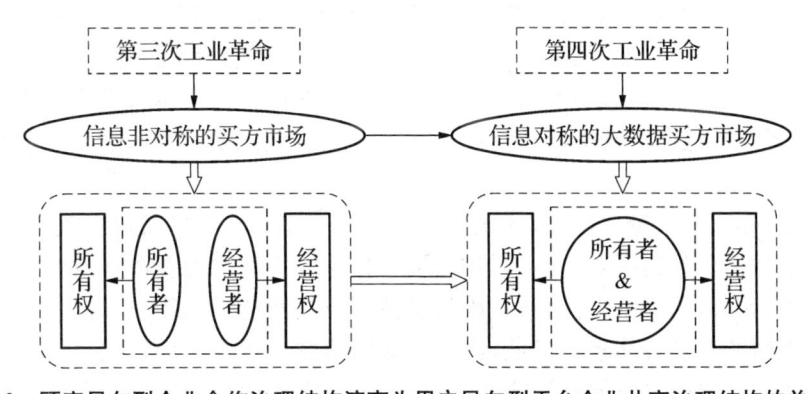

图 8-2　顾客导向型企业合作治理结构演变为用户导向型平台企业共享治理结构的关系逻辑

如图 8-2 所示,在信息非对称的人本经济阶段,因信息非对称导致顾客导向型企业人本管理制度不足或过剩,进而导致行使所有权的所有者与行使经营权的经营者之间以合作方式弥补顾客导向型企业因人本管理制度不足或过剩所导致无效所有权与经营权力的配置格局,因此,形成顾客导向型企业合作治理结构。随着第四次工业革命的现代信息技术在第三次工业革命现代制造技术的基础上创新融合应用,促进信息非对称的人本经济演变为信息对称的人本经济阶段,即共享经济阶段。至此,企业由资本与劳动共享关系替代资本与劳动和谐关系,实现了企业由以顾客为导向的经营战略转变为以用户为导向的经营战略。企业经营战略的演变,一方面决定了顾客导向型企业合作治理结构演变为用户导向型平台企业共享治理结构；另一方面决定了顾客导向型企业人本资本合作财务管理演变为用户导向型平台企业人本资本共享财务管理。

在信息对称的数据化社会中，对用户导向型平台企业人本资本共享数据财务治理结构做如下分析。就物力资本而言，它形成于信息对称的大数据买方市场中用户导向型平台企业通过数据财务决策、数据财务激励或数据财务约束促使物力资源有效共享配置。无论是用户导向型平台企业的网络平台（管理者）、生产者，还是大数据买方市场用户，他们既是物力资本的所有者，又是物力资本的经营者。也就是说，通过数据财务管理者＋人工智能的共享数据财务控制权配置，来实现用户导向型平台企业物力资本共享数据财务治理。就财务管理者而言，一方面，他们利用大数据或者碎片数据对企业各类财产进行盘活盘盈管理；另一方面，他们利用大数据对大数据买方市场主导以共享为本的人本经济发展趋势做前瞻性预测，尽快捕捉各种商机。也就是说，物力资本权益方提供物力资源供数据财务管理者和人工智能共享经营使用。一方面，数据财务管理者在通过数据财务决策、数据财务激励或数据财务约束促使物力资源有效共享配置的同时，履行数据财务控制权的数据财务管理者的人力资本变得有价值。另一方面，物力资本权益方通过与数据财务管理者共享共创共赢，获得物力资本权益方期望体验价值索取权价值，完成履行数据财务管理者的数据财务控制权的愿望，同时使物力资本及其物力资本权益方人力资本的各自所有权变得有意义。

就生产者与参与用户而言，他们利用大数据或者碎片数据完成了润滑用户体验需求的智能供给，促使以共享为本的人本经济与产业经济有效一体化发展。物力资本权益方提供物力资源供生产者与参与用户共享之用，一方面，物力资本经营者（员工＋参与用户）在通过响应数据财务决策、数据财务激励和数据财务约束，促使物力资源＋人力资源优化配置的同时，致使他们获得产销融合经营权价值，才使得生产者（员工＋参与用户）所拥有的各自人力资本变得有价值。另一方面，物力资本权益方借助数据财务管理者之手，促进员工＋参与用户共享共创共赢，再借生产者与参与用户共享之"手"获得物力资本权益方期望体验价值索取权价值，完成履行他们自身生产经营权的愿望，同时使物力资本及人力资本各自所有权变得有意义。

总而言之，物力资本经营权都是通过管理者、员工和参与用户在响应数据财务决策、数据财务激励和数据财务约束基础上，对物力资本权益方提供物力资源有效配置过程中得以体现物力资本（转移）的价值，进而补救因信息技术改进而造成原用户导向型平台企业人本资本共享数据财务规制智能水平过低，以及消除因信息技术改进而造成原用户导向型平台企业人本资本共享数据财务规制智能水平过高，进而完成用户导向型平台企业物力共享数据财务治理结构——数据财务控制权配置结构。

就管理者人力资本而言，由于用户导向型平台企业融于大数据买方市场，企业管理重心由用户导向型平台企业内、外重心化演变为用户导向型平台企业"去重心化"。也就是说，在用户导向型平台企业管理者响应数据财务决策、数据财务激励和数据财务约束的基础上，驱动管理者自主地管理"去中心化"用户导向型平台企业，同时又自主地服务用户体验需求的买方市场。因此，管理者人力资本经营权在虚拟经济范畴内，既包括物力资本所有者和管理者人力资本所有者共享物力资本的管理经营权，又包括数据财务资本所有者与物力资本所有者、管理者人力资本所有者共享数据财务资本的财务经营控制权，还包括不同管理者人力资本所有者共享管理企业与市场的管理经营权（实体经济范畴）。

就生产者人力资本而言,为了满足用户体验需求,在用户参与员工研发、设计和制造的过程中,用户和员工在响应数据财务决策、数据财务激励和数据财务约束基础上共享产销融合的经营权,在共享共创共赢过程中实现他们产销融合经营权价值及其数据财务经营控制权价值的同时,他们各自所有权变得有价值。当然,员工和用户通过向物力资本权益方供给物力资源供员工和用户共享经营,使得用户导向型平台企业员工和参与用户在响应数据财务决策、数据财务激励和数据财务约束基础上的智能供给与体验需求变得更加有效。

因此,生产类(员工和参与用户)人力资本经营权既包括物力资本所有者和生产类人力资本所有者共享物力资本生产经营权,又包括数据财务资本所有者与物力资本所有者、不同生产类人力资本所有者共享数据财务经营控制权,以及不同生产类人力资本所有者共享满足用户体验需求的产销融合经营权。因此,管理类人力资本所有者与物力资本所有者在共享管理经营权的同时,他们也与数据财务资本所有者共享数据财务经营控制权;生产类人力资本所有者与物力资本所有者在共享生产经营权的同时,他们也与数据财务资本所有者共享数据财务经营控制权;不同管理者人力资本所有者在共享产销融合经营权的同时,他们也与数据财务资本所有者共享数据财务经营控制权;生产类人力资本所有者在共享生产经营权的同时,他们也与数据财务资本所有者共享数据财务经营控制权。至此,用户导向型平台企业人力资本共享财务治理结构为数据财务控制权配置结构。

总而言之,根据企业所有权结构决定企业资本结构,以及企业经营权结构决定企业治理结构,进而分析信息对称的人本经济阶段信奉资本与劳动共享观用户导向型平台企业人本资本共享数据财务治理结构的形成,揭示了随着科学技术发展促进信息对称的人本经济发展的规律。为此,下文仍选择海尔典型案例验证上述用户导向型平台企业人本资本共享数据财务治理结构的形成。

8.2.3 用户导向型平台企业人本资本共享治理结构形成的案例检验

欧睿国际(Euromonitor)调查显示,截至2016年,海尔已经连续七次蝉联全球白色家电第一品牌,并被美国《新闻周刊》网站评为全球十大创新公司(赵剑波,2014)。因此,选择海尔为案例,它具有同行业典型性。2013年至今,海尔正式推行网络化战略,在人单合一双赢管理模式升级基础上实现2014年提出的网络化战略落地目标:"企业平台化、员工创客化、用户个性化。"通过转化、创业、临时契约等形式,实现海尔由三类三级转变为三类人三类关系。在此转变过程中贯彻以人为本、共创共赢共享原则,将市场机制、股权机制、对赌机制应用于激励机制的再优化。海尔依据"三无"理念,逐步打造海尔独有的网络化资源、网络化组织以及网络化用户的三大网络化体系,并尝试构建一流物单自生产、人单自推动和单筹自推动的三个"自机制"。以满足海尔用户以生产消费者的身份参与全流程的价值创造,实现人力资本经营者由单一角色向多重角色转变,体现了海尔奉行物力资本与劳动和谐信念,追求人类价值为本的智能供给满足家电买方市场客户体验化需求,强调了海尔"去中心化"财务管理模式。因此,海尔案例具有代表性。

根据前文信息对称的人本经济阶段用户导向型平台企业人本资本共享数据财务治理结构的形成,设计代表信息对称的人本经济阶段验证海尔人本资本共享数据财务治理结构形成的指标体系。

海尔人本资本结构为:物力资本+人力资本。海尔人本资本结构指标为:物力资本规模/(管理类人力资本规模＋生产类人力资本规模)。海尔人本资本共享数据财务治理结构为：生产领域内数据财务经营控制权＋管理领域内数据财务经营控制权，同时促进了有效配置的生产领域内经营权——共享生产经营权和共享产销融合经营权，以及促进了有效配置的管理领域内经营权——共享管理经营权。

根据前文所阐述的用户导向型平台企业人本资本共享数据财务治理结构的指标数据很难完全获得，于是根据上述信息对称的人本经济阶段海尔人本资本共享数据财务治理驱动海尔人本经济有效发展。因此，以海尔人本资本共享数据财务治理为核心，以体现海尔人本资本共享数据财务治理驱动效果的海尔人本资本共享治理为中介，促进海尔人本资本价值最大化。因此，通过海尔人本资本结构变化趋势和海尔人本资本共享治理结构变化趋势，来体现海尔人本资本共享治理结构变化趋势。结合图8-2中海尔人本资本结构与人本资本共享治理结构之间的权力配置关系逻辑图，选择2013—2017年海尔会计报告数据，验证信息非对称的人本经济阶段海尔共享治理结构的形成。

从图8-1中可以看出，由物力资本结构与人力资本结构构成的海尔人本资本结构变化趋势和由管理者治理结构与代生产类治理结构构成的海尔人本资本共享治理结构变化趋势呈正向趋势一致性。物力资本结构是指不同物力资本构成，人力资本结构是指不同类型人力资本构成。2013年至今，海尔正式推行网络化战略，借助"互联网＋"打造具有交互、可视和透明的海尔世界互联网工厂。海尔价值通常体现为海尔物力资本价值。随着虚实相融网络体验经济越发达，非结构化数据价值所占比重就越大，结构化数据价值所占比重相对也就越小。因此，与买方市场融为一体的海尔人本资本结构为：人力资本＋物力资本与海尔人本资本共享治理结构关系趋势和代表结构化数据价值的海尔总资产利润率变化趋势呈反向关系。因此，总体上检验了用户导向型平台企业人本资本结构与共享治理结构的权力配置逻辑关系。截至目前，海尔会计报告没有区分以共享为本的人本经济业务与产业经济业务，以及没有区分虚拟经济范畴和实体经济范畴管理经营权、生产经营权和产销经营权，以及各自经营权的价值。因此，笔者无法获得相应的海尔样本数据，无法完全按照图8-1所示的用户导向型平台企业资本结构与共享治理结构之间的权力配置关系进行案例检验。此外，在信息非对称的人本经济转型升级信息对称的人本经济过程中，用户导向型平台企业人本资本结构与共享治理结构关系"异常现象"的原因，造成了用户导向型平台企业人本资本结构与共享治理结构之间的权力配置存在不完全一致性。其造成的原因如下：

① 企业资本与劳动和谐观和物力资本与劳动共享观错配。信息对称的人本经济阶段，买方市场体验需求驱动企业以用户为导向的经营战略，而在现实中，用户导向型平台企业战略愿景却强调资本与劳动和谐观。

② 企业信念与企业所有权或经营权错配。在信息对称的人本经济阶段，买方市场体验需求驱动企业以用户为导向的经营战略，用户导向型平台企业战略愿景内化于人本经济发展观中，滋生了企业物力资本与劳动和谐信念，然而，用户导向型平台企业采用财务资本与劳动和谐信念内化于体验价值索取权主体、管理经营权主体和产销经营权主体，或者用户导向型企业采用物力资本与劳动和谐信念内化于剩余价值索取权主体和剩余经济控制权主体，或剩余经济监督权主体，自主局限或被动局限于企业所有权与经营权配置范围。其结果造成了用户导向型平台企业物力资本＋人力资本结构与治理结构呈反向趋势关系。

③ 企业所有权与经营权错配。在信息对称的人本经济阶段，买方市场体验需求驱动用

户导向型平台企业采取人本经济发展观滋生了物力资本与劳动和谐信念,用户导向型平台企业采用剩余价值索取权与管理经营权或产销经营权错配,或采取体验价值索取权与剩余经济控制权或剩余经营监督权错配,其结果造成了用户导向型平台企业物力资本+人力资本结构与治理结构呈反向趋势关系。

8.3 用户导向型平台企业人本资本共享数据财务管理理论架构的形成

根据用户导向型平台企业所有权与经营权的对称性论证了用户导向型平台企业人本资本共享治理结构与用户导向型平台企业人本资本结构之间具有内在一致性,可推论出用户导向型平台企业共享治理成为用户导向型平台企业人本资本管理的一部分,进而推论出用户导向型平台企业共享数据财务治理成为用户导向型平台企业人本资本数据财务管理的一部分。笔者依据产权范式研究企业财务的历史与逻辑勾画,即财权理论(财务研究逻辑起点、财务本质、财务主体与财权主体、财务目标、财务职能、财权配置)、财务治理理论(财务治理结构、财务治理机制、财务治理行为规范)(曹越、伍中信,2011),根据企业财务管理=企业财务+企业管理,创新性地研究用户导向型平台企业人本资本共享数据财务管理理论架构的形成。

8.3.1 用户导向型平台企业人本资本共享数据财务管理逻辑起点的形成

在信息非对称的物本经济阶段,物本经济发展观指导物本经济发展。物本经济发展观在生产导向型企业物本经济发展过程中体现于资本雇佣劳动的雇佣经营关系中,人们对此生产导向型企业资本雇佣劳动经营关系的一般看法是资本雇佣劳动观。在信息非对称的物本经济阶段,生产导向型企业信奉资本雇佣劳动观的具有货币量化物本资本价值运动状态的财务逻辑起点为雇佣财权。这里的雇佣财权可理解与描述为货币资源受托配置关系的雇佣产权,也就是说,雇佣财权本质就是雇佣产权。企业财务管理=企业财务+企业管理,企业管理本质在于提高企业效率与效益,因此,生产导向型企业物本资本雇佣财务管理研究逻辑起点为生产导向型企业有效物本资本雇佣财权。

在信息非对称的人本经济阶段,人本经济发展观指导人本经济发展。人本经济发展观在用户导向型平台企业人本经济发展过程中体现于资本与劳动和谐的合作经营关系中,人们对此用户导向型平台企业资本与劳动和谐经营关系的一般看法是资本与劳动和谐观。在信息非对称的人本经济阶段,用户导向型平台企业信奉资本与劳动和谐观的具有泛货币量化人本资本价值运动状态的财务逻辑起点为合作人权。这里的泛货币已经超越信息非对称的物本经济阶段主权货币对卖方市场基本需求的价值度量,它能将信息非对称的人本经济阶段买方市场马斯洛层序需求价值进行量化。针对满足人类社会人们基本需求的价值具有主权货币量化的特征,合作财权显然适用于满足信息非对称的买方市场中基本需求的主权货币资源配置关系的概括价值度量,但是它不适用于满足信息非对称的买方市场高层次需求的非主权货币资源配置关系的概括。也就是说,在信息非对称的人本经济阶段,合作财权不足以满足用户导向型平台企业人本资本共享数据财务研究的逻辑起点。

根据人本主义经济学共识观点,需求是判断价值的唯一标准。就一个人而言,他的需求不仅有维持生命与健康的基本（低层次）需求，更有实现个人理想的高层次需求。如果只能满足人的基本需求，那么无法体现他作为社会人的全部价值。也就是说，马斯洛层序需求是体现作为一个社会人的人权价值。因此，将合作人权替代合作财权，虽然不符合人们对财务认知的习惯性思维，但它是对适用于满足信息非对称的买方市场马斯洛层序需求的泛货币资源配置关系的高度概括。因此，在信息非对称的人本经济阶段，用户导向型平台企业人本资本共享数据财务研究逻辑起点为合作人权。企业财务管理＝企业财务＋企业管理，企业管理本质在于提高企业效率与效益，因此，顾客导向型企业人本资本合作财务管理研究逻辑起点为用户导向型平台企业有效人本资本合作人权。

在信息对称的人本经济阶段，人本经济发展观指导人本经济发展。免费的"互联网＋"模式却打造出信息对称的大数据买方市场，实现了技术信任替代人际信任和制度信任。人类社会的货币是在交易过程中产生的，其货币产生基础在于信任。在信息非对称的物本经济阶段，人类社会主权货币从有价值的一般等价物货币到无价值等价物纸币的演变历史，即从贝壳货币、青铜货币、银货币、金货币到纸币。作为有价值的等价物货币，其形成基础更多在于人际信任；而作为无价值的一般等价物纸币，其形成基础则完全在于制度信任。由于纸币本身是无价值的，它代表一般等价物履行有价值一般等价物的货币功能，并完全依托制度对纸币所依托的信任进行维护与保障。这里的制度是广义上的制度，包括法律、法规、规制等。货币从交易双方或多方认可的一般等价物——贝壳货币、青铜货币、银货币、金货币，逐渐演变为代表国家赋予信任的第三方认可的一般等价物——纸币。至此，作为主权货币的纸币已经完全脱离交易双方或多方认可。这为国家通过操作货币定价权对不同类型交易方的交易价值提供了掠夺的可能。

在信息对称的人本经济阶段，方兴未艾的第四次工业革命现代基础信息技术广泛推广应用，实现了技术信任替代人际信任和制度信任。在以算法为支撑的人类社会网络社会中，由于5G以上技术的推广应用，实现了"线上"（虚拟网络社会）与"线下"（实体自然社会）融为一体，大数据技术打破了各种"信息孤岛"，在信息对称的大数据买方市场，体验需求驱动人类社会各类交易在信息技术支撑下借助完备智能契约实现了交易与配置。其中，数据货币（折叠协议）是对以共享方式或体验方式实现人本资本价值的度量。截至目前，人类社会已经开发出区块链技术，它与大数据技术、5G、互联网、物联网等现代信息技术借助各种人工智能或智能体等，打造"互联网工厂"智能供给与大数据买方市场体验需求融为一体的信息对称环境，不久的将来，脱离交易各方认可的主权货币纸币将被回归交易各方均认可的数据货币。因此，主权货币的纸币是第三方信用货币，而数据货币是去第三方的去信任化货币。人本经济发展观在用户导向型平台企业人本经济发展过程中体现于物力资本与劳动共享观的共享经营关系中，人们对此用户导向型平台企业资本与劳动共享经营关系的一般看法是资本与劳动共享观。在信息对称的人本经济阶段，用户导向型平台企业信奉资本与劳动共享观的数据货币量化人本资本价值运动状态的数据财务逻辑起点为共享人权。企业财务管理＝企业财务＋企业管理，企业管理本质在于提高企业效率与效益，因此，用户导向型平台企业人本资本（数据）财务管理研究逻辑起点为用户导向型平台企业有效人本资本共享人权。总而言之，就财务管理研究逻辑起点演变而言，它是从生产导向型企业有效物本资本雇佣财权、有效合作人权到用户导向型平台企业有效人本资本共享人权。

8.3.2　用户导向型平台企业人本资本共享数据财务管理本质的形成

在信息非对称的物本经济阶段,西方经济学家以产权描述信息非对称的卖方市场基本需求驱动人类价值归于物类价值的生产导向型企业雇佣经营关系,一方面,可以用"雇佣财力"的流动来表达主权货币量化的"以雇佣为本""物本资本价值流";另一方面,可以通过维持"权利"的流动来体现满足卖方市场基本需求的生产导向型企业物本制度。理论的来源实践表明理论的缘起;而理论指导实践,则表明理论的形成。从产权角度来看,以雇佣财权作为生产导向型企业物本资本雇佣财务研究的逻辑起点,这也是生产导向型企业物本资本雇佣财务理论形成的起点。它是对生产导向型企业物本资本财务理论体系的最高概括。因此,生产导向型企业物本资本雇佣财务本质为企业物本资本财权流。根据企业财务管理＝企业财务＋企业管理,企业管理本质在于提高企业效率与效益,因此,生产导向型企业物本资本雇佣财务管理本质为生产导向型企业有效物本资本财权流。

随着人类社会第三次工业革命爆发,它标志着人类社会由信息非对称的物本经济演变为信息非对称的人本经济。作为不同人类社会经济转型标志的市场类型也随之发生转变,即由信息非对称的卖方市场基本需求演变为信息非对称的买方市场马斯洛层序需求。作为人类社会需求价值度量的工具也发生了变化,即由主权货币演变为泛货币。指导人类社会经济发展的价值观由物本经济发展观演变为人本经济发展观。作为信奉经济发展观主体——人的假设也随之由理性经济人演变为理性社会人(包括生态社会人)。笔者认为,作为判断人类社会的福利标准也随之发生演变,即由帕累托标准演变为亚马蒂亚·森的大多数定理。在信息非对称的人本经济阶段,西方经济学家以人权描述信息非对称的买方市场马斯洛层序需求驱动物类价值归于人类价值的用户导向型平台企业合作经营关系,一方面,可以用"合作财力"的流动来表达泛货币量化的"以合作为本""人本资本价值流";另一方面,可以通过维持"权利"的流动来体现满足买方市场马斯洛层序需求的用户导向型平台企业人本制度。理论的来源实践表明理论的缘起;而理论指导实践,则表明理论的形成。从人权角度来看,以合作财权作为用户导向型平台企业人本资本共享数据财务研究的逻辑起点,这也是用户导向型平台企业人本资本共享数据财务理论形成的起点。它是对用户导向型平台企业人本资本共享数据财务理论体系的最高概括。因此,用户导向型平台企业人本资本共享数据财务本质为企业人本资本财权流。根据企业财务管理＝企业财务＋企业管理,企业管理本质在于提高企业效率与效益,因此,企业财务管理本质为有效财权流,顾客导向型企业人本资本合作财务管理本质为用户导向型平台企业有效人本资本财权流。

随着人类社会第四次工业革命爆发,它标志着人类社会由信息非对称的人本经济演变为信息对称的人本经济。作为不同人类社会经济转型标志的市场类型也随之发生转变,即由信息非对称的买方市场马斯洛层序需求演变为信息对称的大数买方市场体验需求。作为人类社会需求价值度量的工具也发生了变化,即由第三方的泛货币演变为去第三方的数据货币。指导人类社会经济发展的价值观的人本经济发展观内涵也在不断丰富发展,即由资本与劳动和谐观演变为资本与劳动共享观。人本经济发展观内涵的丰富发展人的假设促进人类社会人性假设由理性社会人演变为具体社会人。笔者认为,作为判断人类社会的福利标准也随之发生演变,即由亚马蒂亚·森的大多数定理演变为马克思的按需分配定理。

在信息对称的人本经济阶段,笔者认为,以人权描述信息对称的买方市场体验需求驱动物类价值归于人类价值的用户导向型平台企业共享经营关系,一方面,可以用"共享财力"的流动来表达数据货币量化的"以共享为本""人本资本价值流";另一方面,可以通过维持"权利"的流动来体现满足买方市场体验需求的用户导向型平台企业人本智能制度。理论的来源实践表明理论的缘起;而理论指导实践,则表明理论的形成。从人权角度来看,以共享财权作为用户导向型平台企业人本资本共享数据财务研究的逻辑起点,这也是用户导向型平台企业人本资本共享数据财务理论形成的起点。它是对用户导向型平台企业人本资本共享数据财务理论体系的最高概括。因此,用户导向型平台企业人本资本财务本质为共享财权流。根据企业财务管理＝企业财务＋企业管理,企业管理本质在于提高企业效率与效益,因此,企业财务管理本质为有效财权流,用户导向型平台企业人本资本共享数据财务管理本质为用户导向型平台企业有效人本资本共享财权流。总而言之,就财务管理本质演变而言,它是从生产导向型企业有效物本资本雇佣财权流、用户导向型平台企业有效人本资本合作人权流到用户导向型平台企业有效人本资本共享人权流。

8.3.3 用户导向型平台企业人本资本共享数据财务管理目标的形成

截至目前,东、西方财务管理学教科书将企业财务管理目标总结为企业利润价值最大化、企业股东价值最大化、企业利益相关者价值最大化,从中可以推论出一切企业管理目标都是为了实现企业价值最大化。当然,这也包括企业财务管理目标。随着人类社会时代的变迁,作为对人类社会经济发展起基础作用的企业财务管理目标却一成不变。笔者认为,这是不可思议的,也是不科学的。在信息非对称的物本经济阶段,卖方市场基本需求驱动生产导向型企业以委托代理方式追求物本经济发展。企业是多边契约关系联结体。它是不同资源要素所有者将自己拥有或控制的各类资源与企业进行交易,并内置于企业中,形成不同资源要素所有者和企业对不同资源之间的关系,以及在此基础上形成不同资源要素所有者与企业之间的关系。企业财务契约则是不同货币资源要素所有者将自己拥有或控制的货币资源与企业进行交易,并内置于企业中,形成不同货币资源要素所有者和企业对不同货币资源之间的关系,以及在此基础上形成不同货币资源要素所有者与企业之间的关系。根据企业财务管理目标＝企业财务目标＋企业管理目标,企业管理本质在于提高企业效率与效益,因此,企业管理目标在于期望提高企业效率与效益。笔者认为,一般意义上,企业财务管理目标是指不同货币资源要素所有者将自己拥有或控制的货币资源与企业进行交易,并内置于企业中,利用货币的"万能媒介功能",来实现企业货币资源有效配置或交易以及有效实现企业非货币资源有效配置或交易。因此,企业财务管理直接目标是利用货币的"万能媒介功能",通过有效实现企业货币资源有效配置或交易。通常利用企业各种货币资源的交易或配置成本最小化来表达或度量企业财务管理直接目标。企业财务管理间接目标是有效实现企业非货币资源有效配置或交易。通常利用企业各种非货币资源的交易或配置价值最大化来表达或度量企业财务管理间接目标。

在信息非对称的物本经济阶段,物本经济发展观指导物本经济发展。信息非对称的卖方市场基本需求驱动企业选择以生产为导向的经营战略。生产导向型企业物本资本雇佣财务管理目标是指主权货币资源要素所有者或证券资源要素所有者通过以物为本的资本市场与生产导向型企业雇佣交易,利用主权货币或证券的"万能媒介功能",通过实现生产导向型企业主权货币资源或证券资源有效雇佣配置或雇佣交易,进而实现生产导向型企业物本资源(非货币组合资源)有效雇佣配置或雇佣交易。生产导向型企业物本资本财务管理直接目标可表现为生产导向型企业主权货币资源雇佣配置成本最小化＋证券资源雇佣配置成本最小化。生产导向型企业物本资本财务管理间接目标可表现为生产导向型企业物本资本价值最大化,即目前财务管理学教材中所界定的企业利润最大化,或企业股东价值最大化。

在信息非对称的人本经济阶段,人本经济发展观指导人本经济发展。信息非对称的买方市场马斯洛层序需求驱动企业选择以顾客为导向的经营战略。顾客导向型企业人本资本合作财务管理目标是指泛货币资源要素所有者或证券资源要素所有者通过以人为本的资本市场与用户导向型平台企业合作交易,利用泛货币或证券的"万能媒介功能",通过实现用户导向型平台企业泛货币资源或证券资源有效合作配置或合作交易,进而实现用户导向型平台企业人本资源(非货币组合资源)有效合作配置或合作交易。顾客导向型企业人本资本合作财务管理直接目标可表现为用户导向型平台企业泛货币资源合作配置成本最小化＋证券资源合作配置成本最小化。顾客导向型企业人本资本合作财务管理间接目标可表现为用户导向型平台企业人本资本价值最大化,即目前财务管理学教材中所界定的企业利益相关者价值最大化。

在信息对称的人本经济阶段,人本经济发展观仍指导人本经济发展。信息对称的买方市场体验需求驱动平台化企业选择以用户为导向的经营战略。用户导向型平台企业人本资本共享数据财务管理目标是指去第三方数据货币资源要素所有者通过以共享为本的大物力资本市场与用户导向型平台企业共享交易,利用去第三方数据货币"万能媒介功能",通过实现用户导向型平台企业去第三方数据货币有效共享配置或共享交易,进而实现用户导向型平台企业人本资源(非数据货币组合资源)有效共享配置或共享交易。用户导向型平台企业人本资本共享数据财务管理直接目标可表现为用户导向型平台企业去第三方数据货币共享配置成本最小化。用户导向型平台企业人本资本共享数据财务管理间接目标可表现为用户导向型平台企业人本资本价值最大化,也可以表现为用户导向型平台企业全社会利益相关者价值最大化。

总而言之,就企业财务管理目标演变而言,企业财务管理直接目标的演变,即从生产导向型企业主权货币资源雇佣配置成本最小化＋证券资源雇佣配置成本最小化、用户导向型平台企业泛货币资源合作配置成本最小化＋证券资源合作配置成本最小化到用户导向型平台企业去第三方数据货币共享配置成本最小化;企业财务管理间接目标的演变,即从生产导向型企业物本资本价值最大化、用户导向型平台企业人本资本价值最大化到用户导向型平台企业人本资本价值最大化。

8.3.4 用户导向型平台企业人本资本共享数据财务管理对象的形成

随着人类社会第一次工业革命和第二次工业革命相继爆发,创新工业制造技术不断地广泛推广与应用,促进人类社会由信息对称的物本经济演变为信息非对称的物本经济。信息非对称决定了物本经济阶段生产导向型企业本质为非完备委托代理契约。在"产权为本"思想下,促进人类利用工业革命创新技术掠夺日趋枯竭的自然资源,造成人类社会可持续发展危机,保护环境责任自然成为物本经济发展主体的历史使命,企业要承担除经济责任以外的环境责任和社会责任。至此,生产导向型企业本质也由非完备委托代理经济契约演变为非完备委托代理经济、社会和环境综合契约。企业契约边界性决定了企业权力配置空间的区域性。企业主体是指企业独立从事价值活动的权力空间范围，即企业货币资源配置活动的权力空间范围、非货币资源配置活动的权力空间范围以及它们之间配置活动的财权配置空间范围。作为生产导向型企业货币资源雇佣配置活动权力空间范围和货币资源与非货币资源之间的雇佣配置活动权力空间范围的雇佣财务主体，显然，就权力空间范围而言，生产导向型企业物本资本雇佣财务主体小于生产导向型企业物本经济主体，即生产导向型企业物本资本雇佣财务主体不包括生产导向型企业非货币资源的雇佣配置活动权力空间范围。生产导向型企业物本资本雇佣财务主体的财务契约本质也将随着企业非完备委托代理经济契约向非完备委托代理综合性契约演变。就企业是多边契约关系联结体而言，不同货币资源要素所有者自然构成财权主体，因此财权主体是多元的，它是货币资源所有者。将不同货币资源要素通过交易内置于企业中，因此，财务主体是一元的，它是完成货币资源配置价值的经济主体。

在信息非对称的物本经济阶段，根据企业财务管理＝企业财务＋企业管理，企业管理本质在于提高企业效率与效益，因此，生产导向型企业物本资本雇佣财务管理主体为生产导向型企业有效物本资本财务主体，即生产导向型企业物本资本有效雇佣财权配置空间范围。生产导向型企业物本资本雇佣财务管理客体为生产导向型企业货币资源有效雇佣财力配置活动，即生产导向型企业货币资源之间有效雇佣财力配置活动以及生产导向型企业货币资源与非货币资源之间有效雇佣财力配置活动。生产导向型企业物本资本雇佣财务管理对象是由生产导向型企业物本资本雇佣财务管理主体与客体共同构成的，即生产导向型企业物本资本雇佣财务管理对象＝有效生产导向型企业物本资本动态雇佣财务契约——不同货币资源所有者通过雇佣交易或雇佣配置将货币资源内置于有效生产导向型企业物本资本雇佣财务主体中。随着以物为本的资本市场的出现，货币资源范畴由传统主权货币资源拓展到证券资源，生产导向型企业物本资本雇佣财务管理对象，由有效生产导向型企业物本资本动态雇佣主权货币财务契约，拓展到有效生产导向型企业物本资本动态雇佣主权货币财务契约＋有效生产导向型企业物本资本动态雇佣证券财务契约。

在信息非对称的人本经济阶段，人本经济发展观替代物本经济发展观。相应地，适应信息非对称的买方市场马斯洛层序需求的用户导向型平台企业信奉资本与劳动和谐观，替代适应信息非对称的卖方市场基本需求的生产导向型企业信奉资本雇佣劳动观。于是信奉资本与劳动和谐观的顾客导向型企业人本资本合作财务管理对象＝有效用户导向型平台企业人本资本动态合作财务契约，即不同货币资源所有者通过合作交易或合作配置将货币资源内置于有效用户导向型平台企业物本资本财务主体中。随着以人为本的资本市场的出现，货币资源范畴由传统主权货币资源拓展到证券资源，顾客导向型企业人本资本合作财务管理对象，由有效用户导向型平台企业人本资本动态合作泛货币财务契约，拓展到有效生产导向型企业人本资本动态合作泛货币财务契约＋有效用户导向型平台企业人本资本动态合作证券财务契约。

在信息对称的人本经济阶段，人本经济发展观内涵得到了丰富发展。相应地，适应信息非对称的买方市场马斯洛层序需求的用户导向型平台企业信奉资本与劳动和谐观，演变为适应信息非对称的大数据买方市场体验需求的用户导向型平台企业信奉数据资本与劳动共享观。于是信奉资本与劳动共享观的用户导向型平台企业人本资本共享数据财务管理对象＝有效用户导向型平台企业人本资本动态共享数据财务契约，即不同数据货币资源所有者通过共享交易或共享配置将不同数据货币资源内置于有效用户导向型平台企业人本资本数据财务主体中。随着未来以共享为本的大物力资本市场的出现，技术信任替代人际信任和制度信任，各种第三方的主权货币资源以及第三方的证券资源被数据货币资源所替代。用户导向型平台企业人本资本共享数据财务管理对象为有效用户导向型平台企业人本资本共享智能财务契约，它是对信息非对称的人本经济阶段有效生产导向型企业人本资本动态合作泛货币财务契约＋有效用户导向型平台企业人本资本动态合作证券财务契约的一种替代。

总而言之，就企业财务管理对象演变而言，它是从有效生产导向型企业物本资本动态雇佣财务契约、有效用户导向型平台企业人本资本动态合作财务契约到有效用户导向型平台企业人本资本共享智能财务契约。

8.3.5　用户导向型平台企业人本资本共享数据财务管理职能的形成

截至目前，国内外财务学家关于财务职能已达成共识观点，财务的两大基本财务职能是货币资源配置与财权配置。根据财务管理＝财务＋管理，管理本质在于提高效率与效益，因此，财务管理基本职能为主权货币资源有效配置与财权有效配置。在信息非对称的物本经济阶段，物本经济发展观指导物本经济发展，物本经济发展观在物本经济主体中体现为资本雇佣劳动观。信奉资本雇佣劳动观的生产导向型企业物本资本雇佣财务管理基本职能为主权货币资源有效雇佣配置与财权有效雇佣配置。一方面，生产导向型企业物本资本雇佣财务管理具体职能为具体货币资源有效雇佣配置，即主权货币资源雇佣筹资、主权货币资源雇佣投资、主权货币资源雇佣受托运营、主权货币资源雇佣分配；另一方面，生产导向型企业物本资本雇佣财务管理具体职能为具体财权有效雇佣配置，即有效雇佣财务预测、有效雇佣财务决策、有效雇佣财务计划、有效雇佣财务控制、有效雇佣财务分析等。

在信息非对称的人本经济阶段，人本经济发展观指导信息非对称的人本经济发展，它在人本经济主体中体现为资本与劳动和谐观。信奉资本与劳动和谐观的顾客导向型企业人本资本合作财务管理基本职能为泛货币资源有效合作配置与人权有效合作配置。一方面，顾客导向型企业人本资本合作财务管理具体职能为具体泛货币资源有效合作配置，即泛货币资源合作筹资、泛货币资源合作投资、泛货币资源合作运营、泛货币资源合作分配；另一方面，顾客导向型企业人本资本合作财务管理具体职能为具体人权有效合作配置，即有效合作财务预测、有效合作财务决策、有效合作财务计划、有效合作财务控制、有效合作财务分析等。

在信息对称的人本经济阶段，第四次工业革命的现代信息技术在第三次工业革命的现代工业制造技术基础上促进网络社会与物理社会创新融合，实现以共享为本的人本经济与产业经济融为一体，人本经济发展观指导人本经济发展方式由以合作为本演变为以共享为本。至此，人本经济发展观在人本经济主体中体现为资本与劳动共享观。技术信任替代人际信任和制度信任。信奉资本与劳动共享观的用户导向型平台企业人本资本共享数据财务管理基本职能为数据货币资源有效共享智能配置与人权有效共享智能配置。由于信息对称消除了用户导向型平台企业人权配置的不确定性，因此，一方面，用户导向型平台企业无须共享数据财务预测和共享数据财务控制；另一方面，在用户导向型平台企业中，人本资本有效共享财务计划替代人本资本有效共享财务决策和人本资本有效合作财务分析。由于用户导向型平台企业融于信息对称的大数据买方市场,配置大数据市场资源也纳入用户导向型平台企业之中,因此,一方面,用户导向型平台企业人本资本共享数据财务管理具体职能为具体数据货币资源有效共享配置,即数据货币资源共享筹资、数据货币资源共享投资、数据货币资源共享运营、数据货币资源共享分配;另一方面,用户导向型平台企业人本资本共享数据财务管理具体职能为具体人权有效合作配置,即用户导向型平台企业人本资本有效共享数据财务计划与用户导向型平台企业人本资本有效共享数据财务市场。

总而言之,就企业财务管理职能演变而言,它是从生产导向型平台化企业物本资本财务管理雇佣职能、顾客导向型企业人本资本合作财务管理合作职能到用户导向型平台企业人本资本共享数据财务管理共享职能。即从生产导向型平台化企业主权货币资源雇佣配置、用户导向型平台企业泛货币资源合作配置到用户导向型平台企业数据货币资源共享智能配置;从生产导向型平台化企业人本资本有效财权雇佣配置到用户导向型平台企业人本资本有效人权合作配置到用户导向型平台企业人本资本有效人权共享智能配置。

8.3.6 用户导向型平台企业人本资本共享数据财务治理结构的形成

詹姆斯·N. 罗西瑙认为,治理理论是指通行于规制空隙之间的那些制度安排,或许更重要的是当两个或更多规制出现重叠、冲突时,或者在相互竞争的利益之间需要调解时,才发挥作用的原则、规范、规则和决策程序(罗西瑙,2001)。根据詹姆斯·N. 罗西瑙的治理理论,治理产生的根本原因在于组织规制不足或过剩,间接原因在于因组织规制不足或过剩而导致利益相关者之间产生矛盾或利益冲突。治理功能在于利用发挥作用的原则、规范、规则和决策程序消除利益相关者之间的矛盾和利益冲突。要么调解原有规制结构消除利益相关者之间的矛盾和利益冲突,要么根据规制结构补齐"规制短板"。规制的本质是对权力的约束,治理结构的本质是权力配置结构。根据资源基础理论,资源配置结构体现为权力配置结构。随着人类社会科学技术创新进步,改变资源配置格局,体现生产力水平,进而也改变权力配置结构,体现生产关系水平。目前国内外学者对三次工业革命的划分为:传统工业史研究提出的工业"通用技术"突破观、工业的主导性动力来源和通信方式的根本性变革观(Rifkin,2011),以及工业的主导性制造系统技术经济特征观(黄群慧、贺俊,2013)。

关于三次工业革命不同的划分观点,它们却存在一般共识性观点——科学技术观。它体现了邓小平的科学技术是第一生产力的观点。国内外学者依据科学技术观划分工业经济发展阶段,以第一次、第二次工业革命作为前工业经济阶段,以第三次工业革命作为后工业经济阶段。按照生产力水平发展观决定科学技术观,来重新划分人类社会经济发展阶段,即欠发达社会生产力水平决定前工业经济发展水平和发达社会生产力水平决定后工业经济发展水平。当然,方兴未艾的第四次工业革命属于后工业经济阶段。创新进步的科学技术广泛推广与应用后,它们必然改变人们的生活习惯、习俗、惯例和制度等,进而改变人们对广泛推广与应用新科学技术世界的一般看法——价值观或世界观。一旦人们形成这种生产关系发展观,这标志着人类社会经济发展也进入相对成熟阶段。因此,根据生产力与生产关系之间的相互作用来划分人类社会经济发展阶段,其划分依据在于生产力水平发展观+生产关系发展观,即欠发达社会生产力水平+物本经济发展观决定物本经济阶段(相当于农业经济阶段+前工业经济阶段)和发达社会生产力水平+人本经济发展观决定人本经济阶段(相当于后工业经济阶段)。

在信息非对称的物本经济阶段，无论是非完备委托代理经济契约生产导向型企业，还是非完备委托代理经济、社会和环境综合契约生产导向型企业，企业本质决定了企业规制具有雇佣属性。对于生产导向型企业管理者而言，他们按照企业雇佣制度完成职位受托他们维护与改进生产导向型企业经营秩序有条不紊地进行着。管理者的权力来源于资源所有者的委托。对于生产导向型企业规制不足或过剩，生产导向型企业管理者是无权修补或调整生产导向型企业规制不足或过剩的，那是生产导向型企业委托者才有的权限。因此，对于生产导向型企业物本资本治理，说到底，也是生产导向型企业委托方所从事的经营权，而非生产导向型企业受托方所从事的经营权。因此，在信息非对称的物本经济阶段，生产导向型企业物本资本治理并列于生产导向型企业物本资本管理，它成为独立研究领域、专业，甚至是学科等。因此，在信息非对称的物本经济阶段，属于生产导向型企业物本资本治理一部分的生产导向型企业物本资本雇佣财务治理与生产导向型企业物本资本财务管理处于平等地位。作为生产导向型企业财权配置结构的生产导向型企业物本资本雇佣财务治理结构，不属于生产导向型企业物本资本雇佣财务管理范畴。由于生产导向型企业信奉资本雇佣劳动观，这决定了生产导向型企业物本资本雇佣财务治理方式为雇佣方式。

在信息非对称的人本经济阶段，信息非对称的买方市场马斯洛层序需求一方面驱动企业采取顾客导向型经营战略；另一方面，驱动劳动力人力资源市场的人力资本崛起。信息非对称的市场规则一方面成就了财务资本集中于少数人的手里，成为财务资本的垄断者；另一方面也成就了异质性人力资本所有者成为自己的主人。因此，在用户导向型平台企业中，财务资本垄断者与人力资本所有者通过合作方式缔结他们的共同"家园"，使用户导向型平台企业成为利益相关者缔结利益相关者契约的联结体。由于信息非对称性决定了用户导向型平台企业利益相关者契约具有非完备性，因此，用户导向型平台企业利益相关者契约的非完备性决定了用户导向型平台企业规制存在不足或过剩，其中过剩规制容易导致规制产权混乱或模糊，从而造成用户导向型平台企业利益相关者之间的利益冲突或矛盾。用户导向型平台企业规制存在不足容易造成用户导向型平台企业管理不到位，从而造成用户导向型平台企业利益受损，进而也加剧了用户导向型平台企业利益相关者之间的利益冲突或矛盾。为了调解用户导向型平台企业利益相关者之间的利益冲突或矛盾，需要有发挥作用的原则、规范、规则和决策程序。正是这种用户导向型平台企业利益相关者契约的非完备性，才决定了用户导向型平台企业需要合作治理。

在信息非对称的人本经济阶段，人本经济发展观指导人本经济发展。作为人本经济主体的用户导向型平台企业，奉行资本与劳动和谐观并推行"双重股权"的合伙人制。这奠定了以所有权与经营权合一方式的利益相关者加盟用户导向型平台企业的契约联结体。作为属于用户导向型平台企业经营权配置的用户导向型平台企业人本资本合作治理，它属于用户导向型平台企业人本资本管理的一个组成部分。因此，用户导向型平台企业人本资本共享数据财务治理属于顾客导向型企业人本资本合作财务管理的补充部分。用户导向型平台企业所有权与经营权的对称性决定了用户导向型平台企业以人为本的泛货币资源配置结构，以及用户导向型平台企业人本资本财权配置结构。如果用户导向型平台企业在既定人本制度下实施用户导向型平台企业以人为本的泛货币资源配置，那么用户导向型平台企业以人为本的泛货币资源配置结构则决定顾客导向型企业人本资本合作财务管理结构；如果用户导向型平台企业在不足或过剩的人本制度下实施用户导向型平台企业以人为本的泛货币资源配置，那么用户导向型平台企业以人为本的泛货币资源配置结构则决定用户导向型平台企业人本资本共享数据财务治理结构。由于用户导向型平台企业信奉资本与劳动和谐观，这决定了用户导向型平台企业人本资本共享数据财务治理方式为合作方式。

在信息对称的人本经济阶段，随着"趋中心化"与"去中心化"的平台化企业已有存量企业员工与用户的网络社群越来越多，也就越能吸引更多新企业员工与用户网络社群的加入，并借助企业员工与用户的网络社群路径依赖心理产生"锁定效应"，从而获得"超链接社会"（hyper linked society）和"超联结社会"（hyper connected society）。至此，超网络（社会）成就了算法成为新的权力代理人。以算法为核心的人工智能技术赋权生成的权力形态正如同福柯（Michel Foucault）所描述的现代权力，它不是从某个核心源泉发散出来的，而是遍布社会机体的每一个角落和最细小的末端，以及它并非中央集权式的环状结构，而是错综复杂、多中心存在的网状结构（Foucault M.，1980）。由此产生了本质为算法权力（algorithmic power）的"超级权力"，这种"超级权力"不仅重新定义个人与个人、个人与组织、组织与组织，甚至组织与国家之间的关系，而且使人工智能悄然地嵌入各种组织之中。这是一种在人工智能与人之间重塑平台化企业的超网络共享关系。正是这种共享经济主体的超网络共享关系才孕育出用户导向型平台企业本质为以共享为本的完备智能超契约。大数据买方市场的信息对称是由一定现代信息技术所打造的一种网络共享平台，使得无形市场呈现有形化。每一种信息对称的大数据买方市场（平台）都是建立以超算法支撑的超网络体。也就是说，在大数据买方市场中，信息对称的质量取决于以超算法支撑的超网络体的现代信息水平。

随着现代信息技术更新换代，它们所支撑的大数据买方市场的信息对称质量也不断提升。然而，人类为了追求自身完全解放，实现自身完全自由，追求人类科学技术水平不断地提升，这是人类适应自然和改造自然的客观规律。这也是不以任何人的意志为转移的客观事实。为了满足日趋升级版的信息对称大数据买方市场体验需求，升级用户导向型平台企业的智能技术不足，这成为用户导向型平台企业需要人本资本智能治理的根本动力，也是其根本理由之所在。由于人类社会环境存在无法预知的不确定性，而这些不确定性已经超出世界各种人造智能体的能力范畴，这就需要主宰人类社会命运的人类加以应对。因此，在用户导向型平台企业中，通常以财务管理者＋人工智能的创新融合方式从事用户导向型平台企业人本资本数据财务管理。如果用户导向型平台企业在既定信息技术水平下实施用户导向型平台企业人本资本数据货币资源配置结构，那么用户导向型平台企业人本资本数据货币资源配置结构则决定用户导向型平台企业人本资本数据财务管理结构；如果用户导向型平台企业在不足信息技术水平下实施用户导向型平台企业人本资本数据货币资源配置结构，那么用户导向型平台企业人本资本数据货币资源配置结构则决定用户导向型平台企业人本资本数据财务治理结构。由于用户导向型平台企业信奉资本与劳动共享观，这决定了用户导向型平台企业人本资本共享数据财务治理方式为共享方式。

总而言之，就企业财务治理结构演变而言，它是从生产导向型企业物本资本雇佣财务治理结构、用户导向型平台企业人本资本共享数据财务治理结构到用户导向型平台企业人本资本共享数据财务治理结构。就企业价值观演变而言，它是从生产导向型企业信奉资本雇佣劳动观、用户导向型平台企业信奉资本与劳动和谐观到用户导向型平台企业信奉资本与劳动共享观。由此得出企业财务治理结构方式的演变为：从生产导向型企业物本资本雇佣财务治理结构的雇佣方式、用户导向型平台企业人本资本共享数据财务治理结构的合作方式到用户导向型平台企业人本资本共享数据财务治理结构的共享方式。

8.3.7 用户导向型平台企业人本资本共享数据财务治理机制的形成

根据詹姆斯·N.罗西瑙的治理理论,治理产生的根本原因在于组织规制不足或过剩,间接原因在于因组织规制不足或过剩而导致利益相关者之间产生矛盾或利益冲突。治理机制是指在组织规制不足或过剩的情况下对原有组织规制的调整或组织结构的重新安排,使组织在运行过程中自动消除利益相关者之间的矛盾和利益冲突。治理机制本质在于弥补原组织因契约非完备而丧失的功效。因组织规制不足而使得组织效益不足,需要在原组织规制下增加激励措施,使得组织丧失的功效得到弥补,因此,需要建立激励机制。因组织规制过剩而使得组织效益不足,需要在原组织规制下降低激励措施,使得组织丧失的功效得到弥补,因此,需要建立约束机制。在既不存在组织规制不足,又不存在组织规制过剩的情况下,组织效益仍然存在不足,这说明原组织规制下的管理水平低下。管理大师西蒙认为,管理就是决策。由于组织管理水平低,需要在原组织规制下提高决策水平,以弥补原组织管理失效,因此需要建立决策机制。根据组织规制调整内容的不同,治理机制分为决策机制、激励机制和约束机制。

在信息非对称的物本经济阶段,信息非对称决定了奉行资本雇佣劳动观的生产导向型企业本质为非完备委托代理契约。因弥补生产导向型企业委托代理契约非完备而丧失功效,需要建立生产导向型企业物本资本雇佣财务治理机制。根据生产导向型企业委托代理规制调整内容的不同,生产导向型企业物本资本雇佣财务治理机制分为生产导向型企业物本资本雇佣财务决策机制、生产导向型企业物本资本雇佣财务激励机制和生产导向型企业物本资本雇佣财务约束机制。在信息非对称的人本经济阶段,信息非对称决定了奉行资本与劳动和谐观的用户导向型平台企业本质为非完备利益相关者契约。因弥补用户导向型平台企业利益相关者契约非完备而丧失功效,需要建立顾客导向型企业人本资本合作财务治理机制。根据用户导向型平台企业利益相关者契约规制调整内容的不同,顾客导向型企业人本资本合作财务治理机制分为顾客导向型企业人本资本合作财务决策机制、顾客导向型企业人本资本合作财务激励机制和顾客导向型企业人本资本合作财务约束机制。在信息对称的人本经济阶段,信息对称决定了奉行资本与劳动共享观的用户导向型平台企业本质为完备超智能契约。由于要提升用户导向型平台企业完备超智能契约的智能水平,因此需要建立用户导向型平台企业人本资本共享数据财务治理机制。根据用户导向型平台企业完备超智能契约规制调整内容的不同,用户导向型平台企业人本资本共享数据财务治理机制分为用户导向型平台企业人本资本共享数据财务决策机制、用户导向型平台企业物本资本共享数据财务激励机制和用户导向型平台企业人本资本共享数据财务约束机制。总而言之,就企业财务治理机制演变而言,它是从生产导向型企业物本资本雇佣财务治理机制到顾客导向型企业人本资本合作财务治理机制、用户导向型平台企业人本资本共享数据财务治理机制。

8.3.8 用户导向型平台企业人本资本共享数据财务治理行为规范的形成

根据詹姆斯·N.罗西瑙的治理理论,治理产生于组织规制不足或过剩,以调和组织利益相关者之间的矛盾或利益冲突。因此,治理主体行为表现为弥补组织规制不足行为,修正组织规制过剩,以及采取相应的激励与约束行为。为了提高组织治理效率与效益,针对治理主体行为制定的相关法律、法规、规则以及制度等,统称为治理主体行为规范。

在信息非对称的物本经济阶段,生产导向型企业物本资本雇佣财务治理行为规范是指在信奉资本雇佣劳动观的生产导向型企业物本资本雇佣财权配置基本框架下,依据生产导向型企业物本资本雇佣财务治理结构,并在生产导向型企业物本资本雇佣财务治理机制引导下,对生产导向型企业物本资本雇佣财务治理主体的弥补、修正、激励与约束等行为进行约束与修正,以提高生产导向型企业物本资本雇佣财务企业治理效率与效益。生产导向型企业物本资本雇佣财务管理行为包括生产导向型企业物本资本雇佣财务筹资、生产导向型企业物本资本雇佣财务投资、生产导向型企业物本资本雇佣财务运营以及生产导向型企业物本资本雇佣财务分配。

由于生产导向型企业物本资本雇佣财务规制不足,需要生产导向型企业物本资本雇佣财务治理主体对此进行弥补,因此,生产导向型企业物本资本雇佣财务治理主体的弥补行为包括对生产导向型企业物本资本雇佣财务的筹资、投资、运营和分配进行补救,以恢复与提升生产导向型企业物本资本雇佣财务企业治理效率与效益。由于生产导向型企业物本资本雇佣财务规制过剩,需要生产导向型企业物本资本雇佣财务治理主体对此进行修正,因此,生产导向型企业物本资本雇佣财务治理主体修正行为包括对生产导向型企业物本资本雇佣财务筹资、投资、运营和分配进行修正,以恢复与提升生产导向型企业物本资本雇佣财务企业治理效率与效益。由于生产导向型企业物本资本雇佣财务规制执行效率低下,需要生产导向型企业物本资本雇佣财务治理主体对此进行激励或约束,因此,生产导向型企业物本资本雇佣财务治理主体激励或约束行为包括对生产导向型企业物本资本雇佣财务的筹资、投资、运营和分配进行激励或约束,以恢复与提升生产导向型企业物本资本雇佣财务企业治理效率与效益。因此,为了实现生产导向型企业物本资本雇佣财务治理效率与效益,针对生产导向型企业物本资本雇佣财务治理主体行为制定相关法律、法规、规则以及制度等生产导向型企业物本资本雇佣财务治理行为规范。

随着人类征服自然、改造自然的能力不断地提升,导致生产导向型企业本质由非完备委托代理经济契约转变为非完备委托代理经济、社会和环境综合契约,生产导向型企业物本资本雇佣财务治理行为经济规范拓展到生产导向型企业物本资本雇佣财务治理行为经济、社会和环境综合规范。

在信息非对称的人本经济阶段,顾客导向型企业人本资本合作财务治理行为规范是指在信奉资本与劳动和谐观的用户导向型平台企业人本资本合作财权配置基本框架下,依据顾客导向型企业人本资本合作财务治理结构,并在顾客导向型企业人本资本合作财务治理机制引导下,对顾客导向型企业人本资本合作财务治理主体的弥补、修正、激励与约束等行为进行约束与修正,以提高顾客导向型企业人本资本合作财务企业治理效率与效益。顾客导向型企业人本资本合作财务管理行为包括顾客导向型企业人本资本合作财务筹资、顾客导向型企业人本资本合作财务投资、顾客导向型企业人本资本合作财务运营以及顾客导向型企业人本资本合作财务分配。

由于顾客导向型企业人本资本合作财务规制不足,需要顾客导向型企业人本资本合作财务治理主体对此进行弥补,因此,顾客导向型企业人本资本合作财务治理主体弥补行为包括对顾客导向型企业人本资本合作财务的筹资、投资、运营和分配进行补救,以恢复与提升顾客导向型企业人本资本合作财务企业治理效率与效益。由于顾客导向型企业人本资本合作财务规制过剩,需要顾客导向型企业人本资本合作财务治理主体对此进行修正,因此,顾客导向型企业人本资本合作财务治理主体修正行为包括对用户导向型平台企业人本资本共享数据财务筹资、投资、运营和分配进行修正,以恢复与提升顾客导向型企业人本资本合作财务企业治理效率与效益。由于顾客导向型企业人本资本合作财务规制执行效率低下,需要顾客导向型企业人本资本合作财务治理主体对此进行激励或约束,因此,顾客导向型企业人本资本合作财务治理主体激励或约束行为包括对顾客导向型企业人本资本合作财务的筹资、投资、运营和分配进行激励或约束,以恢复与提升顾客导向型企业人本资本合作财务企业治理效率与效益。因此,为了实现顾客导向型企业人本资本合作财务治理效率与效益,针对顾客导向型企业人本资本合作财务治理主体行为制定相关法律、法规、规则以及制度等顾客导向型企业人本资本合作财务治理行为规范。

随着人类征服自然、改造自然的能力不断地提升,导致用户导向型平台企业本质由非完备利益相关者经济契约转变为非完备利益相关者经济、社会和环境综合契约,顾客导向型企业人本资本合作财务治理行为经济规范拓展到顾客导向型企业人本资本合作财务治理行为经济、社会和环境综合规范。

在信息对称的人本经济阶段,用户导向型平台企业人本资本共享数据财务治理行为规范是指在信奉资本与劳动共享观的用户导向型平台企业人本资本共享财权配置基本框架下,依据用户导向型平台企业人本资本共享数据财务治理结构,并在用户导向型平台企业人本资本共享数据财务治理机制引导下,对用户导向型平台企业人本资本共享数据财务治理主体的弥补、修正、激励与约束等行为进行约束与修正,以提高用户导向型平台企业人本资本共享数据财务企业治理效率与效益。用户导向型平台企业人本资本共享数据财务管理行为包括用户导向型平台企业人本资本共享数据财务筹资、用户导向型平台企业人本资本共享数据财务投资、用户导向型平台企业人本资本共享数据财务运营以及用户导向型平台企业人本资本共享数据财务分配。

由于用户导向型平台企业人本资本共享数据财务规制不足,需要用户导向型平台企业共享财务治理主体对此进行弥补,因此,用户导向型平台企业共享财务治理主体弥补行为包括对用户导向型平台企业人本资本共享数据财务的筹资、投资、运营和分配进行补救,以恢复与提升用户导向型平台企业人本资本共享数据财务治理效率与效益。由于用户导向型平台企业人本资本共享数据财务规制过剩,需要用户导向型平台企业共享财务治理主体对此进行修正,于是用户导向型平台企业共享财务治理主体修正行为包括对用户导向型平台企业人本资本共享数据财务的筹资、投资、运营和分配进行修正,以恢复与提升用户导向型平台企业人本资本共享数据财务治理效率与效益。由于用户导向型平台企业人本资本共享数据财务规制执行效率低下,需要用户导向型平台企业共享财务治理主体对此进行激励或约束,因此,用户导向型平台企业人本资本共享治理主体激励或约束行为包括对用户导向型平台企业人本资本共享数据财务的筹资、投资、运营和分配进行激励或约束,以恢复与提升用户导向型平台企业人本资本共享数据财务治理效率与效益。因此,为了实现用户导向型平台企业人本资本共享数据财务治理效率与效益,针对用户导向型平台企业人本资本共享数据财务治理主体行为制定相关法律、法规、规则以及制度等用户导向型平台企业人本资本共享数据财务治理行为规范。

　　随着人类征服自然、改造自然的能力不断地提升，导致用户导向型平台企业本质由完备智能经济契约转变为完备智能经济、社会和环境综合契约，用户导向型平台企业人本资本共享数据财务治理行为智能经济规范拓展到用户导向型平台企业人本资本共享数据财务治理行为智能经济、社会和环境综合规范。

　　总而言之，就企业财务治理行为规范演变而言，它是从生产导向型企业物本资本雇佣财务治理行为规范、顾客导向型企业人本资本合作财务治理行为规范到用户导向型平台企业人本资本共享数据财务治理行为规范。

8.4　用户导向型平台企业人本资本共享数据财务管理理论体系的构建

　　任何学科都有贯穿于本学科演进历史并推动学科发展的基本问题，也都有与这个学科相适应的特定命题和概念系统或理论框架（李心合，2010）。在信息非对称的人本经济阶段，买方市场马斯洛层序需求驱动资本所有者与人力资本所有者将他们各自的资源通过交易暂时内置于企业中，以资本与劳动和谐方式实施以顾客为导向的经济战略。无论是资本所有者，还是人力资本所有者，他们以合伙制形式参与用户导向型平台企业人本经营。而用户导向型平台企业经营者依据他们共同缔结的利益相关者契约所表现的用户导向型平台企业规制，进行用户导向型平台企业人本经济活动秩序的维护与改进，后来学者将此总结为用户导向型平台企业人本管理，或者简称为人本管理。由于信息非对称局限了人们对用户导向型平台企业人本经营的全部认知，因此，他们无法缔结用户导向型平台企业完备利益相关者契约，也就无法依靠用户导向型平台企业非完备利益相关者契约来设计完备用户导向型平台企业人本规制。要想提高用户导向型平台企业人本经营效率与效益，需要补齐或消除用户导向型平台企业人本规制不足或过剩。因此，用户导向型平台企业需要合作治理。由于用户导向型平台企业经营者与所有者是合一的，也就是说，他们既是老板也是员工。对于用户导向型平台企业人本管理与用户导向型平台企业合作治理，它们都是用户导向型平台企业管理者的"事情"。就维护与改进用户导向型平台企业泛货币资源配置活动秩序而言，顾客导向型企业人本资本合作财务治理理论属于顾客导向型企业人本资本合作财务管理理论范畴，于是前文构建了信息非对称的人本经济阶段用户导向型平台企业人本资本共享数据财务管理理论体系，本章沿袭用户导向型平台企业人本资本共享数据财务管理理论体系，来构建信息对称的人本经济阶段用户导向型平台企业人本资本共享数据财务管理理论体系。对此，笔者构建如图 8-3 所示的用户导向型平台企业人本资本共享数据财务管理概念框架，并对此概念内涵进行深化与拓展。

　　如图 8-3 所示，在信息对称的人本经济阶段，用户导向型平台企业在既定共享财务规制下维护与改进用户导向型平台企业人本财务秩序，形成用户导向型平台企业人本资本共享数据财务管理一部分理论体系，即用户导向型平台企业人本资本共享数据财务管理本质、用户导向型平台企业人本资本共享数据财务管理假设、用户导向型平台企业人本资本共享数据财务管理目标、用户导向型平台企业人本资本共享数据财务管理职能，以及用户导向型平台企业人本资本共享数据财务管理对象。随着现代信息技术创新进步，用户导向型平台

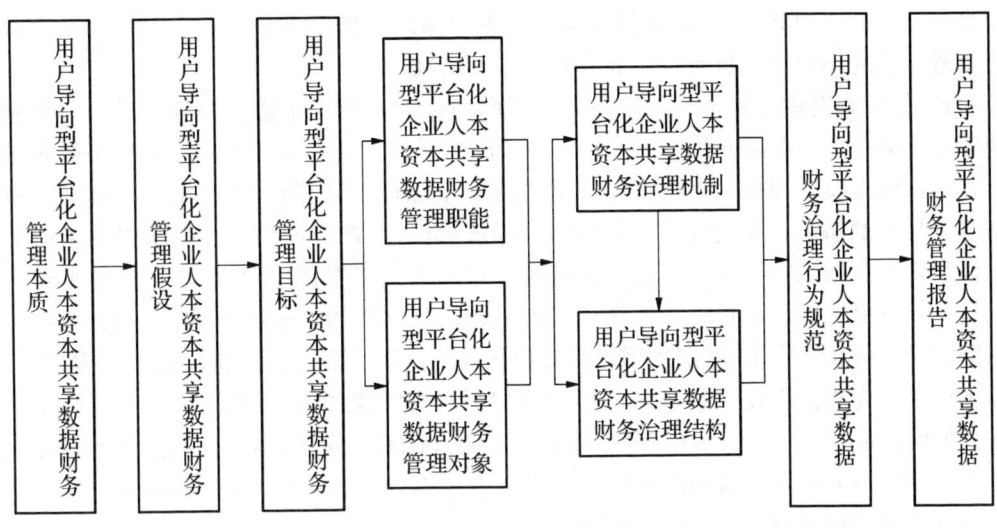

图 8-3　用户导向型平台企业人本资本共享数据财务管理概念框架

企业融于大数据买方市场信息对称的水平不断地提升,进而用户导向型平台企业需要补齐原共享规制,以改进用户导向型平台企业人本经济秩序,因此,用户导向型平台企业是共享治理。在信息对称的人本经济阶段,用户导向型平台企业在不足共享财务规制下维护与改进用户导向型平台企业人本财务秩序,形成用户导向型平台企业人本资本共享数据财务管理另一部分理论体系,即用户导向型平台企业人本资本共享数据财务共享治理机制、用户导向型平台企业人本资本共享数据财务共享治理结构、用户导向型平台企业人本资本共享数据财务共享治理行为规范,以及用户导向型平台企业人本资本共享数据财务管理报告。

8.4.1　用户导向型平台企业人本资本共享数据财务管理本质

在信息非对称的物本经济阶段,信息非对称的卖方市场基本需求价值具有主权货币量化特征。生产导向型企业物本资本雇佣财务是指生产导向型企业受托方对主权货币资源的雇佣配置关系以及由此形成的生产导向型企业委托方对受托方委托代理关系。生产导向型企业物本资本雇佣财务管理是维护与改进生产导向型企业物本资本有效雇佣财务配置秩序。一方面,维持与改进生产导向型企业受托方对主权货币资源有效雇佣配置秩序,由此,可以概括为生产导向型企业有效雇佣财力流;另一方面,维持与改进生产导向型企业委托方对受托方有效委托代理秩序,由此,可以概括为生产导向型企业有效雇佣权力流。因此,信奉资本雇佣劳动观的生产导向型企业物本资本雇佣财务管理本质为生产导向型企业有效雇佣财权流。

在信息非对称的人本经济阶段,信息非对称的买方市场马斯洛层序需求价值具有泛货币量化特征。顾客导向型企业人本资本合作财务是指用户导向型平台企业利益相关方对泛货币资源的合作配置关系以及由此形成的用户导向型平台企业利益相关者之间的合作关系。顾客导向型企业人本资本合作财务管理是维护与改进用户导向型平台企业人本资本有效合作财务配置秩序。一方面,维持与改进生产导向型企业受托方对主权货币资源有效雇佣配置秩序,由此,可以概括为用户导向型平台企业有效合作财力流;另一方面,维持与改进用户导向型平台企业利益相关者之间的有效合作秩序,由此,可概括为用户导向型平台企业有效合作权力流。因此,信奉资本与劳动和谐观的用户导向型平台企业人本资本共享数据财务管理本质为用户导向型平台企业有效合作人权流。

至此,信息非对称的物本经济阶段生产导向型企业物本资本雇佣财务管理的有效雇佣财权流本质演变为信息非对称的人本经济阶段顾客导向型企业人本资本合作财务管理的有效合作人权流本质。根据人本主义经济学主流观点,需求是判断价值的唯一标准。人权价值在于满足人的需求。在信息非对称的物本经济阶段,生产导向型企业追求以物类价值为本以满足卖方市场消费者基本需求。在信息非对称的人本经济阶段,用户导向型平台企业追求以人类价值为本以满足买方市场消费者马斯洛层序需求。根据马斯洛需求理论,人的需求既包括人的基本需求(低层次需求),又包括人的高层次需求。只有满足人的需求,才能谈得上以人权为本。因此,生产导向型企业物本资本雇佣财务管理本质为生产导向型企业有效雇佣财权流,而不是生产导向型企业有效雇佣人权流。同理,用户导向型平台企业人本资本共享数据财务管理本质为用户导向型平台企业有效合作人权流,而不是用户导向型平台企业有效雇佣财权流。

在信息对称的人本经济阶段,信息对称的买方市场体验需求价值具有去第三方的数据货币量化特征。用户导向型平台企业人本资本共享数据财务是指用户导向型平台企业员工与参与用户对去第三方的数据货币资源共享智能配置关系以及由此形成的用户导向型平台企业员工与参与用户共享关系。用户导向型平台企业人本资本(数据)财务管理是维护与改进用户导向型平台企业人本资本有效共享数据财务智能配置秩序。一方面,维持与改进用户导向型平台企业员工与参与用户对去第三方的数据货币资源有效共享智能配置秩序,由此,可以概括为用户导向型平台企业有效共享财力流;另一方面,维持与改进用户导向型平台企业员工与参与用户有效共享权力秩序,由此,可以概括为用户导向型平台企业有效共享权力流。根据用户导向型平台企业追求满足信息对称的买方市场消费者体验需求的智能供给,而体验需求指的是马斯洛层序需求融合,因此,信奉资本与劳动共享观的用户导向型平台企业人本资本共享数据财务管理本质为用户导向型平台企业有效共享人权流。

总而言之,就企业财务管理本质演变而言,它是从信息非对称的物本经济阶段生产导向型企业物本资本雇佣财务管理的有效雇佣财权流本质、信息非对称的人本经济阶段顾客导向型企业人本资本合作财务管理的有效合作人权流本质到信息对称的人本经济阶段用户导向型平台企业人本资本共享数据财务管理的有效共享人权流本质。

8.4.2　用户导向型平台企业人本资本共享数据财务管理假设

任何理论都是建立在一系列假设基础上的。针对企业财务活动,说到底,它是企业经济活动的一种。它所针对的企业货币资源配置与交易空间,一种是企业不同货币资源自身及其之间的配置或交易空间;另一种是企业货币资源与非货币资源之间配置与交易空间。作为货币资源配置与交易的主体在于实现它们的目标——货币资源优化配置与交易。因此,伍中信(2001)教授指出,财务主体是指具有独立财权(产权),进行独立核算,拥有自身利益并努力使之最大化的经济实体。根据财务管理=财务+管理,其中,管理的本质在于提高效率与效益。

因此,笔者在此基础上提出企业财务管理主体是企业货币资源有效财权配置与有效财权交易的独立空间。为了对企业财务管理主体进行有效的描述,需要提出企业财务管理主体假设,以统一人们对企业财务管理主体的一致性认知。在此,人们需要对企业经济主体、企业会计主体和企业财务管理主体做如下界定,以方便后面对企业财务管理其他假设的论述。企业经济主体是指企业经济活动空间。汇集形成企业经济活动的是企业各种经济业务。企业会计主体是指企业会计活动的空间,会计活动是企业经济活动的一种。汇集形成企业会计活动的是企业各种会计业务。企业各种经济业务能否成为企业会计业务,则要求经济业务符合会计假设的要求,其中,会计货币假设将企业不符合货币计量的经济业务排斥在会计主体之外,因此,企业经济主体通常大于或等于会计主体。在企业会计主体内,会计活动不仅汇集货币资源配置与交易的会计业务,而且汇集非货币资源自身及其之间配置与交易的会计业务。在企业财务管理主体内,财务管理活动不包括非货币资源自身及其之间配置与交易的会计业务。因此,企业会计主体假设不同于企业管理主体假设。从产权空域来看,显然,企业会计主体大于企业财务管理主体。作为企业其会计货币假设、持续经营假设和会计分期假设也被企业财务管理假设继承,否则,企业财务管理主体高于企业会计主体。

在信息非对称的物本经济阶段,无论是生产导向型企业物本资本会计主体,还是生产导向型企业物本资本雇佣财务管理主体,它们继承了所谓的西方经济学主流观点,即理性经济人假设和帕累托福利判断标准假设。信奉资本雇佣劳动观的生产导向型企业物本资本雇佣财务管理主体是指生产导向型企业物本经济活动有效空间。它可以表述为生产导向型企业以资本雇佣劳动方式对主权货币资源有效财权配置与有效财权交易的独立空间。作为物本经济主体的生产导向型企业面临市场环境为信息非对称的卖方市场基本需求,因此,继承物本经济主体持续经营假设的生产导向型企业物本资本会计假设之一即企业可持续物本经济假设。显然,它也成为生产导向型企业物本资本雇佣财务管理假设之一。其中卖方市场基本需求具有主权货币量化特征,它不仅成为生产导向型企业物本资本会计假设,而且成为生产导向型企业物本资本雇佣财务管理假设之一。信息非对称的卖方市场基本需求不仅促进以生产为导向的企业采取标准化制造范式,而且奠定了生产导向型企业满足稳定人们基本需求的供给计划安排,进而形成了适应信息非对称的卖方市场基本需求生产导向型企业物本经营周期。因此,生产导向型企业物本经营周期成为生产导向型企业物本资本会计固定分期假设的基础,这也成为生产导向型企业物本资本雇佣财务管理固定分期假设的依据。

在信息非对称的人本经济阶段,人本经济发展观指导信息非对称的人本经济发展。信息非对称的环境需要人们借助理性视角看待社会环境,因此,人本经济学主流观点即理性社会人假设和亚马蒂亚·森福利判断标准假设。信息非对称的买方市场马斯洛层序需求,成为用户导向型平台企业所面临的自身生存与发展的环境。信奉资本与劳动和谐观的顾客导向型企业人本资本合作财务管理主体是指用户导向型平台企业人本经济活动有效空间。它可以表述为用户导向型平台企业以资本与劳动和谐方式对泛货币资源有效人权配置与有效人权交易的独立空间。人本经济主体的用户导向型平台企业面临市场环境为信息非对称的买方市场马斯洛层序需求,因此,用户导向型平台企业人本资本会计假设即可持续人本经济假设。显然,买方市场马斯洛层序需求具有泛货币量化特征,它不仅成为用户导向型平台企业人本资本会计假设,而且成为顾客导向型企业人本资本合作财务管理假设之一。信息非对称的买方市场马斯洛层序需求不仅促进了以顾客为导向的企业采取定制化制造范式,而且奠定了顾客导向型企业满足稳定人们马斯洛层序需求的供给准计划安排,进而形成了适应信息非对称的买方市场马斯洛层序需求的用户导向型平台企业准固定人本经营周期。因此,用户导向型平台企业人本经营周期成为用户导向型平台企业人本资本会计准固定分期假设的基础,这也成为顾客导向型企业人本资本合作财务管理的准固定分期假设的依据。

在信息对称的人本经济阶段,人本经济发展观指导信息对称的人本经济发展。信息对称的环境需要人们实事求是地看待社会环境,因此,人本经济学主流观点即具体社会人假设和马克思按需分配标准假设。信息对称的买方市场体验需求成为用户导向型平台企业所面临的自身生存与发展的环境。信奉资本与劳动共享观的用户导向型平台企业人本资本共享数据财务管理主体是指用户导向型平台企业人本经济活动有效空间。它可以表述为用户导向型平台企业以资本与劳动共享方式对去第三方的数据货币资源有效人权配置与有效人权交易的独立空间。人本经济主体的用户导向型平台企业面临市场环境为信息对称的买方市场体验需求,因此,用户导向型平台企业人本资本会计假设即可持续人本经济假设,也可表述为可持续体验经济/共享经济假设。显然,买方市场体验需求具有去第三方的数据货币量化特征,它不仅成为用户导向型平台企业人本资本会计假设,而且成为用户导向型平台企业人本资本共享数据财务管理假设之一。信息对称的买方市场体验需求不仅促进了以用户为导向的平台化企业采取体验化制造范式,而且奠定了用户导向型平台企业满足人们实时体验需求的智能供给安排,进而形成了适应信息对称的买方市场体验需求的用户导向型平台企业实时人本经营周期。因此,用户导向型平台企业实时人本经营周期成为用户导向型平台企业人本资本会计实时分期假设的基础,这也成为用户导向型平台企业人本资本共享数据财务管理的实时分期假设的依据。

因此,在信息对称的人本经济阶段,用户导向型平台企业人本资本共享数据财务管理四大假设,即用户导向型平台企业人本资本共享数据财务管理主体假设、用户导向型平台企业人本资本共享数据财务管理数据货币假设、用户导向型平台企业人本资本共享数据财务管理可持续人本经营假设和用户导向型平台企业人本资本共享数据财务管理实时分期假设。

8.4.3　用户导向型平台企业人本资本共享数据财务管理目标

产权财务学者认为,根据财权＝财力＋权力,结合现代财务的本质决定财务目标,也应该从"财流"和"权流"两个方面来探讨企业财务目标(曹越、伍中信,2011)。在信息非对称的物本经济阶段,就财流而言,作为委托代理契约联结体的生产导向型企业,它通过委托代理形式接受各种货币主权资源流入与流出,按照雇佣方式实现主权货币资源流动带动非货币资源流动。就权流而言,在古典经济学和新制度经济学中,人们借助产权来描述信息非对称的卖方市场基本需求驱动人类价值归于物类价值的各种交易活动属性,即排他性、可转让性、有限性、可分解性、明晰性以及行为性。也就是说,财流必然伴随着权流,这符合资源依赖理论。同时,权流改变也必然改变财流,这符合资源基础理论。生产导向型企业委托代理契约是对委托方与受托方的"权""责"和"利"的界定与约束。其中"权"是核心,"责"与"利"都是权力产物。从某种意义上讲,生产导向型企业委托代理契约维持雇佣流动,从而带动生产导向型企业委托方与受托方各自权力下"责"与"利"的流动。生产导向型企业权是指委托方所有权与受托方经营权。生产导向型企业委托方的主权货币资源所有权流动带动了财务资本结构动态变化,同时,生产导向型企业不同生命周期决定了生产导向型企业需要由不同财务资本结构所要求的不同委托方的主权货币资源所有权结构。

从产权角度来看,要么债权多一点,要么股权多一点。生产导向型企业授托方的主权货币资源经营权流动带动了生产导向型企业物本资本结构动态变化,同时信息非对称的卖方市场基本需求驱动生产导向型企业以最优物本资本结构要求生产导向型企业财权最优配置,而生产导向型企业财权最优配置带动了生产导向型企业主权货币资源结构最优。生产导向型企业主权货币资源结构最优体现为生产导向型企业主权货币资源成本最小,此时,生产导向型企业物本资本结构成本最小,生产导向型企业物本资本价值最大。因此,在信息非对称的物本经济阶段,生产导向型企业物本资本雇佣财务管理目标是指生产导向型企业物本资本雇佣财务管理主体在通过主权货币资源及其与非主权货币资源有效配置,实现生产导向型企业人本资本财务管理成本最小化的同时,实现了生产导向型企业股东价值最大化。因此,生产导向型企业物本资本雇佣财务管理直接目标是财务成本最小化。生产导向型企业物本资本雇佣财务管理间接目标是物本资本价值最大化,或股东价值最大化。

同理可以得出,在信息非对称的人本经济阶段,顾客导向型企业人本资本合作财务管理目标是指顾客导向型企业人本资本合作财务管理主体在通过泛主权货币资源及其与非泛主权货币资源有效配置,实现顾客导向型企业人本资本合作财务管理成本最小化的同时,实现了用户导向型平台企业利益相关者价值最大化。顾客导向型企业人本资本合作财务管理直接目标是用户导向型平台企业财务成本最小化,即用户导向型平台企业泛货币资源配置成本最小化;顾客导向型企业人本资本合作财务管理间接目标是用户导向型平台企业人本资本价值最大化,或用户导向型平台企业利益相关者价值最大化。在信息对称的人本经济阶段,用户导向型平台企业人本资本共享数据财务管理目标是指用户导向型平台企业人本资本共享数据财务管理主体在通过去第三方的数据货币资源及其与非数据货币资源有效配置,实现用户导向型平台企业人本资本共享数据财务管理成本最小化的同时,实现了用户导向型平台企业全社会利益相关者价值最大化。用户导向型平台企业人本资本共享数据财务管理直接目标是用户导向型平台企业数据财务成本最小化,即用户导向型平台企业去第三方的数据货币资源配置成本最小化。用户导向型平台企业人本资本共享数据财务管理间接目标是用户导向型平台企业人本资本价值最大化,或用户导向型平台企业全社会利益相关者价值最大化。

8.4.4 用户导向型平台企业人本资本共享数据财务管理职能

在信息非对称的物本经济阶段,随着第二次工业革命爆发,人类征服自然、改造自然的能力得到了极大提高,被破坏的自然生态环境已经无法通过自身生态系统加以调和,环境污染问题变得日趋严重,已经严重威胁到人类生存与发展,人类社会问题也随之加剧。至此,信息非对称的卖方市场基本需求驱动生产导向型企业由委托代理经济契约拓展到委托代理经济、社会和环境综合契约。任何契约存在两个层面:一个层面是契约所"捆绑"的各自资源;另一个层面是契约所"捆绑"的各自资源下所对应权力的规范。企业财务管理是指对企业财务契约优化。在信息非对称的物本经济阶段,对于生产导向型企业的委托代理经济契约而言,生产导向型企业物本资本雇佣财务管理,一方面是对财务契约所"捆绑"的主权货币资源有效配置;另一方面,在对财务契约所"捆绑"的主权货币资源有效配置的同时,有效配置财权。根据资源理论和资源依赖理论,资源与权力之间是相互作用的。因此,对生产导向型企业物本资本财务契约的优化引申出生产导向型企业物本资本雇佣财务管理两大基本职能,即主权货币资源有效雇佣配置和财权有效雇佣配置。就主权货币资源有效雇佣配置而言,生产导向型企业物本资本雇佣财务管理具体职能包括生产导向型企业以物类价值为本的财务雇佣筹资、财务雇佣投资、财务雇佣运营和财务雇佣分配;就财权有效雇佣配置而言,生产导向型企业物本资本雇佣财务管理具体职能包括雇佣财务决策、雇佣财务计划、雇佣财务预测、雇佣财务评价以及雇佣财务分析等。由于生产导向型企业由委托代理经济契约拓展到生产导向型企业委托代理经济、社会和环境综合契约,生产导向型企业主权货币资源与非主权货币资源之间有效配置范围由经济层面拓展到社会和环境层面,因此,生产导向型企业物本资本雇佣财务管理职能范围也由经济范围拓展到社会范围和环境范围。

在信息非对称的人本经济阶段,用户导向型平台企业利益相关者契约替代生产导向型企业委托代理契约。用户导向型平台企业资本与劳动和谐观替代生产导向型企业资本雇佣劳动观。至此,顾客导向型企业人本资本合作财务管理职能替代生产导向型企业物本资本雇佣财务管理职能。因此,顾客导向型企业人本资本合作财务管理基本职能——用户导向型平台企业泛货币资源有效合作配置和用户导向型平台企业人权有效合作配置,替代生产导向型企业物本资本雇佣财务管理基本职能——生产导向型企业主权货币资源有效合作配置和生产导向型企业财权有效雇佣配置。就泛货币资源有效合作配置而言,顾客导向型企业人本资本合作财务管理具体职能包括用户导向型平台企业追求以人类价值为本的财务合作筹资、财务合作投资、财务合作运营和财务合作分配;就人权有效合作配置而言,顾客导向型企业人本资本合作财务管理具体职能包括合作财务决策、合作财务计划、合作财务预测、合作财务评价以及合作财务分析等。

在信息对称的人本经济阶段,用户导向型平台企业全社会利益相关者契约替代用户导向型平台企业利益相关者契约。用户导向型平台企业资本与劳动共享观替代用户导向型平台企业资本与劳动和谐观。至此,用户导向型平台企业人本资本共享数据财务管理职能替代顾客导向型企业人本资本合作财务管理职能。因此,用户导向型平台企业人本资本共享数据财务管理基本职能——用户导向型平台企业去第三方的数据货币资源有效共享配置和用户导向型平台企业人权有效共享配置,替代顾客导向型企业人本资本合作财务管理基本职能——用户导向型平台企业泛货币资源有效合作配置和用户导向型平台企业人权有效合作配置。就数据货币资源有效合作配置而言,用户导向型平台企业人本资本共享数据财务管理具体职能包括用户导向型平台企业追求以人类价值为本的数据财务共享筹资、数据财务共享投资、数据财务共享运营和数据财务共享分配。

用户导向型平台企业专业化劳动分工,即智慧化劳动专业化分工与智能化劳动专业化分工。就用户导向型平台企业智能化劳动专业化分工而言,用户导向型平台企业人本资本具体智能财务管理职能包括用户导向型平台企业追求以人类价值为本的数据财务共享智能筹资、数据财务共享智能投资、数据财务共享智能运营和数据财务共享智能分配;就用户导向型平台企业智慧化劳动专业化分工而言,用户导向型平台企业人本资本具体智慧财务管理职能包括用户导向型平台企业追求以人类价值为本的数据财务共享智慧筹资、数据财务共享智慧投资、数据财务共享智慧运营和数据财务共享智慧分配。用户导向型平台企业人本资本共享数据财务管理职能主体是财务管理者+人工智能。就人权有效共享配置而言,由于信息对称消除了部分用户导向型平台企业人本资本共享数据财务管理具体职能,即共享财务预测、共享财务评价,剩下的就是去中心信任结构下用户导向型平台企业人本资本共享数据财务管理具体职能,即共享财务决策、共享财务计划和共享财务分析等。就用户导向型平台企业智慧化劳动专业化分工而言，用户导向型平台企业人本资本具体智慧财务管理职能包括共享智慧财务决策、共享智慧财务计划和共享智慧财务分析等；就用户导向型平台企业智能化劳动专业化分工而言，用户导向型平台企业人本资本具体智能财务管理职能包括共享智能财务决策、共享智能财务计划和共享智能财务分析等。

8.4.5　用户导向型平台企业人本资本共享数据财务管理对象

企业财务管理是指对企业财务契约优化。企业财务管理对象为企业财务契约。它包括企业财务管理主体和企业财务管理客体以及它们之间的关系。企业财务管理主体是指企业财权有效配置活动空间。企业财务管理客体是指货币资源有效配置活动空间。企业财务管理主体和企业财务管理客体之间的关系是指企业货币资源有效配置与企业财权有效配置之间相互促进的作用空间。

在信息非对称的物本经济阶段，信奉资本雇佣劳动观的生产导向型企业物本资本雇佣财务管理是指对生产导向型企业物本资本委托代理财务契约优化。生产导向型企业物本资本雇佣财务管理对象为生产导向型企业物本资本雇佣财务契约。它包括生产导向型企业物本资本雇佣财务管理主体和生产导向型企业物本资本雇佣财务管理客体以及它们之间的关系。生产导向型企业物本资本雇佣财务管理主体是指生产导向型企业追求物类价值为本的财权有效雇佣配置活动空间。生产导向型企业物本资本雇佣财务管理客体是指生产导向型企业追求物类价值为本的主权货币资源有效雇佣配置活动空间。生产导向型企业物本资本雇佣财务管理主体和生产导向型企业物本资本雇佣财务管理客体之间的关系是指生产导向型企业追求物类价值为本的主权货币资源有效雇佣配置与财权有效雇佣配置之间相互促进的作用空间。随着生产导向型企业委托代理契约由经济范畴向社会和环境范畴拓展，生产导向型企业物本资本管理对象范畴也随之拓展，在此不做赘述。

在信息非对称的人本经济阶段，信奉资本与劳动和谐观的顾客导向型企业人本资本合作财务管理是指对用户导向型平台企业人本资本利益相关者财务契约优化。顾客导向型企业人本资本合作财务管理对象为用户导向型平台企业人本资本共享数据财务契约。它包括顾客导向型企业人本资本合作财务管理主体和顾客导向型企业人本资本合作财务管理客体以及它们之间的关系。顾客导向型企业人本资本合作财务管理主体是指用户导向型平台企业追求人类价值为本的人权有效合作配置活动空间。顾客导向型企业人本资本合作财务管理客体是指用户导向型平台企业追求人类价值为本的泛货币资源有效合作配置活动空间。顾客导向型企业人本资本合作财务管理主体和顾客导向型企业人本资本合作财务管理客体之间的关系是指用户导向型平台企业追求人类价值为本的泛货币资源有效合作配置与人权有效合作配置之间相互促进的作用空间。

在信息对称的人本经济阶段，信奉资本与劳动共享观的用户导向型平台企业人本资本共享数据财务管理是指对用户导向型平台企业人本资本利益相关者财务契约优化。用户导向型平台企业专业化劳动分工，即智慧化劳动专业化分工与智能化劳动专业化分工。就用户导向型平台企业智能化劳动专业化分工而言，用户导向型平台企业人本资本共享数据财务管理对象为用户导向型平台企业人本资本智能财务契约。它包括用户导向型平台企业人本资本智能财务管理主体和用户导向型平台企业人本资本智能财务管理客体以及它们之间的智能关系。就用户导向型平台企业智慧化劳动专业化分工而言，用户导向型平台企业人本资本共享数据财务管理对象为用户导向型平台企业人本资本智慧财务契约。它包括用户导向型平台企业人本资本智慧财务管理主体和用户导向型平台企业人本资本智慧财务管理客体以及它们之间的智慧关系。用户导向型平台企业人本资本共享数据财务管理主体是指用户导向型平台企业追求人类价值为本的人权有效共享配置活动空间。用户导向型平台企业人本资本共享数据财务管理客体是指用户导向型平台企业追求人类价值为本的去第三方数据货币资源有效共享配置活动空间。用户导向型平台企业人本资本共享数据财务管理主体和用户导向型平台企业人本资本共享数据财务管理客体之间的关系是指用户导向型平台企业追求人类价值为本的去第三方数据货币资源有效共享配置与人权有效共享配置之间相互促进的作用空间。

8.4.6 用户导向型平台企业人本资本共享数据财务治理机制

根据詹姆斯·N.罗西瑙的治理理论,治理产生的根本原因在于组织规制不足或过剩,间接原因在于因组织规制不足或过剩而导致利益相关者之间产生矛盾或利益冲突。机制是指各要素之间的结构关系和运行方式。治理机制是指在组织规制不足或过剩的情况下,对原有组织规制调整或组织结构重新安排,使组织在运行过程中自动消除利益相关者之间的矛盾或利益冲突。显然,财务治理机制是指在组织财务规制不足或过剩的情况下,对原有组织财务规制调整或组织财务结构重新安排,使组织在财务运行过程中自动消除利益相关者之间的财务矛盾和财务利益冲突。在信息非对称的物本经济阶段,生产导向型企业物本资本雇佣财务治理机制是指在生产导向型企业物本资本雇佣财务规制不足或过剩的情况下,对原有生产导向型企业物本资本雇佣财务规制调整或生产导向型企业物本资本雇佣财务结构重新安排,使生产导向型企业在物本资本雇佣财务运行过程中,自动消除物本资本财务委托方与物本资本财务受托方之间的矛盾或利益冲突。

在信息非对称的人本经济阶段,顾客导向型企业人本资本合作财务治理机制是指在顾客导向型企业人本资本合作财务规制不足或过剩的情况下,对原有顾客导向型企业人本资本合作财务规制调整或顾客导向型企业人本资本合作财务结构重新安排,使用户导向型平台企业在人本资本合作财务运行过程中自动消除用户导向型平台企业利益相关者之间的矛盾和利益冲突。在信息非对称的物本经济阶段,生产导向型企业物本资本雇佣财务治理机制属于生产导向型企业委托方的经营权范畴,因此,它不属于生产导向型企业物本资本雇佣财务管理范畴。在信息非对称的人本经济阶段,顾客导向型企业人本资本合作财务治理机制属于用户导向型平台企业经营者的经营权范畴,因此,它属于顾客导向型企业人本资本合作财务管理范畴。

在信息对称的人本经济阶段,用户导向型平台企业人本资本共享数据财务治理机制是指在用户导向型平台企业共享财务规制不足或过剩的情况下,对原有用户导向型平台企业人本资本共享数据财务规制调整或用户导向型平台企业人本资本共享数据财务共享结构重新安排,使用户导向型平台企业在人本资本共享财务运行过程中,自动消除用户导向型平台企业全社会利益相关者之间的矛盾和利益冲突。用户导向型平台企业人本资本共享数据财务治理机制属于用户导向型平台企业经营者的经营权范畴,因此,它属于用户导向型平台企业人本资本共享数据财务管理范畴。总而言之,随着人类社会经济转型升级,促进信息非对称的物本经济阶段生产导向型企业物本资本雇佣财务治理机制、信息非对称的人本经济阶段顾客导向型企业人本资本合作财务治理机制,向信息对称的人本经济阶段用户导向型平台企业人本资本共享数据财务治理机制演变。

8.4.7 用户导向型平台企业人本资本共享数据财务治理结构

詹姆斯·N.罗西瑙的治理理论是指通行于规制空隙之间的那些制度安排,或许更重要的是当两个或更多规制出现重叠、冲突时,或者在相互竞争的利益之间需要调解时,才发挥作用的原则、规范、规则和决策程序(罗西瑙,2001)。根据詹姆斯·N.罗西瑙的治理理论,治理产生的根本原因在于组织规制不足或过剩,间接原因在于因组织规制不足或过剩而导致利益相关者之间产生矛盾或利益冲突。治理是指弥补或消除组织规制不足或过剩,以达到在相互竞争的利益之间需要调和。治理结构是指弥补或消除组织规制不足或过剩,以达到在相互竞争的利益之间发挥调和作用的原则结构、规范结构、规则结构和决策程序结构。治理结构不是单纯的原则结构、规范结构、规则结构和决策程序结构,而是过程结构。也就是原则结构、规范结构、规则结构和决策程序结构在发挥调和过程中相互组合,发挥有效综合作用效果。根据契约理论,治理本质在于弥补契约不完备部分。从契约资源层面来看,治理结构表现为弥补原组织规则资源不足或重叠配置效果不足,通过调解原组织规则资源结构,或增加或消除原则资源结构、规范资源结构、规则资源结构和决策程序资源结构,以实现组织整体资源配置达到最优状态。此时,治理结构体现为实现组织资源最优配置的组织资源动态结构。从契约权力层面来看,根据资源基础理论,组织资源结构决定了资源所有权结构。但是所有权结构只是表达资源静态结构,它无法对资源结构产生反作用。在所有权结构基础上产生了促进资源结构优化的经营权结构。因此,治理结构体现为促进组织资源结构优化的经营权动态结构。从理论上讲,财务治理结构是指弥补或消除组织财务规制不足或过剩,以达到在相互竞争的财务利益之间发挥调和作用的财务原则结构、财务规范结构、财务规则结构和财务决策程序结构。财务治理结构包括货币资源动态优化结构和财权动态优化结构。

在信息非对称的物本经济阶段,奉行资本雇佣劳动观的生产导向型企业物本资本雇佣财务治理结构是指弥补或消除生产导向型企业物本资本雇佣财务规制不足或过剩,以达到在生产导向型企业委托方与受托方财务利益之间发挥调和作用的雇佣财务原则结构、雇佣财务规范结构、雇佣财务规则结构和雇佣财务决策程序结构。生产导向型企业物本资本雇佣财务治理结构包括生产导向型企业主权货币资源动态优化结构和物本资本雇佣财权动态优化结构。在信息非对称的人本经济阶段,奉行资本与劳动和谐观的顾客导向型企业人本资本合作财务治理结构是指弥补或消除顾客导向型企业人本资本合作财务规制不足或过剩,以达到在用户导向型平台企业利益相关者财务利益之间发挥调和作用的合作财务原则结构、合作财务规范结构、合作财务规则结构和合作财务决策程序结构。顾客导向型企业人本资本合作财务治理结构包括用户导向型平台企业泛货币资源动态优化结构和人本资本合作财权动态优化结构。在信息非对称的人本经济阶段,奉行资本与劳动共享观的用户导向型平台企业人本资本共享数据财务治理结构是指弥补或消除用户导向型平台企业人本资本共享数据财务规制不足或过剩,以达到在用户导向型平台企业全社会利益相关者数据财务利益之间发挥调和作用的共享数据财务原则结构、共享数据财务规范结构、共享数据财务规则结构和共享数据财务决策程序结构。用户导向型平台企业人本资本共享数据财务治理结构包括用户导向型平台企业去第三方的数据货币资源动态优化结构和人本资本共享数据财权动态优化结构。

8.4.8 用户导向型平台企业人本资本共享数据财务治理的行为规范

治理本质在于对契约非完备部分的弥补。而治理源于组织规制不足或过剩,进而造成利益主体之间产生矛盾或利益冲突。治理行为分类如下:调整组织规制结构,以达到弥补原组织规制的不足,或消除原组织规制过剩,以达到调和利益者之间的矛盾或利益冲突。对此,统一概括为治理决策行为。采取激励促使弥补原组织规制的不足,以达到调和利益者之间的矛盾或利益冲突,对此,统一概括为治理激励行为。采取约束促使消除原组织规制过剩,以达到调和利益者之间的矛盾或利益冲突,对此,统一概括为治理约束行为。因此,治理行为规范包括治理决策行为规范、治理激励行为规范和治理约束行为规范。在信息非对称的物本经济阶段,信奉资本雇佣劳动观的生产导向型企业物本资本雇佣财务治理本质在于,对生产导向型企业委托代理契约非完备部分的弥补。而生产导向型企业物本资本雇佣财务治理源于生产导向型企业物本资本雇佣财务规制不足或过剩,进而造成生产导向型企业委托方与受托方之间产生矛盾或利益冲突。生产导向型企业物本资本雇佣财务治理行为分类如下:调整生产导向型企业物本资本雇佣财务规制结构,以达到弥补原生产导向型企业物本资本雇佣财务规制的不足,或消除原生产导向型企业物本资本雇佣财务规制过剩,以达到调和委托方与受托方之间的矛盾或利益冲突。对此,统一概括为生产导向型企业物本资本雇佣财务治理决策行为。采取激励促使弥补原生产导向型企业物本资本雇佣财务规制的不足,以达到调和委托方与受托方之间的矛盾或利益冲突,对此,统一概括为生产导向型企业物本资本雇佣财务治理激励行为。采取约束促使消除原生产导向型企业物本资本雇佣财务规制过剩,以达到调和委托方与受托方之间的矛盾或利益冲突,对此,统一概括为生产导向型企业物本资本雇佣财务治理约束行为。因此,生产导向型企业物本资本雇佣财务治理行为规范包括生产导向型企业物本资本雇佣财务治理决策行为规范、生产导向型企业物本资本雇佣财务治理激励行为规范和生产导向型企业物本资本雇佣财务治理约束行为规范。

在信息非对称的人本经济阶段,信奉资本与劳动和谐观的顾客导向型企业人本资本合作财务治理本质在于,对用户导向型平台企业委托代理契约非完备部分的弥补。而顾客导向型企业人本资本合作财务治理源于顾客导向型企业人本资本合作财务规制不足或过剩,进而造成用户导向型平台企业利益相关者之间产生矛盾或利益冲突。顾客导向型企业人本资本合作财务治理行为分类如下:调整顾客导向型企业人本资本合作财务规制结构,以达到弥补原顾客导向型企业人本资本合作财务规制的不足,或消除原顾客导向型企业人本资本合作财务规制过剩,以达到调和利益相关者之间的矛盾或利益冲突。对此,统一概括为顾客导向型企业人本资本合作财务治理决策行为。采取激励促使弥补原顾客导向型企业人本资本合作财务规制的不足,以达到调和利益相关者之间的矛盾或利益冲突,对此,统一概括为顾客导向型企业人本资本合作财务治理激励行为。采取约束促使消除原顾客导向型企业人本资本合作财务规制过剩,以达到调和利益相关者之间的矛盾或利益冲突,对此,统一概括为顾客导向型企业人本资本合作财务治理约束行为。因此,顾客导向型企业人本资本合作财务治理行为规范包括顾客导向型企业人本资本合作财务治理决策行为规范、顾客导向型企业人本资本合作财务治理激励行为规范和顾客导向型企业人本资本合作财务治理约束行为规范。

在信息非称的人本经济阶段,信奉资本与劳动共享观的用户导向型平台企业人本资本共享数据财务治理本质在于,信息技术改进与创新促进对用户导向型平台企业完备超契约的超越。而用户导向型平台企业人本资本共享数据财务治理源于适应信息技术改进与创新的用户导向型平台企业人本资本共享数据财务规制改进,进而造成用户导向型平台企业全社会利益相关者之间产生矛盾或利益冲突。用户导向型平台企业人本资本共享数据财务治理行为分类如下:调整用户导向型平台企业人本资本共享数据财务规制结构,以达到弥补原用户导向型平台企业人本资本共享数据财务规制的不足,或消除原用户导向型平台企业人本资本共享数据财务规制过剩,以达到调和全社会利益相关者之间的矛盾或利益冲突。对此,统一概括为用户导向型平台企业人本资本共享数据财务治理决策行为。采取激励促使弥补原用户导向型平台企业人本资本共享数据财务规制的不足,以达到调和全社会利益相关者之间的矛盾或利益冲突,对此,统一概括为用户导向型平台企业人本资本共享数据财务治理激励行为。采取约束促使消除原用户导向型平台企业人本资本共享数据财务规制过剩,以达到调和全社会利益相关者之间的矛盾或利益冲突,对此,统一概括为用户导向型平台企业人本资本共享数据财务治理约束行为。因此,用户导向型平台企业人本资本共享数据财务治理行为规范包括用户导向型平台企业人本资本共享数据财务治理决策行为规范、用户导向型平台企业人本资本共享数据财务治理激励行为规范和用户导向型平台企业人本资本共享数据财务治理约束行为规范。

8.4.9 用户导向型平台企业人本资本共享数据财务管理报告

企业财务管理报告是指对企业财务管理职能履行状况及其企业财务管理职能履行过程的概括性描述。如果要构建企业财务管理报告,那么它必然经历企业财务管理的确认、计量。在信息对称的人本经济阶段,构建用户导向型平台企业人本资本共享数据财务管理报告,需要经历用户导向型平台企业人本资本共享数据财务管理的确认、计量。

① 用户导向型平台企业人本资本共享数据财务管理的确认。用户导向型平台企业人本资本共享数据财务管理的确认对象是利用去第三方的数据货币对用户导向型平台企业人本资本价值进行人权界定。它包括用户导向型平台企业人本资本共享数据财务管理职能履行状况,即用户导向型平台企业人本资产有效数据财务投资能力、有效数据财务偿债能力和有效数据财务变现能力。其确认的原则即"有效现金流动制"或"有效现金制"。它揭示了用户导向型平台企业追求以共享为本的数据货币资源与非数据货币资源之间的配置与交易关系。用户导向型平台企业人本资本共享数据财务管理职能履行过程,即用户导向型平台企业人本资本增值能力、用户导向型平台企业人本资本增值运营能力和用户导向型平台企业人本资本增值分配能力。其确认的原则是未来有效现金流制。这符合用户导向型平台企业人本资本共享因果关系逻辑——有效投资收益性与有效流动性相统一。

② 用户导向型平台企业人本资本共享数据财务管理的计量。在信息对称的人本经济阶段,根据用户导向型平台企业人本资本共享因果关系逻辑,用户导向型平台企业人本资本共享数据财务管理主体的每一种履行职能行为,由用户导向型平台企业人本资本共享数据财务管理行为目标、用户导向型平台企业人本资本共享数据财务管理行为过程和用户导向型平台企业人本资本共享数据财务管理行为结果三个相关因素构成。为此,用户导向型平台企业人本资本共享数据财务管理计量属性为数据现值价值法。一方面,用户导向型平台企

业人本资本共享数据财务管理行为目标为用户导向型平台企业去第三方的数据货币资源配置成本最小化,它体现为用户导向型平台企业人本资本结构综合成本最小化。另一方面,用户导向型平台企业人本资本共享数据财务管理行为目标为用户导向型平台企业人本资本价值最大化,它体现为用户导向型平台企业人权配置结构最优化。因此,采用数据现值法计量用户导向型平台企业人本资本共享数据财务管理行为目标价值、用户导向型平台企业人本资本共享数据财务管理行为过程价值和用户导向型平台企业人本资本共享数据财务管理行为结果价值。用户导向型平台企业人本资本共享数据财务管理行为目标价值体现为最小用户导向型平台企业去第三方的数据货币资源配置成本和最大用户导向型平台企业人本资本价值。用户导向型平台企业人本资本共享数据财务管理行为过程价值体现为有效用户导向型平台企业人本资本共享数据财务收入价值。用户导向型平台企业人本资本共享数据财务管理行为结果价值体现为有效用户导向型平台企业人本资本价值。

③用户导向型平台企业人本资本共享数据财务管理报告。用户导向型平台企业人本资本共享数据财务管理报告分为两部分,一部分是指在用户导向型平台企业以共享为本的数据财务规制下,用户导向型平台企业人本资本共享数据财务管理报告——用户导向型平台企业人本资本的共享数据财务有效筹资报告、共享数据财务有效投资报告、共享数据财务有效运营报告和共享数据财务有效分配报告。其中,用户导向型平台企业人本资本的共享数据财务有效筹资报告与共享数据财务有效投资报告,反映了用户导向型平台企业人本资本共享数据财务管理职能履行状况;用户导向型平台企业人本资本的共享数据财务有效运营报告和共享数据财务有效分配报告,反映了用户导向型平台企业人本资本共享数据财务管理职能履行过程。另一部分是指在用户导向型平台企业人本资本共享数据财务治理行为规范下,用户导向型平台企业人本资本共享数据财务管理报告——用户导向型平台企业人本资本共享数据财务治理报告,即用户导向型平台企业人本资本共享数据财务治理机制运行报告与用户导向型平台企业人本资本共享数据财务治理结构报告。前者反映了用户导向型平台企业人本资本共享数据财务治理职能履行过程,后者反映了用户导向型平台企业人本资本共享数据财务治理职能履行状况。

8.5 本章小结

在"互联网+"时代,方兴未艾的第四次工业革命的现代基础信息技术在第三次工业革命的人工智能、工业机器人和数据制造等基础制造技术基础上创新融合,促进信息非对称的人本经济主体合作关系转化为信息对称的人本经济主体共享关系。这种人类社会关系演变也决定了人本经济主体专业化分工方式发生变化,即由合作专业化劳动分工转变为共享专业化劳动分工。这种企业专业化劳动分工方式的变化体现了企业价值观的变化,即由顾客导向型企业的资本与劳动和谐观转变为用户导向型平台企业的资本与劳动共享观。詹姆斯·N.罗西瑙的治理理论分析认为,作为财务管理者范畴的顾客导向型企业人本资本合作财务治理和用户导向型平台企业人本资本共享数据财务治理,分别属于顾客导向型企业人本资本合作财务管理和用户导向型平台企业人本资本数据财务管理的一部分。在人们追求共享为本的人本经济发展过程中,在共创共享共赢过程中分析信息对称的人本经济下,与大数据买方市场融为一体的用户导向型平台企业人本资本结构——人力资本＋物力资本与用户导向型平台企业人本资本共享数据财务治理结构之间权力配置关系，由此勾画出与大数据买方市场融为一体的用户导向型平台企业人本资本结构——人力资本＋物力资本与用户导向型平台企业人本资本共享数据财务治理结构之间权力配置关系逻辑图。结合此逻辑图分析用户导向型平台企业所有权与经营权的对称性，由此论证了用户导向型平台企业人本资本共享治理结构与用户导向型平台企业人本资本结构之间具有内在一致性，从而推论出用户导向型平台企业共享治理成为用户导向型平台企业人本资本管理的一部分，进而推论出用户导向型平台企业共享数据财务治理成为用户导向型平台企业人本资本数据财务管理的一部分，并结合海尔案例对此进行验证。

采用历史演化法分析用户导向型平台企业人本资本共享数据财务管理研究的逻辑起点形成、本质形成、目标形成、对象形成和职能形成，以及用户导向型平台企业人本资本共享数据财务治理的结构形成、机制形成和行为规范形成。同时，结合顾客导向型企业人本资本合作财务管理概念框架，构建用户导向型平台企业人本资本共享数据财务管理概念框架以及构建用户导向型平台企业人本资本共享数据财务管理理论体系，即用户导向型平台企业人本资本共享数据财务管理的本质、假设、目标、职能和对象，用户导向型平台企业人本资本共享数据财务治理的机制、结构和行为规范，以及用户导向型平台企业人本资本共享数据财务管理报告。至此，本章完成了对信息对称的人本经济阶段用户导向型平台企业人本资本数据财务管理理论创新构建的研究。鉴于此理论体系或模式，第 9 章将对用户导向型平台企业人本资本数据财务管理模式进行实证检验。

第 9 章

企业人本资本财务管理模式检验研究

模式是结构主义用语,是指用来说明事物结构的主观理性形式。基于主观理性形式构建企业人本资本财务管理理论结构,可称之为企业人本资本财务管理模式。在信息非对称的人本经济阶段,由顾客导向型企业人本资本合作财务管理的本质、假设、目标、职能和对象,顾客导向型企业人本资本合作财务治理的机制、结构和行为规范,以及顾客导向型企业人本资本合作财务管理报告构成顾客导向型企业人本资本合作财务管理模式。在信息对称的人本经济阶段,由用户导向型平台企业人本资本共享数据财务管理的本质、假设、目标、职能和对象,用户导向型平台企业人本资本共享数据财务治理的机制、结构和行为规范,以及用户导向型平台企业人本资本共享数据财务管理报告构成用户导向型平台企业人本资本共享数据财务管理模式。模式是主体行为的一般方式,是理论和实践之间的中介环节,具有一般性、简单性、重复性、结构性、稳定性、可操作性的特征。因此,作为理论和实践之间的中介环节,企业人本资本财务管理模式集中体现了企业人本资本财务管理职能,并集中体现了企业人本资本财务管理模式具有一般性、简单性、重复性、结构性、稳定性、可操作性的特征。

在信息非对称的人本经济阶段,在一定顾客导向型企业人本资本合作规制下,顾客导向型企业人本资本合作财务管理的基本职能是资源合作有效配置和人权合作有效配置。在信息对称的人本经济阶段,在一定用户导向型平台企业人本资本共享规制智能水平下,用户导向型平台企业人本资本共享数据财务管理的基本职能是数据资源共享有效配置和人权共享有效配置。在信息非对称的人本经济阶段,在一定顾客导向型企业人本资本合作规制不足或过剩的情况下,顾客导向型企业人本资本合作财务治理的基本职能为顾客导向型企业人本资本合作财务治理决策机制、顾客导向型企业人本资本合作财务治理激励机制,以及顾客导向型企业人本资本合作财务治理约束机制。在信息对称的人本经济阶段,在一定用户导向型平台企业人本资本共享规制智能水平过低或过高的情况下,用户导向型平台企业人本资本共享数据财务治理的基本职能为用户导向型平台企业人本资本共享数据财务治理决策机制、用户导向型平台企业人本资本共享数据财务治理激励机制,以及用户导向型平台企业人本资本共享数据财务治理约束机制。

在一定企业规制下,企业财务管理职能的形成逻辑在于企业财务管理本质→企业财务管理假设→企业财务管理目标→企业财务管理职能→企业财务管理对象→企业财务管理行为规范→企业财务管理报告。显然企业财务管理职能是企业财务管理理论和企业财务管理实践的中介环节。在一定企业规制不足或过剩的情况下,企业财务治理职能的形成逻辑在于企业财务管理对象→企业财务治理机制→企业财务治理行为规范→企业财务治理报告。因此,作为企业财务治理职能的企业财务治理机制,是企业财务治理理论和企业财务治理实践的中介环节。也就是说,如果企业财务管理职能和企业财务治理职能有效履行,那么企业财务管理模式就能有效运行。为此,本章基于这个推论对企业人本资本财务管理模式进行实证研究。

9.1 顾客导向型企业人本资本合作财务管理模式实证研究

根据顾客导向型企业人本资本理论,针对顾客导向型企业人本资本合作财务管理职能,结合顾客导向型企业人本资本合作财务管理理论,进行理论分析并提出研究假设,进而进行变量设计与实证检验模型构建,选择 2006—2019 年沪、深两市具有参股金融机构的公司为样本,采用多元回归方法,进行顾客导向型企业人本资本合作财务管理模式回归检验,并对实证检验模型进行稳定性检验。

9.1.1 理论分析与研究假设的提出

在信息非对称的物本经济阶段,物本经济发展观指导物本经济发展。作为物本经济主体的生产导向型企业信奉资本雇佣劳动观,通过追求人类价值归于物类价值的生产导向型企业内部雇佣管理重心促进生产导向型企业物本经济发展。体现生产导向型企业物本经济发展的生产导向型企业物本资本价值函数为:$Y(t) = A(t) \times L(t)^\alpha \times K(t)^\beta \times S(t)^\chi \times \mu(t)$。

生产导向型企业物本资本在一定规模下,结合拉格朗日-柯西定理,推论出信息非对称的物本经济阶段生产导向型企业物本资本价值最大化条件为:$\eta/L(t) = \sigma/K(t) = \chi/S(t)$。在信息非对称的人本经济阶段,人本经济发展观指导人本经济发展。作为人本经济主体的顾客导向型企业信奉资本与劳动和谐观,通过追求物类价值归于人类价值的顾客导向型企业内、外合作管理重心促进顾客导向型企业人本经济发展。体现顾客导向型企业人本经济发展的顾客导向型企业人本资本价值函数为:$Y(t) = A(t) \times L(t)^\eta \times K(t)^\sigma \times IS(t)^\phi \times ES(t)^\varphi \times \mu(t)$。顾客导向型企业人本资本在一定规模下,结合拉格朗日-柯西定理,推论出信息非对称的人本经济阶段顾客导向型企业人本资本价值最大化条件为:$\eta/L(t) = \sigma/K(t) = \phi/IS(t) = \varphi/ES(t)$。顾客导向型企业人本资本合作财务管理模式的应用价值在于,促进顾客导向型企业人本资本价值最大化。顾客导向型企业人本资本合作财务管理模式的应用在于,顾客导向型企业人本资本合作财务管理职能的有效履行。顾客导向型企业人本资本合作财务管理的基本职能为资源合作有效配置和人权合作有效配置,顾客导向型企业人本资本合作财务治理的基本职能为顾客导向型企业人本资本合作财务治理的决策机制、激励机制和约束机制。

在顾客导向型企业人本资本合作财务管理实践中,顾客导向型企业人本资本合作财务管理职能履行的有效程度集中体现了顾客导向型企业人本资本的合作筹资、合作投资、合作运营以及合作分配的有效程度。因为顾客导向型企业信奉资本与劳动和谐观,所以顾客导向型企业人本资本投融资一体化与顾客导向型企业人本资本运营及分配一体化。如果顾客导向型企业人本资本投融资有效,那么顾客导向型企业人本资本运营与分配也得有效,否则,顾客导向型企业人本资本投融资很难持续有效。因此,顾客导向型企业人本资本投融资的有效程度能够集中体现顾客导向型企业人本资本合作财务管理职能履行的有效程度。在一定顾客导向型企业人本资本合作财务管理规制下,顾客导向型企业人本资本合作财务管理基本职能的履行是否具有有效性,将体现顾客导向型企业人本资本投融资效率的高低。在顾客导向型企业人本资本合作财务管理规制不足或过剩的情况下,容易导致顾客导向型企业人本资本投融资不足或过度。因此,顾客导向型企业人本资本合作财务管理模式是否科学与有效,将集中体现出顾客导向型企业人本资本合作财务管理实践中顾客导向型企业人本资本合作财务管理职能是否有效履行,进而提出检验顾客导向型企业人本资本合作财务管理模式是否科学有效的研究假设。

截至目前,符合顾客导向型企业人本资本合作财务管理模式特征的中国企业有两种,一种是国有企业,由于国有企业属性决定了国有企业的本质为利益相关者企业,但是国有企业高级管理层是由中国政府国资委委派产生,因此,国有企业管理层是委托代理契约,而中国社会主义性质决定了国有企业工人为国有企业的主人,因此它们符合顾客导向型企业利益相关者契约特征。而中国民营企业采用合伙人制,它符合顾客导向型企业利益相关者契约特征。无论是国有企业还是民营企业,它们在"第三次工业革命"背景下,面临着信息非对称的买方市场马斯洛层序需求,它们只能选择顾客导向型企业经营战略,追求物类价值归于人类价值来满足消费者个性化需求。对于顾客导向型企业追求物类价值归于人类价值的经济,称之为顾客导向型企业人本经济。由此可以得出如下研究假设:

H_1:投融资效率对顾客导向型企业人本经济发展的影响呈显著相关性。

就国有企业与民营企业相比较,民营企业合伙制更加符合本章所提出的顾客导向型企业特征,进而提出如下研究假设:

H_2:投融资效率对民营企业人本经济发展的影响表现得尤为显著。

鉴于中国国有企业管理层属于委托代理契约,以及中国国有企业所有权虚位或缺位,容易导致国有企业人本资本财务管理规制不足,进而导致国有企业人本资本投资过度。因此,国有企业人本资本合作财务治理的决策机制和约束机制更易于发挥其功效。于是提出如下研究假设:

H_{2a}:投融资效率对国有企业人本经济发展的过度投资影响显著,对民营企业人本经济发展的过度投资影响不显著。

鉴于民营企业私有产权属性决定了民营企业利益相关者仅仅限于家族范畴,进而限制民营企业投资规模相对不足,这种先天性的缺陷导致民营企业所有者对于民营企业投资过于谨慎,容易丧失很多市场机会。因此,民营企业所有者这种过于谨慎导致民营企业人本资本财务管理规制过剩,民营企业人本资本合作财务治理的决策机制和激励机制更易于发挥其功效。于是提出如下研究假设:

H_{2b}:相比于国有企业,投融资效率对民营企业人本经济发展投资不足的影响显著。

9.1.2　样本选择

本文选择实体经济中企业以参股虚体经济中金融机构的形式来描述反映投融资效率的样本。由于在2006年股改之前,公司一股独大的股权结构限制或影响了企业对金融机构的参股,同时受"德隆""格林柯尔"等事件影响,投融资一体化战略受到了严格管制。直至2006年之后的股权分置和金融体制改革才使投融资一体化发展日趋成熟。为此,本文以2007—2019年沪、深两市具有参股金融机构的公司为研究对象,通过手工整理我们发现,许多企业以参股信托公司、中小型银行以及其他金融机构作为投融资一体化战略核心。为了提高本研究的样本质量，我们做如下处理：① 剔除金融类企业样本，主要是考虑到金融类企业报表结构的特殊性对检验结果的影响；② 剔除研究期内有被 ST、重大重组、终极控制人发生变更及当年上市的企业样本；③ 剔除外商投资企业样本；④ 剔除信息披露不详的企业样本；⑤ 将企业同时参股多家金融机构的事件按参股比例最大的事件考虑，同时将参股额度小且未进入被参股金融机构前十大股东的参股事件剔除；⑥ 剔除研究期间内中止投融资一体化的企业样本，以排除短期参股的投机性对结果的影响。数据来自 Wind 数据库、CSMAR 数据库和作者的手工整理。

经上述处理，得到最终的 5 026 个样本，其中投融资一体化的样本约占 27.16%，说明参股金融机构的投融资一体化形式日益被业界所认可。同时，国有企业的投融资一体化比重（32.81%）明显高于民营企业（18.96%），这可能源于两方面的影响，一方面，受国际次贷危机的影响，我国对投融资一体化模式的推广还比较谨慎，如组建财务公司的实践尚处于国有大型企业的试验阶段，民营企业组建财务公司的审批相对困难；另一方面，受民营企业自身财力资源限制以及政府政策不支持的限制，对组建证券、信托、保险、银行及财务公司等金融机构所需的人才、资金流、社会声誉、产业支持等资源支撑使民营企业只能望洋兴叹。

9.1.3 模型构建与变量选择

基于上述的假设，借鉴张兆国等（2011）的研究思路选择回归检验模型为：

$$DL_t = \beta_0 + \beta_1 IIF + \beta_2 EBIT_t + \beta_3 Cf_t + \beta_4 Age_t + \beta_5 Size_t + \beta_6 Adm_t + \beta_7 Tangible_t + \beta_8 Growth_t + \sum Ind + \sum Year + \varepsilon \quad (9-1)$$

该模型旨在对比检验参股与未参股金融机构的样本公司投融资效率是否有显著差异。本文选择反映虚体经济规律的第 i 个参股金融机构利息率 r_i 与反映第 i 个参股金融机构债权融资规模 N_i 的终值复利之和，以及反映实体经济规律的第 j 个参股企业的息税前利润率 R_j 与参股企业总资本规模 M_j 的终值复利之和的比值来表示投融资效率，即 $DL_t = \sum N_i(1+r_i)^t / \sum M_j(1+R_j)^t$ 为被解释变量，其中，M_j 的终值复利之和我们采用该上市公司的股票市价来替代。解释变量为投融资一体化的虚拟变量 IIF、Cf（经营活动现金流净额）、EBIT（盈利性）、Growth（成长机会）。控制变量为 Size（公司规模）、Adm（管理费用）、Tangible（可抵押性）。ε 为随机变量。根据张兆国等（2011）的实证研究，这些解释变量均对投融资效率产生影响。同时借鉴 Richardson（2006）的研究，构建非效率投资模型来考察投融资一体化对参股公司投资效率的影响，其思路分为以下两步：

第一步，构建预期模型（9-2）来估算公司的预期合理投资，即：

$$Inv_t = \beta_0 + \beta_1 Growth_{t-1} + \beta_2 Lev_{t-1} + \beta_3 Cash_{t-1} + \beta_4 Age_{t-1} + \beta_5 Size_{t-1} + \beta_6 Ret_{t-1} + \beta_7 Inv_{t-1} + \sum Year + \sum Ind + \xi \quad (9-2)$$

其中，Inv_t 代表样本公司第 t 年新增投资，$Growth_{t-1}$、Lev_{t-1}、$Cash_{t-1}$、Age_{t-1}、$Size_{t-1}$、Ret_{t-1}、Inv_{t-1} 分别表示第 $t-1$ 年样本公司的成长机会、财务杠杆、现金持有、上市年龄、公司规模、股票收益及新增投资，ξ 为随机变量。根据 Richardson（2006）的实证研究，这些解释变量均对投融资效率产生影响。结合 2007—2019 年的样本容量为 5 026 的样本数据,利用 Stata 11 软件(后文的实证研究均采用此计量软件)对预期模型(9-2)进行回归,得到预期模型系数(如表 9-1 所示)。

表 9-1 预期投资模型的系数

变量	Interc	Growth$_{t-1}$	Lev$_{t-1}$	Cash$_{t-1}$	Age$_{t-1}$	Inv$_{t-1}$	Size$_{t-1}$	Ret$_{t-1}$	Adj-R^2
系数	−0.047	0.023	−0.021	0.047	−0.002	0.249	0.004	0.037	
T 值	−2.08	6.32	−2.97	5.91	−6.75	20.34	4.31	1.68	0.19
P 值	0.03**	0.00***	0.00***	0.00***	0.00***	0.00***	0.00***	0.09*	

注:*、**、*** 分别表示在 10%、5%和 1%的显著性水平上显著。

结合表 9-1 中的回归系数可以估算公司第 t 年预期的合理投资。然后用实际的新增投资减去预期的合理投资可得到模型(9-2)中的残差 ξ,即投资扭曲度,$\xi<0$ 时说明投资不足,$\xi>0$ 时表示投资过度,同时取残差 ξ 的绝对值作为投资过度(OverInv)和投资不足(UnderInv)的替代变量。

第二步,借鉴张兆国(2011)的研究,将待检验的模型设定为模型(10-3),即:

$$\text{OverInv}_t(\text{UnderInv}_t) = \beta_0 + \beta_1 \text{DL}_t + \beta_2 \text{IIF}_t \times \text{DL}_t + \beta_3 \text{Size}_t + \beta_4 \text{Growth}_t + \beta_5 \text{Fcf}_t +$$
$$\beta_6 \text{Ebit}_t + \beta_7 \text{Age}_t + \beta_8 \text{Major}_t + \beta_9 \text{Adm}_t + \sum \text{Year} + \sum \text{Ind} + \varepsilon \quad (9-3)$$

其中,变量 DL 与模型(9-1)中相同。综上所述,本文涉及的主要变量汇总如下:

表 9-2 变量的内涵与公式说明

变量名称	符号	公式说明
投融资效率	DL	债务资本价值之和÷总资本价值之和
新增投资	Inv	固定资产、无形资产、在建工程及其他长期投资的净值改变量÷年末总资产
过度投资额	OverInv	实际新增投资高于预期合理投资的量,即模型(10-2)中残差 $\xi>0$ 时的值
投资不足额	UnderInv	实际新增投资低于预期合理投资的量,即模型(10-2)中残差 $\xi<0$ 时的绝对值
投融资一体化	IIF	参股银行、证券、信托、保险、基金等金融机构的取 1,否则取 0
盈利性	EBIT	息税前利润÷总资产
股票收益	Ret	公司的股票收益率
自有资金	Cf	经营性现金流净额÷期初总资产
大股东控制	Major	第一大股东的持股比例
可抵押性	Tangible	固定资产净值÷总资产
上市年龄	Age	公司上市年数
成长机会	Growth	营业收入增长率

(续表)

变量名称	符号	公式说明
自由现金流量	Fcf	经营现金流量净额扣除折旧、摊销再减去预期合理投资的差值÷年初总资产。其中,预期合理投资来自模型(10-2)中系数的估算结果
公司规模	Size	总资产自然对数
管理费用率	Adm	管理费用÷主营业务收入
年度	Year	年度虚拟变量
行业	Ind	以证监会行业分类指引为准,细分设置20个亚变量,其中制造业按二级代码分为10类

9.1.4 实证分析

1. 主要变量的描述性统计

表9-3中列示了主要变量的均值差异检验结果。由全样本描述性统计可知,实施投融资一体化的公司投融资效率均值均显著高于未参股金融机构的公司,且均在1%的水平上显著,从而初步验证了假设 H_1。进一步按产权性质的分组统计来看,比较国有企业组是否参股金融机构的样本均值差异与 T 检验值均小于民营企业组是否参股金融机构的样本均值差异与 T 检验值,说明相对于国有企业而言,投融资效率对影响民营企业经济发展表现得尤为显著,初步支持了假设 H_2。同时,从新增投资指标的描述性统计来看,参股金融机构的样本公司比未参股公司的新增投资量更大,且无论是国有企业组还是民营企业组,其均值差异均达到1%的显著性水平,说明投融资一体化已成为企业经济发展的主要平台之一。

此外,我们还发现实施投融资一体化的样本公司的管理费用率较低,可能的解释是投融资一体化降低了借、贷双方的信息不对称,节约了交易费用。当然,此处的均值差异 T 检验并未考虑和控制公司规模、投资机会、上市年龄等因素的影响,统计结果可能存在误差,为此后文将进一步用多元回归方法继续探讨。

表9-3 相关变量的描述性统计

变量	全样本 IIF=1	全样本 IIF=0	全样本 T 值	国有企业 IIF=1	国有企业 IIF=0	国有企业 T 值	民营企业 IIF=1	民营企业 IIF=0	民营企业 T 值
DL	0.093	0.071	6.07***	0.091	0.085	2.17**	0.082	0.056	7.63***
Growth	0.147	0.178	−3.52***	0.148	0.161	−1.28	0.145	0.198	−3.29***
Adm	0.075	0.085	−1.44	0.071	0.079	−3.99***	0.085	0.091	−1.75*
Cf	0.052	0.055	−0.98	0.055	0.063	−1.99**	0.043	0.045	−0.32
Tangible	0.255	0.260	−0.97	0.271	0.293	−3.11***	0.216	0.220	−0.48
Size	22.280	21.600	19.23***	22.490	21.930	12.43***	21.740	21.180	11.20***
EBIT	0.047	0.058	−5.65***	0.043	0.052	−3.72***	0.056	0.064	−2.68***
Inv	0.061	0.044	6.86***	0.067	0.054	3.97***	0.044	0.031	3.93***

注:报告的是主要变量的均值差异独立样本 T 检验,我们也对各变量进行了中位数差异的 Mann-Whitney U 检验,其结果与均值差异检验基本一致,限于篇幅未报告;*、**、*** 分别表示在10%、5%和1%的显著性水平上显著。

2. 投融资一体化、产权性质与投融资效率的实证结果

(1) 投融资一体化与投融资效率

由表9-4可以看出全样本下投融资一体化对投融资效率（全样本）的影响检验结果。由单元回归模型(9-1)可知，投融资一体化虚拟变量 IIF 的系数在1%水平上显著为正，说明与未参股金融机构的企业相比，参股金融机构的投融资效率(DL)显著较高。同时由单元回归模型9-1与多元回归模型(9-2)可以看出，在控制相关因素的情况下，投融资一体化的虚拟变量的系数在5%显著性水平上显著为正，这说明投融资一体化的确有利于投融资效率的提高，解释变量 CF、EBIT、Growth 的系数分别在10%、1%、1%显著性水平上均具有显著相关性，有力地支持了假设 H_1，投融资效率提高给企业未来的成长提供了机会，但减少了企业当前净现金流，以及由于承担大量的财务费用和因债务风险成本而降低了当前的利润。这与其他学者的结论基本一致，故这里不再赘述。

表9-4 投融资一体化、产权性质与投融资效率回归结果

分类回归	产权性质与投融资效率		投融资一体化与投融资效率	
被解释变量	DL(国有企业)	DL(民营企业)	DL	
	(1)	(2)	(1)	(2)
Intercept	−0.598***	−0.981***	0.036***	0.067***
	(−9.710)	(−11.510)	(20.088)	(19.150)
IIF	0.007*	0.095***	0.046***	0.054**
	(1.690)	(2.660)	(8.177)	(9.941)
Tangible	0.078***	0.155***		0.129***
	(3.61)	(5.90)		(7.72)
CF	−0.033***	−0.093**		−0.063*
	(−0.846)	(−2.330)		(−1.860)
EBIT	−0.910***	−0.664***		−0.900***
	(−14.59)	(−9.55)		(−17.96)
Growth	0.092***	0.146***		0.077***
	(7.36)	(10.43)		(7.63)
Size	0.050***	0.060***		0.054***
	(19.34)	(15.49)		(25.73)
ADM	−0.561***	−0.584***		−0.580***
	(−9.41)	(−9.60)		(−13.52)
Age	0.004***	0.011***		0.008***
	(6.30)	(15.60)		(18.12)
Year & Ind	Control	Control	Control	Control

(续表)

分类回归	产权性质与投融资效率		投融资一体化与投融资效率	
被解释变量	DL(国有企业)	DL(民营企业)	DL	
N	2 978	2 052	5 030	5 030
Adj-R^2	0.359	0.491	0.174	0.436
F-Value	54.90***	64.93***	49.09***	126.23***

注：括号中为t统计量；*、**、***分别表示在10%、5%、1%的显著性水平上显著。

(2) 产权性质与投融资效率

表9-4中的数据表明全样本回归时，投融资一体化有利于投融资效率的提高，同时对企业经济发展产生显著影响。从表9-5中按产权性质进一步分组检验的结果来看，由回归模型(9-1)与模型(9-2)中IIF项的回归系数和T检验值对比来看，相比较国有企业组中投融资一体化对投融资效率的5%显著性水平来说，民营企业组的表现更为显著(在1%显著性水平上呈显著正相关性)。由回归模型(9-1)与模型(9-2)中Growth、EBIT项的回归系数和T检验值对比来看，相比较国有企业，投融资效率对民营企业经济发展的影响尤为显著，也进一步验证了假设H_2。其中，CF项的回归系数和T检验值对比来看，民营企业为了获得更好的成长机会，可能增加了大量应收账款而减少了企业经营现金净流量，但它并不影响对假设H_2的验证。

3. 投融资一体化、投融资效率与投资规模的实证结果

从表9-5来看，在投资过度组，在回归模型(9-1)中过度投资与交互项IIF×DL在1%的显著性水平上呈显著正相关，这表明参股金融机构的上市公司可能通过增加债务融资或银行借款等融资方式加剧过度投资。在投资不足组，由回归模型(9-2)中的交互项IIF×DL的系数均在1%显著性水平上显著为负，说明投融资一体化也能显著缓解公司的投资不足。前述研究初步说明，投融资一体化既能缓解投资不足，又可能加剧过度投资，但全样本的笼统检验很难甄别其他因素的影响，从而很难彻底厘清投融资一体化的作用机理。鉴于此，表9-5中按产权性质细分检验了投融资一体化和投融资效率对公司过度投资的影响。

当被解释变量为过度投资时，在模型(9-1)和(9-2)中，由国有企业组交互项IIF×DL的系数为0.032，且在1%的显著性水平上显著，表明国有企业容易利用投融资一体化平台进行过度投资，而民营企业组交互项IIF×DL的系数为-0.020，在10%的显著性水平上显著，说明投融资一体化并没有明显加剧民营企业的过度投资，可能是因为在外在融资环境较差的情况下，民营企业更用心甄别投资项目，从而显著降低民营企业的过度投资，以上结论有力地支持假设H_{2a}。

表9-5 投融资一体化、投融资效率与投资规模回归检验

分　类	OverInv (国企组)	OverInv (民企组)	OverInv (投资过度组)	UnderInv (投资不足组)	UnderInv (国企组)	UnderInv (民企组)
	(9-1)	(9-2)	(9-1)	(9-2)	(9-1)	(9-2)
因变量	DL	DL	DL	DL	DL	DL

(续表)

分 类	OverInv(国企组)	OverInv(民企组)	OverInv(投资过度组)	UnderInv(投资不足组)	UnderInv(国企组)	UnderInv(民企组)
	(10-1)	(10-2)	(10-1)	(10-2)	(10-1)	(10-2)
Intercept	0.079*	0.049	0.058**	0.029***	0.029	0.026**
	(2.11)	(1.10)	(1.92)	(2.61)	(1.44)	(2.27)
DL	−0.003	0.009	−0.003	−0.002	0.002	−0.005*
	(−0.310)	(0.678)	(−0.349)	(−0.471)	(0.297)	(−1.740)
IIF*DL	0.032***	−0.020**	0.018***	−0.023***	−0.029***	−0.012***
	(4.85)	(−2.52)	(3.45)	(−9.16)	(−7.46)	(−3.93)
Major	0.053***	−0.009	0.057***	−0.016***	−0.026***	−0.001
	(5.000)	(−0.640)	(6.720)	(−4.680)	(−4.490)	(−0.180)
Fcf	0.054***	0.002	0.041***	−0.012*	−0.019*	−0.005
	(2.960)	(0.098)	(2.750)	(−1.930)	(−1.830)	(−0.790)
Age	−.004***	0.001**	−0.002***	0.004***	0.004***	0.004***
	(−9.620)	(2.230)	(−7.750)	(39.391)	(21.650)	(33.980)
Adm	0.088***	0.085**	0.083***	0.032***	0.059***	−0.005
	(2.580)	(2.021)	(2.951)	(3.130)	(3.620)	(−0.481)
Size	0.000	−0.000	0.000	−.001	−0.001	−0.001
	(0.094)	(−0.210)	(−0.157)	(−1.531)	(−1.030)	(−1.240)
EBIT	−0.025	0.009	−0.007	−0.029***	−0.007*	−0.032***
	(−0.739)	(0.243)	(−0.261)	(−2.680)	(−1.760)	(−2.820)
Growth	0.002	0.002	0.002	−0.003	−0.006*	0.030***
	(0.381)	(0.287)	(0.335)	(−1.241)	(−1.660)	(−2.281)
Year & Ind	Control	Control	Control	Control	Control	Control
N	1 594	950	2 544	2 486	1 384	1 102
Adj-R^2	0.150	0.044	0.112	0.423	0.350	0.508
F-Value	9.92***	1.85***	9.72***	70.06***	26.61***	49.24***

注:括号中为 t 统计量;*、**、*** 分别表示在10%、5%、1%的显著性水平上显著。

当然,进一步思考,投融资一体化何以对国有企业与民营企业的过度投资产生截然相反的效果呢?究其原因可能是一方面国有企业所有者缺位和代理问题严重,政治抱负和其他激励会诱使管理者过度投资。另一方面,国有企业承担了更多的社会责任,声誉机制也会迫使国有企业参与更多不会给企业带来价值的"公益"项目;而民营企业则不同,公司治理相对完善、委托代理矛盾相对缓和,此时制约投融资效率的关键在于项目的边际价值,投融资一体化的信息共享与资源效应正好为民营企业管理者提升动态竞争能力和增加投资理性提供了难能可贵的契机，故会显著减少过度投资现象。

此外，由回归检验模型(9-1)和模型(9-2)中大股东持股 Major 的回归系数和 T 值也可以看出，国有企业大股东持股比例与过度投资显著正相关，而民营企业则表现为微弱的负相关。一种可能的解释是，国企大股东的持股比例越高，政府控制能力就越强，强烈的政府干预会要求企业完成更多不会给企业带来经济价值增加的"政治任务"，引发投资过度；而民营企业则不会存在此种状况，民营企业大股东的利益往往与公司价值一致，且其持股比例相对较小。大股东更多表现为对公司治理的监督，随着持股比例的提高，其监督动机和监督能力增强，抑制过度投资效果更明显。其他控制变量方面与全样本回归基本一致，在此不再赘述。

从表9-5中看分组检验投融资一体化和投融资效率如何影响公司的投资不足。当因变量为投资不足时，当 DL 在模型(9-1)和(9-2)的情况下，国有企业组交互项 IIF×DL 的系数为-0.029，且均在1%的显著性水平上显著。同样地，民营企业组交互项 IIF×DL 的系数为-0.012，也均达到在1%的显著性水平上显著，这些说明不论是国有企业还是民营企业，投融资一体化均能有效缓解投资不足。而从 EBIT、Growth 回归系数和 T 检验值对比来看，有力地验证了假设 H_{2b}。此外，在控制方面我们也发现，国有企业组中大股东持股(Major)的回归系数显著为负，说明当企业面临投资不足问题时，国有企业大股东表现出明显的"扶持"效应，此结果正好与我国国有企业存在的预算软约束相吻合，当企业处于经营困境时，作为大股东的政府会极力挽救困难企业，随着大股东持股比例的提高，企业的政治地位就会提高，该帮扶效应也就越明显。

4. 稳健性检验

为了检验上述结论的可靠性，我们通过以下方式进行了稳健性检验。

① 投融资一体化中的投融资效率可能存在内生性问题，即拥有剩余资金参股金融机构的公司本身较未参股金融机构的公司具备融资优势，由此引起统计检验时参股金融机构的公司可获得更高的投融资效率。基于此，我们比较公司参股金融机构前1年的两类公司在投融资效率方面是否存在显著差异，检验发现，参股金融机构前两类公司的投融资效率无显著差异。

② 为克服 Richardson(2006)模型估算非效率投资的误差对检验结果的影响，本文进一步筛选投资过度组，并按模型(9-2)的残差大小分成3组，把残差最大组和最小组分别定义为投资过度组和投资不足组，然后对全样本和分组样本重新进行回归，实证结果与前文的结果无实质性差异。

③ 用 Tobin'Q 替换营业收入增长率来反映公司的成长机会，做上述变换后我们重新检验发现，所得结果与前文的估计基本一致。以上检验均侧面佐证了前文结论的稳健性，限于篇幅，这里未予以列示。

总而言之，上文以公司通过参股金融机构的形式构建投融资平台的视角，在投融资一体化与公司投融资行为相融合的投融资效率理论分析框架下，以深、沪两市公司 2007—2011 年的年度数据为样本，逐步探讨了投融资一体化对公司投融资效率的影响，主要有以下两个方面的发现。一是投融资一体化作为虚体经济服务实体经济的平台，通过投融资效率对企业经济发展有显著影响,且相对于国有企业而言,民营企业参股金融机构所获得的投融资一体化平台更多表现为与其经济发展成显著正相关,可能是投融资一体化对民营企业融资难起到一定程度上的缓解效应。二是投融资一体化平台业绩表征变量的投融资效率对国有企业的经济发展影响具有两面性。一方面,实施投融资一体化获取的融资优势能显著缓解因现金流短缺而引起的投资不足;另一方面,自由现金流的增加也可能加剧公司过度投资。进一步按产权性质的分组检验表明,投融资一体化与公司的委托代理矛盾息息相关,国有企业的"双重代理"和政治干预等可能异化投融资一体化的资源配置功能,社会责任、声誉压力和政治抱负会诱使国有企业利用投融资一体化带来的融资优势进行过度投资,从而降低投资效率。而民营企业则不同,相对完善的公司治理对管理层的行为形成较为有效的监督,故投融资一体化没有明显加剧民营企业过度投资的迹象。

9.2 用户导向型平台企业人本资本共享数据财务管理模式实证研究

方兴未艾的第四次工业革命基础信息技术促进人类社会由信息非对称的人本经济演变为信息对称的人本经济(丁胜红,2019)。从国外到国内,资源的共享或分享已经成为引人关注的消费和经济合作方式(郑联盛,2017)。我国商务部的统计数据显示,2012—2017 年,我国互联网平台贸易额从 8.1 万亿元增长至 28.7 万亿元,年平均增长率高达 50.9%,网络零售交易额从 1.31 万亿元增长至 7.18 万亿元(占零售总额的 19.6%),年均增长率高达 90%。显然,近年来,市场中产生了很多的信息对称的人本经济模式及产品,信息对称的人本经济也受到了越来越多的关注(田帆,2018)。其中,信息对称的人本经济的平台运营模式不仅为参与平台的各方提供在平台上进行交易的服务,还会提供平台参与各方交流经验、情感和友谊等的社交平台(张红彬、李孟刚,2019)。日趋显著的信息对称的人本经济平台网络集聚效应促进信息对称的人本经济发展已成为国内外经济学者共同关注的热门话题。

在"互联网+"时代,"互联网+"的"去中心化""去媒介化"和"去信用化"促进了企业"扁平化"与"碎片化"的组织变革。其组织变革的根本内因在于企业采取所有权与经营权合一方式还原于企业员工人身的自由。自由之身的企业员工和自由市场用户借助网络平台共享配置集聚多样化的员工网络社群和参与用户网络社群的形成。而这些多样化网络社群的形成体现了员工和参与用户具有平等性、协同性和自主性的三种属性。正是这三种属性成就了企业员工、市场参与用户和网络平台三方对等的网络关系。具有这三方对等网络关系的网络平台借助网络集聚效应成就了共享行为演化信息对称的人本经济。其中,网络平台的网络集聚效应加速了各种知识资源在网络中的传播与扩散。人的主观能动性促进了人们对网络传播与扩散的各种新知识的吸收与内化,赋能自身人力资源更多功能。通过各种专业化劳动分工促使多种功能人力资源可以得到有效配置。

然而,人们在一定时间内选择某种功能人力资源的同时,其他功能人力资源处于相对闲置状态,这种相对闲置资源成为信息对称的人本经济特征[①]之一。人拥有的功能越多,人的适应能力越强,这说明具有多种功能的人力资源具有相对闲置的优势。人们通过学习所获

---

① 共享经济特征包括相对闲置资源特征、长期效应特征和外部效应特征。

得的多种功能人力资源将终身受用,这说明通过学习获得的多种功能人力资源具有长期效应。人的主观能动性促进人们之间相互学习知识,而知识的外部性决定了学习知识内化于人形成多种功能的人力资源也会具有外部效应,也正是这种人力资源的外部效应成就了人们拥有不同相对闲置人力资源在交互过程中获得有效利用。因此,作为"互联网+"时代网络平台化企业的员工和市场用户也自然而然地具有体现信息对称的人本经济关键性特征,即相对闲置人力资源、长期效应和外部效应。在注入对等网络关系的共享动机驱动下,由企业员工网络社群构成的供给方和由市场参与用户网络社群构成的需求方共同围绕着网络平台展开共享配置的信息对称的人本经济活动,促进了企业信息对称的人本经济发展。

9.2.1　用户导向型平台企业人本经济研究现状

1. 关于信息对称的共享经济背景下网络平台共享供需配置研究

20 世纪 70 年代,马科斯·费尔逊基于个人汽车共享和租赁研究首次提出了信息对称的共享经济概念(金碚、郝丹,2018)。随着互联网信息技术的发展而不断更迭的是,信息对称的共享经济概念不断丰富发展。信息对称的共享经济是指利用互联网等现代信息技术整合、分享大量分散化闲置资源,满足不同需求的经济活动总和(田帆,2018)。价值共创和协同消费作为信息对称的共享经济理念,鼓励用户角色的多重化,促进了社会关系的互动和信息数据的产生(李凤萍,2020),致使社交网络兼具社会属性和信息技术属性,且具有高度的开放性和共享性(罗艳、陶之祥,2019)。这种开放性和共享性会导致双边平台或者多方平台的供需各方互相吸引,使得平台逐步壮大(Rochet J.、Tirole J.,2003;Zhu F.、Iansiti M.,2011)。最终供需两端用户得到的效用取决于平台上供需双方的数量和质量(Afuab A.,2013)。Bruton 等(2015)指出,网络平台能有效利用网络正外部性优势。因此,平台化企业可以通过打造信息对称的共享经济平台的社交网络来提升网络效应(张红彬、李孟刚、李文锐,2019)。

通过社交网络外部性作用机制而引发行业规模报酬递增,促进行业生产效率提高(余文涛、吴士炜,2019)。由于网路平台兼具企业与市场的双重特性(邱遥堃,2020),这种网路平台双重特性表明,网络平台是组织生产力的新型主体,在数字经济时代承担着维护网络市场秩序、保障用户权益的公共职能(刘权,2020)。在生产领域内,网络平台经济中,"去劳动关系化"可以提高劳动力市场灵活性(胡磊,2019)。在销售领域,在电商、电商平台和物流企业组成的销售系统中,电商的需求预测信息共享策略和电商平台的博弈结构选择也会相互影响、相互制约(文悦、王勇、士明军,2019)。显然,在信息对称的共享经济背景下,网络平台具有生产领域配置功能和销售领域配置功能。

信息对称的共享经济是一种混合的平台商业模式,包括信息对称的共享经济成分和平台经济成分(张红彬、李孟刚,2019)。就信息对称的共享经济成分而言,随着信息对称的共享经济的发展,企业和消费者都应该将信息对称的共享经济视为一种可持续的、盈利性的活动(Botsman,2010)。在信息对称的共享经济背景下,可持续性消费促进了企业信息对称的共享经济增长(阳镇、许英杰,2019)。就平台经济成分而言,在合理的资源配置下使得网络平台收益实现最大化(张红彬、李孟刚,2019)。信息对称的买方市场体验需求驱动"互联网＋"企业去中心化的供给方与网络共享平台管理方逐渐分离,并逐渐形成由企业员工网络社群组成的企业供给方、参与用户网络社群组成的市场需求方和自主完成企业制度使命的网络共享平台三方组成对等网络关系(Benoit et al.,2017；Frenken、Schor,2017)。鉴于平台为共享注入了互联网基因,将基于强关系的小范围共享扩展为基于弱关系的大规模共享(Ranjbar et al.,2018)。至此,共享才成为信息对称的共享经济(Belk,2014)。

信息对称的共享经济特征是共享动机、闲置资源及网络平台(涂科、杨学成,2020)。判断共享动机在于驱动个体进行共享活动的内部动力,描述的是个体进行共享的目的(Dellaert,2019)。其判断标准目的在于促进相对闲置资源有效配置(丁胜红,2020)。判断闲置资源是否成为信息对称的共享经济所共享的内容,采用相对闲置优势、长期效应和外部效应的判断标准,其判断标准目的在于提高资源利用率(Dellaert,2019；Belk,2014)。促进判断网络平台在信息对称的共享经济中是否承担配置任务(Ranjbari et al.,2018),采用平等性(杨学成、涂科,2018)、协同性(Dellaert,2019；Belk,2014)以及自主性(Kumar et al.,2018；Fehrer et al.,2018；吴清军、李贞,2018)三种特性的判断标准,其判断标准目的在于网络平台成就对等网络关系(丁胜红,2020)。显然,网络平台在生产领域和供需领域具有共享配置功能。截止到目前,尚未有文献涉及网络平台共享配置效率与企业信息对称的共享经济增长关系研究。

2. 关于共享资本结构形成研究

第一次和第二次工业革命的基础制造技术决定了人类社会生产力水平处于欠发达水平,由此决定了信息非对称的卖方市场基本需求驱动企业信奉资本雇佣劳动观配置财务资本结构影响生产导向型企业物本经济发展(吴尧、沈坤荣,2020；孔少华,2020)。第三次工业革命的基础制造技术决定了人类社会生产力水平处于发达水平,由此决定了信息非对称的买方市场层序需求驱动人力资本崛起,致使人力资本拥有企业所有权成为一个趋势(方竹兰,1998)。此趋势孕育了企业信奉资本与劳动和谐观配置企业人力资本结构影响顾客导向型企业共享经济发展(杨秀云、尹诗晨,2020)。方兴未艾的第四次工业革命基础信息技术决定了人类社会生产力处于更高的发达水平,免费的"互联网＋"模式打造信息对称的买方市场,其买方市场体验需求驱动企业信奉(数据)资本与劳动共享观配置企业员工人力资本与市场参与用户人力资本结构影响用户导向型平台企业信息对称的共享经济发展。这正是笔者在网络平台共享配置下研究共享资本结构与企业信息对称的共享经济增长的热点命题之一。信息对称的人本经济就是共享经济(丁胜红,2021),因此,信息对称的用户导向型平台企业人本资本结构就是用户导向型平台企业共享资本结构。因为网络平台实现了用户导向型平台企业信息对称,因此,用户导向型平台企业共享经济研究现状就是信息对称的用户导向型平台企业人本经济研究现状。

针对上述信息对称的用户导向型平台企业人本经济研究现状,根据用户导向型平台企业人本资本理论,针对用户导向型平台企业人本资本共享数据财务管理职能,结合用户导向型平台企业人本资本共享数据财务管理理论,进行理论分析并提出研究假设,进而进行变量设计与实证检验模型构建,选择2015—2019年计算机、通信和其他电子设备制造业上市公司财务报告数据为样本,采用多元回归方法,进行用户导向型平台企业人本资本共享数据财务管理模式回归检验,并对实证检验模型进行稳定性检验。

9.2.2 理论分析与研究假设的提出

在信息对称的人本经济阶段,作为人本经济主体的用户导向型平台企业信奉资本与劳动共享观,追求物类价值归于人类价值的用户导向型平台企业去管理重心,促进用户导向型平台企业人本经济发展。体现用户导向型平台企业人本经济发展的用户导向型平台企业人本资本价值函数为:$Y=A(t)K^{\alpha}L_{\text{staff}}^{\theta}L_{\text{user}}^{\vartheta}G^{\upsilon}u$。用户导向型平台企业人本资本在一定规模下,结合拉格朗日-柯西定理,推论出信息对称的人本经济阶段用户导向型平台企业人本资本价值最大化条件,即:

$$\theta/L_{\text{staff}}=\alpha/K=\upsilon/G=\vartheta/L_{\text{user}} \qquad (9-4)$$

用户导向型平台企业人本资本共享数据财务管理模式的应用在于用户导向型平台企业人本资本共享数据财务管理职能的有效履行,促进用户导向型平台企业人本资本价值最大化。用户导向型平台企业人本资本共享数据财务管理基本职能为人本资源有效共享配置和人权共享有效配置。用户导向型平台企业人本资本共享数据财务治理职能为用户导向型平台企业人本资本共享数据财务治理的决策机制、激励机制和约束机制。在深度学习型的人工智能参与人类社会专业劳动分工时,智能化劳动不仅能替代简单重复操作性劳动,而且成为人类智慧劳动的补充。针对"互联网+"企业的组织变革所形成的网络平台的智能劳动成为替代企业管理者劳动的"化身",履行企业专业化生产劳动分工配置功能和专业化服务劳动分工配置功能。当然,这里所说的网络平台不再是简单平台,而是被嵌入区块链、人工智能和云技术等信息技术,使之成为智能体(丁胜红,2020),以此完成用户导向型平台企业人本资本共享数据财务管理职能,通过完备性超智能财务契约赋予网络平台人本资源有效共享配置和人权有效共享配置。一方面,完成用户导向型平台企业人本资本共享数据财务资源供需有效配置;另一方面,完成用户导向型平台企业人本资本共享数据财务资源共享配置。用户导向型平台企业人本资本共享数据财务管理职能履行的有效程度集中体现了用户导向型平台企业人本资源有效配置的程度。因此,以用户导向型平台企业人本资源有效配置程度作为用户导向型平台企业人本资本共享数据财务管理职能履行有效程度的替代变量。

因此,衡量用户导向型平台企业人本资本共享数据财务管理职能和用户导向型平台企业人本资本共享数据财务治理职能的有效履行程度的变量为网络平台共享配置效率,它成为决定企业信息对称的人本经济增长的关键因素。因此,根据(9-4)式,结合网络平台共享配置内涵,分析网络平台共享配置效率,进而获得网络平台共享配置效率模型。网络平台共享配置包括用户导向型平台企业员工与买方市场用户共创价值的人力资源共享配置效率与企业与买方市场供需平衡的共享配置效率。其中,网络平台共享配置人力资源效率模型,根据(9-4)式,根据边际产出等于边际成本,推导出用户导向型平台企业员工人力资源配置效率模型为:

$$\text{MPL}_{\text{staff}}=\frac{\partial Y}{\partial L_{\text{staff}}}=\text{MC}_{\text{staff}}=A \qquad (9-5)$$

买方市场参与用户的人力资源配置效率模型为:

$$\mathrm{MPL_{user}} = \frac{\partial Y}{\partial L_{user}} = \mathrm{MC_{user}} = B \qquad (9-6)$$

就(9-5)式的经济含义而言,$\mathrm{MPL_{staff}}$为用户导向型平台企业员工劳动边际产出。其中,L_{staff}为用户导向型平台企业支付给员工的人力资本价值,它体现了所有权与经营权合一的企业员工劳动创造全部投入。Y为用户导向型平台企业共享价值实现。A为用户导向型平台企业员工劳动边际成本,鉴于边际产出等于边际成本,A可定义为1。就(9-6)式的经济含义而言,$\mathrm{MPL_{user}}$为买方市场用户参与企业员工的劳动边际产出。其中,L_{user}为用户导向型平台企业应该支付参与企业员工创造的用户人力资本价值。B为买方市场用户参与企业员工价值创造的劳动边际成本,鉴于边际产出等于边际成本,B可定义为1。作为本文解释变量的$\mathrm{MPL_{staff}}$和$\mathrm{MPL_{user}}$,它们分别度量网络平台共享配置企业员工和参与用户的人力资源配置效率,该值越大,表示网络平台共享配置企业员工和参与用户的人力资源效率越高。

由此,可以得出如下研究假设:

H:企业员工、参与用户的人力资源共享配置效率与企业信息对称的人本经济增长呈显著正相关。

为了降低数值上的离散程度,同时方便解释结果,本文构建反映网络平台人力资源共享配置效率的企业员工人力资源共享配置离散度模型式(9-7)和网络平台参与用户人力资源共享配置离散度模型式(9-8),即:

$$\mathrm{MISA_{staff}} = |\mathrm{MPL_{staff}} - A| \qquad (9-7)$$

$$\mathrm{MISA_{user}} = |\mathrm{MPL_{user}} - B| \qquad (9-8)$$

根据式(9-7)和式(9-8)可知,只有测算用户导向型平台企业员工人力资源配置效率$\mathrm{MPL_{staff}}$和参与用户人力资源配置效率$\mathrm{MPL_{user}}$,才可获得企业员工人力资源共享配置离散度和网络平台参与用户人力资源共享配置离散度。

首先,可得到用户导向型平台企业信息对称的人本经济增长模型如下:

$$Y = A(t) K^{\alpha} L_{staff}^{\theta} L_{user}^{\vartheta} G^{\upsilon} u \qquad (9-9)$$

对式(9-9)两边取对数,可得:

$$\ln Y = \beta_0 + \beta_1 \ln K + \beta_2 \ln L_{staff} + \beta_3 \ln L_{user} + \varepsilon \qquad (9-10)$$

其中,$\ln A(t) = \beta_0$、$\alpha = \beta_1$、$\theta = \beta_2$、$\vartheta = \beta_3$、$\upsilon = \beta_4$和$\ln u = \varepsilon$。

其次,对式(9-9)中L_{staff}进行偏导计算,可得出用户导向型平台企业员工边际劳动产出,即:

$$\mathrm{MPL_{staff}} = \beta_2 \times (Y/L_{staff}) \qquad (9-11)$$

对式(9-9)中L_{user}进行偏导计算,可得出参与用户边际劳动产出,即:

$$\mathrm{MPL_{user}} = \beta_3 \times (Y/L_{user}) \qquad (9-12)$$

最后,通过式(9-10)估计β_2值和β_3值,可计算出$\mathrm{MPL_{staff}}$和$\mathrm{MPL_{user}}$。

另外,根据式(9-7)和式(9-8)的经济含义,在研究假设 H 的基础上得出如下推论假设：

推论假设 H_1：企业员工人力资源共享配置离散度与企业信息对称的人本经济增长呈显著负相关；

推论假设 H_2：网络平台参与用户人力资源共享配置离散度与企业信息对称的人本经济增长呈显著负相关。

由此可见，通过检验推论假设 H_1 和推论假设 H_2，进而间接检验研究假设 H。

根据 Restuccia 和 Rogerson(2008)的研究，采用要素投入的税收比例表示要素市场的流动摩擦系数，系数越大表示要素市场的资源配置效率就越低。根据税收本质是从实现企业价值中获得补偿的一种形式，用户导向型平台企业纳税占收入的比例表示网络平台供需配置效率模型。在"互联网+"时代，如果信息对称的买方市场所有交易所产生的收入都能征收税款，那么网络平台供需配置效率应该为100%。因此，用户导向型平台企业的纳税比例模型如下：

$$\Gamma = \tau \sum_{i=1}^{n} Y / \sum_{i=1}^{n} Y = \tau \qquad (9-13)$$

截至目前，税务会计对离散型人本经济业务收入的确认与计量主要立足于中心化信任结构下形成的各种纳税法律与规则。然而，在虚体网络买方市场（或线上）中，连续型经济业务采取连续确认与计量，并加以连续征税，则需要在去中心化信任结构下形成各种智能化纳税法律与规则。在方兴未艾的第四次工业革命现代信息基础技术正在推广的过程中，一方面，由于政府依据中心化信任结构下各种纳税法律与规则无法及时赋予网络市场自生经济主体纳税权利和义务；另一方面，在中心化信任结构下，各种纳税法律与规则无法完全确认与计量"线上"连续型人本经济业务收入。用户导向型平台企业借助网络平台供需配置实现了所有企业的所有价值。因此，在现实以共享为本的人本经济中，一定期间内用户导向型平台企业的纳税比例模型为：

$$\Gamma = \tau \sum_{i=1}^{n} \Delta Y_1 / (\sum_{i=1}^{n} \Delta Y_1 + \sum_{i=1}^{m} \Delta Y_2) \qquad (9-14)$$

基于式(9-14)的经济含义，可以得出如下研究假设：

研究假设 λ：网络平台供需共享配置效率与企业信息对称的人本经济增长呈显著正相关。

由式(9-14)推导出如下用户导向型平台企业的纳税比例模型：

$$\Gamma = \tau / (1 + \sum_{i=1}^{m} \Delta Y_2 / \sum_{i=1}^{n} \Delta Y_1) \qquad (9-15)$$

截至目前，征税机关依据中心化信任结构下各种纳税法律与规则仅仅对离散型人本经济业务收入征税。如果实现线上连续型交易的网络平台供需匹配效率越高，代表线上连续型交易的 $\sum_{}^{m} \Delta Y_2$ 增速大于代表线下与线上之间离散型交易的 $\sum_{}^{n} \Delta Y_1$ 增速，那么 $\sum_{}^{m} \Delta Y_2 / \sum_{}^{n} \Delta Y_1$ 呈加速递增趋势，而 Γ 呈加速递减趋势。由此可以得出：

推论假设 λ_1:在线上实现连续型交易处于加速繁荣时期,用户导向型平台企业纳税比例与企业信息对称的人本经济增长呈显著负相关。

鉴于在去中心信任结构下线上产生连续型交易,目前在中心信任结构下各种纳税法律与规则对此交易难以确认与计量,很难获得样本数据,因此,只能通过其对称假设检验来加以间接检验。

如果实现线上与线下离散型交易的网络平台供需匹配效率越高,代表线上连续型交易的 $\sum_{}^{m} \Delta Y_2$ 增速小于代表线下与线上之间离散型交易的 $\sum_{}^{n} \Delta Y_1$ 增速,那么 $\sum_{}^{m} \Delta Y_2 / \sum_{}^{n} \Delta Y_1$ 呈加速递减趋势,而 Γ 呈递增趋势。由此可以得出:

推论假设 λ_2:在线上与线下之间离散型交易处于加速繁荣时期,用户导向型平台企业纳税比例与企业信息对称的人本经济增长呈显著正相关。

关于用户导向型平台企业人本资本结构模型。按照马克思主义政治经济学的观点,资本是一种可以带来剩余价值的价值。这是马克思对第一次、第二次工业革命基础制造技术广泛应用,它所决定的信息非对称的物本经济阶段资本概念的定义。就企业而言,其"剩余价值"体现了资本雇佣劳动观。第三次工业革命基础制造技术广泛应用,它所决定的信息非对称的人本经济阶段资本概念的定义,是一种带来合作价值的价值。就企业而言,其"合作价值"体现了资本与劳动和谐观。正在爆发的第四次工业革命现代基础信息技术正在推广应用,它所决定的信息对称的人本经济阶段资本概念的定义,是一种带来共享价值的价值。就企业而言,其"共享价值"体现了资本与劳动共享观。因此,奉行资本与劳动共享观的用户导向型平台企业组合资本为人本资本。根据式(9-9),人本资本结构模型记为 $\Pi = (L_{\text{staff}} + L_{\text{user}})/(L_{\text{staff}} + L_{\text{user}} + K)$。根据式(9-4),可以推导出用户导向型平台企业存在最优人本资本结构模型,记为 $\mathcal{R} = (\theta + \vartheta)/(\alpha + \theta + \vartheta)$。因此,人本资本结构变量 Π 的变化趋势呈倒"U"型。笔者定义的人本资本结构优化度是指人本资本结构接近最优人本资本结构的程度。由此可以得出:

研究假设 ζ:人本资本结构优化度与企业信息对称的人本经济增长呈显著正相关。

为了降低数值上的离散程度,同时方便解释结果,因此,设定人本资本结构优化离散度模型为:

$$\Xi = |\mathcal{R} - \Pi| \quad (9-16)$$

根据式(9-16),人本资本结构优化程度越高,人本资本结构优化离散程度就越低,其企业信息对称的人本经济增长也就越高。因此,可以得出:

推论研究假设 ζ_1:人本资本结构优化离散程度与企业信息对称的人本经济增长呈显著负相关。

9.2.3 变量设计与实证检验模型的构建

1. 变量设计

根据上述研究假设,结合用户导向型平台企业=用户导向型平台企业+网络平台,网络平台共享配置效率模型、用户导向型平台企业人本资本结构模型以及用户导向型平台企业人本经济增长模型,设计变量如表9-6所示。

表 9-6　变量设计

变量类别	变量名称	变量符号	变量公式
被解释变量	用户导向型平台企业人本经济增长	Z	$Z=\ln\dfrac{Y}{\text{input}}$
解释变量	用户导向型平台企业员工人力资源共享配置离散度	$\text{MIS}A_{\text{staff}}$	$\text{MIS}A_{\text{staff}}=|\text{MPL}_{\text{staff}}-A|$
	网络平台参与用户人力资源共享配置离散度	$\text{MIS}A_{\text{user}}$	$\text{MIS}A_{\text{user}}=|\text{MPL}_{\text{user}}-B|$
	用户导向型平台企业的纳税比例	Γ	$\Gamma=\tau\sum\limits_{i=1}^{n}Y_1/(\sum\limits_{i=1}^{n}Y_1+\sum\limits_{i=1}^{m}Y_2)$
	用户导向型平台企业人本资本结构优化离散度	$\varXi$	$\varXi=|R-\varPi|$

在表 9-6 中，用户导向型平台企业人本经济增长定义为用户导向型平台企业人本资本价值的产出 Y 与用户导向型平台企业人本资本价值的投入 input 之间的比值。其他变量的内涵，前文已做具体阐述，此处不再赘述。

2. 实证检验模型构建

依据以用户为导向型企业人本经济增长模型，鉴于前文原假设和推论假设，构建本文实证检验理论模型为：

$$\begin{aligned}Z&=(-\text{MIS}A_{\text{staff}})\times(-\text{MIS}A_{\text{user}})\times\Gamma\times(-\varXi)\times\varepsilon\\&=-\text{MIS}A_{\text{staff}}\times\text{MIS}A_{\text{user}}\times\Gamma\times\varXi\times\varepsilon\end{aligned}\qquad(9-17)$$

其中，ε 为随机扰动项。对式(9-17)两边取自然对数，可得：

$$\ln Z=-\ln\text{MIS}A_{\text{staff}}+\ln\text{MIS}A_{\text{user}}+\ln\Gamma+\ln\varXi+\ln\varepsilon \qquad(9-18)$$

根据式(9-18)设计本文实证检验模型为：

$$y=\beta_0+\beta_1x_1+\beta_2x_2+\beta_3x_3+\beta_4x_4+\varepsilon \qquad(9-19)$$

其中，β_0 为常数项；$y=\ln Z$、$x_1=\ln\text{MIS}A_{\text{staff}}$、$x_2=\ln\text{MIS}A_{\text{user}}$、$x_3=\ln\Gamma$、$x_4=\ln\varXi$ 以及 $e=\ln\varepsilon$ 为实证检验模型的随机扰动项；β_i 为 x_i 估计参数，且 $i=1,2,3,4$。

进一步将式(9-19)拓展为面板模型层面，其具体实证检验模型如下：

$$y_{it}=\beta_0+\beta_1x_{1it}+\beta_2x_{2it}+\beta_3x_{3it}+\beta_4x_{4it}+u_i+\varepsilon_{it} \qquad(9-20)$$

其中，$i=1,2,\cdots,n$，$t=1,2,\cdots,m$。它们表示第 i 个企业在 t 时间构成截面观察企业；其他变量和系数与模型式(9-19)中一致。u_i 是第 i 个企业的个体效应。当 u_i 为常量时，代表恒常不变因素影响企业信息对称的人本经济增长，其他随时间变化而变化的因素归入随机扰动项 ε_{it} 中，此时模型式(9-20)为固定效应模型；当个体效应 u_i 是随机变量时，随机误差项为 $u_i+\varepsilon_{it}$，此时模型式(9-20)为随机效应模型。

9.2.4　样本数据选择与变量数据测算

1. 样本数据选择

在"互联网＋"时代，鉴于本文研究对象为发挥网络平台共享配置效率的企业，同时，企业更多从事线上与线下相结合的交易模式处于主导地位。根据证监会2012版行业分类标准，选取2015—2019年期间计算机、通信和其他电子设备制造业上市公司财务报告数据为研究样本对象，共计418家。数据主要来源于《中国股票市场研究数据库》，该数据库详细记录了企业营业收入、营业成本和资产负债率等经营性指标和财务性指标，具有典型性和代表性等优势。剔除ST或ST*企业19家，剔除不满足5年上市公司以及物力资本＝营业总成本－员工成本－用户成本为负数的189家，经过搜集、筛选、整理，最终形成了210家上市公司的平衡面板数据。就被解释变量而言，根据企业信息对称的人本经济增长模型的经济含义，企业共享价值产出(Y)的样本数据选择企业每年营业总收入，企业共享价值投入(input)的样本数据选择企业每年营业总成本。其理由如下：尽管上述所选择样本企业的技术水平基本上植入方兴未艾的第四次工业革命阶段，但企业管理模式从企业"＋互联网"正在向"互联网＋"企业转变，企业仍然沿袭资本雇佣劳动观的某些专业化服务劳动分工，其企业服务领域的资源配置效率尽管没有达到本文所论述的网络平台共享匹配效率，但是为了满足本文被解释变量的经济内涵，将上述样本企业服务领域的资源配置效率推定为较低水平网络平台共享匹配效率，将上述样本企业服务领域的数据予以剔除。就解释变量而言，无法直接从样本数据获取，根据解释变量模型采取相应测算公式，对此进行变量数据测算。计算解释变量企业纳税比例($\ln \Gamma$)所使用的当年行业总产值数据来源于《2019中国统计年鉴》。

2. 变量数据测算

考虑到本文研究样本为2015—2019年计算机、通信和其他电子设备制造业上市公司财务报告，尽管该行业在"互联网＋"背景下，企业正在从企业"＋互联网"向"互联网＋"企业转变，但是在企业管理模式中保留了一些体现资本雇佣劳动观的某些做法。譬如，其上市公司财务报告中仍列示体现资本雇佣劳动观的未分配利润。根据企业信息对称的人本经济增长模型的经济含义，结合前文将企业服务领域的资源配置效率推定为网络平台共享匹配效率，其样本数据上市公司服务领域投入的管理费用，应该源于企业沿袭资本雇佣劳动观剥削企业员工人力资本价值。作为企业日常经营管理业务所产生的管理费用，难以靠"剥削"市场参与用户人力资本价值来进行日常维系。无论是在企业契约理论上，还是在企业管理实践中，都是不可行的。因此，平均企业员工人力资本价值测算公式为：平均企业员工人力资本价值＝平均职工工资＋平均福利＋平均管理费用。平均市场参与用户人力资本价值测算公式为：平均市场参与用户人力资本价值＝毛利润－管理费用＝营业利润。平均企业物力资本价值测算公式为：平均企业物力资本价值＝平均营业总成本－平均企业员工人力资本价值－平均市场参与用户人力资本价值。

根据上述企业员工人力资本价值测算公式、市场参与用户人力资本价值测算公式和平均企业物力资本价值测算公式，以计算机、通信和其他电子设备制造业某上市公司为例，测算该上市公司人本资本价值测算数据如表9-7所示。

表9-7　某上市公司人本资本价值测算数据　　　　　　　　　　单位：万元

年　份	营业总收入	企业员工人力资本价值	市场参与用户人力资本价值	企业物力资本价值
2014	1 644 416.50	170 572.78	25 974.66	1 413 685.89
2015	1 536 181.48	198 517.97	19 769.12	1 286 736.47

(续表)

年 份	营业总收入	企业员工人力资本价值	市场参与用户人力资本价值	企业物力资本价值
2016	1 506 917.05	244 377.76	33 882.21	1 217 915.87
2017	1 420 977.86	264 381.60	73 398.30	1 062 150.64
2018	1 606 100.60	259 348.46	75 169.55	1 256 158.57
2019	1 322 381.88	279 679.95	54 639.81	924 401.06

按照表9-7中某上市公司人本资本价值测算数据，完成2015—2019年计算机、通信和其他电子设备制造业上市公司人本资本价值样本数据收集和测算，利用式(9-10)以及Stata 16.0软件，按年度估计网络平台共享配置下企业物力资源、企业员工人力资源和参与用户人力资源偏回归系数，进而估计出相应被解释变量的弹性系数，具体估计结果如表9-8所示。

表9-8 企业物力资源、企业员工人力资源、参与用户人力资源弹性系数测算

年 份	β_1	β_2	β_3	系数之和	$\mathscr{R}$	F 统计量
2014	0.543***	0.285***	0.157***	0.985	0.449	2 189.07***
	(15.48)	(5.63)	(6.59)			
2015	0.482***	0.324***	0.175***	0.981	0.509	1 233.52***
	(10.68)	(6.18)	(6.74)			
2016	0.432***	0.402***	0.176***	1.010	0.572	2 027.85***
	(14.58)	(9.76)	(7.79)			
2017	0.330***	0.469***	0.235***	1.034	0.681	1 341.12***
	(5.88)	(6.54)	(5.75)			
2018	0.410***	0.415***	0.177***	1.002	0.591	2 386.34***
	(12.56)	(11.60)	(7.53)			
2019	0.485***	0.379***	0.147***	1.011	0.520	5 401.76***
	(18.71)	(11.25)	(8.83)			

注：括号中为 t 统计量；*** 表示在1%的显著性水平上显著。

理论上，一般将企业组合资本弹性系数之和小于0.9定义为行业规模报酬递减，系数之和在0.9~1.0之间定义为行业规模报酬不变，系数之和大于1.0定义为规模报酬递增。从表9-8中可以看出，2014—2019年，上市公司物力资源、员工人力资源和参与用户人力资源弹性系数之和均值为0.553 7，与杨汝岱(2015)利用1998—2009年面板数据测算该行业企业组合资本弹性系数之和0.944相比，说明通信设备、计算机及其他电子设备制造行业正处于规模报酬递增阶段。信息对称的人本经济网络平台的出现使该行业出现了发展的新机遇，通过网络平台共享匹配促进了企业规模扩大和效益提升。其中，企业物力资源弹性系数均值为0.134，企业员工人力资本系数均值为0.880，与杨汝岱测算得出的企业物力资源与员工人力资源弹性系数0.387和0.557相比，网络平台共享配置在降低企业物力资源消

耗的同时，提高了企业人力资源配置效率。利用最优人本资本结构模型 $\Re$ 计算 2015—2019 年计算机、通信和其他电子设备制造业上市公司最优人本资本结构，如表 9-8 第 6 列所示。

以 2015—2019 年期间计算机、通信和其他电子设备制造业某上市公司为例，首先，测算表 9-8 所测算 β_2 和 β_3 数据，以及测算表 9-7 中的每年公司人本资本价值产出数据(Y)、每年公司员工人力资本价值数据(L_{staff})和每年参与用户人力资本价值数据(L_{user})，结合式(9-11)和式(9-12)测算出每年公司员工边际劳动产出数据(MPL_{staff})和每年参与用户边际劳动产出数据(MPL_{user})；其次，根据式(9-7)、式(9-8)分别测算出每年公司员工人力资源共享配置离散度数据($MISA_{staff}$)、每年参与用户人力资源共享配置离散度($MISA_{user}$)；最后，利用表 9-7 中企业最优人本资本结构 $\Re$ 和企业人本资本结构 Π，其中，$L_{staff}+L_{user}$ 为企业营业收入减去物力资本成本，$L_{staff}+L_{user}+K$ 为企业总资产，根据式(9-13)计算公司人本资本结构优化离散度 Ξ。测算结果如表 9-9 所示。

表 9-9 MPL_{staff}、MPL_{user}、$MISA_{staff}$、$MISA_{user}$、Π 以及 Ξ 测算数据

年 度	MPL_{staff}	MPL_{user}	$MISA_{staff}$	$MISA_{user}$	Π	Ξ
2014	2.75	9.94	1.75	8.94	0.16	0.29
2015	2.51	13.6	1.51	12.6	0.17	0.33
2016	2.48	7.83	1.48	6.83	0.25	0.33
2107	2.52	4.55	1.52	3.55	0.22	0.46
2018	2.57	3.78	1.57	2.78	0.22	0.37
2019	1.79	3.56	0.79	2.56	0.22	0.30

总而言之，按照上述 2015—2019 年期间计算机、通信和其他电子设备制造业某上市公司为例所测算的某个公司样本数据的测算方法和测算程序，具体测算本文所选择 2015—2019 年计算机、通信和其他电子设备制造业 220 家上市公司面板数据，利用 Stata 16.0 软件进行实证检验分析。

9.2.5 实证检验分析

1. 描述性统计分析

根据上文测算样本数据，利用 Stata 16.0 对式(9-20)被解释变量和解释变量做描述性统计分析，具体结果如表 9-10 所示。参与用户边际劳动产出标准差为 7.365，它与均值(4.03)较为接近，这说明该指标离中程度比较合理，该变量的样本数据具有代表性。虽然网络平台供需配置效率均值与其标准差相差较大，但其最大值与最小值之差仅为 6.07，且它的均值(−14.02)与中位数(−14.13)十分接近，因此，表达该变量的样本数据仍有效。企业信息对称的人本经济增长均值与标准差非常接近，这说明所选择上市公司样本绝大部分处于企业生命周期中的成熟期。其他变量标准差与其均值非常接近，这说明它们离中程度比较合理，样本数据具有很强的代表性。

表 9-10 变量描述性统计结果

变量	变量含义	均值	标准差	最小值	中位数	最大值
Z	企业信息对称的人本经济增长	0.34	0.169	0.07	0.3	0.83
MPL_{staff}	企业员工边际劳动产出	1.72	0.924	0.56	1.5	6.37
MPL_{user}	参与用户边际劳动产出	4.03	7.365	0.47	2.09	57.41
$\ln MISA_{staff}$ $\ln MISA\_staff$	员工人力资源共享配置离散度	−0.81	1.202	−4.53	−0.68	1.68
$\ln MISA_{user}$ $\ln MISA\_user$	参与用户人力资源共享配置离散度	−0.04	1.574	−4.23	0.09	4.03
$\ln \Gamma$	网络平台供需配置效率	−14.02	1.225	−16.51	−14.13	−10.44
$\ln \Xi$	企业人本资本结果优化度	−1.33	0.627	−4.24	−1.17	−0.55

注：本文对所有变量做了上下 1% 的缩尾处理。

2. 相关性分析

从表 9-10 中可以看出，各变量之间的 Pearson 相关性系数矩阵，除了参与用户人力资源共享配置离散度之外，其他所有解释变量与企业信息对称的人本经济增长都在 1% 显著性水平上负相关，初步验证了本文解释变量与被解释变量有显著的相关关系。进一步进行共线性分析，方差膨胀因子（VIF）最大值为 1.28，均值为 1.21，远小于 10，故本文变量不存在多重共线性，可以进行下一步的回归检验（见表 9-11）。

表 9-11 实证模型（9-17）Pearson 相关性分析

变量	Z	$\ln MISA\_staff$	$\ln MISA\_user$	$\ln \Gamma$	$\ln \Xi$
Z	1				
$\ln MISA\_staff$	−0.497***	1			
$\ln MISA\_user$	−0.543***	0.255***	1		
$\ln \Gamma$	−0.170***	0.270***	0.079**	1	
$\ln \Xi$	−0.250***	0.244***	0.378***	−0.151***	1

注：***、** 分别表示在 1%、5% 的显著性水平上显著；本文对所有变量做了上下 1% 的缩尾处理。

3. 实证检验分析

本文总样本由 2015—2019 年计算机、通信和其他电子设备制造业上市公司的 936 组观测值构成，利用 Stata16.0 软件进行检验。鉴于本文样本选择 2015—2019 年中国计算机、通信和其他电子设备制造业所有上市公司，共计 418 家，提出不合格 208 家，有效样本为 210 家，样本没有任何遗漏。根据有效样本 210 家平均分为 936 组观察值，分组样本具有固有的特点。因此，选择固定效益优于随机效应。样本数据形态是一个只有 6 期的短面板（$T=6$），因此无须进行平稳性检验及协整检验（Baltagi B. H., 2013）。鉴于企业生命周期性对企业人本资本结构的影响，因此，考虑双向固定效应，即个体固定效应和时间固定效应。另外，考虑到同一企业不同时期的扰动项可能存在自相关,本文采用聚类稳健标准误将数据代入混合回归模型、固定效应模型、随机效应模型和双向固定效应模型,具体检验结果见表9-12。

表9-12 企业信息对称的人本经济增长模型实证检验结果

变量	Polled OLS 模型1	FE 模型2	RE 模型3	Two-way FE 模型4
$\ln MISA_{staff}$	−0.053***	−0.010**	−0.016***	−0.015**
	(−10.43)	(−2.34)	(−3.96)	(−2.87)
$\ln MISA_{user}$	−0.048***	−0.020***	−0.026***	−0.020***
	(−12.26)	(−6.08)	(−8.69)	(−6.26)
$\ln \Gamma$	−0.004	0.022***	0.007	0.021**
	(−0.70)	−3.49	(1.36)	−3.31
$\ln \Xi$	0.002	0	0.002	−0.016**
	(0.15)	(0.06)	(0.27)	(−2.41)
Constant	0.237**	0.637***	0.430***	0.591***
	(2.65)	(7.28)	(5.96)	(6.18)
是否控制时间	否	否	否	是
R-squared	0.406	0.159		0.209
N	993	993	993	993

注:括号内为 t 统计量;***、** 分别表示在1%、5%的显著性水平上显著;本文对所有变量做了上下1%的缩尾处理。

由表9-12可知,不同方法的系数估计值有所差异。通过 LSDV 法考察混合回归是否有效,大多个体虚拟变量均显著(p 值为0.000),故认为存在个体效应,不应使用混合回归,由于篇幅限制,在此不做展示。进一步,由于本文使用聚类稳健标准误,故传统豪斯曼检验不适用于本文,采用过度识别检验对随机效应模型进行检验,结果汇报的 $\chi^2(4)$ 统计量为167.304,p 值为0.0000,在1%的显著性水平上拒绝"个体异质性与解释变量不相关"原假设,验证了前文选择固定效益优于随机效应的判断,故应该采用固定效应模型。鉴于企业生命周期理论,企业人本资本结构在不同企业生命阶段存在不同最优人本资本结构,因此,企业人本资本结构优化度对企业信息对称的人本经济增长的影响存在时间效应。因此,理论上应该选择双固定效应模型来检验企业人本资本结构对企业信息对称的人本经济增长的影响,其检验效果应该比较显著。

从表9-12中可以看出,模型4为增加控制时间效应的固定效应模型检验结果,对所有年度虚拟变量进行联合显著性检验,F 统计量 p 值为0.0000,故选择双固定效应模型有效。至此,从模型4的检验结果来看,本文4个主要的解释变量都通过了显著性检验。其中,员工人力资源共享配置离散度和用户人力资源共享配置离散度对企业信息对称的人本经济增长的影响系数分别在5%和1%的显著性水平上呈负相关,推论假设 H_1 和推论假设 H_2 得到验证,进而间接验证了研究假设 H。这说明了网络平台人力资源共享配置效率对企业信息对称的人本经济增长产生了显著正相关作用。以用户为导向的网络平台供需配置效率与企业信息对称的人本经济增长在1%的显著性水平上呈显著正相关,推论假设λ_2得到了检验,同时它的对称性推论假设λ_1得到了间接验证,故它们的研究假设λ也得到了间接验证。这与当前正在爆发的第四次工业革命现代基础信息技术正处于创新应用阶段相吻合,体现了企业更多采取线下与线上相结合的交易模式正处于主导地位。同时也体现了税务会计对各种网上连续型交易的确认与计量规则以及征税规则未能实现智能化的现状。企业人本资本结构优化离散度与企业信息对称的人本经济增长在5%的显著性水平上呈负相关,推论研究假设ζ得到了检验,进而间接地验证了研究假设ζ_1。

4. 稳健性检验

根据企业最优人本资本结构模型结合式(9-1),估算企业最优人本资本结构数值。从某种意义上讲,这种估算数值改变了企业人本资本结构数据的变化趋势。因此,企业人本资本结构变量可以作为企业人本资本结构优化离散度变量替代变量,选择双向固定效应模型进行稳健性检验,具体检验结果见表9-13。

表9-13 稳健性检验回归结果

变量	偏回归系数	标准差	t值	$P>\vert t\vert$	F统计量
$\ln \mathrm{MISA}_{\text{staff}}$	−0.016	0.005	−3.07	0.002	
$\ln \mathrm{MISA}_{\text{user}}$	−0.017	0.004	−3.84	0.000	14.75***
$\ln \varGamma$	0.017	0.007	2.51	0.013	
$\ln \varPi$	0.044	0.019	2.38	0.018	

注:*** 表示在10%的显著性水平上显著。

从表9-13中看出,企业人本资本结构与企业信息对称的人本经济增长在5%的显著性水平上呈正相关,验证了研究假设ζ,进而间接验证了推论假设ζ_1。其他解释变量与被解释变量之间显著性与表9-12中相同。因此,本文实证检验模型的稳定性得到了检验。

选择2015—2019年计算机、通信和其他电子设备制造业上市公司财务报告为样本,以采用聚类稳健标准误将数据代入混合回归模型、固定效应模型、随机效应模型和双向固定效应模型,结合"互联网+"时代用户导向型平台企业信息对称的人本经济发展现状,最优选择了双向固定效应模型,经过实证检验发现以下几个方面:

① 企业员工人力资源共享配置离散度、参与用户人力资源共享配置离散度均与企业信息对称的人本经济增长呈显著负相关。该实证检验结果间接地验证了网络平台共享配置效率与用户导向型平台企业信息对称的人本经济增长呈显著正相关性。上述研究假设得到了验证,作为用户导向型平台企业人本资本共享数据财务管理智能和用户导向型平台企业人本资本共享数据财务治理机制替代变量的网络平台共享配置效率,它与用户导向型平台企业信息对称的人本经济增长呈显著正相关性,这验证了用户导向型平台企业人本资本共享数据财务管理智能和用户导向型平台企业人本资本共享数据财务治理机制,通过网络平台实现用户导向型平台企业完备超智能财务契约赋能及其职能的有效履行。

② 线上与线下之间离散型交易处于加速繁荣时期,用户导向型平台企业纳税比例与企业信息对称的人本经济增长呈显著正相关。该实证检验结果间接地验证了以及在线上实现

了连续型交易处于加速繁荣时期，用户导向型平台企业纳税比例与信息对称的用户导向型平台企业人本经济增长呈显著负相关，同时也间接验证了用户导向型平台企业人本资本结构优化度与信息对称的用户导向型平台企业人本经济增长呈显著正相关性。通过企业所有权与经营权合一的用户导向型平台企业人本资本共享数据财务管理职能与用户导向型平台企业人本资本共享数据财务治理机制的有效履行，促进信息对称的用户导向型平台企业人本经济增长。总而言之，用户导向型平台企业人本资本共享数据财务管理职能有效性得到了检验，进而间接检验了用户导向型平台企业人本资本共享数据财务管理模式的科学有效性。

针对上述实证检验得出的结论，笔者提出如下政策性建议：

① 加快推广区块链＋大数据，以及大数据＋人工智能的技术创新融合。鉴于区块链分布式存储数据安全性和大数据存储数据容量海量性相结合，实现物理世界及其复杂性和不确定性通过物联网转变为虚拟网络空间的海量大数据，借助大数据技术打破物理世界"信息孤岛"，建立信息对称的物力资本市场，消除了物理世界中的交易费用，提高经济运行效率，这为网络平台共享配置提高了基础性架构技术支撑。鉴于大数据技术分析非结构化数据能力结合人工智能获得智能化劳动分工，这为网络平台共享员工人力资源配置、参与用户人力资源配置和企业与市场之间供需配置提供智能技术支撑。

② 加快扁平化与碎片化组织变革。首先，坚持所有权与经营权合一的专业化劳动分工来设计工作岗位；其次，将用户导向型平台企业服务领域智慧化劳动分工按照网络平台共享员工人力资源配置、参与用户人力资源配置和企业与市场之间供需配置的各自智能化要求，分别转型为智能化劳动分工；最后，在去第三方的数据货币基础上设置促使网络平台共享配置效率提供用户导向型平台企业信息对称的人本经济增长的智能机制，即网络平台共识机制和网络平台激励机制。

③ 基于上述根据网络平台共享配置设计工作岗位和智能机制，制定智能税务会计准则或规则以及纳税法律与规则赋予用户导向型平台企业组织扁平化与碎片化的经济主体收入确认与计量以及纳税的权力与义务，以及制定网络平台共享配置的智能制度或规则。

④ 根据企业生命周期理论，结合用户导向型平台企业人本资本结构与企业信息对称的人本经济增长之间关系，按照网络平台共享配置效率分别在企业不同生命阶段安排不同的网络平台共享员工人力资源配置、参与用户人力资源配置与企业与市场之间供需配置的各类资源配置格局，进而为了满足有效网络平台共享配置效率而配置企业员工人力资源、参与用户人力资源和企业物力资源的各类资源。

⑤ 加强中国税务机构改革，建立智能化征收组织。首先，根据技术信任替代人际信任和制度信任，利用计算语言、计算机技术打造去中心化信任结构下智能税务会计准则和智能税收征收规则；其次，根据区块链＋大数据和大数据＋人工智能建立智能征税网络平台；最后，建立由政府税务机构监管智能征税网络平台的云税务征缴中心。

9.3 企业人本资本财务管理模式案例检验

迄今为止，人类社会正经历第四次工业革命，其基础信息技术创新与广泛应用促进人类社会经济转型升级,同时也悄然孕育着指导企业财务管理理论不断创新的新价值观。以蒸汽机为代表的第一次工业革命基础制造技术与以福特式流水线为代表的第二次工业革命基础制造技术飞跃创新发展并得到了广泛应用,这标志着人类社会欠发达生产力水平得到了极大提高。判断人类社会生产力水平"欠发达"与"发达"的标准在于,人类社会创造社会财富的供给小于人类社会的马斯洛基本需求[①],称之为"欠发达"人类社会生产力水平;相反,则称之为"发达"人类社会生产力水平。当人类社会长期处于创造社会财富的供给小于人类社会的马斯洛基本需求时,这说明卖方市场马斯洛基本需求成为人类社会的主要需求。为了迎合卖方市场马斯洛基本需求,实施以生产为导向的经营战略,企业迅速地追求规模经济与范围经济促使企业多数的所有权与经营权分离,以及卖方市场中多数的供给与需求分离,进而导致信息非对称成为人们追求"以物为中心(object centered)"的经济发展"新常态"。至此,物本经济发展观成为那个时代对信息非对称的人们追求"物性第一、人性第二"的物本经济发展的基本看法(丁胜红、盛明泉,2008)。

信息非对称为资本拥有者提供了"寻租"的可能,而赢家通吃的市场规则成就了资本所有者拥有越来越多的资本,最终少数资本所有者成为资本的垄断者。按照马斯洛层序需求理论,人类首先追求的是人类自身生存与安全的基本需求。这种人类社会的马斯洛基本需求,无论是企业内部管理者还是企业外部股东,他们都洞悉其卖方市场马斯洛基本需求信息。面对信息非对称的卖方市场马斯洛基本需求,第一次工业革命和第二次工业革命的标准化生产替代人们的手工生产,这就决定了劳动者处于弱势地位,而资本所有者处于强势地位。因此,资本雇用劳动观成为那个时代人们对企业资本雇佣劳动、资本所有者与劳动者之间委托代理关系的基本看法。总而言之,在信息非对称的物本经济阶段,物本经济发展观指导企业追求物类价值为本的物本经济发展,在物本经济发展的"土壤"中孕育出指导生产导向型企业物本资本雇佣财务管理理论创新的资本雇佣劳动观。

以人工智能、数字制造、3D打印和添加制造等为代表的第三次工业革命基础制造技术飞跃创新发展,这标志着人类社会进入发达社会生产力水平阶段。人类社会长期处于创造社会财富的供给,不仅满足了人类社会马斯洛基本需求,而且满足了人类社会马斯洛高层次需求,这说明信息非对称的买方市场马斯洛层序需求[②]成为人类社会的主要需求。其信息非对称的买方市场马斯洛层序需求驱动人力资本不断地崛起,促使人们追求"以人为中心(human-centered)"的经济发展成为"新常态"。至此,人本经济发展观成为那个时代对信息非对称的人们追求"人性第一、物性第二"的人本经济发展的基本看法(丁胜红、盛明泉,2008)。面对信息非对称的买方市场马斯洛层序需求,作为与消费者直接打交道的企业内部利益相关者,他们熟悉消费者个性化需求,而企业外部利益相关者很难完全了解其消费者个性化需求。因此,企业利益相关者只有选择合作,实施以顾客为导向的经营战略,通过广泛赋能人类智慧于第三次工业革命定制化生产之中,才最有可能实现他们所

---

① 马斯洛基本需求是指生理需求和安全需求。用它来描述人们处在生产力欠发达社会经济中追求社会财富供给期望满足人们生存与安全的目标,它是对当时社会总体需求现状的一种客观描述,也是对社会欠发达生产力水平的一种客观描述。

② 马斯洛层序需求是指社会财富的创造除了满足消费者的生理需求、安全需求的基本需求外,有可能满足消费者的社会需求、尊重需求和自我价值需求。它是对当时人们解决了温饱之外所追求的其他某种需求现状的一种客观描述,也是对社会发达生产力水平的一种客观描述。

追求的各自价值最大化。因此,资本与劳动和谐观成为那个时代人们对企业资本与劳动合作、资本所有者与劳动者以及其他利益相关者之间和谐关系的基本看法。总而言之,在信息非对称的人本经济阶段,人本经济发展观指导企业追求人类价值为本的人本经济发展,在人本经济发展"土壤"中孕育出指导顾客导向型企业人本资本合作财务管理理论创新的资本与劳动和谐观。

以"互联网+"、人工智能、5G以及区块链等为代表的方兴未艾的第四次工业革命基础信息技术创新发展与广泛应用,整合与优化现代基础制造技术产生质变的飞跃发展,这标志着人类社会进入发达社会生产力水平的更高阶段。在"互联网+"时代,将充斥着极其复杂性和不确定性的物理世界通过物联网和互联网在5G以上的技术基础上转换成虚体世界与物理世界相融的海量大数据市场,自动获取大数据的大数据技术打破物理世界的各种"信息孤岛",通过免费的"互联网+"模式打造出信息对称的大数据买方市场①。"互联网+"的"去三化"②借助信息对称的大数据买方市场体验需求③驱动"互联网+"企业逐渐形成用户导向型平台企业员工网络社群组成的企业供给方、参与用户网络社群组成的市场体验需求方和自主完成企业制度使命的网络平台(管理方)这三方组成对等网络关系(Benoit et al.,2017;Frenken、Schor,2017)。鉴于网络平台为共享注入了对等网络关系基因,将基于强关系的小范围共享扩展为基于弱关系的大规模共享(Ranjbar et al.,2018)。通过第四次工业革命的体验化生产来实现他们共享价值最大化,至此,共享行为演化成为共享经济(Belk,2014)。因此,资本与劳动共享观成为"互联网+"时代人们对企业资本与劳动共享、资本所有者与劳动者之间共赢关系的基本看法。总而言之,人本经济发展观也指导企业追求共享价值为本的共享经济发展,在共享经济发展的"土壤"中孕育出指导用户导向型平台企业人本资本共享数据财务管理理论创新的资本与劳动共享观。

随着人类社会生产力水平不断地提高,以及人类社会经济不断地转型升级,进而形成不同经济发展观所指导的不同类型经济创新发展。在不同类型经济发展的"土壤"中,孕育出指导不同类型企业组合资本财务管理理论创新的不同类型企业价值观。其不同经济发展观之间以及不同类型企业价值观之间的演化逻辑决定了不同类型企业组合资本财务管理理论创新的逻辑,以此逻辑结构作为行文逻辑,具体行文结构逻辑如图9-1所示。

根据图9-1中的行文结构逻辑,以总结现有财务管理教科书中一直信奉的资本雇佣劳动观的生产导向型企业物本资本雇佣财务管理理论结构逻辑为参照系。其理由是,人类社会经济发展规律既有创新也有传承。传承的是人类社会经济发展的共性部分,而创新的是人类社会经济发展的转型升级部分。同样,作为人类社会经济发展产物之一的企业财务管理理论体系,它也存在着创新与传承,其传承为企业财务管理理论结构逻辑,其创新是企业财务管理结构逻辑中每种理论内涵与观点的不同。因此,探索人本经济发展

---

① 信息对称是指信息供需平衡状况。如果信息供需不平衡,就会存在张维迎教授所定义的存在私人信息的信息非对称。信息对称的大数据买方市场指的是大数据供给大于需求的市场,通过大数据技术实现大数据信息供需平衡,进而产生了信息对称。
② "互联网+"的"去三化"是指"互联网+"的"去中心化""去媒介化"和"去信用化"。
③ 体验需求是指马斯洛层序需求融为一体的需求。在实践中,人类社会财富的创造既满足了消费者的生理需求、安全需求的基本需求,同时又满足了消费者的社会需求、尊重需求和自我价值需求。它是对当时人们追求超越自我价值实现的社会需求状况的客观描述,也是对更发达社会生产力水平的一种客观描述。

观指导不同人本经济阶段[①]所信奉的不同类型企业价值观的不同类型企业人本资本财务管理理论创新[②]。在海尔财务管理实践过程中，为了适应不同类型市场需求，海尔采取不同经营战略，在体现不同类型企业价值观的不同海尔经营战略下驱动海尔财务管理不断地创新实践。本文根据不同经营战略海尔财务管理创新实践的案例资料，对在不同经济发展观指导下所论述的信奉不同类型企业价值观的不同类型企业组合资本财务管理创新理论进行印证。经过印证的不同类型企业组合资本财务管理创新理论，不仅为财务管理学科教育改革创新提供了理论依据，而且为企业财务管理组织变革提供了经验参考。

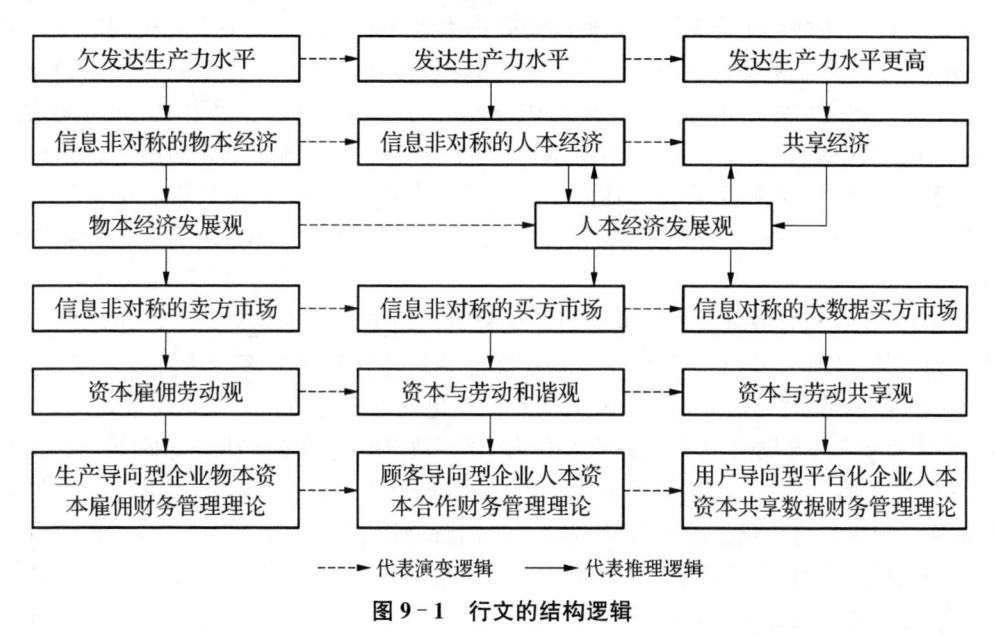

图 9-1　行文的结构逻辑

9.3.1　企业人本资本财务管理基础理论的海尔财务管理案例印证

1. 关于财务管理本质理论

纵观国内外财务学者所研究的财务本质，莫非沿袭三种思维逻辑，第一种思维逻辑是从财务活动来概括观点，即"货币收支论""资金运动论""价值运动论"；第二种思维逻辑是从财务关系来概括观点，即"分配论""货币关系论"；第三种思维逻辑是从财务活动和财务关系来概括观点，即"本金投入与收益分配论""财权流论"。笔者认为，第三种思维逻辑更为严密、全面。"财权流"吸收了"本金投入与收益论"的全部优点，注重"财力"与"权力"的高度融合，从经济属性和社会属性、财务活动和财务关系两个层面对财务本质进行完整表述（曹越、伍中信，2011）。这集中体现了信息非对称的物本经济阶段信奉资本雇佣劳动观的生产导向型企业物本资本财务本质，即寄生关系财权流。

随着第三次工业革命基础制造技术的推广应用，促进了信息非对称的物本经济演变为

---

① 不同人本经济阶段是指第三次工业革命基础制造技术所决定的信息非对称的人本经济阶段和方兴未艾的第四次工业革命基础信息技术所决定的信息对称的人本经济阶段，即共享经济阶段。
② 不同类型企业人本资本财务管理理论创新是指信息非对称的经济阶段顾客导向型企业人本资本合作财务管理理论和共享经济阶段用户导向型平台企业人本资本共享数据财务管理理论。

信息非对称的人本经济。因此,在替代物本经济发展观的人本经济发展观所指导的人本经济创新发展的"土壤"中孕育出中心化信任结构[①]下资本与劳动和谐观。至此,信奉"资本与劳动和谐观"的顾客导向型企业人本资本合作财务本质——和谐关系财权流论,替代信奉"资本雇佣劳动观"的生产导向型企业物本资本雇佣财务本质——寄生关系财权流论。然而,上述所论述的财务本质并非财务管理本质,笔者认为,财务管理本质=财务本质+管理本质。管理本质在于提高效率和效益,因此,笔者认为,信息非对称的人本经济阶段,顾客导向型企业人本资本合作财务管理本质为有效和谐关系财权流论,它替代信息非对称的物本经济阶段生产导向型企业物本资本雇佣财务管理本质——有效寄生关系财权流论。方兴未艾的第四次工业革命基础信息技术的创新推广,促进了共享经济替代信息非对称的人本经济。在人本经济发展观所指导的共享经济创新发展的"土壤"中孕育出去中心化信任结构[②]下资本与劳动共享观。在去中心化信任结构下,信奉资本与劳动共享观的用户导向型平台企业人本资本共享数据财务管理本质——共享关系有效财权流论,替代中心化信任结构下信奉资本与劳动和谐观的顾客导向型企业人本资本合作财务管理本质——和谐关系有效财权流论。

至此,上述不同经济阶段不同类型企业组合资本财务管理本质创新在海尔不同经营战略中得到了如下印证。1980—1998年,海尔推行名牌管理战略和多元化发展战略,追求大规模"少品种"制造,尽可能地满足信息非对称的家电卖方市场马斯洛基本需求,并以海尔文化激活"休克鱼",不断地强化科层制中心化海尔财务管理,这印证了生产导向型企业物本资本雇佣财务管理本质——寄生关系有效财权流本质;1999—2012年,海尔进入全世界最为发达的美国家电买方市场推行国际化战略、全球化品牌战略,追求大规模"多品种"制造,尽可能地满足信息非对称的家电买方市场顾客不同层序需求,通过营销市场链理念将以人为本的信念注入海尔财务管理,强化柔性中心化海尔财务管理,这印证了顾客导向型企业人本资本合作财务管理本质——和谐关系有效财权流本质。2013年至今,海尔借助"互联网+"世界制造工厂,正式推行全球网络化战略,强调网络平台共享匹配,追求大规模用户体验制造,随时满足家电买方市场用户体验需求,极力推行"人单合一"管理模式,不断地强化共享关系去中心化海尔财务管理,这印证了用户导向型平台企业人本资本共享数据财务管理本质——共享关系有效财权流本质。

2.关于财务管理假设理论研究

财务管理本质决定财务管理假设(汤谷良等,2001;王化成,1999)。在信息非对称的物本经济阶段,国内财务学者在寄生关系有效财权流的生产导向型企业物本资本雇佣财务管理本质的基础上,提出了林林总总的企业财务管理假设观点,通过对比各类企业财务管理假设观点,笔者比较推崇王化成教授的五项基本假设,并对其进行了划分总结。一方面是对财

---

① 中心化信任结构指的是在信息非对称的现实生活中,通常存在有限信息对称和有限信息非对称,因此,信息对称有限性决定了信任结构中心性,且不同信息对称程度可能会产生不同人际信任结构或不同制度信任结构,本文对此统称为中心化信任结构。

② 去中心化信任结构指的是在"互联网+"时代,免费互联网模式可打造出信息对称的大数据买方市场,根据技术信任替代人际信任和制度信任,因此,利用第四次工业革命的基础信息技术可打造多种信息对称的大数据买方市场,基于多种大数据买方市场的信息对称环境会产生多个中心信任结构。也就是说,去中心化信任结构不是不要中心信任结构,而是指多个中心信任结构。

务管理本身的假设,即财务管理主体对货币资源之间关系的假设,也即理财主体假设与资金增值假设,以及由此形成的财务管理主体之间关系的假设——理性理财假设;另一方面是对财务管理依存环境的假设,即持续经营假设、有效市场假设。在信息非对称的人本经济阶段,信息非对称的买方市场马斯洛层序需求驱动劳动力市场中人力资本不断地崛起,致使人力资本所有者与财务资本所有者通过交易将自己内置于非完备企业利益相关者契约之中,信奉资本与劳动和谐观的顾客导向型企业不断地滋生利益相关者和谐关系有效财权流。至此,生产导向型企业物本资本雇佣财务管理假设的内涵悄然地发生了演变。① 理财主体内涵的演变:信奉资本雇佣劳动观的理性经济人演变为信奉资本与劳动和谐观的理性社会人;② 资金增值内涵的演变:由追求寄生关系的增值演变为追求合作和谐关系的增值;③ 理性理财内涵的演变:理性经济人追求以物类价值为本的理财演变为理性社会人追求以人类价值为本的理财;④ 持续经营内涵的演变:由满足信息非对称的卖方市场马斯洛基本需求的持续经营演变为满足信息非对称的买方市场马斯洛层序需求的持续经营;⑤ 有效市场内涵的演变:信息非对称的卖方市场演变为信息非对称的买方市场。

在共享经济阶段,在"互联网+"的"去三化"基础上促使重获自由的企业员工与享有自由的参与用户自愿置身于以用户为导向的完备企业智能契约(intelligent contract)(张建文,2018)之中,信奉资本与劳动共享观的企业不断地滋生共享关系有效财权流。至此,顾客导向型企业人本资本合作财务管理假设的内涵发生了外延。① 理财主体内涵的外延:信奉资本与劳动和谐观的理性社会人演变为信奉资本与劳动共享观的具体社会人,且"互联网+"的"去三化"导致了"扁平化"和"碎片化"企业组织变革,形成了理财主体由中心化外延为去中心化;② 资金增值内涵的外延:由追求和谐关系的增值演变为追求共享关系的增值;③ 理性理财内涵的外延:理性社会人追求以合作和谐价值为本的理财演变为具体社会人追求以共享价值为本的理财;④ 持续经营内涵的外延:由满足信息非对称的买方市场马斯洛层序需求的持续经营演变为满足信息对称的大数据买方市场体验需求的持续经营;⑤ 有效市场内涵的外延:信息非对称的买方市场演变为信息对称的大数据买方市场。

至此,从不同海尔经营战略发展的情况中印证了上述不同类型企业组合资本财务管理假设的创新。1985年,中国经济尚处在电器商品短缺时代,尽管电冰箱市场"爆炸式增长",但仍处于供不应求的信息非对称的电冰箱卖方市场。海尔以"砸冰箱"事件唤醒海尔人"零缺陷"的质量意识,推行质量为本的名牌管理战略,极力迎合信息非对称的电冰箱卖方市场马斯洛基本需求。1991年,海尔兼并了18家亏损企业,从只生产冰箱一种产品发展到多元化,包括洗衣机、空调、热水器等,推行多元经营管理战略,极力引领信息非对称的家电卖方市场马斯洛基本需求。海尔所面对的当时家电卖方市场马斯洛基本需求的情况,既印证了信息非对称的卖方市场假设,又印证了满足信息非对称的卖方市场马斯洛基本需求的持续经营假设。海尔追求"零缺陷"的质量意识和多元经营的情况,既印证了理性经济人假设、理性经济人追求以物类价值为本的理财假设,又间接印证了追求寄生关系的增值假设的成立。总而言之,上述1985—1991年海尔经营战略发展的情况印证了生产导向型企业物本资本雇佣财务管理假设。

1999年,海尔在电器制造技术处于发达水平的美国建立第一个海外工业园时,海尔满足美国当地消费者需求也正是依托于美国南卡的这家海尔工厂。2001年,美国当地政府无偿地以"海尔路"命名工厂附近的唯一一条道路,以表达对海尔对当地经济发展所做卓越贡献的感谢。这表明海尔已成功地立足于信息非对称的美国电器买方市场。2005年,海尔以自主品牌在海外建立本土化设计、本土化制造、本土化营销的"三位一体"中心。同时在全球建立五大研发中心,21个工业园,66个营销中心,利用本土化员工了解当地美国电器买方市场不同层次的需求。海尔所处的当时信息非对称的美国电器买方市场的情况,既印证了信息非对称的买方市场假设,又印证了满足信息非对称的买方市场马斯洛层序需求的持续经营假设。海尔依据"三步走"思路①推行以市场链为核心的三类三级②管理,极力推行"人单合一"管理模式1.0版,这既印证了理性社会人假设,理性社会人追求以人类价值为本的理财假设,又间接印证了追求合作和谐关系的增值假设成立。总而言之,上述1992—1999年海尔经营战略发展的情况印证了顾客导向型企业人本资本合作财务管理假设。

2013年,海尔极力地推行"人单合一"管理模式由1.0版升级为2.0版,这印证了追求共享关系的增值假设。2014年,海尔在提出"企业平台化、员工创客化和用户个性化"的网络化战略落地目标的同时,以用户体验为中心,将合作方、用户和员工联系在一起,消除了海尔内、外市场之间的"隔阂",形成了利用免费互联网模式打造出信息对称的海尔家电买方市场。这既印证了信息对称的大数据买方市场假设,又印证了满足信息对称的大数据买方市场体验需求的持续经营假设。海尔通过搭建各利益相关方共生、共创、共赢的生态系统(平台),通过转化、创业、临时契约等形式,实现海尔由三类三级转变为三类人三类关系③,这印证了具体社会人假设。海尔通过组织、嫁接、催化全球资源以驱动创新,即转化(事业转型)、吸收(外部加盟)、内生(内部创业),促进了海尔自主经营体升级成为众小微组织(转型小微、生态小微、创业小微)。这既印证了信奉人本经济发展观的海尔去中心化理财主体假设,又印证了具体社会人追求以共享价值为本的理财假设。总而言之,上述2000—2003年海尔经营战略发展的情况印证了用户导向型平台企业人本资本共享数据财务管理假设。

3. 关于财务管理对象理论研究

财务管理假设决定财务管理范畴,而财务管理范畴决定财务管理对象(王化成,1999;郭复初,2017)。财务管理对象是由财务管理主体与财务管理客体构成的。基于非对称性信息所缔结的非完备企业契约,致使企业拥有自己财产而成为行使财权主体的一方。多元的财权主体通过交易将自身财权内嵌于企业这一多边契约关系组织中并暂时归企业支配,从而使该企业成为财务(管理)主体(曹越、伍中信,2011)。其财务(管理)主体具有独立财权,进行独立核算,拥有自身利益并努力使经济实体价值最大化(伍中信,2001)。在人类社会中,最初成为财务管理客体的是货币资源。契约理论者认为,作为一般等价物的货币,其本质是一种"共识化契约④(Consensual Contracts)"(Wallace R. W.,2015)。

---

① "走出去"阶段,海尔以缝隙产品进入国外主流市场;"走进去"阶段,海尔以主流产品进入当地主流渠道;"走上去"阶段,海尔以高端产品成为当地主流品牌。

② 三类三级是指一线经营体是由一线员工组成,且协同一致与用户零距离;二线经营体是由原职能部门大幅精简,从下指令转变为提供资源;三线经营体是原主管。

③ 三类人三类关系是指第一类是海尔平台上的创业主体,与海尔构成股权形式的动态合伙关系;第二类是海尔项目的外部合作者(或"在线员工"),与海尔构成项目契约形式的合作关系;第三类是海尔平台治理的平台员工,与海尔构成法律意义上的极少数雇佣关系。在上述三类关系的基础上,贯彻以人为本、共创共赢共享原则,将市场机制、股权机制、对赌机制应用于激励机制的再优化。

④ 共识化契约是指缔结契约条件具有普适性、开放性,各种经济主体都会自愿加盟于契约之中而成为自主履行契约责权利的一方。

在信息非对称的物本经济阶段,尽管第一次工业革命与第二次工业革命的基础制造技术在创新进步,但并未根本性改变人类社会创造财富的供给仍然满足不了绝大多数人们的马斯洛基本需求的状况。非对称信息成就了拥有财富禀赋的所有者获得更多的寻租可能,而赢家通吃的信息非对称卖方市场规则成就了大量资本可能集中到少数人的手中。信息非对称的卖方市场马斯洛基本需求驱动拥有大量资本的少数所有者以资本雇佣劳动习惯或惯例追求以物类价值为本的股东企业价值最大化。由此习惯与惯例的"土壤"孕育出资本雇佣劳动观(信念)直接凝聚成生产导向型企业物本资本雇佣财务契约的"灵魂"或价值观。随着具有共识化[①]本质的证券资本市场的出现,生产导向型企业物本资本雇佣财务管理客体由货币资源拓展为货币资源+证券资源。同时,随着新的股东或基金债券债权人加盟企业,随之也增加了新的生产导向型企业物本资本雇佣财务管理主体。至此,生产导向型企业物本资本雇佣财务管理对象由信奉资本雇佣劳动观的非完备财务契约拓展为非完备财务契约+证券契约。

在信息非对称的人本经济阶段,第三次工业革命的基础制造技术被广泛地推广应用,彻底改变了人类社会创造社会财富的供给,不仅满足了人们的马斯洛基本需求,而且满足了人们的马斯洛高层次需求。鉴于信息非对称的买方市场马斯洛层序需求驱动劳动力市场的人力资本不断地崛起,人力资本所有者拥有企业所有权成为一种趋势(方竹兰,1997)。作为一个人力资本与非人力资本的特别合约的企业(周其仁,1996),它信奉资本与劳动和谐观,极力推行顾客导向型企业经营战略,人力资本主体也随之加盟顾客导向型企业人本资本合作财务管理主体的行列。随着互联网信息经济成为信息非对称的人本经济新常态,具有共识化网络关系契约也随之出现,譬如,比特币。网络关系资源也就成为顾客导向型企业人本资本合作财务管理的新客体,参与网络关系资源配置的主体也借助互联网嵌入功能成为顾客导向型企业人本资本合作财务管理的新主体。至此,顾客导向型企业人本资本合作财务管理对象由信奉资本雇佣劳动观的非完备财务契约+证券契约,演变为信奉资本与劳动和谐观的非完备财务契约+证券契约+"网络契约(contract networks)"(Hogan W. W.,1992)。

在共享经济阶段,对称信息消除了一切资本所有者"寻租"的可能,机会均等的市场竞争规则促使了资本均等化和分散化。"互联网+"的"去媒介化"消除了企业依存资本的第三方,铲除了导致企业所有权与经营权分离所依存的"土壤"。"互联网+"的"去信用化"逐渐促使企业技术信任替代企业人际信任和企业制度信任,实现去中心化信任结构的用户导向型平台企业基础对中心化信任结构的顾客导向型企业基础的替代。"互联网+"的"去中心化"促使企业回归于"自由"员工、自由参与用户和网络平台三方以网络社群方式组成的对等网络关系。对等网络关系的三方基于大数据买方市场的对称信息所缔结的去中心化信任结构下完备企业"智能契约(intelligent contract)",自然也成为中心化信任结构下企业财务契约、证券契约和网络契约[②]的替代体。至此,用户导向型平台企业人本资本共享数据财务管理对象,由信息非对称的人本经济阶段信奉资本与劳动和谐观的非完备企业财务契约+证券契约+网络契约,演变为共享经济阶段信奉资本与劳动共享观的企业完备智能契约[③]。

---

① 共识化是指大家都认可的,且是理所当然的。
② 网络契约是指利用网络关系及其网络资源,由网络参与人共同缔结维护各自责权利的契约。
③ 完备智能契约是指在技术信任下由计算机代码规则自动缔结去第三方的完备契约。基于信息缔结契约,信息对称程度决定了契约完备程度,因此,大数据买方市场的对称信息决定了完备企业智能契约。

至此，上述不同类型企业组合资本财务管理对象的不断创新，可以通过调研海尔经营战略转型中获得的不同类型企业组合财务管理对象资料来进行印证。海尔不仅在1980—1990年抓住了改革开放的历史机遇，推行以产品质量为本的名牌管理战略，而且在1990—1998年借着邓小平同志南巡讲话的机遇，抓住了国内兼并重组政策，实施多元化发展战略。至此，分析科层制中心化海尔财务管理对象资料，可以得出海尔财务管理对象为秉持资本雇佣劳动观的财务契约＋证券契约的结论。由此，生产导向型企业物本资本雇佣财务管理对象得到了验证。1999—2004年，海尔借中国加入WTO之机，利用财务契约和证券契约吸收国际新合作伙伴，助推国际化战略。2005—2012年，海尔按照"三步走"思路[①]，并充分发挥网络（契约）集聚效应，推行全球化品牌战略。至此，分析柔性中心化海尔财务管理对象资料，可以得出海尔财务管理对象为秉持资本与劳动和谐观的财务契约＋证券契约＋网络契约的结论。由此，顾客导向型企业人本资本合作财务管理对象得到了验证。2013年至今，海尔转型为面向全社会孵化创客的平台，提出"三无"理念[②]，逐步打造海尔独有的"三大网络化体系"[③]，并尝试构建"三个自机制"[④]，推行网络化战略，实现海尔智能化数据管理。至此，分析去中心化海尔财务管理对象资料，可以提炼出海尔财务管理对象正趋向秉持资本与劳动共享观的完备海尔智能契约演变的结论。由此，用户导向型平台企业人本资本共享数据财务管理对象得到了验证。

4. 关于财务管理目标研究

截至目前，国内外财务管理学者对企业财务管理目标研究达成了共识，即企业财务管理目标是在一定企业财务管理假设下基于一定企业财务管理对象而设定的（刘志远、李海英，2010；Clarkson M. B. E.，1995）。中国财务管理教科书所讲的财务管理目标是，企业利润最大化、企业股东价值最大化、企业利益相关者价值最大化和企业价值最大化，但对此造成企业财务管理目标变化背后的原因很少提及。在信息非对称的物本经济阶段，信息非对称的卖方市场马斯洛基本需求，驱动拥有大量资本的少数所有者与雇佣者之间缔结非完备委托代理契约。在委托方赋予企业财务契约的愿景下，基于生产导向型企业物本资本雇佣财务管理假设与对象"设计"期许实现生产导向型企业利润最大化或股东价值最大化，已成为生产导向型企业物本资本雇佣财务管理的最终目标。

根据前文生产导向型企业物本资本雇佣财务管理对象理论的论述，在信息非对称的物本经济阶段，人类社会的货币资源最先成为生产导向型企业物本资本雇佣财务管理的客体。根据货币资源的一般媒介功能作用，可得出以下结论：生产导向型企业物本资本雇佣财务管理的直接目标是货币资源成本最小化，间接目标是生产导向型企业利润最大化。当生产导向型企业物本资本雇佣财务管理客体拓展到货币资源＋证券资源时，生产导向型企业物本资本雇佣财务管理的直接目标是货币资源＋证券资源的综合成本最小化，间接目标则是生产导向型企业股东价值最大化。在信息非对称的人本经济阶段，随着信息非对称的买方市

[①] "三步走"思路是指"走出去"阶段，海尔以缝隙产品进入国外主流市场；"走进去"阶段，海尔以主流产品进入当地主流渠道；"走上去"阶段，海尔以高端产品成为当地主流品牌。

[②] "三无"理念是指企业无边界、管理无领导、供应链无尺度。

[③] "三大网络化体系"是指网络化资源、网络化组织以及网络化用户。

[④] "三个自机制"是指一流物单自生产、人单自推动和单筹自推动。

场马斯洛层序需求驱动劳动力市场的人力资本不断地崛起,加之人力资源、社会知识以及信息等在互联网中高速且不确定地流动和传播,直接或间接地提升网络资源价值,促使利用网络资源的顾客导向型企业经济转型升级,致使原来顾客导向型企业静态股东制转型为"动态合伙人"制,原来线下实体顾客导向型企业经营模式转变为线下与线上虚实结合的顾客导向型企业经营模式。顾客导向型企业人本资本合作财务管理客体拓展到货币资源+证券资源+网络资源,顾客导向型企业人本资本合作财务管理的直接目标是货币资源+证券资源+网络资源的综合成本最小化,间接目标是顾客导向型企业利益相关者价值最大化。在共享经济阶段,大数据、物联网、5G、云计算、区块链和深度学习型人工智能等技术在网络经济中发展与应用,逐渐实现去第三方的数据货币资源替代第三方的货币化资源、证券资源和网络资源,用户导向型平台企业人本资本共享数据财务管理的直接目标是各类去第三方数据货币资源的综合成本最小化,间接目标是用户导向型平台企业人本资本共享价值最大化。

至此,上述不同类型企业组合资本财务管理目标的创新,可以通过海尔不同经营战略阶段的财务管理目标转变资料来进行印记。1980—1998年,海尔推行名牌管理战略和多元化发展战略阶段;1999—2012年,海尔推行国际化战略和全球化品牌战略阶段;2013年至今,海尔推行网络化战略阶段。根据不同阶段海尔财务管理直接目标的综合成本率和海尔财务管理终极目标的总资产利润率的样本数据,得出它们具有趋势一致性的结论,否则也违背了海尔财务管理投入与财务管理产出之间的因果关系逻辑。因此,不同经济阶段不同类型企业组合资本财务管理目标是,生产导向型企业物本资本雇佣财务管理目标、顾客导向型企业人本资本合作财务管理目标,以及用户导向型企业人本资本共享数据财务管理目标自然都得到了印证。

5. 关于财务管理职能理论

财务管理职能的价值在于实现财务管理目标(刘志远、李海英,2010)。既然财务管理学是一门经济学与管理学的交叉学科,那么财务管理就是经济学范畴的财务与管理学范畴的管理围绕着实践企业经济发展愿景而不断地创新融合。因此,财务管理职能也就是财务职能与管理职能围绕实现财务管理目标而不断地创新融合。就财务而言,它包括财务活动与财务关系。就财务活动而言,财务基本职能为货币化资源配置职能,具体财务职能包括筹资、投资、收益、分配。就财务关系而言,财务基本职能为财权配置职能,具体财务职能包括体现公平的"通用财权"职能和体现效率的"剩余财权"职能(曹越、伍中信,2011)。一般意义上的管理职能包括围绕过程、围绕要素展开的计划、组织、协调、控制、决策、评价等职能(葛宝山、姚梅芳,2003)。而财务与管理之间是被统驭与统驭的关系,因此,财务管理基本职能为货币化资源优化配置职能与财权优化配置职能,其目的在于实现财务管理目标。就管理财务活动而言,货币化资源优化配置职能具体包括财务计划职能、财务决策职能和财务控制职能;就管理财务关系而言,财权优化配置是指将财权有效分配到组织内部结构中,以达到责、权、利之间相互制衡,提高企业经济效率(曹越、伍中信,2011)。因此,财权优化配置职能具体包括财务组织职能、财务协调职能和财务评价职能。

在信息非对称的物本经济阶段,信奉资本雇佣劳动观的生产导向型企业物本资本雇佣财务管理职能是通过委托代理方式来履行的。信息非对称的人本经济阶段,信奉资本与劳动和谐观的顾客导向型企业人本资本合作财务管理职能是通过合作和谐方式来履行的。在共享经济阶段,信奉资本与劳动共享观的用户导向型平台企业人本资本共享数据财务管理职能是通过共享方式来履行的。然而,在"互联网+"的"去三化"促进顾客导向型企业"扁平化"与"碎片化"的组织变革过程中,信息对称的大数据买方市场体验需求,驱动"互联网+"企业逐渐形成由企业员工、参与用户和网络平台三方组成的对等网络关系,实现了技术信任替代人际信任和制度信任。作为服务企业内部生产和服务企业外部市场的企业财务管理者化身的财务管理网络平台,通过网络财务共享配置和财务供需配置,分别实现了去中心化信任结构下用户导向型企业人本资本共享数据财务管理职能替代中心化结构下顾客导向型企业人本资本合作财务管理职能。

至此,上述不同类型企业组合资本财务管理职能的创新,可以通过经营战略转型中的海尔财务管理职能转变资料来进行印证。1980—1998 年是海尔推行名牌管理战略和多元化发展战略阶段。海尔奉行"质量第一"与"多元发展"的管理理念,一方面,规范海尔财力(计划、决策和控制等规则);另一方面,规范海尔权力(组织、协调和评价等规则),以委托代理方式履行了海尔财务管理职能。由此印证了生产导向型企业物本资本雇佣财务管理职能。1999—2012 年是海尔推行国际化战略和全球化品牌战略阶段。海尔推行"营销市场链"理念,将资本与劳动和谐信念注入海尔财务管理流程中,以合作和谐方式履行海尔财务管理职能。由此印证了顾客导向型企业人本资本合作财务管理职能。2013 年至今是海尔推行网络化战略阶段。海尔推行"三无"理念,打造"三大网络化体系",推行"三个自机制",以共享方式履行海尔智能财务管理职能。由此印证了用户导向型平台企业人本资本共享数据财务管理职能。

9.3.2 企业人本资本财务管理应用理论的海尔财务管理案例印证

如何实践企业财务管理职能,这既是财务管理基础理论在实践中应该发挥的作用,又是形成财务管理应用理论的前提。就管理财务活动而言,形成财务管理的应用理论为筹资理论、投资理论、收益理论和分配理论;就管理财务关系而言,形成财务管理的应用理论为财务管理政策理论、财务管理制度理论和财务法规理论。

1. 关于筹资理论、投资理论、收益理论和分配理论

王化成教授(2013)将其概括为财务管理通用业务理论。根据财务管理对象理论与财务管理职能理论的论述,在信息非对称的物本经济阶段,生产导向型企业物本资本雇佣财务管理客体是货币资源。对此通用业务理论的研究集中体现了资本雇佣劳动观的货币化资源优化配置规律,即货币资源筹资规律、货币资源投资规律、货币资源收益规律和货币资源分配规律。随着生产导向型企业物本资本雇佣财务管理客体由货币资源拓展到货币资源+证券资源,对此通用业务理论的研究体现了资本雇佣劳动观的货币化资源+证券化资源的综合配置规律,即货币+证券综合的生产导向型企业物本资本雇佣财务筹资、生产导向型企业物本资本雇佣财务投资、生产导向型企业物本资本雇佣财务收益和生产导向型企业物本资本雇佣财务分配的规律。

在信息非对称的人本经济阶段,顾客导向型企业人本资本合作财务管理客体由货币资源+证券资源拓展到货币资源+证券资源+网络资源。对此通用业务理论的研究体现了资

本与劳动和谐观的货币化资源＋证券化资源＋网络化资源的综合优化配置规律,即货币资源＋证券资源＋网络资源综合筹资规律、货币资源＋证券资源＋网络资源综合投资规律、货币资源＋证券资源＋网络资源综合收益规律,以及货币资源＋证券资源＋网络资源综合分配规律。

在共享经济阶段,"互联网＋"企业引致以共享为本的人本经济业务与产业经济业务融为一体,形成网络共享以共享为本的人本经济。数据技术转向数据资本,传统市场转向海量大数据市场。去第三方的数据货币资源可成为第三方的货币化资源、证券化资源和网络化资源的"替身"。随着技术信任替代人际信任和制度信任,去中心化信任结构下用户导向型平台企业人本资本共享数据财务管理替代中心化信任结构下顾客导向型企业人本资本合作财务管理。根据通用业务理论研究的一般性逻辑,可得出如下推论:去中心化信任结构下用户导向型平台企业人本资本共享数据财务管理客体为去第三方的数据货币资源。所体现的(数据)资本与劳动共享观的数据货币资源智能优化配置规律为:去第三方数据货币资源智能筹资规律、去第三方数据货币资源智能投资规律、去第三方数据货币资源智能收益规律和去第三方数据货币资源智能分配规律。

总而言之,上述筹资、投资、收益和分配的不同类型企业组合资本财务管理应用理论的创新,可通过从不同经营战略阶段的海尔上市公司年度报告中获得的关于筹资、投资、收益和分配的样本数据资料来进行直接或间接的印证,对此不再赘述。

2. 关于财务管理政策理论、财务管理制度理论和财务法规理论研究

根据演进理性主义、工具理性主义以及历史辩证唯物主义形构不同财务管理的政策、法规和制度。演进理性主义遵循着"从斯密、门格尔到哈耶克"的演进逻辑。斯密的两大经典理论,即"棋子原理"和"看不见手"。斯密将这种下棋游戏的"看得见手"无限虚拟放大为"看不见手"。每个棋子都有它自己的行动原则(Smith,1976)。通过这种自生自发的行动原则,更有效地促进社会利益改进(Smith,1880)。随着这种常规性(regularity)和划一性(uniformity)的行动和交往对人类社会历史进程的影响(哈耶克,2000),逐渐形成了人类社会法律制度演进逻辑,即"个人习惯→群体习俗→群体惯例→社会规范→法律制度"。承袭其人类社会法律制度的演进逻辑,作为社会法律制度一部分的企业财务管理的政策、制度和法规,其演进逻辑应该为"财务管理习惯→财务管理习俗→财务管理惯例→财务管理的政策、制度和法规"。这类演进逻辑在西方英美法系得到了印证。

工具理性主义遵循着"从凡勃仑、康芒斯到诺思"的演进逻辑。今天的境况通过一个淘汰的、强制的过程来形塑明天的制度,从而改变或强化他们从过去遗留下来的观点和心智态度(Veblen,1899)。他的观点是社会制度非自发性,它可以为人类主观设计。随后Commons(1934)认为,拥有强势的制度群体通过集体行动程序决定什么是合理的东西,无关乎个人意愿如何。这种程序性社会法律制度为人为设计的规则、道德伦理规范、法律等,旨在追求社会集体福利最大化。显然,它与"自下而上"的演进逻辑理性主义恰恰相反,其社会法律制度采取的是"自上而下"的演进逻辑,即"法律制度→社会规范→群体惯例→群体习俗→个人习惯"。作为社会法律制度一部分的企业财务管理的政策、制度和法规,自然也沿袭社会法律制度的演进逻辑,形成了"财务管理的政策、制度和法规→财务管理惯例→财务管理习俗→财务管理习惯"的演进逻辑。这类演进逻辑在西方大陆法系得到了印证。

纵观西方演进理性主义和工具理论主义，从哲学视角来审视它们，前者为朴素的、形而上学的唯物主义，后者为唯心主义，而中国信奉马克思的历史辩证唯物主义。中国社会法律制度采取"自上而下"+"自下而上"的演进逻辑，即"个人习惯⇋群体习俗⇋群体惯例⇋社会规范⇋法律制度"。作为中国社会法律制度一部分的企业财务管理的政策、制度和法规，它的演进逻辑为"财务管理习惯⇋财务管理习俗⇋财务管理惯例⇋财务管理的政策、制度和法规"。这类演进逻辑在中国财政部借鉴上述西方制度演进逻辑制定中国企业财务管理的政策、制度和法规时得到了印证。

纵观上述不同财务管理的政策、制度和法规演进逻辑，可以得出"自下而上""自上而下"和"自下而上"+"自上而下"的三种演进逻辑。而这三种演进逻辑也是形构与内化不同类型企业价值观于企业财务管理政策、制度和法规中的三种依赖路径。郭复初教授（1996）从宏观（"自下而上"）的角度来研究财务管理的政策、法规的创新，以及从微观（"自上而下"）的体制、组织与人员的视角来研究财务管理的政策、制度和法规的创新。他与王化成教授（2013）研究财务管理特殊业务理论创新具有异曲同工之妙，同时也印证了中国财务管理学者选择第三种财务管理政策、制度和法规的演进逻辑。

至此，通过对海尔制定的不同经营战略文件资料进行分析，可以得出一些观点。1980—1998年，信息非对称的中国家电电器卖方市场马斯洛基本需求驱动海尔推行名牌管理战略和多元化发展战略，在促进海尔此经营战略"落地"的海尔财务管理政策、制度和法规中体现了海尔的资本雇佣劳动观。由此印证了生产导向型企业物本资本雇佣财务管理政策理论、生产导向型企业物本资本雇佣财务管理制度理论和生产导向型企业物本资本雇佣财务法规理论。1999—2012年，信息非对称的美国家电买方市场马斯洛层序需求驱动海尔推行国际化战略和全球化品牌战略，在促进海尔此经营战略"落地"的海尔财务管理政策、制度和法规中体现了海尔的资本与劳动和谐观。这印证了顾客导向型企业人本资本合作财务管理政策理论、顾客导向型企业人本资本合作财务管理制度理论和顾客导向型企业人本资本合作财务法规理论。2013年至今，利用互联网模式打造信息对称的海尔家电买方市场体验需求驱动海尔推行网络化战略，在促进海尔此经营战略"落地"的海尔财务管理政策、制度和法规中体现了海尔的资本与劳动共享观。这印证了用户导向型平台企业人本资本共享数据财务管理政策理论、用户导向型平台企业人本资本共享数据财务管理制度理论和用户导向型平台企业人本资本共享数据财务法规理论。

3. 关于企业财务治理理论

前文对生产导向型企业物本资本雇佣财务治理理论、顾客导向型企业人本资本合作财务治理理论和用户导向型平台企业人本资本共享数据财务治理理论已经做了论述，在此，不再赘述。至此，通过对海尔制定的不同经营战略文件资料进行分析，可以得出一些观点。1980—1998年，信息非对称的中国家电电器卖方市场马斯洛基本需求驱动海尔推行名牌管理战略和多元化发展战略，海尔财务报告中披露的海尔治理信息体现了海尔的资本雇佣劳动观，印证了生产导向型企业物本资本雇佣财务治理理论；1999—2012年，信息非对称的美国家电买方市场马斯洛层序需求驱动海尔推行国际化战略和全球化品牌战略，海尔财务报告中披露的海尔治理信息体现了海尔的资本与劳动和谐观，印证了顾客导向型企业人本资本合作财务治理理论；2013年至今，利用免费互联网模式打造信息对称的海尔家电买方市场体验需求驱动海尔推行网络化战略,海尔财务报告中披露的海尔治理信息体现了海尔的资本与劳动共享观,印证了用户导向型平台企业人本资本共享数据财务治理理论。

9.4　本章小结

根据模式的定义,它是用来说明事物结构的主观理性形式。在信息非对称的人本经济阶段,顾客导向型企业人本资本合作财务管理模式是,顾客导向型企业人本资本合作财务管理的本质、假设、目标、职能和对象,顾客导向型企业人本资本合作财务治理的机制、结构和行为规范,以及顾客导向型企业人本资本合作财务管理报告。在信息对称的人本经济阶段,用户导向型平台企业人本资本共享数据财务管理模式是,用户导向型平台企业人本资本共享数据财务管理的本质、假设、目标、职能和对象,用户导向型平台企业人本资本共享数据财务治理的机制、结构和行为规范,以及用户导向型平台企业人本资本共享数据财务管理报告。在一定企业规制下,企业财务管理职能的形成逻辑在于企业财务管理本质、企业财务管理假设、企业财务管理目标、企业财务管理职能、企业财务管理对象、企业财务管理行为规范、企业财务管理报告。企业财务管理职能是企业财务管理理论和企业财务管理实践的中介环节。在企业规制不足或过剩的情况下,企业财务治理职能的形成逻辑在于企业财务管理对象、企业财务治理机制、企业财务治理行为规范、企业财务治理报告。显然,应通过实证来检验企业财务管理职能履行的有效性,进而检验企业财务管理模式。为此,在信息非对称的人本经济阶段,选择 2006—2019 年沪、深两市具有参股金融机构的公司为样本,采用多元回归方法研究发现,投融资效率对顾客导向型企业人本经济发展的影响呈显著相关性。其中,投融资效率对民营企业人本经济发展影响表现得尤为显著;投融资效率对国有企业人本经济发展的过度投资影响显著,对民营企业人本经济发展的过度投资影响不显著;相比国有企业,投融资效率对民营企业人本经济发展投资不足的影响显著。

总而言之,顾客导向型企业人本资本合作财务管理职能和顾客导向型企业人本资本合作财务治理职能履行有效性,进而验证顾客导向型企业人本资本合作财务管理模式的科学有效性。

在信息对称的人本经济阶段,以 2015—2019 年计算机、通信和其他电子设备制造业上市公司财务报告数据为样本,采用多元回归方法研究发现,企业员工、参与用户的人力资源共享配置效率与企业信息对称的人本经济增长呈显著正相关;网络平台供需共享配置效率与企业信息对称的人本经济增长呈显著正相关。总而言之,用户导向型平台企业人本资本共享数据财务管理职能和用户导向型平台企业人本资本共享数据财务治理职能履行有效性,进而验证用户导向型平台企业人本资本共享数据财务管理模式的科学有效性。

本文总结与参照信息非对称的物本经济阶段信奉资本雇佣劳动观的生产导向型企业物本资本雇佣财务管理理论结构逻辑,论述信息非对称的人本经济阶段信奉资本与劳动和谐观的顾客导向型企业人本资本合作财务管理理论创新和共享经济阶段信奉资本与劳动共享观的用户导向型平台企业人本资本共享数据财务管理理论创新。同时,选择历经不同经营战略转型的海尔财务管理案例对不同经济阶段不同类型企业组合资本财务管理理论创新进行了印证,进而得出如下研究结论:

①人类社会科学技术创新进步改变了人们的生活习惯、习俗和惯例,悄然地改变了人们对经济发展的基本看法——物本经济发展观演变为人本经济发展观,同时也悄然地改变了生产导向型企业物本资本雇佣财务管理者对生产导向型企业物本资本雇佣企业财务管理创新的基本看法——资本雇佣劳动观演变为资本与劳动和谐观、资本与劳动共享观。

②不同经济发展观主导不同经济创新发展,在此过程中孕育出不同类型企业价值观所主导的不同类型企业组合资本财务管理理论创新,即资本雇佣劳动观指导生产导向型企业物本资本雇佣财务管理理论→资本与劳动和谐观指导顾客导向型企业人本资本合作财务管理理论→资本与劳动共享观指导用户导向型平台企业人本资本共享数据财务管理理论,这就是不同经济阶段不同类型企业财务管理理论创新的规律。

基于上述研究结论提出以下的建议:

①人类社会科学技术创新发展促进了人类社会经济转型升级,它集中体现于不同类型市场转型以及不同类型市场需求升级,进而决定了不同类型企业经营战略的转变,及其不同类型企业组合资本财务管理的创新。信息非对称的卖方市场马斯洛基本需求驱动企业采取以生产为导向的经营战略,为此,企业应该采取科层制中心化物本资本雇佣财务管理。信息非对称的买方市场马斯洛层序需求驱动企业采取以顾客为导向的经营战略,为此,企业应该采取柔性内外中心化人本资本合作财务管理。信息对称的大数据买方市场体验需求驱动企业采取以用户为导向的经营战略,为此,企业应该采取去中心化人本资本共享数据财务管理。

②人类社会生产力发展水平非平衡性决定了市场存在非均衡性,市场非均衡性决定了适应不同类型市场发展的企业应该选择恰当的不同类型企业组合资本财务管理基础理论和组合资本财务管理应用理论,制定契合它们自身发展的不同类型企业组合资本财务管理目标和不同类型企业组合资本财务管理职能,以及制定促进它们自身发展的筹资、投资、收益和分配的不同类型企业组合资本财务管理规律和不同类型企业组合资本财务管理的政策、制度和法规。尽管人类社会已进入方兴未艾的第四次工业革命,但是世界上某些国家或某些行业生产力水平仍可能处于欠发达水平,适应信息非对称的卖方市场马斯洛基本需求的企业应该选择资本雇佣劳动观指导生产导向型企业物本资本雇佣财务管理,而不能盲目跟风选择资本与劳动共享观指导用户导向型平台企业人本资本共享数据财务管理。尽管某些地方或行业社会生产力水平处于发达水平,但是适应信息非对称的买方市场马斯洛层序需求的企业应该选择资本与劳动和谐观的顾客导向型企业人本资本合作财务管理,而非其他两种企业组合资本财务管理。

附 件

附件 5-1

反证法证明,就参与用户网络社群中参与用户而言,引入符号"<<"表示网络共享平台中 participator$_i$ 人力资本共享匹配任务处理顺序,即"$p(t)_i << p(t)_j$",表示 $p(t)_i$ 在 $p(t)_j$ 之前自主完成网络共享平台中 participator$_i$ 人力资本共享匹配任务。假设 $\omega(t)_i$ 为 $p(t)_i$ 期望完成的人力资本共享匹配任务。由此,EDD 规则可表述为:若 $\omega(t)_i \leqslant \omega(t)_j$,则 $p(t)_i << p(t)_j$。

假设存在不按 EDD 规则排序的 NE 解 $[\xi(t)_i^{NE}, v_i^{NE}]$,即存在有 $\omega(t)_i \leqslant \omega(t)_j$,而 $p(t)_i << p(t)_j$。那么,$[\xi(t)_i^{NE}, v_i^{NE}]$ 中关于 $p(t)_j$ 与 $p(t)_i$ 的位置只有图 5-1-(a) 所示的六种情况。

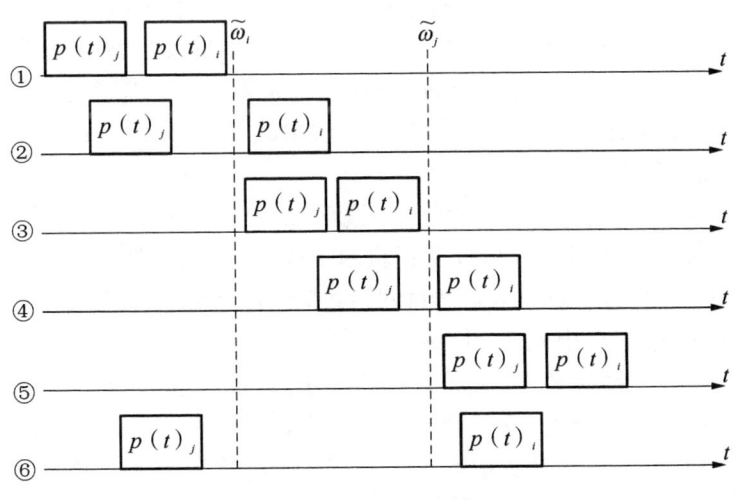

图 5-1-(a) 原解

在 $[\xi(t)_i^{NE}, v_i^{NE}]$ 的基础上互换 $p(t)_j$ 和 $p(t)_i$ 位置,即按照 EDD 顺序设计智能合约,以此智能合约设计人力资本共享匹配共识机制生成新解,如图 5-1-(b) 所示。

下面将分情况讨论。① 图 5-1-(a)①:对于 $[\xi(t)_i^{NE}, v_i^{NE}]$,如按 EDD 规则排序后,设计智能合约,以此智能合约设计 participator$_i$ 人力资本共享匹配共识机制生成的新解(见图 5-1-(b)①)不是 NE 解,则新解中的 $p(t)_j$ 或 $p(t)_i$ 可在去中心化信任结构下必可通过网络共享平台仅匹配 participator$_i$ 人力资本共享匹配任务的位置，更近交期，由此改善 participator$_i$ 人力资本创造价值效用。即原解中 $p(t)_j$ 之后的 participator$_i$ 人力资本必存在空闲。那么在原解中，$p(t)_j$ 或 $p(t)_i$ 也可以仅通过网络共享平台匹配自身的位置来改善 participator$_i$ 人力资本创造价值效用。则与原解是 NE 解矛盾。

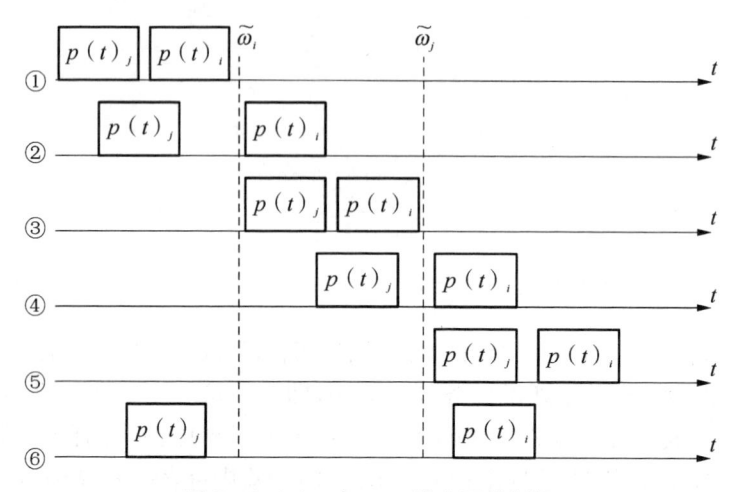

图 5-1-(b)　在 EDD 排序下的新解

② 图 5-1-(a)②：证明过程类似于情况图 5-1-(a)①，在此不做赘述。

③ 图 5-1-(a)③：对于 $[\xi(t)_i^{NE}, v_i^{NE}]$，如按 EDD 规则排序设计智能合约，以此智能合约设计 participator$_i$ 人力资本共享匹配共识机制生成的新解（如图 5-1-(b)③所示）不是 NE 解，则新解中 $p(t)_j$ 或 $p(t)_i$ 必可通过网络共享平台仅匹配 participator$_i$ 人力资本共享匹配任务的位置，更近交期，由此改善 participator$_i$ 人力资本创造价值效用。即原解中 $p(t)_j$ 之前或者 $p(t)_i$ 之后存在 participator$_i$ 人力资源空闲。那么在原解中，$p(t)_j$ 或 $p(t)_i$ 也可以仅通过改变 participator$_i$ 自身的位置来改善 participator$_i$ 人力资本创造价值效用。则与原解是 NE 解矛盾。

④ 图 5-1-(a)④：对于 $[\xi(t)_i^{NE}, v_i^{NE}]$，如按 EDD 规则排序设计智能合约，以此智能合约设计 participator$_i$ 人力资本共享匹配共识机制生成的新解（如图 5-1-(b)④所示）不是 NE 解，则新解中 $p(t)_j$ 或 $p(t)_i$ 必可通过网络共享平台仅匹配 participator$_i$ 人力资本共享匹配任务的位置，更近交期，由此 participator$_i$ 人力资本创造价值效用。即原解中 $p(t)_j$ 之前存在 participator$_i$ 人力资源空闲。那么在原解中，$p(t)_j$ 或 $p(t)_i$ 也可以仅通过改变 participator$_i$ 人力资本创造价值效用。则与原解是 NE 解矛盾。

⑤ 图 5-1-(a)⑤：证明过程类似图 5-1-(a)④中的情况，在此不做赘述。

⑥ 图 5-1-(a)⑥：对于 $[\xi(t)_i^{NE}, v_i^{NE}]$，如按 EDD 规则排序设计智能合约，以此智能合约设计 participator$_i$ 人力资本共享匹配共识机制生成的新解（如图 5-1-(b)⑥所示）不是 NE 解，则新解中 $p(t)_j$ 或 $p(t)_i$ 必可通过网络共享平台仅匹配 participator$_i$ 人力资本共享匹配任务的位置，更近交期，由此 participator$_i$ 人力资本创造价值效用。即原解 $p(t)_j$ 与 $p(t)_i$ 之间存在 participator$_i$ 人力资源空闲。那么在原解中，$p(t)_j$ 或 $p(t)_i$ 也可以仅通过改变 participator$_i$ 人力资本创造价值效用。则与原解是 NE 解矛盾。

综上，正文中的定理 1 的命题得证。

附件 5-2

就员工网络社群中的员工而言,采用正文中定理 1 命题的证明,正文中的定理 2 也同理获得了证明。

附件 5-3

证明:就参与用户网络社群中参与用户而言,只要其可行解集 $\hbar(t)$ 和 $\lambda(t)$ 非空,最差 NE 解就必定存在。若存在最差 NE 解,其排序不符合 EDD 规则,即存在 $\tilde{\omega}_i \leqslant \tilde{\omega}_j$,而 $p(t)_i \ll p(t)_j$,由正文中的定理 1 可知,可通过交换 $p(t)_j$ 和 $p(t)_i$ 的位置,将此最差 NE 解转换为按 EDD 规则排序的 NE 解(即 $\tilde{\omega}_i \leqslant \tilde{\omega}_j$,则 $p(t)_i \ll p(t)_j$)。证明过程同上。由于新 NE 解 $(\xi(t)_{\text{EDD}}^{\text{NE}}, \upsilon(t)_{\text{EDD}}^{\text{NE}})$ 的产生仅源于 $p(t)_j$ 和 $p(t)_i$ 位置互换,并未改变其他任务的位置,则新解 $[\xi(t)_{\text{EDD}}^{\text{NE}}, \upsilon(t)_{\text{EDD}}^{\text{NE}}]$ 的 $\sum_{i=1}^{n} p(t)_i$ 或 p_{Max} 与原解一致,故此,新解 $[\xi(t)_{\text{EDD}}^{\text{NE}}, \upsilon(t)_{\text{EDD}}^{\text{NE}}]$ 也是最差 NE 解。由此,正文中定理 3 的命题可得到证明。

附件 5-4

就员工网络社群中的员工而言,采用正文中定理 3 命题的证明,正文中的定理 4 也同理获得了证明。

附件 5-5

证明:就参与用户网络社群中参与用户而言,由正文中的定理 1 可知,存在按 EDD 规则排序的 NE 解,记其为 $[\xi(t)_{\text{EDD}}^{\text{NE}}, \upsilon(t)_{\text{EDD}}^{\text{NE}}]$,participator$_i$ 的人力资本共享匹配任务 $p(t)_i$ 的策略选择和完成 participator$_i$ 的人力资本共享匹配任务分别记为 $[\xi(t)_{\text{EDD}-i}^{\text{NE}}, \upsilon(t)_{\text{EDD}-i}^{\text{NE}}]$ 和 $p(t)_{\text{EDD}-i}^{\text{NE}}$,见图 5-2-(a)。记 participator$_i$ 的人力资本共享匹配两任务互换位置后得到的新解为 $[\xi(t)', \upsilon(t)']$,见图 5-2-(b)。在 $[\xi(t)_{\text{EDD}-i}^{\text{NE}}, \upsilon(t)_{\text{EDD}-i}^{\text{NE}}]$ 变换到 $[\xi(t)', \upsilon(t)']$ 的过程中,一部分 participator$_i$ 的人力资本共享匹配任务效用得到优化,而另一部分 participator$_i$ 的人力资本共享匹配任务的效用可能变差,所以新解 $[\xi(t)', \upsilon(t)']$ 不能支配原解 $[\xi(t)_{\text{EDD}-i}^{\text{NE}}, \upsilon(t)_{\text{EDD}-i}^{\text{NE}}]$。其分析如下:

① 如图 5-2-(a)① 和图 5-2-(b)①:显然有 $f_i(\xi(t)'_i, \upsilon(t)'_i) < f_i(\xi(t)_{\text{EDD}-i}^{\text{NE}}, \upsilon(t)_{\text{EDD}-i}^{\text{NE}})$,但 $f_j[\xi(t)'_j, \upsilon(t)'_j] < f_j[\xi(t)_{\text{EDD}-j}^{\text{NE}}, \upsilon(t)_{\text{EDD}-j}^{\text{NE}}]$。因此,相较于解

$[\xi(t)_{\text{EDD}-i}^{\text{NE}}, \upsilon(t)_{\text{EDD}-i}^{\text{NE}}]$，participator$_j$ 的人力资本共享匹配任务 $p(t)_j$ 的效用在解 $(\xi(t)', \upsilon(t)')$ 中变差了。

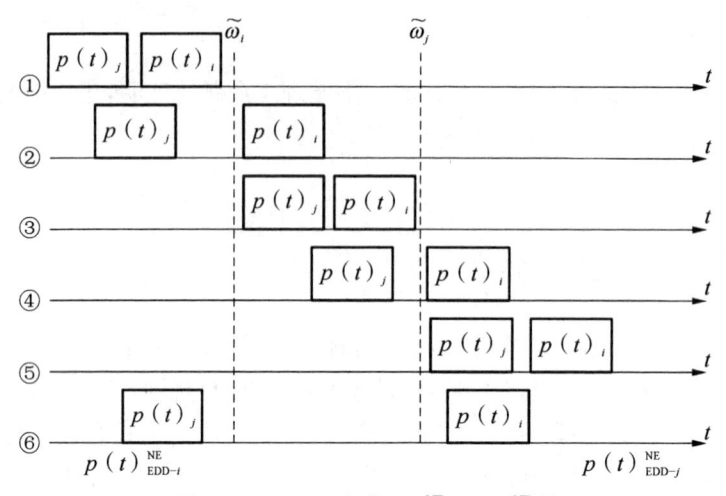

图 5-2-(a) 原解 $[\xi(t)_{\text{EDD}}^{\text{NE}}, \upsilon(t)_{\text{EDD}}^{\text{NE}}]$

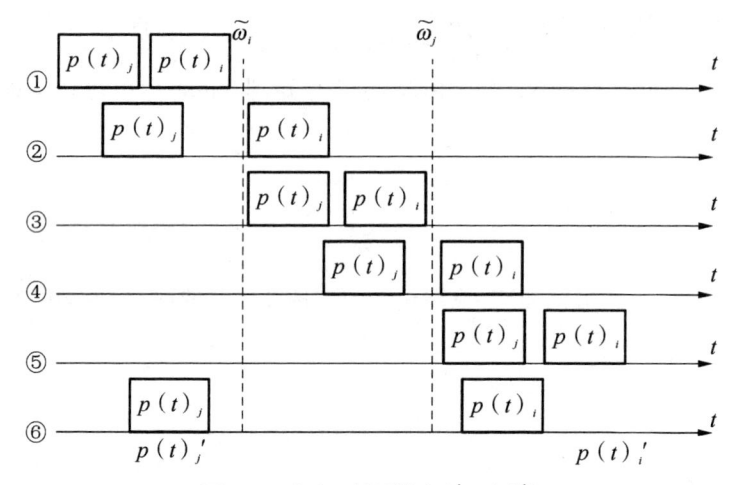

图 5-2-(b) 新解 $[\xi(t)', \upsilon(t)']$

② 如图 5-2-(a)②和图 5-2-(b)②：虽然 $f_i[\xi(t)'_i, \upsilon(t)'_i]$ 与 $f_i[\xi(t)_{\text{EDD}-i}^{\text{NE}}, \upsilon(t)_{\text{EDD}-i}^{\text{NE}}]$ 的关系不确定，即可能 $f_i[\xi(t)'_i, \upsilon(t)'_i] > f_i[\xi(t)_{\text{EDD}-i}^{\text{NE}}, \upsilon(t)_{\text{EDD}-i}^{\text{NE}}]$，也可能 $f_i[\xi(t)'_i, \upsilon(t)'_i] \leqslant f_i[\xi(t)_{\text{EDD}-i}^{\text{NE}}, \upsilon(t)_{\text{EDD}-i}^{\text{NE}}]$。但 $f_j[\xi(t)'_j, \upsilon(t)'_j]$ 与 $f_j[\xi(t)_{\text{EDD}-j}^{\text{NE}}, \upsilon(t)_{\text{EDD}-j}^{\text{NE}}]$ 的关系是明确的，且 $f_j[\xi(t)'_j, \upsilon(t)'_j] > f_j[\xi(t)_{\text{EDD}-j}^{\text{NE}}, \upsilon(t)_{\text{EDD}-j}^{\text{NE}}]$。因此，相较于解 $[\xi(t)_{\text{EDD}}^{\text{NE}}, \upsilon(t)_{\text{EDD}}^{\text{NE}}]$，participator$_j$ 的人力资本共享匹配任务 $p(t)_j$ 的效用在解 $[\xi(t)', \upsilon(t)']$ 中变差了。

③ 如图 5-2-(a)③和图 5-2-(b)③：显然有 $f_i[\xi(t)'_i, \upsilon(t)'_i] > f_i[\xi(t)_{\text{EDD}-i}^{\text{NE}}, \upsilon(t)_{\text{EDD}-i}^{\text{NE}}]$，且 $f_j[\xi(t)'_j, \upsilon(t)'_j] > f_j[\xi(t)_{\text{EDD}-j}^{\text{NE}}, \upsilon(t)_{\text{EDD}-j}^{\text{NE}}]$。因此，相较解 $[\xi(t)_{\text{EDD}}^{\text{NE}}, \upsilon(t)_{\text{EDD}}^{\text{NE}}]$，participator$_j$ 的人力资本共享匹配任务 $p(t)_j$ 和 participator$_i$ 的人力资本共享匹配任务 $p(t)_i$ 的效用在解 $[\xi(t)', \upsilon(t)']$ 中变差了。

④ 如图 5-2-(a)④和图 5-2-(b)④：与情况②相反,虽然 $f_j[\xi(t)'_j,\upsilon(t)'_j]$ 与 $f_j[\xi(t)_{\text{EDD}-j}^{\text{NE}},\upsilon(t)_{\text{EDD}-j}^{\text{NE}}]$ 的关系不确定,即可能 $f_j[\xi(t)'_j,\upsilon(t)'_j] > f_j[\xi(t)_{\text{EDD}-j}^{\text{NE}},\upsilon(t)_{\text{EDD}-j}^{\text{NE}}]$,也可能 $f_j[\xi(t)'_j,\upsilon(t)'_j] \leqslant f_j[\xi(t)_{\text{EDD}-j}^{\text{NE}},\upsilon(t)_{\text{EDD}-j}^{\text{NE}}]$。但 $f_i[\xi(t)'_i,\upsilon(t)'_i]$ 与 $f_i[\xi(t)_{\text{EDD}-i}^{\text{NE}},\upsilon(t)_{\text{EDD}-i}^{\text{NE}}]$ 的关系是明确的,且 $f_i[\xi(t)'_i,\upsilon(t)'_i] > f_i[\xi(t)_{\text{EDD}-i}^{\text{NE}},\upsilon(t)_{\text{EDD}-i}^{\text{NE}}]$。因此,相较于解 $[\xi(t)_{\text{EDD}}^{\text{NE}},\upsilon(t)_{\text{EDD}}^{\text{NE}}]$,participator$_i$ 的人力资本共享匹配任务 $p(t)_i$ 的效用在解 $[\xi(t)',\upsilon(t)']$ 中变差了。

⑤ 如图 5-2-(a)⑤和图 5-2-(b)⑤所示：与情况①相反。显然 $f_j[\xi(t)'_j,\upsilon(t)'_j] < f_j[\xi(t)_{\text{EDD}-j}^{\text{NE}},\upsilon(t)_{\text{EDD}-j}^{\text{NE}}]$,但 $f_i[\xi(t)'_i,\upsilon(t)'_i] > f_i[\xi(t)_{\text{EDD}-i}^{\text{NE}},\upsilon(t)_{\text{EDD}-i}^{\text{NE}}]$。因此,相较于解 $[\xi(t)_{\text{EDD}}^{\text{NE}},\upsilon(t)_{\text{EDD}}^{\text{NE}}]$,participator$_i$ 的人力资本共享匹配任务 $p(t)_i$ 的效用在解 $[\xi(t)',\upsilon(t)']$ 中变差了。

⑥ 如图 5-2-(a)⑥和图 5-2-(b)⑥：记 participator$_j$ 的人力资本共享匹配任务 $p(t)_j$、participator$_i$ 的人力资本共享匹配任务 $p(t)_i$ 在解 $[\xi(t)_{\text{EDD}}^{\text{NE}},\upsilon(t)_{\text{EDD}}^{\text{NE}}]$ 和 $[\xi(t)',\upsilon(t)']$ 中完成 participator 的人力资本共享匹配任务分别为 $p(t)_{\text{EDD}-i}^{\text{NE}}$、$p(t)'_i$、$p(t)_{\text{EDD}-j}^{\text{NE}}$、$p(t)'_j$。

显然有：$f_i[\xi(t)_{\text{EDD}-i}^{\text{NE}},\upsilon(t)_{\text{EDD}-i}^{\text{NE}}] = \tilde{\omega}_i - p(t)_{\text{EDD}-i}^{\text{NE}}$ 且 $f_j[\xi(t)_{\text{EDD}-j}^{\text{NE}},\upsilon(t)_{\text{EDD}-j}^{\text{NE}}] = p(t)_{\text{EDD}-j}^{\text{NE}} - \tilde{\omega}_j$；$f_i[\xi(t)'_i,\upsilon(t)'_i] = p(t)'_i - \tilde{\omega}_i = p(t)_{\text{EDD}-j}^{\text{NE}} - \tilde{\omega}_i$ 且 $f_j[\xi(t)'_j,\upsilon(t)'_j] = \tilde{\omega}_j - p(t)'_j = \tilde{\omega}_j - p(t)_{\text{EDD}-i}^{\text{NE}}$。

由此,$f_i[\xi(t)_{\text{EDD}-i}^{\text{NE}},\upsilon(t)_{\text{EDD}-i}^{\text{NE}}] + f_j[\xi(t)_{\text{EDD}-j}^{\text{NE}},\upsilon(t)_{\text{EDD}-j}^{\text{NE}}] = \tilde{\omega}_i - p(t)_{\text{EDD}-i}^{\text{NE}} + p(t)_{\text{EDD}-j}^{\text{NE}} - \tilde{\omega}_j$；

$f_i[\xi(t)'_i,\upsilon(t)'_i] + f_j[\xi(t)'_j,\upsilon(t)'_j] = \tilde{\omega}_j - p(t)'_i + p(t)_{\text{EDD}-j}^{\text{NE}} - \tilde{\omega}_i$,因此,$\tilde{\omega}_i \leqslant \tilde{\omega}_j$,所以,$f_i[\xi(t)'_i,\upsilon(t)'_i] + f_j[\xi(t)'_j,\upsilon(t)'_j] \geqslant f_i[\xi(t)_{\text{EDD}-i}^{\text{NE}},\upsilon(t)_{\text{EDD}-i}^{\text{NE}}] + f_j[\xi(t)_{\text{EDD}-j}^{\text{NE}},\upsilon(t)_{\text{EDD}-j}^{\text{NE}}]$。

这说明,相较于 $[\xi(t)_{\text{EDD}}^{\text{NE}},\upsilon(t)_{\text{EDD}}^{\text{NE}}]$,在 $[\xi(t)',\upsilon(t)']$ 中,要么 participator$_j$ 的人力资本共享匹配任务 $p(t)_j$ 或 participator$_i$ 的人力资本共享匹配任务 $p(t)_i$ 的效用变差了,要么 participator$_j$ 的人力资本共享匹配任务 $p(t)_j$ 和 participator$_i$ 的人力资本共享匹配任务 $p(t)_i$ 的效用都变差了。综上,新解 $[\xi(t)',\upsilon(t)']$ 不能支配 $[\xi(t)_{\text{EDD}}^{\text{NE}},\upsilon(t)_{\text{EDD}}^{\text{NE}}]$,所以按 EDD 规则排序的 NE 解 $[\xi(t)_{\text{EDD}}^{\text{NE}},\upsilon(t)_{\text{EDD}}^{\text{NE}}]$ 是 Pareto 解。因此,正文中定理 5 的命题得到了证明。

附件 5-6

就员工网络社群中员工而言,采用正文中定理 5 命题的证明,正文中的定理 6 也同理获得了证明。

附件 5-7

证明：就员工网络社群中员工而言,首先,对更一般网络共享平台员工的人力资本共

享匹配问题 $1\mid f(t)_{1\leqslant i\leqslant n_1}=p(t)_i;f(t)_{n_1+1\leqslant k\leqslant n_1+n_2}=p(t)_k\mid E(\cdot)$,NE 解集合包含 Pareto 解集合;其次,由正文中的定理 2,网络共享平台参与用户的人力资本共享匹配问题 $1\mid f(t)_{1\leqslant i\leqslant n_1}=p(t)_i;f(t)_{n_1+1\leqslant k\leqslant n_1+n_2}=p(t)_k\mid E(\xi(t),\upsilon(t))$,任一最 NE 解均可转化为按 EDD 规则排序的最差 NE 解 $[\xi(t)_{\text{EDD}}^{\text{NE}},\upsilon(t)_{\text{EDD}}^{\text{NE}}]$,且两者对应的网络共享平台参与用户的人力资本共享匹配任务目标值(即 $\sum_{i=1}^{n}p(t)_i$ 或 p_{Max})相同;再次,由正文中的定理 3,网络共享平台参与用户的人力资本共享匹配问题 $1\mid f(t)_{1\leqslant i\leqslant n_1}=p(t)_i;f(t)_{n_1+1\leqslant k\leqslant n_1+n_2}=p(t)_k\mid E(\xi(t),\upsilon(t))$,按 EDD 规则排序的 NE 解 $[\xi(t)_{\text{EDD}}^{\text{NE}},\upsilon(t)_{\text{EDD}}^{\text{NE}}]$ 是 Pareto 解。综上,当 $E[\xi(t),\upsilon(t)]$ 为 $\sum_{i=1}^{n}p(t)_i$ 和 p_{Max},按 EDD 规则排序的 Pareto 解 $[\zeta(t)_{\text{EDD}}^{\text{Pareto}},\sigma(t)_{\text{EDD}}^{\text{Pareto}}]$ 具有和 $[\xi(t)_{\text{EDD}}^{\text{NE}},\upsilon(t)_{\text{EDD}}^{\text{NE}}]$ 相同的最差解。由此,正文中定理 7 的命题获得了证明。

附件 5-8

就员工网络社群中员工而言,采用正文中定理 7 命题的证明,正文中的定理 8 也同理获得了证明。

附件 5-9

$$Q=AL_{\text{staff}}(y,\sigma)^{\alpha_1}L_{\text{participator}}(\upsilon,x)^{\alpha_2}K^{\beta} \tag{附 5-1}$$

$$s.t.\,y\leqslant L_{\text{staff}}(y)\leqslant my;\sigma\leqslant L_{\text{staff}}(\sigma)\leqslant m\sigma;\upsilon\leqslant L_{\text{participator}}(\upsilon)\leqslant n\upsilon;$$
$$x\leqslant L_{\text{participator}}(x)\leqslant nv;0<K\leqslant \pi;y+\sigma<L_{\text{staff}}(y,\sigma)<m(y+\sigma);$$
$$\upsilon+x<L_{\text{participator}}(\upsilon,x)<n(\upsilon+x) \tag{附 5-2}$$

由式(附 5-1)和式(附 5-2)建立拉格朗日-柯西等式如下:

$$l=AL_{\text{staff}}(y,\sigma)^{\alpha_1}L_{\text{participator}}(\upsilon,x)^{\alpha_2}K^{\beta}+\lambda[L_{\text{staff}}(y)$$
$$+L_{\text{staff}}(\sigma)+L_{\text{participator}}(\upsilon)+L_{\text{participator}}(x)+K] \tag{附 5-3}$$

一阶偏导,可推导如下等式:

$$l(y)'=A\alpha_1L_{\text{staff}}(y)^{\alpha_1-1}L_{\text{staff}}(y)'L_{\text{participator}}(\upsilon,x)^{\alpha_2}K^{\beta}+\lambda L_{\text{staff}}(y)'=0$$
$$\tag{附 5-4}$$

$$l(x)'=A\alpha_2L_{\text{staff}}(y,\sigma)^{\alpha_1}L_{\text{participator}}(\upsilon,x)^{\alpha_2-1}L_{\text{participator}}(\upsilon,x)'K^{\beta}+\lambda L_{\text{participator}}(\upsilon,x)'=0$$
$$\tag{附 5-5}$$

由式(附 5-4)和式(附 5-5)可得出如下等式:

$$\frac{\alpha_1 \left(\dfrac{1}{L_{\text{staff}}(y)}\right)^1}{\left[\dfrac{L_{\text{staff}}(y,\sigma)}{L_{\text{staff}}(y)}\right]^{\alpha_1}} = \frac{\alpha_2 \left(\dfrac{1}{L_{\text{participator}}(x)}\right)^1}{\left[\dfrac{L_{\text{participator}}(v,x)}{L_{\text{participator}}(x)}\right]^{\alpha_2}} \quad (\text{附 } 5-6)$$

$$l(\sigma)' = A\alpha_1 L_{\text{staff}}(\sigma)^{\alpha_1-1} L_{\text{staff}}(\sigma)' L_{\text{participator}}(v,x)^{\alpha_2} K^{\beta} + \lambda L_{\text{staff}}(\sigma)' = 0 \quad (\text{附 } 5-7)$$

$$l(v)' = A\alpha_2 L_{\text{staff}}(y,\sigma)^{\alpha_1} L_{\text{participator}}(v)^{\alpha_2-1} L_{\text{participator}}(v)' K^{\beta} + \lambda L_{\text{participator}}(v)' = 0 \quad (\text{附 } 5-8)$$

由式(5-7)和式(5-8)可出得出如下等式：

$$\frac{\alpha_1 \left(\dfrac{1}{L_{\text{staff}}(\sigma)}\right)^1}{\left(\dfrac{L_{\text{staff}}(y,\sigma)}{L_{\text{staff}}(\sigma)}\right)^{\alpha_1}} = \frac{\alpha_2 \left(\dfrac{1}{L_{\text{participator}}(v)}\right)^1}{\left(\dfrac{L_{\text{participator}}(v,x)}{L_{\text{participator}}(v)}\right)^{\alpha_2}} \quad (\text{附 } 5-9)$$

在式(附 5-6)和式(附 5-9)的条件下，建立拉格朗日-柯西等式如下：

$$l = AL_{\text{staff}}(y,\sigma)^{\alpha_1} L_{\text{participator}}(v,x)^{\alpha_2} K^{\beta} + \lambda [L_{\text{staff}}(y,\sigma) + L_{\text{participator}}(v,x) + K]$$

一阶偏导，可推导出如下等式：

$$l(L_{\text{staff}})' = A\alpha_1 L_{\text{staff}}(y,\sigma)^{\alpha_1-1} L_{\text{staff}}(y,\sigma)' L_{\text{participator}}(v,x)^{\alpha_2} K^{\beta} + \lambda L_{\text{staff}}(y,\sigma)' = 0;$$

$$A\alpha_1 L_{\text{staff}}(y,\sigma)^{\alpha_1-1} L_{\text{participator}}(v,x)^{\alpha_2} K^{\beta} = -\lambda \quad (\text{附 } 5-10)$$

$$l(L_{\text{participator}f})' = A\alpha_2 L_{\text{staff}}(y,\sigma)^{\alpha_1} L_{\text{participator}f}(v,x)' L_{\text{participator}}(v,x)^{\alpha_2-1} K^{\beta} + \lambda L_{\text{participator}}(v,x)' = 0;$$

$$A\alpha_1 L_{\text{staff}}(y,\sigma)^{\alpha_1} L_{\text{participator}}(v,x)^{\alpha_2-1} K^{\beta} = -\lambda \quad (\text{附 } 5-11)$$

$$l(K)' = A\beta L_{\text{staff}}(y,\sigma)^{\alpha_1} L_{\text{participator}}(v,x)^{\alpha_2} K^{\beta-1} K' + \lambda K' = 0;$$

$$A\beta L_{\text{staff}}(y,\sigma)^{\alpha_1} L_{\text{participator}}(v,x)^{\alpha_2} K^{\beta-1} = -\lambda \quad (\text{附 } 5-12)$$

由式(附 5-10)至式(附 5-12)，可以得出如下等式：

$$\alpha_1 / L_{\text{staff}}(y,\sigma) = \alpha_2 / L_{\text{participator}}(v,x) = \beta / K \quad (\text{附 } 5-13)$$

附件 9-1

$$Y = A(t) K^{\alpha} L_{\text{staff}}^{\theta} L_{\text{user}}^{\vartheta} u \quad (\text{附 } 9-1)$$

$$s.t. \quad 0 \leqslant K \leqslant m, 0 \leqslant L_{\text{staff}} \leqslant n, 0 \leqslant L_{\text{user}} \leqslant h \quad (\text{附 } 9-2)$$

由式(附9-1)和式(附9-2)建立拉格朗日-柯西等式如下：

$$L = A(t)K^{\alpha}L_{\text{staff}}^{\theta}L_{\text{user}}^{\vartheta}G^{\upsilon}u + \lambda(m - K + n - L_{\text{staff}} + h - L_{\text{user}}) \quad \text{(附9-3)}$$

一阶偏导,可推导出如下等式：

$$L'(K) = \alpha A(t)K^{\alpha-1}L_{\text{staff}}^{\theta}L_{\text{user}}^{\vartheta}G^{\upsilon}u + \lambda = 0 \quad \text{(附9-4)}$$

$$L'(L_{\text{staff}}) = \theta A(t)K^{\alpha}L_{\text{staff}}^{\theta-1}L_{\text{user}}^{\vartheta}G^{\upsilon}u + \lambda = 0 \quad \text{(附9-5)}$$

$$L'(L_{\text{user}}) = \vartheta A(t)K^{\alpha}L_{\text{staff}}^{\theta}L_{\text{user}}^{\vartheta-1}G^{\upsilon}u + \lambda = 0 \quad \text{(附9-6)}$$

由式(附9-4)至式(附9-6),可得到最优条件如下：

$$\frac{\alpha}{K} = \frac{\theta}{L_{\text{staff}}} = \frac{\vartheta}{L_{\text{user}}} \quad \text{(附9-7)}$$

参考文献

[1] Fairfield J, Shtein H. Big Data, Big Problems: Emerging Issues in the Ethics of Data Science and Journalism[J]. Journal of Mass Media Ethics, 2014, 29(01):38-51.

[2] 汪涛,赵彦云.统计区块链的理论与架构设计[J].统计与决策,2019,35(18):5-9.

[3] 袁勇,王飞跃.区块链技术发展现状与展望[J].自动化学报,2016,42(04):481-494.

[4] Lamport L. An Assertional Correctness Proof of a Distributed Algorithm[J]. Science of Computer Programming, 1982, 2(03):175-206.

[5] Lamport L, Shostak R, Pease M. The Byzantine Generals Problem[J]. ACM Transactions on Programming Languages and Systems, 1982, 4(03):134-149.

[6] 王锡亮,刘学枫,赵淦森,王欣明,周子衡,莫泽枫.区块链综述:技术与挑战[J].无线电通信技术,2018,44(06):531-537.

[7] 郑敏,王虹,刘洪,谭冲.区块链共识算法研究综述[J].信息网络全,2019(07):8-24.

[8] 柴振国.区块链下智能合约的合同法思考[J].广东社会科学,2019(04):236-246.

[9] McCullough, K M, Morrison, et al. Bridging the Gap: Towards a cell-type specific understanding of neural circuits underlying fear behaviors[J]. Neurobiology of Learning & Memory, 2016(11):27-39.

[10] 宋立丰,祁大伟,宋远方."区块链+"商业模式创新整合路径[J].科研管理,2019,40(07):69-77.

[11] 谢辉,王健.区块链技术及其应用研究[J].信息网络安全,2016(09):192-195.

[12] 周艺华,吕竹青,杨宇光,侍伟敏.基于区块链技术的数据存证管理系统[J].信息网络安全,2019(08):8-14.

[13] Melanie Swan. Blockchain: Blueprint for a New Economy[M]. Blockchain: blueprint for a new economy. O'Reilly, 2015.

[14] 尹浩.区块链技术的发展机遇与治理思路[J].人民论坛·学术前沿,2018(12):6-10.

[15] 郑观,范克韬.区块链时代的信任结构及其法律规制[J].浙江学刊,2019(05):115-123.

[16] Fairfield J. Virtual Property[J]. Boston University Law Review. Boston University. School of Law, 2005, 85(04):1047-1102.

[17] Filippi P D, Wright A. Blockchain and the Law: The Rule of Code[M]. Cambridge, (Mass.): Harvard University Press,2018.

[18] 梁帅.我国企业管理模式的演化与研究[J].河南社会科学,2018,26(09):67-71.

[19] Gumerova G I, Shaimieva E S. Model of High-tech Businesses Management under the Trends of Explicit and Implicit Knowledge Markets: Classification and Business

Model[J]. Actual Problems of Economics and Law，2015，9(01):156-171.

[20] 李海舰,李文杰,李然.新时代中国企业管理创新研究——以海尔制管理模式为例[J].经济管理,2018,40(07):5-19.

[21] Edvardsson B, Tronvoll B & Gruber T. Expanding Understanding of Service Exchange and Value Co-Creation: A Social Construction Approach[J]. Journal of the Academy of Markeking Science.2011,39(02):327-339.

[22] 长青,吴林飞,孔令辉,崔玉英.企业精益财务管理模式研究——以神东煤炭集团财务管理为例[J].管理案例研究与评论,2014,7(02):162-172.

[23] Kennedy F A, Widener S K. A Control Framework: Insights from Evidence on Lean Accounting[J]. Management Accounting Research,2008,19(04):320-323.

[24] 李昀.马歇尔计划与美国企业管理模式在欧洲的传播[J].天津师范大学学(社会科学版),2018(02):77-80.

[25] Sheth J N, Parvatiyar A. Relationship Marketing in Consumer Markets: Antecedents and Consequences[J]. Journal of the Academy of Marketing Science,1995,23(04):255-271.

[26] 王利平.制度逻辑与"中魂西制"管理模式:国有企业管理模式的制度分析[J].管理学报,2017,14(11):1579-1586.

[27] 张玉来.日本企业管理模式及其进化路径[J].现代日本经济,2011,(02):38-48.

[28] Hultink E J. Product Development In The World Auto Industry: Strategy. Organization and Performance[J]. Design Studies,1994,15(2):234-235.

[29] 苗泽华,毕园.新儒商的商业伦理观及其管理模式[J].商业研究,2010(09):199-202.

[30] 李海舰,田跃新,李文杰.中国企业管理创新研究——"十二五"回顾和"十三五"展望[J].经济与管理,2015,29(06):67-72.

[31] 丁胜红,周红霞.全社会人本管理:新的企业管理模式[J].湖南财政经济学院学报,2015,31(01):130-145.

[32] Ghoshal S, Bartlett C A. Rebuilding Behavioral Context: A Blueprint for Corporate Renewal-ScienceDirect[J]. Strategic Management of Intellectual Capital,1998,37(2):141-161.

[33] 宫奎,王贵和.云技术给企业创新管理带来哪些影响[J].人民论坛,2017(10):88-89.

[34] 刘志高.大数据环境下企业管理模式创新研究[J].宏观经济管理,2017(S1):128-129.

[35] 王蕾.大数据背景下的企业财务管理应对策略研究[J].黑龙江社会科学,2016(06):75-77.

[36] Chen L C, Tseng C Y. Managing Service Innovation with Cloud Technology[J]. Global Business Perspectives,2013,1(04):379-390.

[37] 汪旭晖,张其林.平台型电商企业的温室管理模式研究——基于阿里巴巴集团旗下平台型网络市场的案例[J].中国工业经济,2016(11):108-125.

[38] Grewal R, Chakravarty R, Saini R. Governance Mechanisms in Business-to-Business Electronic Markets[J]. Journal of Marketing,2010,74(04):45-62.

[39] 陈剑,刘运辉.数智化使能运营管理变革:从供应链到供应链生态系统[J].管理世界,

2021,37(11):15.

[40] Gueler Melike Sarah, Schneider Sabrina. The Resource-based View in Business Ecosystems: A Perspective on the Determinants of a Valuable Resource and Capability[J]. Journal of Business Research. 2021(133):158-169.

[41] 郭复初.人本财务理论的开拓性探索——评王海兵博士的《人本财务研究》[J].会计之友,2012(17):130.

[42] 李娜,隋静.风险投资对企业创新能力提高贡献度的实证研究[J].商业经济研究,2015(24):114-116.

[43] 丁胜红,周红霞.企业财务管理理论创新研究[J].会计研究,2020(08):104-114.

[44] 邱兆学.基于人本财务视角的传统财务管理误区诊断与财务本质属性回归[J].中国注册会计师,2013(09):105-109.

[45] Mele D. The Challenge of Humanistic Management[J]. Journal of Business Ethics, 2003a,44(01):77-88.

[46] 王鉴忠,宋君卿,曹振杰,齐善鸿.企业管理人员成长型心智模式对职业生涯成功影响的研究[J].管理学报,2015,12(09):1319-1327+1336.

[47] Hamori, Monika. Executive Career Success in Search-firm-mediated Moves Scross employers[J]. International Journal of Human Resource Management, 2014, 25(03):390-411.

[48] 陈清爽,蒋丽梅.高新技术企业知识产权管理模式探究——基于竞争力视角[J].科技管理研究,2019,39(01):170-176.

[49] Fehder D C, Murray F, Stern S. Intellectual Property rights and the Evolution of Scientific Journals as Knowledge Platforms[J]. International Journal of Industrial Organization, 2014, 36(09):83-94.

[50] 吴清一.基于CHS管理模式的企业文化绩效信度检验[J].统计与决策,2017(24):179-182.

[51] 苏宗伟,苏东水,孟勇.中国管理模式创新研究——第十六届世界暨东方管理论坛综述[J].经济管理,2013,35(07):192-199.

[52] 王文亮,晋晶晶.中韩企业全面创新管理模式分析比较——海尔模式与三星模式[J].技术经济,2012,31(03):43-47.

[53] 林丽.共享经济企业亟待创新管理模式[J].人民论坛,2017(21):88-89.

[54] Edvardsson B, Tronvoll B & Gruber T. Expanding Understanding of Service Exchange and Value Co-creation: A Social Construction Approach. Journal of the Academy of Marketing Science, 2011,39(2):327-339.

[55] 丁胜红,何丹,周红霞.互联网配置交易模式及会计确认方法选择研究[J].财经问题研究,2017,(05):72-78.

[56] Cobb C W, Douglas P H. A Theory of Production[J]. American Economic Review, 1928(18):139-165.

[57] Keynes J M. The General Theory of Employment[J]. Quarterly Journal of Economics,1937(2):209-223.

[58] Schultz T W.Economic Prospects of Primary Products[J]. Palgrave Macmillan UK,1961,42(08):308-341.

[59] A Damodaran.应用公司理财[M].郑振龙,译,北京:机械工业出版社,2000.

[60] 伍中信.现代财务经济导论[M].上海:立信会计出版社,1999.

[61] Scott, Martin, William, Keown.现代财务管理基础[M].北京:清华大学出版社,2004.

[62] 王化成.试论财务管理假设[J].会计研究,1999(02):27-31.

[63] 黄少安.制度经济学研究[M].北京:经济科学出版社,2006.

[64] 丁胜红.企业人本资本结构存在价值的实证研究[J].湖南财政经济学院学报,2013,29(01):86-92.

[65] 丁胜红,周红霞.人本资本形成与内生经济增长[J].经济问题,2011(08):14-19.

[66] 丁胜红,吴应宇,周红霞.企业人本资本结构特征的实证研究[J].山西财经大学学报,2011,33(12):88-99.

[67] 李宝元.人本发展经济学[M].北京:经济科学出版社,2006.

[68] Maslow A H. Humanistic Science and Transcendent Experiences[J]. Journal of Humanistic Psychology, 1965, 5(2):219-227.

[69] 李伟阳,肖红军.全面社会责任管理:新的企业管理模式[J].中国工业经济,2010(1):114-124.

[70] Drucker. Management Challenges for the 21st Century[M]. Butterworth-Heinemann,1999.

[71] 李佐军.人本发展理论[M].北京:中国发展出版社,2008.

[72] 罗珉.管理学人本主义范式评析[J].外国经济与管理,2008(10):1-7.

[73] 赵林.基督教信仰与乌托邦的变迁[J].社会科学战线,2012(03):27-34.

[74] 牟宗三.心体与性体[M].长春:吉林出版集团有限责任公司,2013.

[75] 唐君毅.人生之体验续编[M].北京:人生出版社,1961.

[76] F J Roethlisberger, William J Dickson. Management and the Worker [M]. Management and the worker:Harvard university press, 1939.

[77] 郑积源.科学技术简史[M].上海:上海人民出版社,1987.

[78] A G Kenwood, A L Lougheed. Technological Diffusion and Industrialisation before 1914[M]. Technological Diffusion and Industrialization before 1914. St. Martin's Press,1982.

[79] Wernerfelt B. A Resource View of the Firm[J]. John Wiley & Sons, Ltd. 1984, 5(2):171-180.

[80] 余绪缨.企业管理学[M].沈阳:辽宁人民出版社,1995.

[81] 李沪松,杨淑娥.企业财务管理[M].西安:陕西人民出版社,1993.

[82] 梁建民.财务管理[M].南京:东南大学出版社,2004.

[83] 周忠惠,张鸣,徐逸星.财务管理[M].上海:上海三联书店,1995.

[84] 谷祺,夏乐书,乔世震.财务管理学[M].大连:东北财经大学出版社,1995.

[85] 王化成.财务管理(第4版)[M].北京:中国人大出版社,2013.

[86] 中国注册会计师教育教材编审委员会.财务管理[M].北京:经济科学出版社,1995.
[87] 郭复初.财务通论[M].上海:立信会计出版社,1997.
[88] Douglas R Emery and John D Finnerty. Corporate Financial Management[M]. Pretice Hall,1997.
[89] 刘志远,李海英.理财目标、股东权利配置与投资者保护[J].会计研究,2010(07):40-45.
[90] 温素彬.基于可持续发展战略的财务管理目标:理论框架与现实证据[J].管理学报,2010,7(12):1857-1862.
[91] 曹越,伍中信.产权范式的财务研究:历史与逻辑勾画[J].会计研究,2011(05):24-29.
[92] 葛宝山,姚梅芳.环境适应性的企业管理职能体系创新[J].吉林大学社会科学学报,2003(06):54-59.
[93] Borowitzka M A. Limits to Growth[M]. Springer Berlin Heidelberg, 1998.
[94] 郭道扬.人类会计思想演进的历史起点[J].会计研究,2009,(08):3-13+95.
[95] 刘红红.人本传统的统一:经济学史上的人本主义思想[J].南方经济,2008,(02):73-80.
[96] 吴季松.循环经济的由来与内涵[J].科技术语研究,2006(01):51-54.
[97] Kant A. Dissociation Energies of Diatomic Molecules of the Transition Elements. I. Nickel[J]. The Journal of Chemical Physics,1964,41(6):1872-1876.
[98] Roethlisberger F F, Dickson W J. Management and the worker:an account of a research program conducted by the Western Electric Company, Hawthorne Works, Chicago[J].American sociological review,1956,41(6):187-197.
[99] 彼得·德鲁克.管理的实践(珍藏版)[M].齐若兰,译.北京:机械工业出版社,2009.
[100] Maslow A H, Frager R & Cox R.Motivation and Personality (2.ᵃ ed.), New York, Harper & Row,1970.
[101] Hobson J A. Thorstein Veblen[J]. Sociological Review, 1929, 10(a21):342-345.
[102] 马克·A 卢兹,肯尼思·勒克斯人本主义经济学的挑战[M].西南财经大学出版社,2003.
[103] 洪远朋,卢志强,陈波.中国当前经济利益关系的特点及其成因[J].复旦学报(社会科学版),2004(04):17-22.
[104] 王立行,等.人权论[M].济南:山东人民出版社,2003.
[105] 李心合.超越新古典寻求公司财务学理论创新路径[J].财务与会计,2009(06):58-60.
[106] 卢现祥.论经济发展中非制度因素与制度因素[J].福建论坛(人文社会科学版),2006(08):10-14.
[107] 丁胜红,周红霞.人本资本价值计量的整合模型研究——基于契约理论与新制度经济学视角[J].天津商业大学学报,2010,30(02):28-34.
[108] 丁胜红,盛明泉."讨论稿"下的人本资本会计报表列报研究——基于利益相关者理论视角[J].山东财政学院学报,2011(01):59-65.
[109] 谢德仁.企业的性质:要素使用权交易合约之履行过程[J].经济研究,2002(04):84-91+96.

[110] 杨政,董必荣,施平.智力资本信息披露困境评析[J].会计研究,2007(01):15-22+92.

[111] 丁胜红,盛明泉.基于产权行为研究的人本资本会计模式构造[J].会计研究,2008(04):11-18.

[112] Brennan N, Connell B. Intellectual capital: current issues and policy implications[J]. Journal of Intellectual Capital, 2000, 1(3):206-240.

[113] Mouritsen J et al. Developing and managing knowledge through intellectual capital statements. J Intellect Cap, 2002,3(1):10-29.

[114] Sveiby K E. The Intangible Assets Monitor[J]. Journal of Human Resource Costing & Accounting, 1997, 2(1):73-97.

[115] Edvinsson L, Malone M S. Intellectual Capital: Realising Your Company's True Value by Finding Its Hidden Roots[J]. Library Journal, 1997, 40(6):172.

[116] 李冬琴.智力资本与企业绩效[M].北京:科学出版社,2015.

[117] 徐鸣.论人力资本的哲学基础及其与智力资本的分界[J].当代财经,2004(11):10-14.

[118] 谭劲松,王朝曦,谭燕.试论智力资本会计[J].会计研究,2001(10):41-47.

[119] 张凤林.人力资本理论及其应用研究[M].北京:商务印书馆,2006.

[120] Lucas, R. Demand for India's manufactured exports[J]. Journal of Development Economics,Elsevier, vol. 1988,29(1): 63-75.

[121] Romer P M. Endogenous Technological Change[J]. Journal of Political Economy, 1990, 98(5):71-102.

[122] Solow R A. Contribution to the Theory of Economic Growth[J]. Quarterly Journal of Economics, 1956.

[123] 张凤林.人力资本、就业安排与企业内科层结构特征[J].财经问题研究,2005(6):3-9.

[124] Arrow K J. The Economic Implication of Learning by Doing[J]. Review of Economics and Statistics, 1962, 29(3):123-143.

[125] Yang B X. Papers and Proceedings of the Hundred and Fourth Annual Meeting of the American Economic Association ‖ Specialization and a New Approach to Economic Organization and Growth[J]. American Economic Review, 1992, 82(2):386-391.

[126] Becker Y. Anticancer Role of Dendritic Cells (DC) in Human and Experimental Cancers-A Review[J]. Anticancer Research, 1992, 12(2):511-520.

[127] 邹薇,庄子银.分工,交易与经济增长[J].中国社会科学,1996(03):4-14.

[128] 潘慧峰,杨立岩.制度变迁与内生经济增长[J].南开经济研究,2006(02):74-83.

[129] 黄少安.经济学研究重心的转移与"合作"经济学构想——对创建"中国经济学"的思考[J].经济研究,2000(05):60-67.

[130] 周小亮.新古典经济学市场配置资源论及其启示[J].经济学动态,2001(03):64-66.

[131] 纳尔逊,温特.经济变迁的演化理论[M].北京:商务印书馆,1982.

[132] 李心合.嵌入社会责任与扩展公司财务理论[J].会计研究,2009(01):66-73+97.

[133] 诺斯.制度,制度变迁与经济绩效[M].上海:上海三联书店,1994.

[134] 卢现祥,朱巧玲.论市场的上层组织及其功能[J].财经科学,2007(01):50-58.

[135] 丁胜红.顾客导向型企业人本资本财务预警机制研究[M].南京:南京大学出版社,2020.

[136] 丁胜红,吴应宇.基于人本经济发展观的管理会计理论体系与计量方法创新探讨[J].会计研究,2019(01):53-58.

[137] 丁胜红,曾峻.人本资本结构形成及其在公司治理中的应用[J].中南财经政法大学学报,2016(06):85-91.

[138] Benoit S, Baker T L, Bolton R N, Gruber T, Kandampully J. A Triadic Framework for Collaborative Consumption (CC): Motives, Activities and Resources & Capabilities of Actors[J]. Journal of Business Research,2017,79(1):219-227.

[139] Frenken K, and Schor J. Putting The Sharing Economy Into Perspective[J]. Environmental Innovation and Societal Transitions,2017,23(1):3-10.

[140] 吴应宇,丁胜红.企业关系资本:价值引擎及其价值管理研究——基于利益相关者理论视角[J].东南大学学报(哲学社会科学版),2011,13(05):43-51+127.

[141] D. Druand. Cost of Rebt and Equity Funds for Business: Trends and Prodlems in Measurement, in Confererue on Research in Business Finance[J].National Burean of Economic Reseerch,1952(09):215-247.

[142] Modigliani F, Miller M H. The Cost of Capital, Corporate Finance and the Theory of Investment[J]. American Economic Review,1958,49(4):638-639.

[143] Warner J B. Bankruptcy, absolute priority, and the pricing of risky debt claims[J]. Journal of Financial Economics,1977,4(3):239-276.

[144] Naderi, MahmoodAhmadbeigi, NaserBiologicalsBabaei A, Katoonizadeh A, Ranjbar A, et al. Directly injected native bone-marrow stem cells cannot incorporate into acetaminophen-induced liver injury. Biologicals. 2018(52):55-58.

[145] R Belk. You are What You Can Access: Sharing and Collaborative Consumption Online[J]. Journal of Business Research,2014(08):1595-1600.

[146] 涂科,杨学成.共享经济到底是什么?——基于个体与组织的整合视角[J].经济管理,2020,42(04):192-208.

[147] Dellaert B G C.The Consumer Production Journey: Marketing to Consumers as Co-Production in The Sharing Economy[J]. Journal of The Academy of Marketing Science,2019,47(2):238-254.

[148] Yang S, Song Y, Chen S and Xia X. Why are Consumers Loyal in Sharing-Economy Services Marketing,2017,31(01):48-62.

[149] Petrie C. Emergent Collectives Redux: The Sharing Economy[J]. IEEE Internet Computing,2016,120(04):84-86.

[150] Sutherland W and Jarrahi M H. The Sharing Economy and Digital Platforms: A Review and Research Agenda[J]. International Journal of Information Management,2018,43(01):328-341.

[151] Kumar V, Lahiri A and Dogan O B.A Strategic Framework for a Profitable Business Model in The Sharing Economy[J]. Industrial Marketing Management, 2018, 69

(01):147-160.

[152] Fehrer J A, Benoit S, Aksoy L, Baker T L, Bell S J, Brodie R J, and Marimuthu M. Future Scenarios of The Collaborative Economy: Centrally Orchestrated, Social Bubbles Or Decentralized Autonomous? [J]. Journal of Service Management, 2018, 29(05):859-882.

[153] Christina D. Romer. The Prewar Business Cycle Reconsidered: New Estimates of Gross National Product, 1869-1908[J]. Journal of Political Economy, 1989, 97 (1):1-37.

[154] 杨立岩,潘慧峰.人力资本、基础研究与经济增长[J].经济研究,2003(04):72-78+94.

[155] 王询,孟望生.人力资本投资与物质资本回报率关系研究——基于世代交叠模型的视角[J].当代财经,2013(07):5-15.

[156] Fisher, A. L.. Congenital elevation of the scapulae. Cal State J Med, 1923, 21(5): 203-203.

[157] 刘伟,李风圣.产权通论[M].北京:北京出版社,1997.

[158] 方竹兰.人力资本所有者拥有企业所有权是一个趋势[J].经济研究,1997(06):36-42.

[159] T. W. 舒尔茨.论人力资本投资.吴珠华等译[M].北京:经济学院出版社,1990.

[160] 卓泽渊.法的价值总论[M].北京:人民出版社,2001.

[161] 约拉姆·巴泽尔,钱勇,曾咏梅.国家理论[M].上海:上海财经大学出版社,2006.

[162] 姜素红.发展权论[M].长沙:湖南人民出版社,2006.

[163] 李约瑟.中国科学技术史(第2卷)[M].上海:上海古籍出版社,1990.

[164] 韩德强.人权价值论,徐显明主编.人权研究(第一卷)[M].济南:山东人民出版社,2001.

[165] 徐显明.人权法原理[M].武汉:中南财经政法大学出版社,2008.

[166] 李步云.宪法比较研究[M].北京:法律出版社,1996.

[167] 姜素红.论人与自然和谐发展的基本要求和实现途径[J].求索,2009(03):95-97.

[168] 韩德强.西方主流经济学的哲学辨析——萨缪尔森经济学批判.哲学研究,2001(08):20-29.

[169] 洪远朋.经济理论的过去、现在和未来——洪远朋论文选集[M].上海:复旦大学出版社,2004.

[170] 徐国君.论三维会计结构与会计空间[J].会计研究,2003(09):14-17.

[171] 李心合.利益相关者财务论[J].会计研究,2003(10):10-15.

[172] 丁胜红,韦鹏.人权范式的人本资本会计基础理论架构形成研究[J].湖南科技大学学报(社会科学版),2015,5(3):131-136.

[173] Furubotn E G, Pejovich S. Property Rights and Economic Theory: A Survey of Recent Literature. Journal of Economic Literature, 1972, 10(4): 1137-1162.

[174] 曹越,伍中信.产权范式的财务研究:历史与逻辑勾画[J].会计研究,2011(05):24-29.

[175] 新帕尔格雷夫.新帕尔格雷夫大辞典[M].北京:经济科学出版社,1992.

[176] 罗玉中,万其刚,刘松山.人权与法制[M].北京:北京大学出版社,2001.

[177] 夏勇.人权概念起源:权利的历史哲学[M].北京:中国社会科学出版社,2007.

[178] Schmoller H J, Prof. Dr. H H. Elleast Zum 70. Geburtstag[J]. Fortschr Rntgenstr, 1990, 153(12):737-737.

[179] 李明义, 段胜辉. 现代产权经济学[M]. 北京:知识产权出版社, 2008.

[180] 丁栋虹. 现代企业:一个异质型人力资本与同质型人力资本的合约[J]. 唯实, 2001(06):45-50.

[181] Wagerer M. 4case Descriptions of Boys with the Encopresis Symptom[J]. Praxis Der Kinderpsychologie Und Kinderpsychiatrie, 1977, 26(1):123-144.

[182] Hillier D, Marshall A, McColgan P and Werema S. Employee Layoffs, Shareholder Wealth and Firm Performance:Evidence from the UK. Journal of Business Finance and Accounting, 34. 467-494.

[183] Chen P, Mehrotra V, Sivakumar R et al. Layoffs, Shareholders' Wealth and Corporate Performance[J]. Journal of Empirical Finance, 2001, 8(2):171-199.

[184] Ofek E. CaPital Strueture and Fillns Response to Poor Performance[J]. Journ al of Finaneial Econoics, 1993, 34(1):3-30.

[185] Wagar T H. Factors Affecting Permanent Workforce Reduction:Evidence from Large Canadianorganizations[J]. Canadian Journal of Administrative Sciences, 1997, 14(3):303-314.

[186] Greenhaigh L A T. Lawrenceand R.1.Sutton. Determinants of Workforce Reduetion Strategies in Declining Organizations[J]. Academy of Management Review, 1988, 13(02):241-254.

[187] Kang J K A. Shivdasani Corporate Restrueturing During Performance Dcelines in Japan[J]. Journal of Financial Economics, 1997(46):29-65.

[188] Guthrie J P, Datta D K. Dumb and Dumber:The Impact of Downsizing on Firm Performance as Moderated by Industry Conditions[J]. Organization science, 2008, 19(1):108-123.

[189] De Meuse, K P, T J Bergmann, P A Vanderheiden, C E Roraff. New Evidence Regarding Organizational Downsizing and a Firm's Financial Performance:A Long-term Analysis[J]. Journal of Managerial Issues, 2004, 16(2):155-177.

[190] Narayanan M P. Managerial Incentives for Short-term Results[J]. Journal of Finance, 1985, 40(5): 1469-1484.

[191] R Narayanan. Steel Framed Structuresstability and Strength[M]. Elsevier Applied Science Publishers, 1985.

[192] U Antia, M D Tingle, B R Russell. Validation of an LC-MS Method for the Detection and Quantification of BZP and TFMPP and their Hydroxylated Metabolites in Human Plasma and its Application to the Pharmacokinetic Study of TFMPP in Humans[J]. Journal of Forensic Sciences, 2010, 55(5):1311-1318.

[193] D Deutsch, Dafni L, Palmon A et al. Tuftelin:Enamel Mineralization and Amelogenesis Imperfecta [J]. Ciba Foundation Symposium, 1997, 205(205):135-155.

[194] 梅春,赵晓菊.薪酬差异、高管主动离职率与公司绩效[J].外国经济与管理,2016,38(04):19-35.

[195] Tsai, MGalli, S J Science Metz M et al. Mast Cells Can Enhance Resistance to Snake and Honeybee Venoms. Science. 2006(313):526-530.

[196] 仲理峰.高层管理智慧:家族企业高层管理者胜任特征模型研究[M].北京:新华出版社,2006.

[197] Carrier, James, G et al. Culture, Power, Place: Explorations in Critical Anthropology[M]. 1999.

[198] Anderson R C, Reeb D M. Who Monitors the Family? [M]. Social Science Electronic Publishing, 2003.

[199] Francis, Jennifer and Katherine Schipper. Have Financial Statements Lost their Relevance? Journal of Accounting Research, 1999, 37(2), 319-352.

[200] Smith C W, Watts R L. The Investment Opportunity Set and Corporate Financing, Dividend and Compensation Policies [J]. Journal of Financial Economics Amsterdam,1992,32(3):263-292.

[201] 黄宇,黄晓蓓,宋云玲.明线监管的取消可以改善信息环境吗?——来自中期业绩预告的证据[J].华东经济管理,2018,32(07):133-141.

[202] 张昕,姜艳.亏损上市公司盈余管理手段分析——基于第四季度报表数据[J].财经科学,2010(06):33-40.

[203] Skinner D J, Sloan R G. Earnings Surprises, Growth Expectations, and Stock Returns or Don't Let an Earnings Torpedo Sink Your Portfolio[J]. Review of Accounting Studies,2002,7(2):289-312.

[204] Bushee D S. Speciation of Mercury Using Liquid Chromatography with Detection by Inductively Coupled Plasma Mass Spectrometry [J]. The Analyst, 1988, 113(8):1167.

[205] 张昕,姜艳.亏损上市公司盈余管理手段分析——基于第四季度报表数据[J].财经科学,2010(06):33-40.

[206] 邱立凡.员工分红政策对公司绩效与股价报酬影响之研究——以台湾电子业上市公司为例[D].苏州大学,2010.

[207] Kwon S S and Q J Yin. Executive Compensation, Investment Opportunities, and Earnings Management: High-Tech Firms versus Low-Tech Firms. Journal of Accounting, Auditing and Finance 21. 2006:119-148.

[208] 辛宇,徐莉萍.上市公司现金持有水平的影响因素:财务特征、股权结构及治理环境[J].中国会计评论,2006(02):307-320.

[209] Yawson A. Evaluating the Characteristics of Corporate Boards Associated with Layoff Decisions[J]. Corporate Governance: An International Review, 2010, 14(2):75-84.

[210] Bukh P N. Making Intangible Tangible-Report on Workshop 2[J]. A New Way Forward for the Danish Public Sector,2001,3(20):126-134.

[211] 刘希宋.石油价格研究[M].北京:经济科学出版社,2006.

[212] Donckels R & Frohlich E. Are Family Businesses Really Different? European Experiences from STRATOS. Family Business Review,1991(04):149-161.

[213] Perry T,Shivdasani A. Do Boards Affect Performance? Evidence from Corporate Restructuring[J]. Social Science Electronic Publishing,2005(05):231-245.

[214] Altman,Edward I. The prediction of corporate bankruptcy: a discriminant analysis [J]. Journal of Finance,1968,23(1):193-194.

[215] S Hillier et al. Hydrogarnet: A Host Phase for Cr(Ⅵ) in Chromite re Processing Reside (COPR) and other High pH Wastes [J]. Environmental Science & Technology,2007,41(6):1921-1927.

[216] Smith A. An Inquiry into the Nature and Causes of the Wealth of Nations[M]. University of Chicago Press,1976.

[217] Veblen T. The Engineers and the Price System[J]. History of Economic Thought Books,1921,128(01):25-34.

[218] Berle A A and Means G C. The Modern Corporation and Private Property[M].New York:Macmillan Publication,1932.

[219] 布莱尔,张荣刚译.所有权与控制[M].北京:中国社会科学出版社,1999.

[220] 李维安.现代公司治理研究:资本结构、公司治理和国有企业股份制改造[M].北京:中国人民大学出版社,2001.

[221] 孙永祥.公司治理结构[M].上海:上海三联书店,2002.

[222] Schmoller H J. Prof. Dr. H H. Elleast zum 70. Geburtstag[J]. Fortschr Rntgenstr, 1990,153(12):737-737.

[223] [美]R.科斯.企业、市场与法律[M].上海:上海三联书店,1990.

[224] 伍中信,周红霞.人本资本形成的机理研究——基于新制度经济学视角[J].经济问题, 2012(08):4-8+67.

[225] 罗西瑙.没有政府的治理[M].南昌:江西人民出版社,2001.

[226] 丁汉青,蒋聪滢.传媒上市公司内部治理结构与融资结构关系研究[J].国际新闻界, 2017,(03):151-168.

[227] 黄文青.境外股东异质性、企业性质与公司治理效率基于中国上市公司的实证检验[J].财经理论与实践,2017(01):74-79.

[228] 曾广录,曾汪泉.财务治理影响企业资本结构吗?[J].北京工商大学学报(社会科学版),2017(01):85-93.

[229] Lee E,Martin W,Zeng C. Do Chinese Government Subsidies Affect Firm Value? [J].Accounting,Organizations and Society,2014(3):149-169.

[230] 孙光国,孙瑞琦.控股股东委派执行董事能否提升公司治理水平[J].南开管理评论, 2018(01):88-98+108.

[231] 桂荷发,黄节根.非执行董事与股东——管理层代理冲突——兼论管理层权力与产权属性对非执行董事治理效应的影响[J].当代财经,2016(12):55-64.

[232] 阮素梅,杨善林,张莉.公司治理与资本结构对上市公司价值创造能力综合影响的实证

研究[J].中国管理科学,2015(05):168-176.

[233] 杨鑫,李明辉.公司治理、法治环境与资本结构[J].山西财经大学学报,2016(9):77-87.

[234] 郝晓雁,王慧娟.国有企业再造资本结构的公司治理效应研究[J].统计与决策,2017(01):181-185.

[235] 约翰·穆勒.政治经济学原理[M].北京:北京大学出版社,1848.

[236] Alfred Marshall. Principles of Economics[M]. Macmillan,1890.

[237] 金帆,张雪.从财务资本导向到智力资本导向:公司治理范式的演进研究[J].中国工业经济,2018(01):156-173.

[238] 杨瑞龙,杨其静.对"资本雇佣劳动"命题的反思[J].经济科学,2000(06):91-100.

[239] Adolf Berle and Gardiner Means. The Modern Corporation and Private Property[M]. Macmillan,1932.

[240] 赵剑波.管理意象引领战略变革:海尔"人单合一"双赢模式案例研究[J].南京大学学报(哲学.人文科学.社会科学),2014,51(04):78-86+158-159.

[241] 伍中信.财权流:现代财务本质的恰当表述[J].财政研究,1998(02):33+35+34.

[242] 曹越.财务治理理论的开创之作——评伍中信著《现代企业财务治理结构论》[J].会计之友,2011(13):130-136.

[243] 汪丁丁.产权的经济分析(中译本序).第1版.上海:上海人民出版社,1997.

[244] 李心合.论制度财务学构建[J].会计研究,2005(07):44-48.

[245] 衣龙新.企业财务治理论[M].第1版.北京:清华大学出版社,2005.

[246] 李心合.论公司财务概念框架[J].会计研究,2010(07):32-39+95-96.

[247] 伍中信.现代企业理论治理结构论[R].中南财经政法大学博士后出站报告,2001.

[248] Donaldson T, Preston L. Dialogue:Reply to Jacobs and Getz[J]. Academy of Management Review,1995,20(4):126-138.

[249] Jensen M, Meckling W. The Theory of the Firm:Managerial Behaviour, Agency Costs and Ownership Structure[J]. Social Science Electronic Publishing,1976,(04):234-247.

[250] 夏勇.资源管理系统的设计与实现[M].长沙:湖南大学出版社,2007.

[251] 杨淑娥,金帆.关于公司财务治理问题的思考[J].会计研究,2002(12):53-57.

[252] 李明义,段胜辉.现代产权经济学[M].北京:知识产权出版社,2008.

[253] Ranjbari M,Morales-Alonso G,Carrasco-Gal- Lego R. Conceptualizing the Sharing Economy through Presenting a Comprehensive Framework[J]. Sustainability,2018,10(07):1-24.

[254] S Yang et al. Why are Customers Loyal in Sharing-Economy Services? A Relational Benefits Perspective[J]Journal of Services Marketing,2017(01):48-62.

[255] B G C Dellaert. The Consumer Production Journey:Marketing to Consumers as Co-Producers in The Sharing Economy[J]. Journal of The Academy of Marketing Science,2019(02)238-254.

[256] J A Fehrer et al. Future Scenarios of The Collaborative Economy:Centrally

Orchestrated,Social Bubbles Or Decentralized Autonomous? [J].Journal of Service Management,2018(05):8-14.

[257] Foucault M. Michel Foucault:Power/Knowledge:Selected Interviews and Other Writings 1972-1977[J]. academia,1980.(11):859-882.

[258] Szalavetz A. Artificial Intelligence-Based Development Strategy in Dependent Market Economies-Any Room Amidst Big Power Rivalry? [J]. Central European Business Review,2019(4):40-54.

[259] K Christidis M. DevetsikiotisBlockchains and Smart Contracts for the Internet of Things[J].IEEE Access,.2016(04):2292-2303.

[260] 丁胜红,吴应宇.基于人本经济发展观的管理会计理论体系与计量方法创新探讨[J].会计研究,2019(01):53-58.

[261] 丁胜红,周红霞.企业财务管理理论创新研究[J].会计研究,2020(08):104-114.

[262] 丁胜红.智能会计前沿理论研究[M].中国财政经济出版社,2020.

[263] 丁胜红.顾客导向型企业人本资本财务预警机制研究[M].北京:中国财政经济出版社,2020.

[264] 分享经济发展报告课题组.中国分享经济发展报告:现状、问题与挑战、发展趋势[J].电子政务,2016(04):11-27.

[265] Diego Restuccia A,Richard Rogerson B C. Policy Distortions and Aggregate Productivity with Heterogeneous Establishments [J]. Review of Economic Dynamics,2008,11(04):707-720.

[266] Fu Y,Tse D,N Zhou. Housing Choice Behavior of Urban Workers in China's Transition to Housing Market [J]. Journal of Urban Economics,2000,47(01),61-87.

[267] Henderson J V,Ioannides Y M. A Model of Housing Tenure Choice[J]. American Economic Review,1983,73(01):98-113.

[268] DeSalvo J and L Eeckhoudt. Household Behavior under Income Uncertainty in a Monocen tricUrban Area[J].Journal of Urban Economics,1982,11(01),98-111.

[269] Rifkin R F. Assessing the Efficacy of Red Ochre as a Prehistoric Hide Tanning Ingredient[J]. Journal of African Archaeology,2011,9(2):131-158.

[270] 黄群慧,贺俊."第三次工业革命"与中国经济发展战略调整——技术经济范式转变的视角[J].中国工业经济,2013(01):5-18.

[271] Foucault, M. Power/Knowledge Selected Interviews & Other Writings [M]. Tavistock,1980.

[272] 张兆国,曾牧,刘永丽.政治关系、债务融资与企业投资行为——来自我国上市公司的经验证据[J].中国软科学,2011(5):106-121.

[273] Richardson S. Over-Investment of Free Cash Flow[J]. Review of Accounting Studies,2006,11(2-3):159-189.

[274] 郑联盛.共享经济:本质、机制、模式与风险[J].国际经济评论,2017(06):45-69+5.

[275] 田帆.信息对称的人本经济分析框架的构建及应用研究[J].中国软科学,2018(12):

178-186.

[276] 张红彬,李孟刚,李文锐.信息对称的人本经济平台网络效应的影响因素研究:以滴滴为例[J].电子政务,2019(11):11-22.

[277] 李凤萍.价值共创与协同创新:基于智媒时代价值平台网络的商业模式创新研究[J].新闻大学,2020,3:107-121.

[278] 罗艳,陶之祥.社交网络情境的国内外研究综述[J].情报杂志,2019,38(08):179-187.

[279] Rochet J, Tirole J. Platform competition in twosided markets[J]. Journal of the European Economic Association, 2003, 1(04):990-1029.

[280] Zhu F, Iansiti M. Entry into platform-based markets[J]. Strategic Management Journal, 2011, 33(01):88-106.

[281] Afuab A. Are network effects really all about size? The role of structure and conduct[J]. Strategic Management Journal, 2013, 34(03):257-273.

[282] Bruton G, Khavul S, Siegel D, Wright M. New Financial Alternatives in Seeding Entrepreneurship: Micro Finance, Crowd Funding and Peer-to-peer Innovations[J]. Entrepreneurship Theory and Practice, 2015, 39 (1):9-26.

[283] 余文涛,吴士炜.互联网平台经济与行业生产效率变革——基于第三次经济普查数据的实证研究[J].财经科学,2019(08):55-68.

[284] 邱遥堃.论网络平台规则[J].思想战线,2020,46(3):148-158.

[285] 刘权.网络平台的公共性及其实现——以电商平台的法律规制为视角[J].法学研究,2020,42(2):42-56.

[286] 胡磊.网络平台经济中"去劳动关系化"的动因及治理[J].理论月刊,2019(09):122-127.

[287] 文悦,王勇,士明军.网络平台销售模式中的需求信息共享策略与博弈结构决策研究[J].系统工程理论与实践,2019,(39)6:1449-1468.

[288] Botsman. What's Mine Is Yours: The Rise of Collaborative Consumption[J]. Publishers Weekly.2010,257(32):42-42.

[289] Payne A F, Storbacka K, Frow P. Managing the Co-creation of Value[J]. Journal of the Academy of Marketing Science, 2008,36(01):83-96.

[290] 阳镇,许英杰.信息对称的人本经济背景下的可持续性消费:范式变迁与推进路径[J].社会科学,2019(07):43-53.

[291] 吴清军,李贞.分享经济下的劳动控制与工作自主性——关于网约车司机工作的混合研究[J].社会学研究,2018,(04):137-162.

[292] Dellaert B G C. The Consumer Production Journey: Marketing to Consumers as Co-Producers in The Sharing Economy[J]. Journal of The Academy of Marketing Science,2019,47(02):238-254.

[293] Kumar V, Lahiri A and Dogan O B. A Strategic Framework for a Profitable Business Model in The Sharing Economy[J]. Industrial Marketing Management, 2018, 69(01):147-160.

[294] Ferer J A, Benoit S, Aksoy L, Baker T L, Bell S J, Brodie R J and Marimuthu M. Future Scenarios of The Collaborative Economy: Centrally Orchestrated, Social Bubbles Or Decentralized Autonomous? [J]. Journal of Service Management, 2018, 29(05): 859-882.

[295] 吴尧,沈坤荣.资本结构如何影响企业创新——基于我国上市公司的实证分析[J].产业经济研究,2020(03):57-71.

[296] 孔少华.资本结构与公司绩效——基于中美影视娱乐上市公司的比较研究[J].当代电影,2020(07):86-90.

[297] 汤谷良,高晨,于彩珍.高级财务管理学的理论框架——管理过程的财务实现[J].会计研究,2001(06):40-44.

[298] 王化成.试论财务管理假设[J].会计研究,1999,2:26-30.

[299] 张建文.如何规制数字金融资产:加密货币与智能契约——俄罗斯联邦《数字金融资产法》草案评述[J].上海政法学院学报(法治论丛),2018,33(05):14-23.

[300] 王化成,李志华,卿小权,等.中国财务管理理论研究的历史沿革与未来展望——《会计研究》三十年中刊载的财务理论文献述评[J].会计研究,2010(12):17-23.

[301] 郭复初.财务理论研究与发展[J].会计研究,1996(02):13-16.

[302] Wallace R W. Did Athens have Consensual Contracts? A Response to Lorenzo Gagliardi[M]. Verlag der Österreichischen Akademie der Wissenschaften, 2015.

[303] 周其仁.市场里的企业:一个人力资本与非人力资本的特别合约[J].经济研究,1996,(06):71-80.

[304] Hogan W W. Contract Networks for Electric Power Transmission[J]. Journal of Regulatory Economics, 1992, 4(3):211-242.

[305] 刘志远,李海英.理财目标、股东权利配置与投资者保护[J].会计研究,2010,(07):40-45.

[306] Clarkson M. The Management of Stakeholder Relationships in Totalitarian and Democratic Societies[J]. Proceedings of the International Association for Business and Society 1995(06):427-438.

[307] Smith A. The Theory of Moral Sentiments[M]. Oxford Press, 1976.

[308] Smith A. An Inquiry into the Nature and Causes of the Wealth of Nation[M]. Oxford Press, 1880.

[309] 哈耶克. 法律、立法与自由[M]. 北京:中国大百科全书出版社, 2000.

[310] Veblen T B. Mr. Cummings's Strictures on "The Theory of the Leisure Class"[J]. Journal of Political Economy, 1899b, 8 (01), 106-17.

[311] Commons, John R. The Problem of Correlating Law, Economics, and Ethics[J]. Wisconsin Law Review, 1932,(08): 3-26.

[312] Baltagi B H, Yang Z. Heteroskedasticity and Non-normality Robust LM Tests for Spatial Dependence Regional [J]. Science & Urban Economics, 2013, 43(5):725-739.